MIRACULA
SANCTI BENEDICTI

AB ADREVALDO, AIMOINO, ANDREA

RADULFO TORTARIO ET HUGONE DE SANCTA MARIA

MONACHIS FLORIACENSIBUS

SCRIPTA

LES MIRACLES
DE SAINT BENOIT

ÉCRITS

PAR ADREVALD, AIMOIN, ANDRÉ

RAOUL TORTAIRE ET HUGUES DE SAINTE MARIE

MOINES DE FLEURY

TYPOGRAPHIE DE CH. LAHURE ET Cⁱᵉ
Imprimeurs du Sénat et de la Cour de Cassation
rue de Vaugirard, 9

LES MIRACLES

DE

SAINT BENOIT

ÉCRITS PAR

ADREVALD, AIMOIN, ANDRÉ, RAOUL TORTAIRE
ET HUGUES DE SAINTE MARIE

MOINES DE FLEURY

RÉUNIS ET PUBLIÉS

POUR LA SOCIÉTÉ DE L'HISTOIRE DE FRANCE

PAR E. DE CERTAIN

ANCIEN ÉLÈVE DE L'ÉCOLE IMPÉRIALE DES CHARTES

A PARIS

CHEZ Mᵐᴱ Vᴱ JULES RENOUARD

LIBRAIRE DE LA SOCIÉTÉ DE L'HISTOIRE DE FRANCE

RUE DE TOURNON, N° 6

M. DCCC. LVIII

EXTRAIT DU RÈGLEMENT.

Art. 14. Le Conseil désigne les ouvrages à publier, et choisit les personnes les plus capables d'en préparer et d'en suivre la publication.

Il nomme, pour chaque ouvrage à publier, un Commissaire responsable, chargé d'en surveiller l'exécution.

Le nom de l'Éditeur sera placé à la tête de chaque volume.

Aucun volume ne pourra paraître sous le nom de la Société sans l'autorisation du Conseil, et s'il n'est accompagné d'une déclaration du Commissaire responsable, portant que le travail lui a paru mériter d'être publié.

Le Commissaire responsable soussigné déclare que l'Édition des Miracula sancti Benedicti, *par* M. de Certain, *lui a paru digne d'être publiée par la* Société de l'Histoire de France.

Fait à Paris, le 10 juillet 1858.

Signé DELISLE,

Certifié,

Le Secrétaire de la Société de l'Histoire de France,

J. DESNOYERS.

INTRODUCTION.

L'importance historique des recueils qui contiennent la vie des saints ou le récit de leurs miracles, est aujourd'hui si généralement reconnue que nous nous ferions scrupule d'insister sur ce point, surtout auprès des lecteurs auxquels s'adressent les publications de la Société de l'Histoire de France. A côté des chroniqueurs et des annalistes qui enregistrent les dates, notent les événements, et les présentent souvent avec une sécheresse qui fait considérer certaines périodes deshéritées comme les steppes de notre histoire, les récits des hagiographes se placent avec avantage et les complètent. Les uns fournissent pour ainsi dire le cadre et l'esquisse du tableau, les autres y ajoutent le coloris qui anime et donne la vie, en nous faisant connaître quels étaient aux mêmes époques l'état des esprits et des croyances, les usages et les mœurs. Certaines relations de miracles peuvent être considérées comme le journal du temps où elles furent écrites, elles en sont en quelque sorte la chronique, dans le sens restreint de ce mot employé pour désigner la partie anecdotique de l'histoire.

D'un autre côté, si l'on a pu dire avec raison que

dans les premiers siècles du moyen âge, les pompes et les cérémonies de l'église étaient tout le spectacle, si les statues qui peuplent nos grandes églises et les peintures de leurs vitraux étaient l'art tout entier, ne peut-on pas dire aussi qu'il fut un moment où toute la littérature, toute la poésie, s'étaient réfugiées dans les légendes, dans les récits où l'intervention de la Vierge et des saints apportait cet élément merveilleux dont l'esprit humain ne cesse d'être avide alors même qu'il a perdu toute naïveté?

Il est vrai, et nous sommes les premiers à le reconnaître, que le but que se propose le narrateur dans ses édifiantes historiettes est toujours à peu près le même. Avant tout, il s'agit pour lui de glorifier le patron de sa paroisse ou de son couvent, de montrer combien est active la vigilance de ce grand saint et terrible sa colère, de fortifier enfin la croyance qu'ont les fidèles dans la vertu de ses reliques. Il en résulte que l'uniformité du dénoûment jette sur l'ensemble une certaine monotonie. Mais nous ne craignons pas que l'on se méprenne à cet égard. Ce n'est pas précisément la variété, l'intérêt dramatique, que le lecteur ira chercher dans les anecdotes dont se composent les recueils hagiographiques. Ce qu'il leur demandera, ce qu'il y trouvera certainement, ce sont des renseignements sur la vie intime et familière, des aperçus sur les mœurs et les coutumes de l'époque qu'il veut étudier. Ici l'intérêt des détails l'emporte de beaucoup sur celui du fond. La plupart de ces récits sont autant de petits tableaux où se meuvent et agissent les hommes du moyen âge. Pèlerinages, amendes honorables, guerres privées, scènes d'invasions et de pillage, évasions de captifs, procès, duels judiciaires et autres faits de moindre importance, y sont racontés avec quantité de circonstances que l'on ne trouve point ailleurs. L'auteur y met en jeu les puissants et les faibles, les persécuteurs et les opprimés, les croyants et les blasphémateurs. Ici, les uns montrent leur cupidité, leurs habitudes de violence et d'oppression, tandis que les autres, défendant comme ils peuvent leurs droits méconnus, leur liberté, leurs biens, sont réduits souvent à invoquer comme leur meilleur refuge la protection du saint dont heureusement le plus fort redoute la colère et la vengeance immédiates.

Si tel est le principal mérite des recueils de miracles, hâtons-nous de dire qu'il n'est pas le seul. Bien que les faits que l'auteur enregistre se produisent habituellement dans un rayon assez peu étendu, il n'est pas rare néanmoins que l'histoire générale puisse en faire son profit. Ces oppresseurs, ces persécuteurs, ces pillards, dont l'avidité est tentée par les riches domaines du monastère auquel appartient l'humble chroniqueur, sont pour la plupart des seigneurs du voisinage, de puissants barons de la province. Celui-ci, lorsqu'il les met en scène, en fait connaître quelques-uns pour la première fois, ou donne sur les autres des détails qui complètent ce que l'on savait déjà sur leur compte, ou bien fournit de curieuses indications sur leur résidence et les lieux qui furent le théâtre des petits drames où ils figurent. Quelquefois les personnages qui occupent le plus haut rang sur la scène du monde, les princes et les rois, lui offrent d'eux-mêmes l'occasion de parler d'eux, soit qu'ils viennent accomplir un pieux pèlerinage, soit que pendant une expédition ils s'arrêtent en passant dans le monastère, seul gîte où les voyageurs illustres pouvaient trouver en ce temps-là une hospitalité digne d'eux.

Enfin il arrive que le narrateur trouve trop étroit le cadre où son sujet le renferme; il aspire à en sortir. Dans cette disposition, s'il rencontre sur son chemin un miracle de date relativement ancienne, il fouillera la bibliothèque du couvent, rassemblera les débris des chroniques que l'on y conserve, pour tracer un tableau rétrospectif du temps où il transporte son lecteur. S'il s'agit d'un fait contemporain, il cédera à la tentation de ne pas paraître étranger aux grands événements politiques du moment, et recueillera les bruits du monde qui passent par-dessus les murs du cloître, pour donner plus d'intérêt à ses récits et plus de prix à son œuvre. Heureuse et légitime ambition dont la postérité doit lui tenir compte, car son témoignage va grossir ou rectifier ceux que, pour ces époques déshéritées dont je parlais tout à l'heure, l'historien recueille avec un soin si avare. De cette façon ce qui était souvent considéré par ses lecteurs primitifs comme un hors-d'œuvre, et par lui-même comme une digression dont il se croyait obligé de s'excuser[1],

---

1. « Verumtamen oramus ne alicui subrepat stomachatio si per seriem temporum aliquantulum temporis cœptæ narrationis evagaverit sermo. » Voy. plus bas, livre VI, ch. xv, p. 240.

devient pour nous la partie la plus intéressante et la plus précieuse de son travail.

A ces avantages, à ces mérites qui sont communs à toutes les collections hagiographiques, l'*Histoire des Miracles de saint Benoît* en joint d'autres qui lui sont particuliers et qui ont déterminé la Société de l'histoire de France à publier ce volume.

L'abbaye de Fleury ou de Saint-Benoît-sur-Loire fut fondée dans la première moitié du viie siècle, entre les années 630 et 650 ; il n'est guère possible avec les documents qui nous sont parvenus de fixer cette date d'une manière plus précise. La fondation nouvelle, éloignée d'environ huit lieues d'Orléans, eût lutté difficilement d'importance avec un autre monastère situé beaucoup plus près de cette ville, Saint-Mesmin de Micy, qui se glorifiait de devoir son origine au fondateur de la monarchie française et avait été pendant le siècle précédent la grande école religieuse de l'Orléanais, si Mummole, second abbé de Fleury, n'eût eu l'heureuse idée d'envoyer en Italie quelques religieux chercher les restes de saint Benoît. Les envoyés réussirent dans leur mission ; ils découvrirent, enlevèrent et rapportèrent à Fleury le corps du fondateur de leur ordre, dont la règle était si généralement reçue dans les monastères de France que plus tard Charlemagne demandait curieusement aux évêques de rechercher sous quel régime avaient vécu les moines avant saint Benoît. Devenu par une soustraction pieuse possesseur des précieuses reliques, le monastère de Fleury fut désormais dans les meilleures conditions de prospérité. Il s'y fit d'éclatants miracles dont le bruit ne tarda pas à se répandre au loin, et qui pendant plusieurs siècles y attirèrent un grand nombre de fidèles et de nombreuses offrandes. C'est le récit de ces miracles que nous offrons au lecteur.

A nos yeux son premier mérite est d'embrasser presque sans lacune et pour ainsi dire année par année un espace d'environ trois siècles, lesquels forment assurément une des périodes les moins connues, les moins riches en documents de toute notre histoire.

En second lieu, les rédacteurs de notre recueil ont toujours été choisis parmi les religieux les plus intelligents, parmi les plus savants et les plus habiles écrivains que possédât l'abbaye.

Ce fut vers le milieu du ixe siècle, sous le règne de Charles le Chauve, que le moine Adrevald entreprit d'écrire les miracles opérés par l'intercession de saint Benoît tant à Fleury que dans les abbayes ou prieurés qui en dépendaient. Cette relation fut conduite jusqu'aux premières années du xiie siècle par quatre continuateurs successifs, dont le dernier, Hugues de Sainte-Marie, la laissa interrompue, après en avoir écrit quelques chapitres. Depuis lors elle ne paraît pas avoir été reprise, ou du moins aucune trace de continuation n'est parvenue jusqu'à nous.

Certes, nous ne craignons pas que l'on conteste ce que nous venons d'avancer, à savoir que la période comprise entre le milieu du ixe siècle et les premières années du xiie est une des moins connues de notre histoire, une des plus sombres aussi par le souvenir des désordres de tout genre et des malheurs qu'elle éveille. Il faut y distinguer toutefois deux époques : la première signalée par les incursions des Normands, puis par les troubles anarchiques qui accompagnèrent la décadence de la race carlovingienne ; la seconde comprenant, à partir de Hugues Capet, le xie siècle tout entier, et qui présente déjà une physionomie tout autre. La civilisation y reprend à pas encore mal assurés sa marche interrompue. C'est le temps où fleurissent les légendes et où, selon l'expression d'un auteur contemporain, les campagnes blanchissent sous les pieuses constructions qui s'élèvent de toutes parts. Dans l'ordre politique, le régime féodal s'organise et s'impose un système de lois savantes et compliquées. État social mauvais sans doute si on le compare aux temps modernes, mais qui n'en est pas moins un progrès réel sur l'âge précédent et qui procure aux populations, ainsi qu'on l'a déjà remarqué, un bien-être, une sécurité qu'elles ne connaissaient plus depuis la conquête.

C'est le tableau de ces deux époques si curieuses et si peu connues que le récit de nos hagiographes fait passer sous nos yeux.

Nous avons dit en second lieu que les rédacteurs de l'*Histoire des Miracles* étaient toujours pris dans le monastère de Fleury, parmi ceux que le suffrage de leurs frères désignait comme les plus éclairés et les plus capables. Il suffit, pour justifier notre assertion, de citer Aimoin et Hugues de Sainte-Marie, dont les noms sont familiers à tous ceux qui étudient notre histoire à ses sources. Cette circonstance est pour nous une garantie de l'intérêt, qu'en dépit de l'exiguïté de son cadre et de l'aridité de son sujet, l'auteur aura su répandre dans son œuvre. Tous les recueils de miracles, toutes les biographies de saints personnages, n'ont pas assurément la même valeur. Quelques-uns de ces ouvrages, écrits par de bons moines qui n'avaient pour eux que leur foi naïve, ne méritent guère de sortir de leur obscurité. Il n'en est pas de même des hagiographes de Saint-Benoît-sur-Loire. Ils eussent craint de rester au-dessous de la tâche qui leur était confiée, s'ils se fussent bornés à rapporter avec la sèche exactitude d'un procès-verbal les faits plus ou moins merveilleux qui parvenaient à leur connaissance. Lorsque l'occasion s'offrait à eux de faire quelques excursions dans le domaine de l'histoire proprement dite, ils la saisissaient d'autant plus volontiers qu'ils avaient au titre d'historien des prétentions dont font foi leurs autres ouvrages, et que la postérité a ratifiées pour quelques-uns d'entre eux.

Appelés à passer en revue des faits qui s'accomplissent sous des règnes différents, nos chroniqueurs n'ont pu s'abstenir de parler des princes qui se sont succédé sur le trône et des principaux événements qui ont signalé leur passage au pouvoir. Ainsi Adrevald, le premier auteur de la collection, jetant un coup d'œil rétrospectif sur les temps mérovingiens, a tracé un tableau si complet et si piquant de l'existence des rois fainéants, que les Bollandistes ont cru devoir le taxer d'absurdité et les Bénédictins tout au moins d'exagération. Il est cependant conforme à l'opinion généralement admise aujourd'hui sur l'état de dégradation dans lequel étaient tombés les tristes descendants de Clovis. Plus loin, le même écrivain donne quelques renseignements sur les comtes préposés par Charlemagne à l'administration des provinces centrales, et critique les choix faits par le grand empereur. Il traverse ensuite des époques en proie à l'anarchie, aux guerres civiles, et affligées par tant de malheurs qu'il était difficile qu'on n'en trouvât pas le retentissement dans son récit. L'éclatante protection que saint Benoît accorde à différentes reprises aux habitants de Fleury contre les ennemis qui les menacent continuellement, et particulièrement contre les Normands, l'amène, aussi bien qu'Aimoin, son successeur, à tracer le tableau des incursions de ces farouches pillards. L'état misérable de la France sous les successeurs de Charles le Chauve y est peint à grands traits, et mieux encore démontré par des faits particuliers de nature à faire une plus vive impression sur l'esprit du lecteur.

Ceux de nos hagiographes qui correspondent au xie siècle, de même que tous les historiens contemporains, s'imposent une grande réserve de jugements, une grande sobriété de détails sur la révolution qui porta la race capétienne sur le trône; mais ils sont beaucoup plus explicites sur les premiers princes de cette dynastie. Il y est souvent question du roi Robert et de ses enfants, et les dissentiments qui, à la mort de ce prince, éclatèrent entre sa veuve et ses fils, y sont racontés plus longuement peut-être que dans tout autre annaliste. Les guerres entre le roi de France et ses voisins, qui tous, depuis les grands vassaux, ses rivaux en puissance, jusqu'aux plus petits seigneurs, depuis le comte de Champagne jusqu'au seigneur du Puiset, bravent son autorité encore mal affermie, y occupent plusieurs chapitres.

Mais nous n'avons pas l'intention d'indiquer ici tous les renseignements que contiennent les chroniqueurs de Saint-Benoît sur notre histoire générale. Cela nous entraînerait au delà des bornes que doit avoir cette introduction. Sur ce point, nous ne pouvons que renvoyer le lecteur à la table sommaire des chapitres placée en tête de ce volume. Qu'il nous suffise d'ajouter que D. Bouquet et ses continuateurs ont inséré, dans les tomes IX et X du *Recueil des Historiens de la France*, d'importants fragments d'Adrevald et d'Aimoin : nul doute qu'André de Fleury, dont nous parlerons bientôt, n'eût obtenu le même honneur, s'ils eussent été à même de puiser dans son ouvrage.

En ce qui touche l'histoire locale, nombre de faits, de circonstances, d'indications géographiques et même de curieux épisodes dont elle peut faire son profit, se trouvent dans nos hagiographes, concernant l'Orléanais et les parties limitrophes du Nivernais, du Berry, de la Bourgogne, de tous les pays enfin où l'abbaye de Fleury avait des propriétés. Ici ce sont les comtes d'Orléans de la période carlovingienne, qui, pour avoir tenté de s'emparer des biens du monastère, sont jugés avec une sévérité qui trahit la rancune. Plus loin, ce sont les évêques de cette ville qui s'efforcent de ranger le clergé régulier de leur diocèse, qui résiste à leurs prétentions, sous leur autorité temporelle. Plus souvent encore, les mêmes auteurs nous font connaître les seigneurs contre lesquels les abbés et les moines de Fleury avaient à se défendre ; ceux de Sully, d'Yèvre-le-Chatel, et tant d'autres dangereux voisins. Les guerres privées de ces barons, celles que se faisaient entre eux plusieurs seigneurs d'outre-Loire, du Berry et du Limousin, y sont mentionnées fréquemment. Mais encore une fois, nous ne faisons que résumer ici, et par manière d'exemple, les principaux faits épisodiquement racontés dans l'*Histoire des Miracles*.

Enfin, est-il nécessaire d'ajouter que l'on y trouve une chronique de l'abbaye de Saint-Benoît-sur-Loire depuis sa fondation, mais plus suivie et plus développée depuis le milieu du ixe siècle jusqu'au commencement du xiie? A ces religieux, à ces écrivains, qui trouvaient à l'ombre de ses murs un refuge contre les agitations du monde et le calme si nécessaire à l'étude des lettres, rien n'était indifférent de ce qui pouvait augmenter la renommée et la prospérité de leur commune demeure, et ils saisissaient avec empressement l'occasion de le consigner dans leurs écrits. On ne lit pas sans intérêt les détails qu'ils nous donnent sur le gouvernement de leurs abbés, dont ils permettent, en plusieurs endroits, de reconstituer la liste. Ce qu'ils rapportent des incendies qui ont détruit la principale église du monastère et des travaux entrepris à différentes fois pour sa reconstruction, donnent à l'archéologue de précieux renseignements sur l'âge de ce monument, un des plus beaux et des plus curieux que nous ait légués le moyen âge.

Maintenant que nous avons apprécié à ses divers points de vue, quoique d'une façon bien succincte et bien incomplète, l'intérêt que présente pour l'étude de notre histoire le recueil que nous publions, il y a lieu, ce nous semble, de faire connaître en peu de mots les auteurs de l'ouvrage, et de faire la part qui revient à chacun d'eux dans l'œuvre commune. Dans la courte notice que nous allons leur consacrer, nous rectifierons, grâce aux documents nouveaux qu'il nous a été donné de consulter, quelques erreurs échappées aux Bénédictins, et particulièrement aux auteurs de l'*Histoire littéraire de la France*.

ADREVALD, avons-nous dit, fut le premier qui assuma la tâche de rédiger les miracles par lesquels saint Benoît signalait la haute protection qu'il accordait au monastère de Fleury. On ne sait rien de sa vie, si ce n'est qu'il avait embrassé de très-bonne heure la vie religieuse ; mais aucune incertitude ne peut s'élever sur le temps où il écrivait, car il nous apprend lui-même qu'il était encore enfant lorsqu'en 826, l'abbé de Saint-Benoît, Boson, reçut d'Hilduin, abbé de Saint-Denis, des reliques de plusieurs martyrs[1]. Il naquit donc au commencement du règne de Louis le Débonnaire. Il dit même formellement que les faits

---

1. Voir livre I, chap. xxviii, p. 65.

antérieurs à la mort de ce prince ne lui étaient connus que par tradition ou par le récit des anciens du couvent, mais qu'à partir de cette époque, il va raconter les miracles dont il a eu une connaissance personnelle [1]. On pense avec raison qu'il ne survécut pas beaucoup à Charles le Chauve; c'est, du moins, vers 878 ou 879 qu'il cessa d'écrire, et qu'un moine du même couvent, nommé Adelaire, reprenant la suite des événements, ajouta deux chapitres en guise d'appendice à son ouvrage.

Avant l'*Histoire des Miracles*, Adrevald avait écrit le récit de la translation des restes de saint Benoît d'Italie en France et de leur arrivée à Fleury.

Nous n'aurions rien à ajouter sur Adrevald si nous ne tenions à relever l'erreur des auteurs de l'*Histoire littéraire de la France*, qui ont voulu attribuer à deux écrivains différents cette histoire de la *Translation* et la relation des *Miracles*, donnant la première à un moine du nom d'Adalbert [2], et qui, cette idée une fois admise, ont poussé la prévention jusqu'à reconnaître deux styles, deux manières différentes dans ces deux ouvrages, qui sont bien certainement du même auteur.

L'unique fondement sur lequel ils appuient leur opinion est un distique de Raoul Tortaire, l'un des rédacteurs de notre collection, et dont, à ce titre, nous nous occuperons tout à l'heure. Voici ces deux vers, tirés

---

1. Voir livre I, chap. XXXII, p. 70.
2. *Histoire littéraire de la France*, t. V, p. 517.

d'une pièce que D. Rivet ne connaissait pas dans son entier :

> Patris [1] Adalbertus translatos edocet artus,
> Quædam gesta stilo subjiciens nitido.

Mais Aimoin, premier continuateur d'Adrevald et beaucoup plus rapproché de lui que Raoul Tortaire, qui n'écrivait qu'à la fin du xie siècle, lui attribue au contraire l'*Histoire de la Translation* et celle des *Miracles* en des termes qui ne laissent aucun doute : « Translationis vero ejus (S. Benedicti) sacri corporis ad hunc venerabilem locum, nec non signa, hic vel per Gallias, ipsius meritis gesta, vir disertissimus Adrevaldus, istius cœnobii monachus, scriptis inseruit [2]. »

André qui vient ensuite n'est guère moins explicite : « Post recensibiles Adrevaldi labores [3], » dit-il, et il ne fait aucune mention d'Adalbert.

D'un autre côté un manuscrit provenant de l'abbaye de Pressy et que les Bollandistes ont eu à leur disposition portait : « Adrevaldus qui et Adalbertus dicitur. » Cette mention aurait dû mettre les Bénédictins sur la voie et leur faire comprendre que la seule manière de tout concilier était d'admettre qu'Adrevald et Adalbert étaient le même personnage qui, ainsi qu'il arrivait fréquemment, avait en religion un autre nom que son nom véritable.

Enfin le témoignage même de Raoul Tortaire, le seul sur lequel s'appuie D. Rivet, doit être retourné contre

---

1. Id est Sancti Benedicti.
2. Voy. ci-dessous livre II, prolog., p. 92.
3. *Id.* livre IV, prolog., p. 171.

lui et ne fait que confirmer notre opinion. En effet nous avons eu sous les yeux la pièce entière d'où sont extraits les deux vers que nous venons de citer. C'est un opuscule dans lequel Raoul Tortaire a mis en quatrains élégiaques tous les miracles de saint Benoît, aussi bien des relations dues à ses prédécesseurs que la sienne. En tête de la partie qui revient à chaque auteur il place un distique à sa louange, et si, avant de versifier l'*Histoire de la Translation*, il dit : « Patris Adalbertus translatos edocet artus, » il ajoute aussitôt : « Quædam gesta stilo subjiciens nitido ; » ce qui se rapporte sans aucun doute à la narration des *Miracles*. Ce qui le prouve, c'est qu'il met en vers les deux ouvrages sans interruption, sans annoncer que la seconde est d'un nouvel écrivain, jusqu'à ce qu'il arrive à Aimoin. Évidemment, pour Raoul Tortaire comme pour les autres historiens de Fleury, les deux ouvrages n'avaient qu'un seul et même auteur, Adrevald et Adalbert n'étaient qu'une seule et même personne, et s'il s'est servi du second de ces noms, c'est qu'il entrait mieux dans la mesure de son vers. En voilà plus qu'il n'en faut sur ce sujet.

Pendant plus d'un siècle, c'est-à-dire depuis la fin du IXe siècle jusqu'au commencement du XIe, l'*Histoire des Miracles de saint Benoît* ne trouva pas de continuateur dans le monastère. Cela s'explique facilement. La France était alors en proie à deux grands fléaux, l'anarchie et les invasions étrangères, dont les localités riveraines des grands fleuves par lesquels pénétraient les Normands avaient particulièrement à souffrir. L'abbaye de Fleury était située sur les bords de la Loire, une des grandes voies ouvertes à ces hordes barbares. Les moines, sans cesse sur le qui-vive, étaient souvent forcés de fuir précipitamment et de chercher un refuge soit sous les remparts d'Orléans, soit dans les bois et solitudes de la Sologne, en emportant ce qu'ils avaient de plus précieux. Au milieu de cette vie un peu aventureuse, des désordres se glissèrent dans le couvent, le calme et la sécurité nécessaires aux études disparurent, le relâchement des mœurs et de la discipline étouffa le goût des lettres, interrompit les travaux commencés. C'est d'ailleurs l'histoire de presque tous les monastères pendant le xe siècle. Cet état de choses se prolongea à Fleury jusqu'à ce que saint Odon en reçut l'administration, et, d'une main sage et ferme qui gouvernait déjà l'abbaye de Cluny, y introduisit la réforme. Mais ce fut surtout dans les dernières années du xe siècle, sous le célèbre Abbon, que l'abbaye de Fleury, devenue un véritable foyer d'études religieuses, historiques et littéraires, s'éleva à son plus haut degré de prospérité, de splendeur, on peut le dire. Abbon, politique habile, conseiller influent du roi Robert, esprit universel, travailleur infatigable, a laissé de nombreux ouvrages qui n'ont plus pour nous un grand intérêt. Son principal mérite, à nos yeux, est d'avoir fondé à une époque d'ignorance une école qui devint bientôt très-fréquentée, et d'avoir formé par ses soins et ses exemples de studieux disciples, parmi lesquels en première ligne brille AIMOIN.

Ce n'est pas tant l'historien de la première race de nos rois qui doit nous occuper dans Aimoin que l'hagiographe et le chroniqueur de Saint-Benoît. Disons d'abord quelques mots de sa vie. On sait par son propre témoignage qu'il naquit en Périgord, à Villefranche, entre l'Isle et la Dordogne, d'une famille qui appartenait à la noblesse du pays. Il fit, dès sa tendre enfance, profession à Fleury, sous l'abbé Amalbert, qui gouverna l'abbaye de 979 à 985. Il eut Abbon pour maître avant de l'avoir pour abbé, et il lui voua une affection et un dévouement sans bornes. Aussi on peut s'imaginer quelle fut sa douleur lorsqu'il le vit assassiner à la Réole, où il l'avait accompagné. Les regrets que lui inspire la perte de son maître et de son père spirituel sont mêlés d'une certaine amertume et laissent entrevoir qu'il avait perdu en lui un utile protecteur.

Le travail fut son refuge. Ce fut alors qu'il entreprit de continuer l'*Histoire des Miracles* qu'il reprit au temps du roi Eudes et conduisit jusqu'au règne de Robert. Il en termina deux livres assez promptement et les dédia à Gauzlin, successeur d'Abbon en qualité d'abbé de Fleury et qui devint, quelques années plus tard, archevêque de Bourges. Mais ce n'était pas là son dernier mot sur ce sujet, et ce fut contre sa volonté qu'il interrompit le travail auquel il s'était voué avec une pieuse ardeur. En effet, dans l'épilogue placé à la fin de son second livre, il parle du désir qu'il avait de pousser plus loin son entreprise; il se plaint en termes assez vifs des faux amis qui l'engagent à se taire, et de ceux qui pensent avoir une plus large part s'ils trouvent à mordre à celle des autres : *si aliorum studiis lacerum infigunt dentem*. On peut même inférer de la préface d'André, son successeur, qu'Aimoin avait écrit quelques chapitres du troisième livre qu'il fut empêché de continuer[1]. Le prétexte, d'ailleurs, que l'on mettait en avant était très-honorable pour l'écrivain : on préférait, et c'était le vœu de la communauté tout entière, qu'il consacrât ses veilles à écrire la vie des abbés de Fleury depuis la fondation du monastère, travail qui demandait de plus longues et plus savantes recherches. Il n'est plus douteux pour nous que cet ouvrage, auquel il se livra avec son zèle et sa patience ordinaires, n'ait été mené à bonne fin, car André y renvoie plusieurs fois. Malheureusement, il n'est pas parvenu jusqu'à nous et c'est avec raison que Mabillon en déplorait la perte. La *Vie d'Abbon*, excellent et curieux opuscule, était le couronnement de tout l'ouvrage, qui contenait l'histoire des trente premiers abbés de Saint-Benoît-sur-Loire. C'est la seule partie qui nous en reste ; elle a été imprimée dans plusieurs des grands recueils dus aux Bénédictins.

Les auteurs de l'*Histoire littéraire de la France* ont avancé qu'Aimoin mourut vers l'an 1008, et cela sans aucun fondement à notre avis. S'il ne prolongea pas son *Histoire des Miracles* au delà des premières années du xe siècle, nous venons de voir que ce ne furent ni

---

[1]. « Cumque idem, post quatuor capitula rerum a se inchoati libelli, ad vitam Floracensium edendam abbatum se rogatu omnium vertisset fratrum, » etc. Voy. livre IV, prolog., p. 171.

les infirmités ni la mort qui l'en empêchèrent. A cette époque Aimoin était jeune encore, puisqu'il nous apprend lui-même qu'en 985, lorsqu'Abbon fut élu abbé, il ne faisait qu'arriver à l'âge de raison. Les travaux de longue haleine auxquels il se livra depuis la mort de son illustre maître, arrivée en 1004, à savoir les deux livres des *Miracles*, *l'Histoire des abbés de Saint-Benoît*, et d'autres peut-être dont nous ignorons la date, ne purent être accomplis dans l'espace de quatre ans. Si l'on prend en considération le temps qu'il fallut pour les terminer et la durée ordinaire de la vie humaine, on sera porté à penser qu'il prolongea sa laborieuse existence bien au delà du terme fixé par Dom Rivet et ses collaborateurs.

Ce n'est pas sans regret que nous passons aussi rapidement sur cet auteur qui mériterait une étude plus approfondie. Tel qu'il nous apparaît dans ses œuvres, Aimoin est une douce et mélancolique figure que l'on voudrait mieux connaître. Comme tant d'autres esprits supérieurs à leur époque, il chercha dans le cloître un abri contre les troubles et les dangers du monde, et dans l'étude un refuge contre les tracasseries du cloître. Pour nous, c'est le type accompli de ces moines studieux et intelligents qui savaient concilier la foi avec l'étude des lettres antiques, de ces moines amis des vieux livres, des vieilles chroniques, des vieilles traditions, et qui à ce titre ont mérité la reconnaissance de l'humanité, car elle leur doit de ne pas être séparée de son passé par une lacune que, quelques siècles plus tard, il n'eût plus été possible de combler.

ANDRÉ DE FLEURY, qui succède à Aimoin, est loin d'être aussi célèbre que son prédécesseur. Mabillon et les Bollandistes ne le connaissaient guère que de nom; ils n'ignoraient pas cependant qu'il avait rédigé la suite des *Miracles*. Dans leur III° volume de mars, ces derniers en ont publié un chapitre, en regrettant que l'ouvrage entier ne leur fût pas parvenu. André écrivit aussi la Vie de Gauzlin, abbé de Fleury et archevêque de Bourges; cet opuscule qui, outre sa valeur historique, contient de précieux renseignements sur la culture des lettres et des arts au commencement du xi° siècle, a été publié par M. L. Delisle[1]. Enfin, Montfaucon fait honneur à André d'un traité sur la Foi dont nous ne pouvons rien dire, si ce n'est qu'on ne le trouve pas dans le manuscrit du Vatican, le seul à notre connaissance qui nous ait conservé les œuvres d'André.

Dans l'*Histoire des Miracles* l'auteur donne sur lui-même quelques détails qu'il y a lieu de relever ici. On peut conclure de certains faits empruntés aux chapitres ix et x de son quatrième livre, qu'il était d'une famille noble et riche, car il nous apprend que pendant une famine son père pourvoyait chaque jour à la subsistance de deux cents pauvres. De bonne heure il manifesta son goût pour la vie religieuse et fit profession à Fleury, sous l'abbé Gauzlin. Nous sommes fixés sur le temps où il écrivait l'*Histoire des Miracles*; il annonce lui-même dans son prologue qu'il la commença la dou-

---

1. *Mémoires de la Société archéologique de l'Orléanais*, t. II.

zième année du règne de Henri Ier, c'est-à-dire en 1043. Il y travaillait encore après l'année 1056, puisqu'il y consigne plusieurs faits postérieurs à cette date. Sous le rapport du style, il est de beaucoup inférieur à Aimoin, qui auprès de lui peut passer pour un modèle de simplicité et de mesure. Ces qualités sont celles dont André se préoccupe le moins; il veut au contraire faire preuve de savoir et de bel esprit. A cet effet, il se livre à une fatigante recherche d'expressions peu usitées, d'assonances, d'antithèses puériles et autres ornements de mauvais goût dont les écrivains des âges précédents ne lui offraient que trop d'exemples. Mais on trouve dans les détails qu'il donne une compensation à sa prolixité, et on doit lui savoir gré d'avoir fait de son œuvre une sorte de chronique où il a fait entrer, autant que cela lui était possible, le récit des événements de son temps.

Raoul Tortaire, également moine de Saint-Benoît, est le quatrième auteur de cette collection. Le livre des *Miracles* qu'il rédigea est son seul ouvrage en prose; son goût l'entraînait de préférence vers la poésie latine, qu'il enseignait à l'école encore célèbre de Fleury. Ses œuvres poétiques, inédites pour la plupart, ne se trouvent plus que dans un manuscrit du Vatican. Faute d'avoir pu les consulter, les auteurs de l'*Histoire littéraire* ont donné sur Raoul une notice assez incomplète, que la lecture du manuscrit nous a permis de rectifier, en y ajoutant quelques renseignements sur l'auteur et la date de ses différents ouvrages. Si l'on élevait naguère quelques doutes sur le temps où il écrivait, toute incertitude à cet égard doit cesser aujourd'hui. Nous savons positivement que Raoul Tortaire naquit en 1063; qu'en 1108, il adressa à Galon, évêque de Paris, une longue épître ou plutôt une sorte de poëme dont le sujet est une expédition entreprise par le Normand Boëmond à la suite de la première croisade; que quelques années après il fit un voyage sur les côtes de Normandie, dont il mit la relation en vers; qu'enfin en 1117, renonçant à la poésie profane pour ne traiter que des sujets religieux, il commença par un poëme sur la vie de saint Maur.

Tout en se livrant à ces poétiques travaux, il écrivait l'*Histoire des Miracles de saint Benoît*. Sa relation comprend les faits qui se sont accomplis à partir des dernières années du roi Henri Ier jusqu'au commencement du xiie siècle. Mais il n'en faut pas conclure, comme l'ont fait les Bénédictins, qu'il cessa de vivre en 1114, parce que son continuateur reprit, à cette date, la suite des événements. Au contraire, nous venons de voir qu'en 1117, il promettait de se consacrer désormais à la poésie sacrée, et plusieurs compositions, qui portent un caractère exclusivement religieux, attestent qu'il vécut encore assez longtemps pour accomplir son vœu. Nous ne nous arrêterons qu'à la pièce dont nous avons déjà parlé, dans laquelle il met en vers toute la série des *Miracles*, aussi bien l'œuvre de ses prédécesseurs que la sienne. La relation de chacun est annoncée par un distique; il n'est pas hors de propos de citer ici ces vers où figurent les quatre premiers auteurs de ce recueil :

> Patris Adalbertus translatos edocet artus,
> Quædam gesta stilo subjiciens nitido.
> . . . .
>
> Hæc Aimoinus subnectit famine clarus,
> Compinxit laudes iste patris celebres.
> . . . .
>
> Quæ tibi de gestis scripsisse stupenda paternis
> Dicitur, Andreas, fistula nostra notat.
> . . . .
>
> Quæ nuper prosa, nunc digero carmine gesta
> Claruerit noster quæ faciendo pater.

Raoul Tortaire a réussi à faire entrer le récit de chaque fait miraculeux dans quatre vers élégiaques. C'est un tour de force sans doute; mais, ainsi que nous l'avons remarqué ailleurs, en s'imposant cette extrême concision, il a été forcé de supprimer tous les incidents, tous les détails de mœurs qui sont le plus grand intérêt de ces légendes; il en résulte qu'il a été droit contre son but, et qu'il en a fait disparaître la poésie en leur imposant les exigences étroites de sa versification. Quoi qu'il en soit, l'ensemble des miracles ne lui a pas fourni moins de mille vers. Il n'y a d'imprimé jusqu'ici que la partie correspondant à la relation d'André, que les Bollandistes, pour suppléer à l'ouvrage en prose de cet auteur, ont insérée dans leur IIIe volume de mars.

Hugues de Sainte-Marie, non moins connu sous le nom de Hugues de Fleury, parce que, comme ses prédécesseurs, il appartenait à cette abbaye, est le dernier des hagiographes de saint Benoît. Il a trop peu fourni à notre collection pour que nous nous étendions longuement sur son compte. L'appréciation des ouvrages historiques qu'il a laissés serait étrangère à notre sujet. On lui attribue généralement les premiers chapitres du livre incomplet qui termine ce volume. Ils paraissent peu dignes, par leur rédaction, de l'auteur du traité de la puissance royale, composition citée avec éloges par Dom Rivet. On peut présumer qu'ils sont un ouvrage de sa jeunesse, auquel il renonça pour se livrer tout entier aux recherches historiques et aux différentes chroniques qu'il entreprit.

Il nous reste, en terminant, à dire quelques mots de l'édition que nous offrons au public.

L'*Histoire des Miracles de saint Benoît* n'a jamais été publiée dans son entier. Les quatre livres rédigés par André de Fleury, aussi bien que le fragment attribué à Hugues de Sainte-Marie, sont restés inédits jusqu'à ce jour.

Les livres écrits par Adrevald, Aimoin et Raoul Tortaire, ont été imprimés plusieurs fois : d'abord en 1605, dans le recueil intitulé *Bibliotheca Floriacensis*, par le célestin Dubois, plus tard, dans le IIIe volume de mars des Bollandistes, et enfin par Mabillon dans les *Acta sanctorum ordinis S. Benedicti*. Mais le recueil de Dubois, outre qu'il présente un texte fort peu correct, est devenu rare. L'immense collection des Bollandistes n'est pas toujours facile à se procurer; il y a peu de bibliothèques de province qui la possèdent. Il en est de même des *Acta sanctorum ordinis S. Benedicti;* de plus, dans cette compilation, nos auteurs sont disséminés dans différents volumes. C'est ainsi qu'Adrevald a été placé dans le *Seculum II*, tandis qu'Aimoin et Raoul Tortaire figurent dans le *Seculum IV*, part. II.

Nous avons donc pensé qu'il serait utile de réunir tous les historiens des *Miracles de saint Benoît*, tant ceux déjà publiés que ceux restés inédits, dans un seul volume facile à consulter, et suivant l'intention de ces écrivains eux-mêmes, de faire un seul et même ouvrage de leurs rédactions successives. Nous avons cru répondre, en nous imposant cette tâche, au vœu exprimé par plusieurs érudits.

Pour arriver au but que nous nous proposions, il était indispensable d'avoir la relation écrite par André, que depuis longtemps il n'était plus possible de trouver autre part que dans un manuscrit de la bibliothèque du Vatican. On en conserve, il est vrai, une copie à la Bibliothèque Impériale, dans un recueil de pièces intitulé: *Varia historica et ecclesiastica*, IV, Blancs-Manteaux, 84, D. C'est une transcription qu'avaient fait faire à Rome les Bénédictins qui continuèrent les travaux de Mabillon. Si l'on s'étonnait d'après cela qu'ils n'aient inséré l'œuvre d'André dans aucune de leurs grandes collections, on pourrait répondre qu'il était trop tard, lorsqu'elle leur parvint, pour la faire entrer soit dans les *Annales Bénédictines*, soit dans les *Acta sanctorum ord. S. Benedicti*, où sa place était marquée entre Aimoin et Raoul Tortaire. Mais telle qu'elle nous est parvenue aujourd'hui, la copie dont nous parlons ne pouvait plus servir pour publier l'ouvrage d'André : outre qu'elle est très-fautive, seize feuillets, comprenant la fin du IIe livre et le commencement du IIIe, ont été arrachés au milieu.

Envoyé à Rome en 1855 par M. le ministre de l'Instruction publique, après avoir rempli l'objet principal de notre mission, nous nous sommes attaché aux manuscrits qui, de la riche bibliothèque de Saint-Benoît-sur-Loire, sont passés au Vatican, où ils font partie du fonds dit de la Reine de Suède. Celui qui contient les œuvres d'André de Fleury est un des premiers qui aient attiré notre attention. C'est un in-quarto sur parchemin, écrit sur deux colonnes et qui contient en tout 90 feuillets. Il porte actuellement le numéro 592. Sur la première feuille de garde on lit ces mots : *Andreas composuit hunc libellum*, d'une écriture peu différente de celle du manuscrit. Sur la seconde feuille une main, plus moderne de quelques siècles, a tracé ces vers :

> En l'an mil quatre cens et trente
> Charles le noble roy de France
> Fist ses Pasques à Jarguiau,
> De sesy bien me remembre
> Je le dy tout de nouveau.
> Fist venir par son ordenance
> Monseigneur de Saint Benoist l'abbé
> De quatre moenes accompagné,
> De quoy il fut moult bien prisé,

INTRODUCTION.

Pour faire le divin service
Comme appartient à sainte église.
De quoy le Roy fut bien content,
Le mercia moult gentement
Du plaisir que luy avoit fait
De quoy bénéfice il avoit.
Nous sommes bien à Dieu tenuz,
Nous en serons plus soutenuz
Des grans et petitz en verité;
Nostre Seigneur en soit loué. Amen.

Signé Bonnart.

La relation des *Miracles*, divisée en quatre livres, commence au folio 4 et continue jusqu'au folio 52, verso.

La *Vie de Gauzlin* vient ensuite et se termine au folio 75, recto.

Le reste du volume est rempli par des fragments du célèbre traité *de la Consolation*, par Boèce, avec des commentaires en regard.

Nous n'avons pas laissé échapper l'occasion qui nous était offerte de prendre une copie complète, et aussi correcte qu'il nous a été possible, de la relation des *Miracles*, sur un manuscrit qui, selon toute apparence, remonte à l'époque même où l'ouvrage a été composé.

Nous avons été moins favorisé pour le fragment que nous publions sous le nom de Hugues de Sainte-Marie, en ce sens que, ne connaissant aucun ancien manuscrit qui le contienne, nous le donnons d'après deux copies de date assez récente. L'une se trouve à la Bibliothèque Impériale, manuscrit 572, *Saint-Germain Latin.* T. XIII des *Fragments* de D. Estiennot; l'autre dans un recueil composé par Dom Chazal, prieur de Saint-Benoît-sur-Loire, sur les antiquités de cette abbaye. Ce recueil, qui date du siècle dernier, appartient à la bibliothèque d'Orléans et porte le numéro 270 [bis].

Quant à la partie déjà publiée, nous avons regretté de ne pouvoir la collationner en entier sur d'anciens textes. Un manuscrit de la bibliothèque de la ville d'Orléans, qui contient l'*Histoire de la Translation*, par Adrevald, un autre portant le numéro 12 de la bibliothèque municipale d'Alençon, où se trouve, au milieu de biographies de saints, le livre des *Miracles*, également rédigé par Adrevald, enfin trois manuscrits de la Bibliothèque impériale, le premier, n° 5323, provenant de Bigot, et deux autres de Saint-Martial de Limoges, inscrits sous les n°s 5824 et 2768 A, qui contiennent des fragments du même livre, sont les seuls que nous ayons pu consulter, et peut-être sont-ils les seuls qui existent en France. Forcés pour le reste, c'est-à-dire pour les livres composés par Aimoin et Raoul Tortaire, de recourir aux textes imprimés, nous nous en sommes rapporté de préférence à l'édition donnée par Mabillon dans les *Acta sanctorum ord. S. Benedicti.*

Nous le répétons en terminant, le principal mérite de notre édition est de réunir en corps, de rassembler en un seul volume tous les écrivains, tant inédits que publiés, qui ont concouru à la rédaction des *Miracles de saint Benoît*, et de présenter leurs récits sans interruption, sans lacune, dans leur ordre chronologique. En cela nous croyons avoir fait une œuvre utile et profitable à ceux qui pensent qu'on ne saurait trop étudier notre histoire à ses sources. Aujourd'hui les dépôts publics ont été fouillés avec trop d'ardeur et de patience pour qu'il soit permis d'espérer la découverte d'historiens inconnus. Dans le champ du passé, où moissonnaient nos devanciers et nos maîtres, nous ne pouvons que glaner. Les actes des saints, les relations de miracles offrent encore à l'érudition une veine peu explorée et plus riche qu'on ne pense. Nous serions heureux si notre publication montrait une fois de plus le fruit qu'on peut retirer de la lecture des hagiographes et fournir une application nouvelle de ce mot de Quintilien : *Plus habet in recessu quam in fronte promittit.*

SOMMAIRES

DES

CHAPITRES CONTENUS DANS CE VOLUME.

HISTOIRE DE LA TRANSLATION DE SAINT BENOIT,

PAR ADREVALD.

Ch. I. Invasion des Lombards en Italie; ils détruisent le monastère du Mont-Cassin. — II. Fondation du monastère de Fleury sous le règne de Clovis II. — III. Mummole, premier abbé, envoie en Italie Aigulfe, moine de Fleury, à la recherche des restes de saint Benoît. — IV. Des religieux partis du Mans pour aller chercher les reliques de sainte Scholastique se joignent à lui. — V. Arrivée d'Aigulfe au Mont-Cassin. — VI. Découverte miraculeuse du tombeau de saint Benoît. — VII. Aigulfe et ses compagnons emportent pendant la nuit les ossements du saint et ceux de sa sœur sainte Scholastique. — VIII. Le pape averti par un songe fait poursuivre les ravisseurs, mais inutilement. — IX. De retour en France ceux-ci s'arrêtent à Bonnée, dans l'Orléanais, où par la vertu des reliques quils apportent un aveugle recouvre la vue, — X. Un paralytique, l'usage de ses membres. — XI. Nouvelle guérison miraculeuse à Neuville. — XII. Les Manceaux réclament les restes de sainte Scholastique; difficulté qui s'élève à ce sujet. — XIII. Double miracle qui fait distinguer les os du frère de ceux de la sœur et en permet le partage. — XIV. Le corps de sainte Scholastique transporté au Mans est placé dans un couvent de femmes, bâti en son honneur. — XV. Celui de saint Benoît est conservé à Fleury dans la basilique de Sainte-Marie, miraculeusement désignée pour le recevoir.

PREMIER LIVRE DES MIRACLES DE SAINT BENOIT,

PAR ADREVALD.

Prologue. — Ch. I. Naissance de saint Benoît. Coup d'œil sur les princes qui gouvernent à cette époque l'empire Romain et le royaume des Francs. — II. Vocation de saint Benoît pour la vie solitaire ; renvoi au deuxième dialogue de saint Grégoire. — III. Saint Benoît fonde des asiles religieux à Subiaco. — IV. Il en est chassé par les criminelles intrigues d'un prêtre et se retire sur le Mont-Cassin. — V. L'eunuque Narsès appelle les Lombards en Italie ; les fils de Clotaire se partagent l'empire des Francs. — VI. Saint Benoît est averti par une révélation divine de la destruction de son monastère. Il se décide à envoyer en France ses meilleurs disciples. — VII. Départ de saint Maur et de ses compagnons. — VIII. Ils sont fortifiés dans leur entreprise par une lettre de leur père spirituel. — IX. Mort de saint Benoît et vision de saint Maur à cette occasion. — X. Résumé des événements qui se passent en Italie et en France. Les Lombards renversent le monastère du Mont-Cassin. — XI. Transport en France des restes de saint Benoît attesté par le témoignage de Paul Diacre. — XII. État de la France. Rois fainéants. — XIII. Pétronax relève le monastère du Mont-Cassin. — XIV. Gouvernement et exploits de Charles Martel, Pépin et Carloman ; retraite de ce dernier. — XV. Avénement de Pépin. Le pape envoie Carloman en France réclamer le corps de saint Benoît. — XVI. Pépin se rendant aux prières de son frère ordonne que les reliques lui soient rendues. — XVII. La volonté divine s'oppose à cette restitution. — XVIII. Charlemagne seul roi des Francs. Histoire de Rahon, comte d'Orléans ; il est puni de sa rapacité. — XIX. Privilége accordé au monastère de Saint-Benoît d'avoir sur la Loire quatre bateaux exempts d'impôts. — XX. Louis succède à Charlemagne. Le comte Eudes persécute les moines de Fleury. Vision d'un moine à ce sujet. — XXI. Défaite et mort du comte Eudes et de ses alliés. — XXII. Fête solennelle de saint Benoît. Pêche miraculeuse. — XXIII. Le bruit des miracles opérés à Fleury commence à se répandre. Guérison d'un boiteux. — XXIV. Châtiment d'un juge contraire aux intérêts de saint Benoît. — XXV. Procès avec l'avoué de Saint-Denis.

Un des juges, trop favorable à ce dernier, est privé de la parole.—XXVI. La piété de Chrétien, gardien de l'église, est récompensée. — XXVII. Troubles qui éclatent sous le règne de Louis le Pieux. Punition d'un soldat pillard.—XXVIII. Don fait à l'église de Fleury des reliques de saint Denis et de saint Sébastien. Affluence qu'elles attirent et miracles qu'elles opèrent. — XXIX. Guérison d'un boiteux. —XXX. Guérison d'un possédé. — XXXI. Autres miracles. — XXXII. Le vicomte Raculfe, devenu fou furieux, est amené à Saint-Benoît-sur-Loire et guéri. — XXXIII. Partage de l'empire entre les fils de Louis. Invasions des Normands et ravages qu'ils exercent.—XXXIV. Ils pillent et incendient l'abbaye de Fleury.—XXXV. Parjure puni par saint Benoît.—XXXVI. Gautier, évêque d'Orléans, relève les murailles de cette ville. Guérison d'une boiteuse.—XXXVII. Saint Benoît, invoqué par un pauvre homme dont la maison brûlait, arrête l'incendie. — XXXVIII. Invasion d'un domaine de Saint-Benoît réprimée.—XXXIX. Malheurs qui signalent le règne de Charles le Chauve. Audace des bêtes féroces ; enfant sauvé de la gueule d'un loup.

APPENDICE. — XL. Apparition de saint Benoît. — XLI. Dons de Charles le Chauve au monastère de Fleury. Nouvelles invasions des Normands sous ses successeurs. Une troupe qui menaçait l'abbaye est taillée en pièces par l'abbé Hugues.

DEUXIÈME LIVRE DES MIRACLES DE SAINT BENOIT,

PAR AIMOIN.

PROLOGUE à l'abbé Gauzlin. — CH. I. Résumé des événements du siècle précédent. Ravages des Normands ; destruction du palais de Cassignol. — II. Rainaud, chef normand, envahit le monastère de Fleury ; il se retire châtié par saint Benoît lui-même. Son image conservée dans le mur de l'église. — III. Mort de Robert et avénement de Raoul. Exemple de la sévérité de ce prince envers les spoliateurs des églises. — IV. Lambert, Odon, Archembaud, Vulfald, abbés de Saint-Benoît. Divers faits accomplis de leur temps. — V. Règnes de Louis d'Outremer et de Lothaire. Mort d'Arnout qui se faisait héberger arbitrairement sur un domaine de l'abbaye. — VI. Un des officiers de la reine Gerberge est puni dans l'église de Reims de son irrévérence pour l'autel de saint Benoît. — VII. Herbert, seigneur de Sully, qui envahissait les biens du monastère, est puni de mort.—VIII. Même châtiment infligé à un citoyen de Chartres qui soutenait contre les moines de Fleury une prétention injuste. — IX. Divers incendies; l'église de Saint-Pierre devient la proie des flammes, celle de Sainte-Marie est deux fois préservée par miracle. — X. Restauration des bâtiments de l'abbaye par l'abbé Richard après l'incendie de 974. — XI. Un architecte employé à ce travail tombe sans se faire de mal. — XII. Douze pauvres entretenus à Fleury aux frais du couvent. Guérison d'un boiteux. — XIII. Lampes entretenues dans le monastère de Fleury. Cierge allumé miraculeusement. — XIV. Chute d'un cavalier qui avait méprisé le pouvoir de saint Benoît. — XV. Une bande qui pillait les biens de l'abbaye est défaite par une troupe beaucoup moindre marchant sous l'étendard du saint. —XVI. Guerres privées en Aquitaine entre Boson, seigneur du Limousin, et Girauld, vicomte de Limoges, avoué de Saint-Benoît. Victoire de ce dernier. — XVII. Amalbert, abbé de Fleury. Énorme poutre remuée miraculeusement. — XVIII. Oilbold succède à Amalbert. Une barque se dirige d'elle-même au secours d'un moine en danger. — XIX. Dissentiment entre Arnoul, évêque d'Orléans, et l'abbé de Saint-Benoît au sujet du clos de la Bourie. Les moines viennent vendanger sous la protection des reliques des saints.

TROISIÈME LIVRE DES MIRACLES DE SAINT BENOIT,

PAR AIMOIN.

Ch. I. Avénement de Hugues Capet. Abbon est nommé abbé de Fleury, sa mort. — II. La basilique de Sainte-Marie, parée pour la fête de la Translation, est sur le point d'être incendiée. Signes manifestes de la protection du ciel. — III. Boiteux deux fois guéri. — IV. Situation de Sacerge; comment ce domaine passa entre les mains des moines de Saint-Benoît.— V. Adhémar, fils de Gui vicomte de Limoges, s'empare du château de Brousse et envahit Saint-Benoît-du-Sault; sa défaite; le châtiment s'étend à sa famille et à ses partisans. — VI. Hugues reprend le château de Brousse et détruit la partie appartenant à Adhémar. Cheval retiré d'un puits. — VII. Autre épisode des guerres privées entre les seigneurs d'Aquitaine. — VIII. Terrible châtiment d'un chevalier qui avait insulté un moine. — IX. Grande inondation de la Loire en l'an 1003. Bouvier sauvé des eaux. — X. Empiétement sur les domaines du monastère sévèrement puni. — XI. Translation à Fleury du corps de saint Paul de Léon. — XII. Un anachorète qui vient visiter ces reliques est sauvé du naufrage. — XIII. Avoué infidèle mordu par un chien enragé. — XIV. Un religieux de Saint-Aubin d'Angers, malade et maltraité par son abbé, est secouru par saint Benoît. — XV. Pressy, en Bourgogne, dépendance de l'abbaye de Fleury. Miracles opérés par les nombreuses reliques qui y sont conservées. — XVI. Bernard, seigneur bourguignon, éprouve le pouvoir de saint Benoît qu'il avait défié. — XVII. Guérison d'une femme boiteuse et muette. — XVIII. Autre femme guérie à Pressy. Enquête pour certifier l'authenticité de ces miracles. — XIX. Incendie qui menace de nouveau l'église et le monastère de Fleury. — XX. Une jeune fille noble, conduite d'abord aux monastères de Saint-Denis et de Saint-Martial, ne trouve sa guérison qu'à Fleury. — XXI. Deux aveugles recouvrent la vue à Saint-Benoît-du-Sault. — XXII. Épilogue.

QUATRIÈME LIVRE DES MIRACLES DE SAINT BENOIT,

PAR ANDRÉ DE FLEURY.

PROLOGUE. — CH. I. Le mal connu sous le nom de *Feu sacré* éclate en Aquitaine. Hisembert, prieur de Saint-Benoît-du-Sault, se rend processionnellement à Limoges avec les reliques de saint Benoît. Guérisons miraculeuses qu'elles opèrent. — II. Châtiment d'un cavalier qui avait fait passer son cheval sur les terres de saint Benoît. — III. Guérison d'une possédée. — IV. Ramnulf, seigneur de Belabre, qui mettait au pillage les biens de saint Benoît, est frappé de mort subite. — V. Autres persécuteurs punis et pénitence du comte Giraud qui les avait favorisés. — VI. Apparition de saint Benoît à des faneurs. — VII. Excursion du narrateur en Espagne. Jean, abbé de Sainte-Cécile, et son frère Bernard viennent embrasser la vie religieuse à Fleury. Monastère fondé à une journée de Barcelone. — VIII. Divers miracles qui s'y font par l'intervention de saint Benoît. — IX. Invasion de ce monastère par les Sarrasins. Un des infidèles, qui veut briser l'autel de l'église, se tue d'un coup de marteau. — X. Victoire remportée sur les Sarrasins par plusieurs chefs réunis du canton de Barcelone. — XI. La Sainte Vierge donne elle-même la nouvelle de cette victoire à un clerc sur le Mont-Gargan (le mont Saint-Ange, royaume de Naples).

CINQUIÈME LIVRE DES MIRACLES DE SAINT BENOIT,

PAR ANDRÉ DE FLEURY.

CH. I. Phénomènes observés en France en l'année 1038. — II. Aimon, archevêque de Bourges, assisté de ses suffragants, forme une association dans le but d'établir la paix dans son diocèse. — III. Succès de l'association qui la font détourner de son but. Aimon s'empare de vive force du château de Benecy. Quatorze cents malheureux qui y avaient cherché refuge sont brûlés ou massacrés. — IV. La vengeance divine ne se fait pas attendre. Aimon et les siens sont complétement défaits par Eudes de Déols. Stratagème employé par les adversaires de l'évêque. Plus de sept cents clercs périssent sur les bords du Cher. — V. Description du site de Châtillon-sur-Loire. Origine des biens que l'abbaye de Fleury y possède. — VI. Découverte du corps de saint Posen. — VII. Geoffroy, vicomte de Bourges, dispute un bois aux moines de Saint-Benoît; il est frappé de cécité au moment où il provoque ses adversaires au combat judiciaire. — VIII. Punition d'un serf qui veut se soustraire au pouvoir des religieux. — IX. Guérison d'un boiteuse et d'une possédée. — X. Un homme d'armes qui nie et tourne en dérision le pouvoir des saints est rudement châtié. — XI. Incendie de l'église de Châtillon. L'image de la Vierge et un crucifix de bois sont miraculeusement préservés. — XII. La foudre tombe sur le chariot d'un paysan qui travaille le jour de la fête de saint Benoît. — XIII. Différend entre l'abbé de Saint-Benoît et le chapitre de Saint-Étienne de Bourges. Singulière déconvenue du champion du chapitre. — XIV. Guérison d'une jeune aveugle. — XV. Guerre privée entre Gilon, seigneur de Sully, et Landry, comte de Nevers. Défaite de ce dernier et de ses partisans. — XVI. Histoire de Mathilde, fille de Gimon. — XVII. Église donnée en précaire à un clerc, disputée par ses héritiers aux moines de Fleury. Châtiment qui les amène à résipiscence.

SIXIÈME LIVRE DES MIRACLES DE SAINT BENOIT,

PAR ANDRÉ DE FLEURY.

Ch. I. Miracles à Dié, autre dépendance de Saint-Benoît dans le pays de Tonnerre. — II. Histoire curieuse de Stabilis, serf de l'abbaye, qui usurpait la qualité d'homme libre. — III. Châtiments infligés à l'avoué Gauzfrid et à son frère Robert, spoliateurs du monastère. — IV. Possession de l'abbaye de Fleury dans le Gâtinais. Chevalier, violateur du droit d'asile, forcé de donner satisfaction. — V. Miracles des bœufs et des chevaux qui refusent le service. — VI. Un prisonnier recouvre la liberté par l'intervention de la sainte Vierge et de saint Benoît. — VII. Helgaud, l'historien du roi Robert, construit une église à l'ouest du monastère de Fleury; il s'y fait des miracles. — VIII. Rapacité du cellerier du couvent punie par le ministère du diable. — IX. Mort d'un moine qui avait détourné quelques reliques des saints patrons de l'abbaye. — X. Danger de ne pas chômer le jour de la fête de saint Benoît, prouvé par plusieurs exemples. — XI. Présages et désastres de tout genre qui signalent l'année de la mort du roi Robert. Tableau de la misère des populations pendant trois années consécutives. — XII. Eudes, comte de Chartres, passant sur le territoire de Saint-Benoît, enjoint à ses gens de respecter les propriétés des moines. Mort d'un soldat qui enfreint ses ordres. — XIII. L'église de Germigny, bâtie par Théodulfe, évêque d'Orléans, est restaurée par l'abbé Hugues. Miracles qui s'y font. — XIV. Avénement de Henri, roi de France. Pourquoi il reçoit le surnom de *Municeps*. — XV. Hostilités et intrigues de la reine Constance, sa mère. Elle retient plusieurs villes du royaume. Henri s'empare de Poissy. — XVI. Il assiége le Puiset. Constance réfugiée à Pontoise fait sa soumission. — XVII. Le roi tourne ses armes contre Eudes de Chartres, et le force, lui et tous les autres rebelles, à reconnaître son autorité. — XVIII. Exploits de Hugues de Mortagne. Hugues Bardulf s'empare de Pithiviers. Henri reprend cette ville après un siége de deux ans. — XIX. Seconde destruction du château d'Yèvre. Miracle opéré dans l'église de Saint-Martin de Boilly. — XX. Hérésie de l'année 1022 réprimée. Doctrines des hérétiques. — XXI. Événements de l'année 1037. Malheureuse expédition du comte Eudes en Lorraine.

SEPTIÈME LIVRE DES MIRACLES DE SAINT BENOIT,

PAR ANDRÉ DE FLEURY.

Ch. I. Thibaud et Étienne, fils d'Eudes de Chartres, se partagent ses possessions et cherchent à s'agrandir aux dépens du roi de France. — II. Le roi tient tête à ses adversaires et fait alliance avec Geoffroi, comte d'Anjou. Celui-ci vient assiéger Tours et repousse les troupes de Thibaud accourues au secours de la ville. — III. Phénomènes observés en 1044, année de la mort de la reine Mathilde, femme de Henri. — IV. Arnaud qui succède à Gauzlin en qualité d'abbé de Fleury, est dépouillé par les intrigues d'Azenaire, qui lui-même est forcé de se retirer trois ans après. — V. Hugues lui succède. Diverses guérisons merveilleuses opérées de son temps à Saint-Benoît. — VI. Guérison d'un paralytique. Punition d'un parjure. — VII. Histoire d'un Breton poursuivi par le diable qui recouvre à Fleury la tranquillité. — VIII. Herbert, chevalier, captif dans le château de Montreuil, est délivré par saint Benoît et se reconnaît homme du monastère. — IX. Souvenirs personnels de l'auteur; miracle dont il est témoin. — X. Quelques détails sur ses parents. Son père pendant une famine nourrit plus de deux cents pauvres. — XI. Abbon revient châtier le moine Helgaud qui laissait agiter témérairement certaines questions. — XII. Concerts célestes entendus de nuit dans l'église de Fleury. — XIII. Visions du moine Gunfred. — XIV. Le monastère paraît environné de flammes en 1056. — XV. Apparition de saint Benoît; il déclare à l'abbé du Mont-Cassin que ses restes mortels sont ensevelis à Fleury. — XVI. Honneurs qui leur sont rendus par les abbés. — XVII. Incendie du monastère.

HUITIÈME LIVRE DES MIRACLES DE SAINT BENOIT,

PAR RAOUL TORTAIRE.

Ch. I. Mort d'Eudes, frère du roi Henri, attribuée à son peu de respect pour les possessions de Saint-Benoît. — II. Les animaux n'échappent point aux châtiments d'en haut. Exemple tiré d'une meute de chiens. — III. Porcs devenus furieux pour avoir pénétré dans l'église de Germigny. — IV. Spoliateur du monastère puni. — V. Autre exemple concernant les animaux, tiré d'un paon. — VI. Un avoué du monastère, homme de violence et de rapine, est puni de mort. — VII. Châtiment encouru par un parjure. — VIII. Malade guéri du feu sacré par la vertu des reliques de saint Benoît. — IX. Autre exemple d'un miracle semblable. — X. Une femme qui travaillait le jour de la Purification est punie, puis guérie par saint Benoît. — XI. Condition des serfs. Contestation au sujet d'un serf dont le père avait appartenu à l'abbaye de Fleury. Détails sur le duel qui la termine. — XII. Danger de ne pas célébrer la fête de la Translation de saint Benoît. — XIII. Guérison d'une boiteuse. — XIV. Un moine à l'extrémité recouvre la voix pour faire sa confession. — XV. Albéric de Châtillon-sur-Loing périt pour avoir bravé l'excommunication par lui encourue à cause de ses déprédations. — XVI. Mort misérable de son frère Séguin, qui suivait la même voie. — XVII. Immunité du cimetière d'Ausson. Les propriétés de saint Benoît doivent être respectées. — XVIII. Autre exemple à l'appui. — XIX. Un pénitent enchaîné vient à Fleury où ses liens se brisent d'eux-mêmes en signe de rémission de ses péchés. — XX. Les reliques de saint Maur, portées processionnellement à l'église du bourg de Fleury, font cesser une maladie contagieuse. — XXI. Miracle du Saint-Vinage à Château-Gordon. — XXII. Où sont conservés les bras de saint Maur. Miracles opérés par leur vertu. — XXIII. Vexations exercées par les Poitevins en Gascogne. Soldat châtié par saint Maur. — XXIV. Résumé de l'histoire du temps. Les auxiliaires du roi Philippe Ier sont mis en fuite par Hugues du Puiset. — XXV. Nécessité de reconstruire l'église de l'abbaye de Fleury et de transporter les reliques du saint dans une autre châsse. Les morceaux de l'ancienne font des miracles. — XXVI. Un frère quêtant pour l'œuvre de l'église guérit un malade dans l'église de Vitry. — XXVII. Incendie du bourg de Fleury en 1095. L'abbaye est préservée. — XXVIII. Aveugle rendu à la lumière. — XXIX. Guérison d'un possédé. — XXX. Un ouvrier qui travaillait à la voûte de l'église tombe d'une grande hauteur sans se faire du mal. — XXXI. Un fou recouvre la raison. — XXXII. Punition d'une femme qui persiste à travailler le jour de la fête de la Translation de saint Benoît. — XXXIII. Autre exemple pour le jour de la Tumulation. — XXXIV. Guérison d'un impotent. — XXXV. Seigneur puni de sa rapacité. Amende honorable de ses parents. — XXXVI. Une bande de pillards précédée d'un jongleur ravage les possessions de Saint-Benoît. Un grand nombre se noie dans la Loire. — XXXVII. Un jeune homme devenu fou par suite de maléfices recouvre la raison dans l'église de Fleury. — XXXVIII. Miracles opérés dans le monastère de Pressy et ses dépendances. — XXXIX. Punition réitérée d'un pêcheur. — XL. Un muet recouvre la parole. — XLI. Un aveugle la lumière. — XLII. Nouvel exemple du Saint-Vinage pour la guérison d'un aliéné. — XLIII. Autel miraculeusement préservé du feu. — XLIV. Un pendu reste sain et sauf par le pouvoir de saint Benoît. — XLV. Un voyageur échappe aux démons qui le poursuivent. — XLVI. Les violences d'un seigneur envers un paysan de Saint-Benoît reçoivent leur châtiment. — XLVII. Guérison de deux boiteux. — XLVIII. Restitution du vin enlevé aux moines de Pressy.

NEUVIÈME LIVRE DES MIRACLES DE SAINT BENOIT,

COMMENCÉ PAR HUGUES DE SAINTE-MARIE.

Prologue. — Ch. I. Captif délivré par l'intervention de saint Benoît. — II. Guérison d'un énergumène. — III. D'une jeune fille possédée. — IV. De deux muets. — V. D'une femme boiteuse. — VI. Une autre boiteuse est guérie deux fois par les mérites du saint. — VII. Une muette recouvre la parole. — VIII. Autre miracle accompli à Fleury pendant le séjour de Louis le Gros. — IX. — Guérison d'André, Italien d'origine. — X. Apparition de saint Benoît à un muet, à qui il rend l'usage de la voix. — XI. Trois guérisons miraculeuses opérées en 1118.

MIRACULA
SANCTI BENEDICTI.

HISTORIA
TRANSLATIONIS S. BENEDICTI[1]

AUCTORE

ADREVALDO MONACHO FLORIACENSI.

I. Cum diu gens Longobardorum infidelitatis suæ tenebris carere noluisset, et jugum Domini ferre detractans, eos qui ferebant impugnare decrevisset, Italiam venit nominis Christiani gratia impugnandi et suo eam dominio subjugandi; cujus incolas occultum Dei judicium ejus mucroni tradidit feriendos. Quæ gens longe lateque suæ cædis extendens crudelitatem, Beneventanam aggressa est expugnare provinciam; cujus urbes terræ coæquans, monasteria villasque depopulans, non minimas Christianorum strages dedit. Oves enim dominicas ab ovilibus exclusas diversa cæde lacerans, ovilia Domini evertebat, ita ut in eremi

---

[1]. L'*Histoire de la Translation*, bien qu'elle forme un livre à part, doit être comprise, ce nous semble, dans l'*Histoire des Miracles*. Elle en est du moins l'introduction obligée.

vastitatem loca prius desiderabilia conversa viderentur. Unde, inter cætera facinora sua, monasterium eximii patris Benedicti depopulans, rebus omnibus inhabitabile reddidit. Quod quomodo contigerit legenti B. Gregorii secundum Dialogorum librum clarum est[1] : qui omnia hujus sanctissimi viri opera claro stilo persecutus, inter cætera narrat eum prophetiæ spiritu cognovisse atque prænuntiasse, ablatis rebus omnibus, idem monasterium eversum iri.

II. Hac itaque patrata eversione, et multis effluentibus annorum curriculis, idem locus ad eremum redactus, cœpit esse ferarum, qui prius fuerat habitatio hominum; usque quo regni Francorum gubernacula adeptus est Chlodoveus, filius Dagoberti; qui, ut erat vir nobilissimus, rerum administratione publicarum miro callebat ingenio. Idem etiam rex, cum egregiis polleret moribus, petitionibusque justis et servitio Dei aptis adsensum præberet, interpellatus est a bonæ memoriæ viro Leodebodo, patre monasterii sancti Aniani[2], quod est situm prope mœnia urbis Aurelianæ, ut monasterium ordini monastico congruens sibi liceret construere in agro Floriacensi; datis pro eodem agro in mutua vicissitudine prædiis, quæ sibi a paren-

---

[1]. La vie de saint Benoît, écrite en forme de dialogue par le pape Grégoire le Grand. Les Bénédictins placent vers l'an 580 la destruction du premier monastère du Mont-Cassin par les Lombards. *Act. S. O. S. B.*, Sec. I, Præf.

[2]. Ce monastère, qui fut longtemps en dehors de l'enceinte fortifiée d'Orléans, s'appelait alors Saint-Pierre-aux-Bœufs; il ne prit le nom de Saint-Aignan que plus tard, lorsque les restes du saint protecteur de la ville y eurent été transportés.

tibus jure hereditario relicta possidebat. Namque idem ager, Floriacensis scilicet, regalis tunc fiscus erat. Quibus auditis, rex libentissime ejus precibus annuit, et desiderium illius, quod diu dilatione creverat, compleri judicavit. Igitur ab utrisque partibus mutuæ commutationes factæ sunt : memorato abbate dante quod a genitoribus ei relictum est prædium; et rege supradicto, reciproca vicissitudine, pro eo, agellum quemdam Floriacum cognominatum cum appendiciis, haud longe a littore Ligeris. Quod testamentum mutuæ vicissitudinis usque hodie in archivis publicis nostri reservatur monasterii. Prædictus autem vir Domini Leodebodus, hoc negotio peracto, nequaquam oblitus sui destinationem desiderii, in supradicto agello cœpit ædificare habitationes utiles monachis. Quod opus, sagaci insistens industria, mirifico consummavit effectu; ædificansque ibi basilicam in honore sancti Petri, itemque aliam in honore sanctæ Mariæ, Domino dedicari voluit. Mox etiam, ut præparata habitatio non inanis esset et sine habitatoribus, collegit ibidem quam plures ad Domino serviendum sub norma regulæ vivere paratos; patremque eos abbatem his præfecit nomine Mummolum [1]; qui quamdiu rebus humanis interfuit, ut idoneus pastor, gregis sibi commissi sollicite curam exhibuit.

III. Igitur cum, processu temporis evolventibus

1. Il paraît que Mummole ne fut que le second abbé de Fleury. C'est du moins ce qui résulte d'une liste des premiers abbés de Fleury qui se trouve à la suite d'une note concernant Theodulfe, dans le ms. 1720, ancien fonds latin, de la Bibl. imp.; d'après lequel Baluze l'a publiée.

annis, supradictus Leodebodus corpore exemptus, sicut credimus, cœlicas recessisset ad sedes, jam dictus Mummolus gregis commissi custodias optime servans et lectioni assidue studium dans, inter cætera reperit in libris beati ac præcellentissimi viri Gregorii, Romani antistitis, quomodo sanctus ac Deo dilectus Benedictus agonis sui cursum in Beneventana provincia consummaverit; recordansque quia isdem venerabilis pater, oraculo divino admonitus prævidensque futuros casus, prædixerit illud monasterium funditus evertendum, et quod ille spiritualibus oculis, iste oculis patratum carneis conspiciebat, misit ad prædictam provinciam unum ex commilitonibus, nomine Aigulfum, monachum. Sic namque sibi fuisse revelatum divinitus dicebat, ut prædictus vir illuc pergens, corpus jam dicti transferret Benedicti. Fuit namque idem Aigulfus venerabilis vir et Deo omnimodo placere gestiens; qui quantæ sanctitatis fuerit, cujusve virtutis, finis probavit, in quo omnis laus secure canitur. Namque cum bonis polleret operibus et in monasterio Lirinensi, ob bonorum studium operum, peteretur aliquantisper, exempli gratia, remorari, a contrariis religioni divinæ insidias perpessus, ad palmam martyrii usque pervenit : cujus etiam passio penes nos habetur.

IV. Non dispar interea huic visioni in Cinomannica urbe apparuit visio, ut scilicet pergentes et ipsi in eamdem provinciam, corpus transferrent sororis S. Benedicti, Scholasticæ nomine, ut quos unius urnæ habebat spatium, simul transferendi ostenderentur. Cum igitur utrimque laboraretur, quatinus visionis manifestæ non segnes invenirentur executores, paucis admodum diebus transactis, a supradicta Cinomannica urbe egressi, oraculi divini auditores carpebant iter Italiam ducens; divertentesque in monasterium Floriacum hospitandi gratia, compererunt præfatum virum Aigulfum, præceptis abbatis sui obsequentem, idem velle iter arripere.

V. Igitur communi decreto cœptum opus simul statuunt peragere, junctique simul tamdiu indivisibiliter adhæserunt quousque Romam venientes B. Petri basilicam oraturi intrarent. At cum in eadem urbe, sub obtentu visendorum sanctorum locorum a se invicem dividerentur, ut rei autem habet veritas, negotium quod cœperant perfecturi, memoratus Aigulfus, intermissis interim his quæ palam ostentaverat velle, locorum scilicet sanctorum circuitionibus, expeditioni operam dedit; certans ocius perficere quod sibi injunctum fuerat sanctum mandatum. Tandem itaque pervenit ad locum castri quod vocatur Cassinum[1], ibidemque paullisper itineri finem imponens, exspectabat eventum rei, orans illum qui visionem superius prolatam revelare dignatus est, quique se ad hoc opus destinaverat, ut non in vacuum tantum iter consumi vellet, sed sicut promiserat thecam thesauri sui ei revelare dignaretur.

VI. Cum itaque alicujus signi causa capiendi loca peragraret, et huc illucque circumspiciens oculorum

---

[1]. Le Mont-Cassin, dans la terre de Labour, royaume de Naples.

orbes volveret, sedulus explorator, conspiciens eum homo quidam multorum annorum crebro id agentem, sic eum prior affatur: « Heus tu, inquit, quibus ab oris nostras adisti sedes, cujusve negotii gratia? » Ad hæc ille non indagini illius ausus est propalare commissum sibi decretum; sed cum iterato super ipsa re interrogaretur, ipse tamen negotium divulgare metueret, hæc ab eodem sene audivit : « Cur, inquit, me secreti tui non efficis conscium? Nam si delatoris scandalum caves, securus esto, in me tutam reperies fidem; et si dictis meis fidem accommodaveris, fortassis etiam negotio tuo profuturum erit. » Ista vero cum prædictus Dei famulus auribus hausisset, cogitans quia in antiquis est sapientia et rerum præteritarum cognitio, reputans etiam, sicut postea rei probavit eventus, propter hoc ipsum eum Dominum præmisisse, compellanti ex ordine rei gestæ texuit historias : qua causa venisset, quæque visio propter hanc rem sibi fuerit demonstrata. Ad hæc senex paullulum terræ defigens adspectum, vocemque infra fauces comprimens, sic demum ora resolvit : « Si mihi quæ pro tali munere debentur præmia digna rependis, Deo favente, puto me ocius negotio finem perfectionis imponere, quatinus his pro quibus laborem tanti itineris assumpsisti peractis, ovans ad propria repedare queas. » Hujus ergo verba cum vir perorantis audisset : « Nulla, inquam, erit in munere dando difficultas quin omnia quæ a me poscis dem, tantum est ut, promissionis tuæ memor, dicta factis recompenses. » Ad hæc ille : « Cum, inquit, lucifugæ noctis tempora conticiniique metas propinquare prospexeris, tu ne ad modicum quidem indulge quieti; sed tecti adyta linquens, nudo sub aeris axe indefessus speculator adesto. Cumque solitudinis hujus locum aliquem lumine clarissimo radiare conspexeris, nivei montis instar, notato certa mente locum; namque ibi inveniendum est unde tuæ curæ finis imponatur. »

VII. Igitur prædictus vir verbis fidem dans, ardens autem desiderio, primo quietis somno percepto, stratu sese excutiens, præceptorum senis haud segnis obtemperator exstitit. Namque prædictæ solitudinis plagam respiciens, conspicit eminus locum lumine claro micantem, ceu cum luminaribus facibusque densis locus aliquis perfusus illustratur. Quibus visis reverendus heros, gaudio magno repletus, mundi Gubernatori et sæculorum Rectori benedicens, in iisdem laudibus noctis terminum exspectabat. Qui cum diu præstolatus affuisset, solisque globus necdum jubare suo mundi spatia ampla compleret, ad locum intrepidus properat cujus notator exstiterat; ibique sicut longe optaverat cuncta inveniens, prosperatori itineris sui grates innumeras rependit. Namque locum adiens, loculum ibidem invenit, exterius quidem vilem, interius autem retinentem magni pretii margaritas. Pro foribus autem petræ scilicet superpositæ præfixa erant notamina, quorum interius busta jacebant. His sicut diu optaverat inventis, patefacto a latere evacuatoque locello, thesaurum inventum unius sportellæ conclusit sinu : quæ sporta hactenus penes nos quasi nova habetur. Quibus patratis omnibus, improviso adsunt socii, quos supra sermo retulit a Cinomannica urbe profectos, quærentes et ipsi non quæsita diu benedictione frustrati. Tuncque primum sibimet mutuo patefacere sui itineris causam, quia scilicet et ipsi, revelatione divina admoniti, ad corpus B. Scholasticæ ierant deferendum; moxque cum festinatione retrogradum iter arripientes, festinato simul regredi curabant, portantes quas invenerant dono divino pretiosissimas margaritas.

VIII. Bajulis sanctorum corporum Benedicti et S. Scholasticæ, sororis ejus, celeriter repedantibus, jamque oras finium suarum attingentibus, vox alta divinitus per alta silentia noctis prohibuit eos moras innectere in eundo. Eadem hora papam Romanum per visionem quidam adsistens talia compellare visus est : « Cur te piger somnus temporibus pressis negat, stratibus relictis, custodiam tuæ habere provinciæ? Et quare, dimissis publicis, utilitatibus propriis implicaris? Namque, ut quod dico palam sit, noveris te magnorum virorum patrociniis carere, Benedicti scilicet atque Scholasticæ, sororis ejus, quorum corpora quidam a Galliæ oris huc adventantes illuc ferunt humanda. » His auditis Romanus antistes, protinus relicto thoro, arma comitesque inquirit, ac persequi conatur recèdentes, junctis sibi Longobardorum auxiliis. Hac itaque famuli Dei visione accepta, formidantes alicujus incommoditatis tristem accessum, respiciunt retro videntque se subsequi ab hostibus; tuncque timore pleni terræque consternati, rogabant eum qui suorum famulorum corpora eis revelare dignatus est, ut ea illis ad locum destinatum præciperet deferre ; quorum precibus divinæ Pietati annuere libuit. Nam Omnipotentis potentia tenebrarum densitate ita eos occuluit, ut sibi quidem nil obesset, persecutoribus vero eorum omnem facultatem se inveniendi auferret, sicque famuli Dei, malorum timore sublato, ocius redirent.

IX. Tandem igitur, quamquam laboriose, salubriter tamen tanto confecto itinere, in prædiolum quoddam diverterunt, Bonodium nomine [1], situm in pago Aurelianensi, lassitudine cogente. In quo loco cum paullisper indulgerent quieti, ecce quidam sine oculis materno fusus utero advenit, magnisque vocibus oris ac fidei sanctum interpellabat, ut quæ natura negaverat sibi lumina præstaret. Igitur dum his verbis perstaret, parvo intervallo atque vix una hora effluente, discussa caligine cæcitatis, lumen sibi diu negatum cœpit adspicere, et datorem illius simulque B. Benedictum magnis laudum vocibus extollere.

X. Placuit etiam Divinitati huic miraculo aliud in eodem loco conjungere, ut quantæ sanctitatis esset cujus corpus portabatur ostenderet. Namque debilis quidam qui erectus ire nequibat per terram, repando se trahens, utpote qui ex omnium membrorum officio destitutus erat, advenit implorans auxilium ab omnipotente Deo per famulum illius Benedictum. Itaque miro modo cœperunt se nervi diu contracti extendere et aridi diu meatus venarum sanguinis inundatione humectari; atque ita, Deo volente, accepto robore, lætus super pedes constitit, et curatori suo magnis vocibus benedixit. Qui locus hactenus basilicam retinet Domino in honore B. Benedicti dicatam.

1. Bonnée, à six kilomètres environ de Saint-Benoît, canton d'Ouzouer-sur-Loire, département du Loiret.

XI. Cumque ab eodem loco moveri placuisset, aliud prædiolum adeunt, mille quingentis ferme passibus a monasterio quo tendebant distans, Novavilla cognomine [1]. In eo etiam cum aliquantulum eis requiescere placuisset, obviam eis quidam cæcus factus est; qui magno impetu ferociter facto, sportam qua beati viri cinis portabatur apprehendit. Quem vir Domini Aigulfus moderata studuit correptione castigare, atque ab illicita præsumptione revocare. Sed ille quem lumen amissum contristabat, respondit nullo modo se posse ab ea divelli, nisi quam primum lumen reciperet; pronuntiavitque se tantæ fidei esse, ut quidquid peteret S. Benedictus, Domino sibi annuente, tribuere posset.

XII. Post hæc vero, cum in eundo nulla mora fieret, agmina monachorum cum plebe territorii Aurelianensis obviam eis processerunt miliario a monasterio, in vico qui dicitur Vetus Floriacus [2]; ibique cum gaudio et lætitia atque honore magno exceperunt corpora sanctorum supradictorum, sub die quinto iduum Juliarium. In eodem quoque loco, die illo, eamdem solemnitatem cum ingenti lætitia in Dei laudibus peregerunt. Cum igitur ibi moræ fierent, plebs Cinomannicæ urbis, cujus supra diximus fuisse cives qui pro afferendo corpore B. Scholasticæ ierunt, affuit obviam procedens cum civibus suis, quos pro deportando cœlesti thesauro emisisse gaudebant. Sed, cum

1. La mairie de Neuville, près Saint-Benoît.
2. Au siècle dernier, il existait encore à Fleury-le-Vieil, hameau situé tout auprès de Saint-Benoît-sur-Loire, une chapelle dédiée à sainte Scholastique.

ad prædictum locum veniens, cognovisset rei veritatem et actus omnes venerabilis viri Aigulfi, postulabat eum ut sibi munus promissum atque a Deo demonstratum concedere deberet. Sed isdem venerabilis vir respondit, se nequaquam velle sanctorum germanorum corpora ab invicem separare; sed sicut eos in priori monumento simul fuisse conditos, ita in secundo indivisibiliter componere velle testabatur. Tunc vero nobiles quique atque sapientes his contradixere verbis: justum non esse dicentes, ut quos divina voluntas participes fecerat oraculi cœlestis, et qui simul locum sanctorum thecæ corporum adissent, quique in subeundo pares labore fuerant, non etiam fructus laboris æque partirentur. Maxime vero non esse dignum dicebant, ut duo magna luminaria loci unius coartaret angustia, cum sufficerent singulis locis singula. Tandem igitur sæpe dictus vir venerabilis Aigulfus consiliis venerandorum virorum assensum dedit; decrevitque, ut ipse cum suis, retento corpore S. Benedicti, socios suos cum corpore sororis ejus dimitteret.

XIII. Sed quia certum non erat qualiter discerni ossa potuissent, quæ confuse unius sportellæ sinus retinebat, facta difficultate discernendi, ad hoc consilium ventum est, ut ea quæ minora viderentur ossa separatim ponerentur, majora vero altrinsecus congregarentur. Dum igitur dividens hæsitaret et certum quid judicari non posset, Divinitati huic ancipiti sententiæ taliter finem imponere placuit. Nam cum continuis Divinitatem precibus noctis spatium utrique populi, pro tanto sibi manifestando negotio, pulsavissent, facto mane, conspiciuntur eminus duorum parvulorum exsequiæ cadaverum, quorum unum erat masculini sexus, alterum feminei. Igitur salubri accepto consilio, ad se exanimata corpora deferri jubent. Quod cum factum esset, masculi corpus prope ossa poni fecerunt, quæ magnitudine præstare videbantur; miroque modo mox, ut mortui mortua tetigere ossa jacentis, per mortuum mortuo et vita reddita est. Similiter autem eis placuit, ut penes minora mortuæ puellæ corpus poni deberet. Deus autem, ut demonstraret germanos esse qui ferebantur merito, quemadmodum carnis una procreatione, uno eodemque tempore, pares merito, pares esse voluit in miraculo; ita ut puella eadem hora ab officio funeris surgeret, et quæ a flentibus amicis portabatur ad tumulum, iisdem gaudentibus, rediret domum. Antiquum namque inusitatumque post Helisei actum revocatum hoc constat miraculum, quia omnipotentis Dei manus, ut demonstraret B. Benedictum nec novis nec antiquis patribus imparem merito, parem illum extulit prophetarum operibus; completurque veridica vox veritatis promittentis: « Qui crediderit in me, opera quæ ego facio faciet. » Omnes igitur lætis animis magnisque vocibus benedicunt Dominum, qui quæ sibi occulta fuerunt luce clarius propalare dignatus est.

XIV. Igitur sublata omni ancipiti sententia, quæ super corporibus discernendis diu eorum animos occupaverat, plebes Cinomannicæ ad corpus Scholasticæ salubriter verterunt. Quod summa celeritate levatum imponentes scapulis, cum gaudio ad proprium locum deportaverunt; ibique magnis sumptibus ædificata est ecclesia, et ordinatis quæcumque erant necessaria feminis Deo servientibus, infra breve spatium temporis, plurimæ nobilium feminarum in eodem monasterio aggregatæ sunt, quæ se, relicto sæculo, Domini servitio manciparunt. Sed et ipsum monasterium usque nunc magnis miraculorum illustrationibus a Domino honoratur.

XV. At vero Mummolus abbas et venerabilis Aigulfus levaverunt corpus S. Benedicti, quod a Deo sibi collatum certis indiciis apparentibus tenebant, et in basilica B. Petri[1] ad custodiendum deposuerunt. Quod cum eximia cura servantes, conferebant inter se quo in loco ejusdem monasterii id, divinæ voluntati concordantes, humarent. Super qua re non minima eorum animos dubietas occupaverat. Sed Deus, qui benigna pietate sua sancti viri corpus de loco priori transferendum decrevit, in sequenti aptum locum sepulturæ providit. Nam cum diu, sicut jam dictum est, beatæ memoriæ Mummolus super hac re cogitaret consiliumque utile quæreret, intempesta nocte consueta orationis furta requirens, stratis relictis sicut

---

1. Il importe de remarquer qu'il y avait dans l'enceinte du monastère de Fleury deux églises qui toutes deux remontaient à l'époque de sa fondation. Aimoin nous donne sur chacune d'elles quelques renseignements précis dans les vers suivants :

> Ecclesias demum binas pro tempore parvas
> Construit, et minimam Christi Mariæ genitrici
> Dedicat, ast aliam sancti sub nomine Petri
> Consecrat. Hæc tunc major erat spatiosaque paullum
> Tunc equidem. Nam nunc postquam genitricis in aula
> Transiit Hesperia vectum corpus Benedicti,
> Egregii patris, spatio diffusior hæc est,
> Basilicis nec non multis excelsior una.

consueverat, dormitorium egressus, sub nudo cœlo cœpit inter alia precari, ut divina pietas ei salubre consilium suggereret, quonam in loco sanctissima membra locaret. Affuit his precibus clemens auris Omnipotentis, quæ servos suos justa petentes audire consuevit. Nam lux subito cœlitus emissa ante basilicæ frontem beatæ Dei genitricis Mariæ, in modum facis ardens, in eum locum ubi nunc est conditum corpus protendi visa est. Quod visum vir Domini Mummolus ut vidit, omni dubietate post posita, certissime credidit quod hic locus aptus esset sancti viri membris locandis. Igitur post habitis mordacibus curis et visioni omnimodis fidem dans, in eodem loco quo sibi demonstratum fuerat cum magno studio in melius ornato, sub pridie nonas decembris, cum ingenti honore et laudibus divinis, terræ humili terram multi pretii reddere studuit, vilique urna contexit cœlestem thesaurum. Nam quantum dilectus Deo amabilisque ipse thesaurus sit, testantur innumeræ debilium sanitates corporum, maximeque animarum medelæ, quæ usque hodie mortalibus pro tanti viri honore tribuuntur a Domino. Sed et locus isdem cujus sit nobilitatis, ex actibus beati viri comprehendi potest. Nam cum eidem viro machinam in spheræ modum ostendisset, credendum est eum præ omnibus locis plus eum dilexisse quo præscivit propria ossa, propriis relictis sedibus, transferenda : in quo hactenus tanta constat monstrata miracula, ut si scriberentur proprio indigerent libro, præstante Domino nostro Jesu Christo. Amen.

MIRACULORUM
SANCTI BENEDICTI

LIBER PRIMUS

AUCTORE

ADREVALDO MONACHO FLORIACENSI.

PROLOGUS AUCTORIS.

Regni Italici summum ac præclarum decus, ea instantia a præpollentissimis veterum auctorum ingeniis tractatum est editumque constat, quod jam inveniri nequiret quod non præoccupaverit majorum diligentia. Scriptoribus namque præstantissimis suppetere plurimum videbatur ipsius laudabilis terræ excellens materia, cœli scilicet temperie, locorum salubritate, fertilitate soli, opacitate abundantissima nemorum, collium apricitate, olearum vitiumque profluis proventibus, novarum urbium amœnitate, veterum quoque oppidorum decore, omnium nobilium felici prolapsu, unaque cunctarum rerum opulentissima gloria. At cum tantæ copiæ potentia vigorque decentissimus veterum studio Italiæ fuerit attributus, tractus tamen totius patriæ in diversa porrectus, diligenti sese consideratione adverti exposcit. Neque enim unius solummodo regionis beneficia complecti tanta laude videntur, quin potius patriæ omnis decor regnique felicitas, brevi memoratu ac si quodam collectaneo, adstricta perspicitur. Cumque magnitudo ipsa Italici regni, quod olim magna Græcia nuncupabatur, eo quod urbes ejus atque castella, vel maxima ex parte, auctoribus Græcis constiterint, in longitudinem latitudinemque æquo libramine æstimata, longitudine haud modice superet latitudinem, assimilis utique querno folio quod proceritate sui latitudinem excedit, plurimarum tamen provinciarum mater effecta, prædulci cunctas amplectitur gremio. At vero Romani imperii insignis potentia, dum edomitum orbem jure perduellionis obtinere vellet, amplissima regnorum spatia quæ per Asiam, Europam et Libyam haud parum distenduntur, in provincias coloniasque discindere ratum habuit, sicque stipendiarias, legionibus interpositis, constituere. Inter quæ, Italia quoque maxima regnorum occidentalis climatis, divisionem passa, duodeviginti provincias ex sese protulit; quarum omnium præclarior Valeria eique adjuncta Nursia, inter Imbriamque et Campaniam Picenumque constitit, Samnitum orientem versus prospectans limitem, Hetruria vero semetipsam determinans[1]. Cum itaque, ut prælibavimus, nobilitate singulari et bonorum omnium proventibus affluentissime exuberescat, præcelsorumque altrix virorum prisca reperiatur ætate, uno tamen semetipsam editissimo potuit vincere germine, dum beatissimi patris Benedicti optandam cunctis mortalibus protulit genituram[2].

1. Cette division de l'Italie est empruntée à Paul Diacre. Cf. Pauli Diaconi *Historia Longobardorum*, lib. II, c. x.

2. Les Bollandistes et les Bénédictins (*Acta sanct. Mart.*, III,

I. Hic nempe dilectus Domini Benedictus, teste eximio præsule Gregorio[1], Nursia exortus, quæ, ut jam præfatus sum, conjuncta Valeriæ Hetruriæque unam efficit provinciam, non solum eam suo illustravit exortu, verum omnem Italiam (cujus felicitas alto repetita principio hac de causa brevi edissertata est), inclitam suo munere præstitit. Denique quantæ dignitatis parentibus progenitus fuerit testantur ruinæ palatii eorum, cum ædicula prope mœnia Nursinæ urbis sita. Tantæ quippe magnitudinis perplexique operis, ex fundamentis, constitisse convincitur, ut quælibet palatia potentissimorum superaverit regum, nec modicis queat reparari impensis. Agebat eo tempore curam augustalis majestatis Justinus senior, qui, octo annis imperiali honore functus, successorem accepit Justinianum, ex sorore nepotem, strenuissimum virum atque in rebus bellicis experientissimum, civilibus denique causis convenientissimum. Pontificatum vero Romanæ ecclesiæ Hormisda per novem vigilantissime regebat annos. At Italia, jam dudum Gothorum tyrannide oppressa, dominationi eorum gravissime succubuit. Romanum enim imperium a sua soliditate, hoc est ferrea duritie, in testaceam fragilitatem dejectum, non solum ultimam reipublicæ cladem, verum subjectis regnorum populis validissimum intulit detrimentum.

et *Acta sanct. ord. S. Benedicti*, Secul. II, 370) ont supprimé les neuf premiers chapitres de la relation des Miracles d'Adrevald. Ils en donnent pour raison qu'ils ne sont que la répétition de différents passages de la vie de saint Benoît et des actes de saint Maur précédemment édités par eux.

1. *De vita S. Benedicti dialog.*, auctore Gregorio Magno, cap. i.

Itaque Theodoricus, post Odoacrem, Gothorum principatum cum regio nomine suscipiens, sessionem propriam Ravennæ statuit; homo pestilens, Arrianæ sectæ, qui, cum nulli bonorum mala irrogando parceret, omnibus malis favorabiliter assentaretur. Denique inter facinora, sanctissimum Joannem papam Romanum, carcerali inedia maceratum, necavit; duosque senatorii ordinis viros et exconsules, Simmachum videlicet atque Boetium, in carcere gladio transverberavit. Porro regni Francorum principatum Chlodoveus, ex Merovingorum regali prosapia originem ducens, mirabiliter rexit. Namque Christi gratia disponente, abolitis idolorum cultibus, credens Domino Jesu Christo, primus ex gente Francorum gratiam sacri baptismatis, prædicante beatissimo Remigio Remorum episcopo, indeptus est. Quem secuti quique Francorum proceres baptismate sacro, credentes in Christum, tingi meruerunt.

II. His igitur diversis orbis in partibus varie imperitantibus, pueriles beatissimus Benedictus attingens annos, more veteri nobilium Romanorum, scholis liberalium deputatur artium, ne præclarum pueri torpesceret ingenium. Enim vero primordia litterarum acri conspiciens animo, spiritu tactus divino quo cuncta in reliquum actitare studuit, eremum concupiscens, vitiorum Charybdim quæ quibusdam scholaribus inhærere solet, fugæ præsidio evitavit. Postremo quid eremum petens, quid, in ipsa solitudine dum moraretur, egerit, qualiter vixerit, quomodo adversum antiqui hostis instigamenta, scuto fidei armatus, depugnaverit, legenti beati Gregorii secundum Dialogorum librum perspicuum habetur.

III. Interea Justiniano per annos triginta et novem imperium gubernante, defuncto Hormisda papa, Johannes, miræ sanctitatis vir, qui a Theodorico, ut prælibavi, interemptus est, in episcopatu subrogatur. Cui ex ordine, per præfata annorum curricula, certis spatiis temporum, successionem sortiuntur regiminis sanctæ atque apostolicæ sedis Felix, Bonifacius, Johannes cognomento martyr, Agapitus, Silverius, Vigilius, Pelagius, itemque Johannes. Igitur iis sanctæ sedi Romanæ præsidentibus, Italiam omnem Gothorum reges, Athalaricus ac Theodatus, deprædationibus insectantur. Galliarum autem regnum, Chlodoveo, ut credimus, ad supera transeunte, filii ejus sorte sibi distribuunt. Quorum major natu Chlotarius, per annos quinquaginta ferme et unum, reliquis decedentibus, fortissime rexit. Quo tempore, beatissimus Benedictus, eremiticam degens vitam in loco cui Sublacus vocabulum est[1], clarissimis vitæ meritis floruit, bonorumque actuum odorem longe lateque respersit. Qua de re actum est, ut, fama tanti viri, amatores quique sacræ religionis ad eum confluerent, seque institutis illius devotissime subderent, adeo ut, confluentis ad se multitudinis juvamine, duodecim inibi monasteria haud longe a se disparata construeret, singulisque in locis duodenos monachos delegaret qui, prælatis sibi patribus, obediendo, sanctæ regulæ præceptis mitia

---

[1]. Subiaco, ville des États Romains. Voy. *De vita S. Benedicti dialog.*, cap. I.

subderent colla. Quibus in locis, plurima divinæ Majestati signa, per eumdem venerabilem patrem, placuit ostendere.

IV. Dum igitur antiquus humani generis hostis cerneret, sub tali tantoque patre, gregem ovium Christi multipliciter augmentari, ac reputaret quia quod cœlesti accrescit patriæ, suis esset inferis detrimentum, invidiæ facibus quemdam accendere studuit presbyterum, cujus machinamentis, aut vitam hanc temporalem præfatus pater amitteret, aut damna persentisceret animarum sibi creditarum. Sed cum vi veneni eum necare nequivisset, quod in pane mixtum, charitatis veluti gratia, illi transmiserat, quo libentius eo vesceretur, aliud attemptare ausus est nefandi generis argumentum, quod saluti animarum sibi commissarum immanissime officere posset. Quod, quia creberrima lectione cunctis fere innotuit, omittendum a nobis est, ut ad minus nota celerius veniatur. Cernens proinde beatus vir acriter presbyterum insanire, nec a proposito velle cessare quoad pessimi incœpti votum expleret, satius judicavit loco secedere, revocans ad memoriam illud apostoli : « Non vosmet ipsos defendentes, charissimi, sed date locum iræ. » Præficiens itaque monasteriis patres, fratresque deligens qui ibidem Deo militarent, recessit ab eodem loco, paucis secum monachis abductis, atque castrum quod Cassinum nominatur expetit, quinquaginta ferme millibus a Sublacu distans. Nec fortuitu cuilibet credibile debet esse, quod sanctus vir, demutans habitationem, illico celsa Cassini petiit juga, in cujus recessu sinuato castrum, olim conditum a veteribus incolis, Harum vocabatur; imo magis certissimum est quia, oraculo divino admonitus, ad illud deproperavit; ut Paulus, ejusdem cœnobii monachus, testatur in historia gentis suæ, in qua memoriam quoque hujus egregii patris interserens, talia quædam ex hoc itinere refert, ita propriis inquiens verbis :

« Denique cum, divina admonitione, a Sublacu in
« hunc ubi requiescit locum per quinquaginta fere
« millia adventaret, tres eum corvi, quibus solari solitus
« erat[1], sunt circumvolantes secuti. Cui ad omne bi-
« vium, usque dum huc veniret, duo angeli, in figura
« juvenum apparentes, ostenderunt ei quam viam
« arripere deberet. In loco autem isto quidam Dei
« servus tunc habitaculum habebat, ad quem divi-
« nitus ita dictum est : His tu parce locis, alter amicus
« adest. Hic autem beatissimus Benedictus in Cassini
« arcem perveniens, in magna se semper abstinentia
« coarctavit; sed præcipue quadragesimæ tempore
« inclusus et remotus a mundi strepitu mansit. Hæc
« autem omnia ex Marci poetæ carmine sumpsi, qui
« ad eumdem patrem huc veniens aliquot versus in
« ejus laude composuit, quos in his libellis, cavens
« nimiam longitudinem, minime descripsi. Certum
« tamen est hunc egregium patrem vocatum cœlitus
« ob hoc ad hunc fertilem locum, cui opima vallis
« subjacet, advenisse, ut hic multorum monachorum,
« sicut et nunc, Deo præsule, factum est, congregatio
« fieret[2]. » Hæc verba venerabilis Pauli nostræ asser-

1. *Variante* : quos alere solitus erat.
2. Pauli Diaconi *Hist. Long.*, lib. I, c. xxvi.

tioni adeo adstipulari videntur quod nullus huic valeat refragari.

V. Justiniano, post peracti imperii triginta et novem annorum curricula, hominem exeunte, Justinus junior laboriosum jam tunc Romani imperii excipit fastigium. Benedictus papa Romanam eo tempore regebat ecclesiam. Præterea, Totila, Gothorum rege, deprædationibus urgente Italiam, Narses patritius adversus eum in Italiam dirigitur. Veritus tamen ne tantæ multitudini bellum illaturus, [ei] nequicquam occurreret, quamquam bellis vividam gestaret dexteram, satisque sufficiens hujusmodi crederetur negotiis, missa legatione, Longobardos Pannoniis residentes in auxilium evocat. Qui delectam armatorum manum e suis, Narseti Romanisque suffragium laturam, dirigunt. Perinde Langobardi, sociati Romanis, Gothos, inito certamine, usque ad internecionem, cum Totila rege suo, cædendo prosternunt penitusque delent. Hoc denique pacto, Italia ab oppressione Gothorum liberata aliquandiu respirare visa est, sed non adeo hac libertate exultare valuit. Idem quippe Narses patritius, cum a Romanis apud Justinum augustum ejusque conjugem Sophiam insimularetur oppressionis provincialium deprædationisque præcupidæ, atque in locum ejus Longinus subrogaretur præfectus; territus nimium eunuchus Narses, Constantinopolim haud quaquam regredi ausus, Neapolim se contulit, legatosque Langobardis direxit; suadens quatenus Pannonias, pauperrima scilicet arva, relinquerent, atque Italiam ubertate ruris lætantem opibusque refertam toto conamine pervaderent. Qua legatione Guinili, qui et Langobardi, alacriores effecti, Alboino duce, Italiam a parte Venetiarum pervadunt, vacuam nempe defensoribus invenientes provinciam, partem ejus rapinis cædibusque vastando depopulantur.

Dum hæc in Italia geruntur, apud Gallias Chlotario, Francorum rege, mortuo, regnum ejus æqua lance quadrifariam inter se quatuor ejus filii dividunt. Primus ergo Haripertus sedem sibi Parisius statuit; secundus Guntrannus, Aurelianis; tertius Chilpericus, Suessionis; quartus Sigebertus, Mediomatricum quæ et Metis. Horum itaque fratrum junior Sigibertus Brunichildem, ab Hispaniis deductam, in matrimonium sibi copulavit, quæ ei Childebertum filium genuit. Qui regnum, puerulus adhuc, cum matre gubernandum excepit, interfecto patre fraude Chilperici fratris sui, adversum quem bellum inierat. Quod cum per viginti quinque annos strenue gubernaret, vi, ut fertur, veneni cum uxore propria extinguitur; relinquens filios duos, Theodebertum ac Theodericum, cum avia ipsorum Brunechilde quæ regni quoque gubernacula cum nepotibus suscepit. Guntrannus etiam, patruus Childeberti regis, terminum suscipiens vitæ, regnum quod tenebat Brunichildi reginæ reliquit; quod postea in sortem Theodeberti, filii Childeberti regis, devenit.

VI. His Europæ occiduum regentibus limitem, egregius pater Benedictus, in cœnobio quod ab eo constructum in castro Cassini fuerat, sanctæ institutionis normam, verbis operibusque, discipulis præmonstrare curabat. Dumque sanctarum virtutum, etiam in hoc loco, floreret miraculis, inter cætera quæ ei divina Majestas revelare dignata est, monasterium quoque quod ipse ibidem construxerat ostendit paganorum incursu penitus subruendum [1]; orationum suarum duntaxat obtentu, animarum sibi concessa salute. At reverendus pater cum id ægre ferret, atque inconsolabiliter affligeretur, fletuque nullo modo temperaret, placuit Divinitati hujusmodi eum relevare ac consolari oraculo : « Noli, inquiens, probatissime ac dilectissime Deo Benedicte, pro his quæ huic eventura didicisti loco, mœstum ullo modo gerere animum; quoniam quod semel præfixum atque decretum inscrutabili summæ Deitatis consilio est, intransibile atque inrevocabile sine dubio patrabitur ; solis tibi, tuo merito, cunctorum concessis habitantium animabus. Sed aderit Omnipotentis quam nuperrime propitia consolatio, quæ, et locum hunc in pristinum, immo ampliorem quam nunc videtur, tuis nihilominus meritis, restituet gradum, et aliis perinde nationibus, hujus lumen religiositatis de hoc eodem irradiabit loco. Pro quo, ut interpellatus vel potius efflagitatus fueris, extemplo quos probabiliores in hujus grege sanctæ congregationis habes, quo deposceris, mittere curato. Sciens procul dubio, quoniam laboris eorum uberrimus fructus, et tibi ad cumulum recipiendorum augmentabitur præmiorum, et illos ad habitationem perennis introducet beatitudinis. »

Hoc responso, charissimus Domino pater Benedictus, accepto, mœstitia pro loci destructione rejecta, legationis imminentis præstolabatur adventum. Moxque ac veluti e vestigio, eadem tempestate Bertigranus, venerabilis vitæ vir ac pontifex Cenomannicæ urbis, fama

---

1. *De vita S. Benedicti dialog.*, cap. XVII.

percitus probatissimi patris, legatos ad eum direxit. Flodegarium archidiaconum et Harderadum vicedominum suum, omni genere supplicans precum, ut ei perfectissimos in sacra religione dirigeret fratres, qui monasterium secundum ordinem, in ecclesiæ quam regebat fundo, construere deberent. Cujus piæ petitioni sacratissimus pater, ne oraculo sibi divinitus dato contraire videretur, favorabiliter assensum dedit; quamquam sciret, sancto revelante Spiritu, diem sui obitus imminere. Legatis itaque directis ab antistite, absque quolibet refragio, beatissimum Maurum cum aliis quatuor fratribus, hoc est Simplicio, Antonio, Constantiniano atque Fausto, assignavit. Qui Faustus, post obitum beatissimi Mauri, solum repetens paternum, una cum Simplicio altero fratre, petentibus fratribus proprii monasterii, vitam beati Mauri composuit. Ex quo opere nos quoque hæc quæ scribimus mutuavimus [1].

VII. Mittens igitur eximius pater dilectissimum sibi in Christo filium, locum abbatis eum retinere jussit; plurimum religioni illius fidens, ut pote quem ipse in disciplina Christi plenissime enutrierat, moribusque suis decentissime convenientem invenerat, ac per omnia devotissimum sibi pedissequum coaptaverat. Reliquis vero fratribus, quos cum illo pariter direxit, præcepit, ut nequaquam illi minus parerent quem patrem eis præfecerat quam sibi, si in præsenti adesset. Luctus autem qualis quantusque extiterit, quisve mœror to-

[1]. La fin de ce chapitre et les trois suivants sont effectivement tirés presque textuellement de la vie de saint Maur. Voy. *Vita S. Mauri abbatis, auctore Fausto ejus socio*, § 26, 27, etc.

tam corripuerit congregationem, plenius ipsius Fausti verbis agnosci valet. Jam enim egregius pater sanctæ suæ congregationi aperuerat diem sibi imminere supremum; ideoque majori afficiebantur tristitia, quoniam illum, in quem omnium animi pendere videbantur, spesque consolationis in eum sola restabat, cernebant procul a propriis transmitti sedibus. Quorum mœstitiæ pio occurrens dulcissimus pater affectu, hujusmodi oratione animos eorum solari curavit : « Si tristandum, dilectissimi patres ac filii, pro tali esset negotio, mihi magis quam vobis in hoc esset mœrendum, qui, quantum ad præsens, magnis videor destitui solatiis. Sed quia, dicente apostolo : « Charitas benigna est, benignitatem charitatis nostræ omnimodis impendere debemus his quos, aliquo modo, ea indigere cognoscimus, nec nostra tantum quantum aliena quærere. » Quapropter vos, amoris paterni sollicitudine, fletibus et mœrore temperare deposcimus, quia potens est Deus meliores nobis, post hujus depositionem corporis, huic sanctæ immittere congregationi, quorum meritis et exemplis longe præstantius quam nostris ædificabimini. Sed et illud summopere nobis procurandum est, ne versutia antiqui hostis, unde aliis salus acquiritur, inde nobis tristitiæ malo detrimentum in aliquo ingeratur. Nos etenim quos unitatis semel in sancta charitate junxit concordia, nunquam vel longissima divident spatia; quoniam semper interioris hominis aspectu, qui renovatur secundum imaginem ejus qui creavit eum, nos, quoad vixerimus tempore, invicem intuebimur. »

Hæc in consolationem sanctissimæ congregationis prælocutus, conversus ad eos quos in Dei opere pera-

gendo longius dirigebat, hoc modo prosecutus est :
« Vos autem, fratres carissimi, quos ad opus Domini construendum ad illas dirigimus partes, viriliter agite, et confortetur cor vestrum in sancto proposito et religione; procul dubio scientes, quia, quanto austeriora, causa salutis aliorum, in hujus via sæculi pertuleritis, tanto majora a Deo recipietis cœlestium gaudia præmiorum. Nec vos ullo modo resolutio hujus nostri mœstificet corpusculi; quoniam præsentior vobis carnis deposito ero onere, vestrique per Dei gratiam cooperator existam assiduus. »

Talia suavi depromens eloquio, dans eis osculum pacis, deduxit eos usque ad ostium monasterii, rursusque eos deosculans ac benedictione roborans, dedit dulcissimo suo discipulo Mauro librum regulæ quem manu sua scripserat, pondus quoque libræ panis, vasculumque æreum heminam vini capiens, atque eos iter acturos in pace dimisit.

Profecti itaque a cœnobio Cassini Epiphaniorum die quinta sabbati, haud procul in prædio hujusdem cœnobii ea deveniunt die, susceptique sunt a duobus fratribus quos pridie illuc, hac de causa, reverentissimus pater præmiserat. Dumque illic quietis gratia pernoctarent, superveniunt eis synaxim agentibus, duo fratres missi a sanctissimo patre, cum piis muneribus: capsula scilicet sanctarum reliquiarum ac brevi epistola. Etenim capsula ipsa eburnea erat retinebatque in se tres portiunculas ligni salutiferæ crucis et reliquias sanctæ Dei genitricis Mariæ, sanctique Michaelis, ex pallio scilicet ejus sanctæ memoriæ, Stephani quoque protomartyris, ac beati confessoris Christi Martini.

VIII. Textus vero epistolæ hæc continebat : « Accipe, dilectissime, extrema institutoris tui dona, quæ, et longum nostrum testentur amorem, et tibi ac commilitonibus tuis contra omnium perpetim munimen præbeant impedimenta malorum. Post expletam enim totam trinam vicenorum annorum decursionem, ex quo monasterialem adisti perfectionem, in gaudium Domini tui es introducendus, ut nobis, hesterno die, postquam a nobis digressus es, Dominus ostendere est dignatus. Prædico etiam tibi moram vos in eundo esse passuros, ac cum difficultate habilem locum inventuros, pro his quæ, et Deo ordinante perficientur, et quæ inimicus humani generis, molimine calliditatis suæ, in vos concitabit. Nusquam tamen benignitas misericordis Dei vobis deerit; sed potius, differendo licet ac desiderium animi vestri in longum experiendo, aliorsus quam speravimus, aptissimam largiri dignabitur metationem. Jamque valeas felix in professione, felicior futurus in perventione. »

Beatus autem Maurus, relectis pii patris apicibus, pignoribusque receptis alacrior effectus, fratres ad præsentiam præstantissimi viri cum gratiarum remittit actione, iterque incœptum socios accelerare jubet. Transmissa igitur omni Italia, Alpibusque superatis, tandem propinquante Paschalis festi tempore, ea scilicet die qua Dominica celebratur cœna, pagum deveniunt Autissiodorensem; quo in pago beatus Romanus, jam dudum per revelationem, relicta Italia, pervenerat, atque cœnobium, in loco qui Fons Rogi dicitur, ædificabat [1]. Hic certe sanctissimus Romanus,

---

1. Font-Rouge, près Auxerre, département de l'Yonne.

in initio conversationis sanctæ, beatissimo patri Benedicto adjutor ac cooperator exstitit.

IX. Hujus ergo famam beatus Maurus comperiens, duces itineris sui exposcit, ut, illo devertentes, sanctum ibidem Pascha celebrarent. Sciebat quippe beatus Maurus, sequenti die, obitum sancti patris Benedicti complendum. Precibus igitur ductores eorum faventes beatissimi viri, converso gradu, sanctum expetunt Romanum; ab illo autem devotissime suscepti, die sancto Parasceve, hora circiter sexta, cæteri quidem necessariis coemendis occupari pro opportunitate diei festi cœperunt, sancti vero viri colloquia inter se serebant spiritualia. Dumque solis occubitus jam propinquaret, beatus Maurus viro Dei Romano dixit : « Noveris, dilectissime pater, crastina die reverentis-« simum patrem nostrum Benedictum, carnis onere « deposito, cœlestem transire ad patriam[1]. » Quod beatus Romanus audiens, nimio mœrore constrictus, in lacrymas resolutus est. Et quamquam beatus Maurus, consolari eum cupiens, multa proferret consolationi apta, tamen nec ipse a fletu se poterat cohibere.

Cum autem crastina illuscesceret dies jamque aliquantulam sui decurrisset partem, beatus Maurus, in ecclesia persistens, transitum beatissimi patris, qualicumque hora eveniret, orationibus et psalmodia præmuniendo, præstolabatur. Raptusque subito in spiritu, vidit se transpositum in cœnobio Cassini montis, conspexitque viam palliis stratam ac innumeris corus-

---

1. *Vita S. Mauri*, § 42 et 43.

cam lampadibus, recto orientis tramite, a beati Benedicti cella in cœlum usque tendentem. Totamque visionis hujus seriem, uti a beato Gregorio descripta est[1], cernens, duos congregationis socios habuit fratres; quorum alter in eodem morabatur cœnobio, alter, ut supramemoratus doctor scribit, longius positus erat. Mox autem, ut ad se beatus reversus est Maurus, ocius sanctum Romanum ac fratres qui cum illo pergebant evocans, cuncta quæ viderat eis per ordinem retulit; diemque illum, hoc est sacrosanctum sabbatum, ac sequentem dominicam, quo specialiter resurrectionis Dominicæ colebatur dies, solemnem atque celebrem, omni gaudio ac lætitia, inibi peregerunt.

X. Justino autem imperatore ob immanitatem scelerum in amentiam verso, ac paulo post vita privato, Tiberius Constantinus, vir reipublicæ regendæ strenuus, imperii infulas, totius gentis adnisu, suscepit; quibus per septem annos rite gubernatis, successorem delegit sibi Mauricium, ex prosapia Græcorum a Cappadocia oriundum. Quo imperante, beatus Gregorius sanctæ atque apostolicæ sedi Romæ præficitur episcopus. Porro Francorum regnum Brunechildis regina, cum nepotibus, Theodeberto atque Theoderico, filiis Childeberti regis, jam majoris ætatis metas attingentibus, fortiter regebat. At vero gens Langobardorum Italiam, a partibus Venetiarum dudum, ut supra prælibavimus, ingressa, maxima ex parte cladibus afficiendo, suæ potentiæ subdere conabatur. Procedente deinde

---

1. *De vita S. Benedicti dialog.*, cap. xxxvii.

tempore, jamque Phoca imperium administrante Romanum, qui Mauricium imperatorem cum filiis, Theodosio, Tiberio atque Constantino, cum esset strator Prisci patricii, dolo interemerat, præfata gens, duce Agilulfo, quem sibi regem præfecerat, totam pæne irrupit Italiam, Romanamque aggreditur urbem [1].

Nec longo post, a prædonibus prædictæ gentis monasterium beatissimi patris Benedicti, quod in Cassino situm est, noctu invaditur, diripitur, destruitur. Qui cum universa diriperent, ne unum quidem ex monachis tenere potuerunt; ut prophetia venerabilis patris, quam longe ante præviderat, compleretur, qua dixit : « Vix apud Dominum obtinere potui, ut ex hoc loco mihi animæ concederentur [2]. » Fugientes autem ex hoc loco, monachi Romam venerunt; codicem sanctæ regulæ quam sæpe dictus pater composuerat et quædam alia ejus scripta, nec non pondus panis et mensuram vini, ac quicquid ex supellectili surripere potuerant, deferentes.

Phoca itaque, post octo annorum curricula, quibus imperium omne pessumdederat, condigno mortis genere trucidato, Heraclius succedit, regens imperii sceptra viginti sex annis. Cuique Heraclonas, cum matre Martina, duobus substituitur annis. Ac deinde, Constantinus, filius Constantini, successionis ordine, annis sufficitur viginti et novem. Quo imperante, Italicum regnum Grimoaldus sibi prospere disponere

---

1. Contrairement à notre auteur, les Bénédictins placent la destruction du monastère du Mont-Cassin vers l'an 580. Agilulfe ne régna sur les Lombards qu'après 592. Ce fait doit être rapporté, selon eux, à une invasion antérieure de ce peuple.

2. *De vita S. Benedicti dialog.*, cap. XVII.

videbatur ; Francorum vero regimen Chlodoveus, filius Dagoberti, optime asservabat.

XI. Hac proinde tempestate, Mummolus, abbas cœnobii Floriacensis, quod situm est in territorio Aurelianensi, supra fluvium Ligeris, divina monitus visione per somnium, dirigit una cum consensu Deo sibi commilitantium fratrum, quemdam ex suis, venerabilem monachum, Aigulfum nomine, quatenus sanctissimi confessoris Christi Benedicti corpus huc transferre deberet. Sic enim sibi revelatum divinitus asserebat. Cui, ex insperato, conjunguntur missi Cinomanensis urbis episcopi, et ipsi propter corpus beatissimæ Scholasticæ virginis, sororis eximii patris Benedicti, transferendum, divina revelatione invitati. Cujus rei historiam, quia in promptu est, instanti opusculo inserere supervacuum duximus [1]. Huic sacratissimæ translationi beatorum germanorum, Benedicti scilicet atque Scholasticæ, attestatur Paulus monachus, cujus supra mentionem egi, in historia gentis suæ libro sexto, ita inquiens : « Circa hæc tempora, haud du- « bium quin, Constantino imperante, cum in castro « Cassini, ubi beatissimi Benedicti corpus requiescebat, « aliquantis jam elapsis annis, solitudo existeret, ve- « nientes de Cenomanensium et Aurelianensium re- « gione Franci, dum apud sacrum corpus se pernoctare « simulassent, ejusdem patris atque germanæ ejus ossa « auferentes, in suam patriam asportaverunt ; ubi « sigillatim duo monasteria, in utriusque honore, con- « structa sunt [2]. »

1. L'histoire de la translation par le même Adrevald a été publiée ci-dessus, p. 1.
2. Pauli Diaconi *Hist. Longobard.*, lib. VI, c. II.

XII. Sane Justiniano juniore, post mortem Constantini, imperium assumente, decem in imperio annis exactis, a Leone augustali dignitate privatur exilioque relegatur. Adversum hunc Tiberius arma corripiens, imperiali sarcina relevatum retrudit in carcerem. Porro illo in tempore, apud Gallias Francorum regali decidente gloria, a præfectis palatii domus ordinabatur regia, regibus ob imperitiam desidiamque solum regale nomen inaniter gestantibus. Namque et opes et potentia regni penes palatii præfectos, qui majores domus dicebantur et ad quos summa imperii pertinebat, retinebantur; neque aliud regi relinquebatur, quam ut, regio tantum nomine contentus, crine profuso, barba submissa, solio resideret ac speciem dominantis effingeret, legatos undecumque venientes audiret, eisque abeuntibus responsa quæ erat edoctus, vel etiam jussus, ex sua velut potestate redderet; cum præter inutile regis nomen, et precarium vitæ stipendium, quod ei præfectus aulæ prout videbatur exhibebat, nihil aliud proprii possideret quam unam et eam perparvi reditus villam, in qua domum et ex qua famulos sibi necessaria ministrantes atque obsequium exhibentes, paucæ numerositatis, habebat. Quocumque eundum ei erat carpento ibat, quod bobus junctis et bubulco rustico more agente trahebatur. Sic ad palatium, sic ad publicum populi sui conventum, qui annuatim ob regni utilitatem celebrabatur, ire, sic domum redire solebat. At regni administrationem et omnia quæ vel domi vel foris agenda erant ac disponenda præfectus aulæ procurabat. Cujus officii magistratum, ea ætate, Arnulfus, vir eximiæ nobilitatis [1] probabilisque vitæ, cum filio Ansegiso, adprime regebat. Quique, relicta post sæculi gloria, episcopus Mediomatricum, cleri populique acclamatione et voto, ordinatus, mirabiliter in pontificatu vivere studuit; ac demum eremeticam eligens vitam, leprosis universa præbens obsequia, continentissime usque ad obitum vixit. Anastasius jam tunc Romani imperii regebat insignia. Italici vero regni principatum, post Arepertum, Liutprandus in suam redegerat ditionem.

XIII. Circa hæc tempora, Petronax quidam, civis Brexianus, religiosæ vitæ continentiam servans, Romam, agente præsulatum beato Gregorio, venit, sancti desiderii patefacturus votum. Denique, hortatu ejusdem sanctissimi præsulis, prædictus Petronax cœnobium quod quondam ab egregio patre Benedicto in castro Cassini montis ædificatum fuerat, atque permissu Dei omnipotentis a Longobardis destructum, devotissime adiit; ibique cum aliquibus prudenti simplicitate præditis, qui jam ejusdem loci habitationem expetierant, summa caritatis annexione, in sanctæ religionis habitu vivere cœpit; quique eumdem virum seniorem sibi præficiunt. Non post multum vero temporis, cooperante divina misericordia, suffragantibusque meritis præcipui patris Benedicti, multorum ibidem monachorum nobilium atque mediocrium ad se concurrentium pater effectus est; sicque reparatis habitaculis cœnobitali ordini congruentibus, sub sanctæ regulæ jugo ac beatissimi patris Benedicti institutione, vivere cœperunt. Hoc itaque ordine, in statum

1. Saint Arnoul ne fut pas maire du Palais sous les rois fainéants et ne fut pas moine avant d'être évêque. (*Note des Bénéd.*).

qui nunc cernitur sanctissimum illud Cassinense cœnobium reparatum est; cum jam fere centum et decem annorum curricula evoluta essent ex quo, occulto Dei nutu, locus ille habitatione carere cœperat humana [1]. Proinde sequenti tempore, huic venerabili viro Petronaci dilectus Domini pontifex Zacharias plurimum auxilii contulit : libros scilicet sanctæ scripturæ, nec non et alia quæ ad utilitatem monasterii pertinere poterant; insuper et regulam quam ipse egregius pater sanctissimis conscripsit manibus, paterna liberalitate, concessit.

XIV. Interea apud Gallias, Ansegiso, majore domus, filioque ejus Pippino humanam obeuntibus vitam, Carolus, filius Pippini, totius gentis Francorum magistratum quanquam post multa bella et certamina, de manu Reinfredi tyranni, Deo juvante, abstulit, suæque subdidit. Denique rebus bellicis operosissime insistens, tyrannos, per totam Franciam dominatum sibi vindicantes, oppressit, ob eamque rem plurima juri ecclesiastico detrahens prædia, fisco associavit, ac deinde militibus propriis distribuere studuit. Præterea Sarraracenos Galliam occupare tentantes, duobus magnis præliis, uno in Aquitania, apud Pictavim civitatem, altero autem apud Narbonam, juxta Birram flumen,

---

1. Selon les Bénédictins, la restauration de l'abbaye du Mont-Cassin, commencée au temps de Grégoire II (714-732), ne fut achevée que sous le pontificat de Grégoire III, son successeur, et il s'est écoulé non pas cent dix ans, mais cent quarante ans environ, entre la destruction et la reconstruction de ce monastère. Voy. *Act. sanct. ordinis S. Benedicti*, Secul. I, Præf., et Secul. II, p. 372.

ita devicit, ut in Hispaniam eos redire compelleret. Quamobrem cum adversantibus nullatenus cedere sciret nullique parcere, diu a posteris Tudites, ab actu rerum scilicet, agnomen indeptus est. Tudites enim mallei dicuntur fabrorum, quorum ictibus cuncta atteritur durities. Pepigit hic fœdus cum Liutprando, eique filium suum Pippinum misit, ut more Christianorum fidelium, ejus capillum primus attonderet, ac pater illi spiritalis exsisteret : quod ille gratissime complens, multis ditatum muneribus genitori natum remisit. Qua de re contigit, ut legationem sacratissimi præsulis Gregorii ad se directam, obsecrantis quatenus sanctam Romanam ecclesiam a Langobardorum tyrannide liberaret, terrena cœlestibus præponderans, floccipenderet.

Rebus itaque humanis eo, post diutinam regni administrationem, exempto, duo filii ejus, Pippinus et Carlomannus regni summam concordi societate divisam, aliquot annis sub Childrico, nomine tenus rege, ad gubernandum suscipiunt. Porro Carlomannus, post aliquantum temporis excursum, regni quam ad regendum susceperat partem fratri relinquens, amore succensus speculativæ conversationis, Romam se in otium contulit. Siquidem hortante beato Eucherio, Aurelianorum episcopo, qui a patre illius, nulla existente culpæ offensa, pulsus de sede propria, atque in Hasbaniam, apud S. Trudonem, in exsilium relegatus fuerat, nec non S. Bonifacio, Fresionum episcopo, qui ambo patris ejus apud inferos damnationem etiam corporeis ipsi ostendere visibus, operosam temporalis regni dignitatem toto contemnens mentis adnisu, habituque permutato, tonsuræ ecclesiasticæ gratiam a B. Zacharia, papa Romano, percipere meruit. Denique monasticæ vitæ normam adeptus, in monte Soracte, apud ecclesiam B. Silvestri, exstructo monasterio, cum fratribus secum ad hoc convenientibus, nonnullo tempore quiete optata perfruitur. Sed cum ex Francia multi nobilium, ob vota solvenda, Romam solemniter commearent, et eum, velut dominum qnondam suum, præterire nollent, otium quo maxime delectabatur, crebra salutatione, interrumpentes, locum mutare compellunt. Nam cum hujuscemodi frequentiam suo proposito officere vidisset, relicto monte, in Samnium provinciam, ad monasterium S. Benedicti situm in sæpe dicto castro Cassini secessit, atque ibi, quod reliquum fuit mortalis vitæ, religiose conversando, complevit.

XV. Dum igitur hæc ita aguntur, Pippinus regni Francorum assecutus summam, jussu Stephani, Romani pontificis, Childricum, inertissimum regem, depositum ac detonsum, in monasterio deinde trusum, private vivere compulit. Dein auctoritate ejusdem pontificis, ex præfecto palatii rex constitutus, per annos ferme quindecim aut eo amplius, regni Francorum principatum solus optime rexit. Ea igitur tempestate, monachi sæpe dicti cœnobii Cassinensis, auctore Carlomanno de quo supra retulimus, Romam veniunt, doloris apud sanctissimum papam Zachariam deposituri querelam, propter corpus scilicet sacratissimi patris Benedicti, a solo proprio in Galliam translati. Qui mœror jam pridem a cordibus eorumdem fratrum, ob terrarum longinquitatem nec non vetustatem temporum, admodum refrixerat, nec jam spem potiundæ hujusce rei habebant; sed Carlomanno illorum sacrum subeunte collegium, spes olim emortua revixit; sanctumque adeuntes exposcunt præsulem, ut litteras Pippino, regi Francorum, dirigat, qualiter auctoritati ac precibus tanti favens pontificis, egregii patris corpus avito restituat loco. Præfatus vero pontifex, fratrum precibus annuens lacrymosis, auctoritatis apostolicæ epistolam editam, per eumdem Carlomannum ac fratres qui cum eo venerant, Franciam Pippino dirigit regi. Modus autem sacrorum relectorum hic erat : « Zacharias episcopus, servus servorum Dei, sanctæ sedi principis apostolorum B. Petri præsidens, omnibus episcopis ac presbyteris ecclesiæ Francorum salutem dicit. Egregius apostolus ait : Diligentibus Deum omnia cooperantur in bonum. Et iterum idem ipse : Dum tempus habemus, operemur bonum ad omnes. Et item scriptura : Quam speciosi pedes evangelizantium pacem, evangelizantium bona. Innotuerunt nobis religiosus abbas et presbyter Cassini monasterii B. Benedicti, et Carlomannus, Deo amabilis monachus, germanus filii nostri Pippini, excellentissimi majoris domus, per hos præsentes religiosos Dei servos monachos, concordiæ et pacis sermones inter eum ac Griffonem, fratrem ejus, expedire nos mittere; et ut nos, hæc ipsa admonendo, dirigamus excellentiæ jam dicti Pippini filii nostri, ut ad pacis concordiam redeant, vobis propter Deum pacificis mediatoribus; verum etiam pro corpore B. Benedicti, quod furtive ablatum est a suo sepulcro, ut ei restituatur. In hoc igitur opere pietatis et misericordiæ libenter aurem accommodare hortamur dilectionem ac sanctitatem vestram, ut primum omnium frater ad fratrem pacis jure in unum redeat, et confundatur iniquitas in medio eorum; caritas vero Dei, vobis prædicantibus et ministrantibus, exuberet inter eos. Deinde et præfati B. Benedicti corpus, juxta petitionem servorum Dei, sublimitas filii dilecti nostri Pippini, vestra cooperante sanctitate, indubitanter ad proprium remittat locum ; ut et jam dicti servi Dei de suo gaudeant sibi restituto patre, vosque perennem habeatis mercedem et laudem, pro eo quod juste operati fueritis ut ad suum sanctissimi viri corpus referatur tumulum, ex quo clam ablatum est. Nec enim habet sanctitas vestra quod offensionis, in hoc bono opere restitutionis hujus, pertimescere debeat coram Deo; dum creditur quia ad obtinendum hoc, ipsius suffragantibus orationibus et voluntate, præfati religiosi Dei servi sunt permoti. Valete. »

XVI. Acceptis itaque litteris sancti papæ, Carlomannus et fratres qui cum eo erant Gallias expetunt, Pippinum adeunt, sacra sancti apostolici proferunt rescripta, flebilemque sibi querelam questuosis subjiciunt lacrymis. Orant subveniri sibi, pios patris cineres ossaque cunctis reverenda mortalibus furtim sublata, devotissimis filiis, auctoritate regia justitiæque respectu, affatim restitui; nullius offensæ in hac re pertimescere culpam, cui suffragari agnoscitur inoffensus rectitudinis trames. Flexus his luctuosis questibus, pius princeps, simulque sanctæ sedi assentando favorem præbens, fratris quoque consulens voluntati, Remigium Rotomagensem episcopum, naturalem suum[1], ad perficiendam Carlomanni fratrumque petitionem, cum imperio Floriacum monasterium dirigit; qui ex præ-

1. Ms. d'Alençon : « Naturalem suum ac Carlomanni fratrem. »

cepto regis, etiam nolentibus fratribus, sacrum effossum pignus Carlomanno ac fratribus cum eo pergentibus ocissime reddat. Suscepto negotio, episcopus celerrime monasterium expetit, mandata regis edicit, jussa implere conatur. Medo, tunc temporis abbas, huic sancto præerat gregi. Hic cum præcepta regalia ægerrime suscepisset, non se posse depositum reddere dixit, quod ad servandum non autem restituendum, se suscepisse gaudebat, ita subjiciens : « Ipse sanctissimus pater, propria sponte, huc se deferri permisit, ipse visione sacra suos ob sui devectionem invitavit servulos; suscepimus, indigni, egregii patris sacratissima membra, excepimus cineres pios, devote nunc usque adservare curavimus. At si nostris intervenientibus peccatis, relinquere Gallias, ruraque eum nativa repetere placuerit, fateor potis id ei existere, nec velle nostrum licere quoquomodo obsistere. Sin vero (quod certissima fide nostro inhæsit pectori), divino nutu providentiaque clementi, ob plurimarum salutem animarum, relictis propriis, has procul positas ac pæne in ultimo littore Oceani sitas expetiit voluntarie sedes, certissimum habetote impotes voti vestri vosmet ad propria redituros. » His dictis, multum inlacrymans, fores ecclesiæ sanctæ Dei genitricis Mariæ, quo reposita sancta membra cubabant, reserare jubet, suosque propter ostia excubitare.

XVII. Ipse vero cum fratribus totius congregationis intra ecclesiam beati apostolorum principis sese retinens, solo prostratus, lacrymis ora perfusus, Domini auxilium expostulabat, quatinus dilectissimi sui confessoris pignus quod nullis præcedentibus meritis, sed solo gratuito munere famulis suis contulerat, nulla scelerum enormitate irritatus, auferri permitteret. Quod, quibus fletibus quibusque gemitibus, quove ululatuum clangore peroratum sit, quis mortalium exsolvere valeat? Conflictantium denique in dolore patris et filiorum animos, ætatis maturrimæ interdumque supremæ, qualitatis variæ, valetudinis diversæ, quis explicaverit digne? Videres certe animos patris mœstitiæ vulnere attritos prospectare mœrentium filiorum lacrymabiles vultus, atque ab neutra parte consolatorem prorumpere quemlibet; hinc senes, junioribus solitum pridem impendentes dilectionis amorem, nullam solaminis conferre gratiam; hinc juniores patribus nullum adjumenti robur conferre. Res certe animos erronea hac illacque trahebat. Dum itaque partes tanto animi ardore inter se decertarent, atque hi quibus res pro animo inerat sese orationibus communirent, illi vero audacter animos ad ea patranda propter quæ venerant præpararent, Majestati omnipotentissimæ tantam discriminis litem solita miseratione dirimere placuit. Siquidem Remigius episcopus, cum suis templum ingressus, dum ad sacrum propinquassent sepulcrum, repentina luminum cæcitate adeo percelluntur, ut nec mutuos cernere quirent vultus, nec quamlibet in partem, saltem palpatu, quo progredi valerent agnoscere. Perinde terrore valido adoperti, nihil aliud quam vitæ dispendia operiebantur : alii denique solo sternuntur, misericordiam Domini præstolaturi : alii fugæ solatio salutem meditantes, huc illucque nequicquam discurrunt, vociferantesque auxilium affore precantur. His nimia confusione tumultuantibus, evocatus cum fratribus accurrit abbas, dataque manu, ab ecclesia violatores sacri templi extrahit, divinam satis abundeque sentientes ultionem. Humi deinde prostratis veniamque petentibus clementer indulsit, atque ex ejusdem pretiosissimi confessoris Christi corpore reliquias benignissime contulit. Refectis autem, ac cunctis necessariis itineri dapsiliter attributis, ad sua remittit. At illi palatium repetentes, virtutem quam plurimam Dei, hoc in loco, meritis sanctæ Dei genitricis perpetuæque virginis Mariæ, ac beati Petri, apostolorum principis, necnon et egregii patris Benedicti intercessione vigentem, regi præstantissimo Pippino patefaciunt, eumque liberalem huic sacro cœnobio suis adhortationibus sedule efficiunt.

XVIII. Pippino interea rege ad cœlestia, ut credimus, demigrante, Carolus et Carlomannus, filii ejus, regni administrationem suscipiunt; factoque solemniter generali conventu, totum regni corpus ex æquo partiuntur. Et Carolus quidem eam partem regni quam pater eorum Pippinus in primis tenuerat, Carlomannus vero eam cui patruus eorum Carlomannus præfuerat, regendi gratia suscipiunt. Sed Carlomannus post administratum biennio regnum, morbo decessit; Carolus autem, fratre defuncto, consensu omnium Francorum, totius gentis monarchiam suscipit. Qui bellum adversus Langobardorum gentem, Italiam, jam pridem Romanorum potestati subtractam, vario jure possidentem, rogatu et precibus Adriani, Romanæ urbis episcopi, assumit. Quod prius quidem et a patre ejus, Stephano papa supplicante, cum magna difficultate susceptum est, quia quidam e primoribus Francorum, cum quibus consulere solebat, adeo voluntati ejus renisi sunt, ut se regem deserturos domumque redituros libera voce proclamarent. Susceptum tamen est tunc contra Haistulfum regem et celerrime completum. Siquidem præfatum regem, paucorum dierum obsidione, apud Ticinum, compulit et obsides dare, et erepta Romanis oppida atque castella restituere, atque ut reddita non repeterentur sacramento fidem facere. Etenim Carolus inchoatum a se bellum nequaquam interpolari permisit, priusquam Desiderium regem, longa obsidione fatigatum, in deditionem susciperet, filiumque ejus Adalgisum in quem spes omnium inclinata videbatur, non solum regno, verum etiam Italia recedere compelleret, omniaque Romanis erepta restitueret, totamque Italiam suæ ditioni subjugaret, subactæque filium suum Pippinum regem imponeret. Ampliata denique regia potestate, necesse erat duces regno subjugatæque genti præficere, qui, et legum moderamina, et morem Francis assuetum, servare compellerent. Qua de re primatibus populi ducibusque contigit palatium vacuari, eo quod multos ex Francorum nobili genere filio contulerit, qui cum eo regnum noviter susceptum tuerentur et regerent. Hac igitur occasione, ut aliquibus videtur, ut plurimis vero credibile visum est, ob Francorum suspectam fidem quam semel in conjuratione, dum bellum inchoaretur Saxonicum, expertus est, iterum autem in conjuratione Pippini, naturalis filii, quibusdam servorum suorum, fisci debito sublevatis, curam tradidit regni; atque in primis, Rahonem Aurelianensibus comitem præfecit, Biturigensibus Sturminium, Arvernis Bertmundum, aliisque, ut ei visum est, locis alios præposuit. Sed Raho, ut ejus debitum exposcebat naturæ, nimia insolescens astutia, cupiditate vero crudelior effectus, cum universa quæ Aurelianensium fines continere videbantur sibi subjecta cerneret, cœnobio duntaxat S. Benedicti excepto, quod ab abbate tunc regebatur Radulfo, consilium habuit, abbate interfecto, præfatum præripere cœnobium; quod maturato peregisset, nisi pietas indulgentissimi Conditoris obviam se tanto facinori opponere disposuisset. Fretus itaque fiducia peragendæ malignitatis, quemdam e suis satellitibus ad regem dirigit, qui mortuum Radulfum abbatem nuntiaret, statimque ac pæne e vestigio alterum mittit, qui Radulfum abbatem ad colloquium evocaret mutuum. Sane legatus regi directus, accelerato itinere, palatium venit, jussa exsequitur, necdumque peracto negotio, aliquandiu palatio immoratur. At vero Radulfus abbas, conscensis equis, cum paucis ad colloquium properat fallentis amici. Sic dum ille iter perageret, comes balneum ingressus, curam corporis agebat. Cumque adhuc in balneo resideret, abbas monasteriolum S. Gundulfi[1] ingreditur (nam inibi tunc morabatur comes) obviumque habuit quemdam pomilionem nomine Gauringisum[2], qui facetiis comiti inserviebat, quique insidias ei comitis, tum nutibus, tum sermone denuntians, fugæ auxilium expetere hortabatur. Itaque abbas, verso gradu, calcaribus equum impellens, citato cursu alveum Ligeris repetit, navemque conscendens, in citeriorem transvehitur ripam, celerrimeque monasterio recipitur. Interea nuntiatur comiti abbatem

---

1. Saint-Gondon, sur la rive gauche de la Loire, canton de Châtillon, départ. du Loiret. C'était autrefois le siége d'un prieuré dépendant de Saint-Florent de Saumur.

2. Ms. d'Alençon : « Quaringisum. »

inibi affuisse Radulfum, sed concite rediisse. Cernens comes acerrime se ab abbate præventum, nec malitiæ suæ ac fraudi locum patere ullum, nimio felle commotus, a balneo exsiliens, linteo obvolvitur, seque in lectum aliquantulum requieturus projicit, residente ad caput ejus Deutheria concubina. Eo altiori sopore depresso, adstitit in visu quidam senex, monachi habitum gerens, quem sequebatur puer ejusdem habitus, taliterque ad eum infit : « O comes, quid promerui quia voluisti abbatem interficere meum? » Cui cum ille negando responsum ederet, nequaquam se abbatem suum necare voluisse, ille torvo vultu in eum respiciens, simulque baculo quod gestabat incurvo caput ejus percutiens, inquit : « Per caput hoc testor pœnitudinem te hujus facti inutiliter certissime[1] acturum. » Qua percussione excitatus, a lecto exsiliens, efferatus animo, in vocem erupit dicens : « Væ mihi, væ mihi! jam nunc morior. » Cumque adstantes territi requirerent, quid causæ esset cur talia ac si mente captus effunderet verba, pallens ac tremens sciscitantibus respondit : « Quiescenti mihi in lecto sanctus adstitit Benedictus, veneranda decorus canitie, quem sequebatur puerulus et ipse monachus, cœpitque adversum me conqueri quamobrem abbatem suum interficere vellem. Cumque ei responderem nullatenus me abbatem suum interficere voluisse, baculo quod gestabat caput meum valde percutiens, morti me vicinum reddidit : una etiam comminans, citissime hujus facti me inutiliter pœnitudinem peracturum. » Hæc dicens, dolore interiora citius penetrante, nocte sequenti, morti corporis mortem

1. Mss. d'Alençon et de Bigot : « Citissime. »

animæ socians, manuum obsequio, miserrimam animam Erebi jaculatur ad ima. At Radulfus abbas, agnita ejus præpeti quidem, sed serotina morte, legatum dirigit, qui regi et suam renuntiaret vitam et Rahonis exitiales exsequias.

XIX. Regali munificentia huic sacratissimo cœnobio, a priscis Francorum regibus, per præcepti proprii syngraphum, concessum fuerat, ut ei quatuor naves, immunes ab omni debito fisci, liberrime per alveum Ligeris discurrerent. Cum itaque suprafati comitis tempore, harum una ob salis evectionem Namneticam usque ad urbem pervenisset, atque in regrediendo, tuta ex præcepto regio, omnes itineris portus civitatesque pertransiret, ad urbem pervenit Aurelianam; ibique a telonariis civitatis detenta, rector navis, vectigalis gratia, quæstioni subjicitur. Liberalitatem regiam illo reclamante, contempta regali auctoritate, exactor navem onustam sale fisco subjicit, atque cum cæteris navibus procuratori portus committit. Erat quando hæc agebantur dies dominica; sed circa horam fere diei tertiam, cunctis missarum celebratione detentis, navis quæ cum cæteris in portu fiscali tenebatur, subito absque humano remige a portu emota, medium Ligerim petit, quo fortior vis aquæ decurrere solet; ibique contra adversum pelagus fortiter enatando, pervenit ad posterulam, quæ usque hodie sancti Benedicti dicitur, ibique appulit. Concurrunt undique ab urbe populi incognitum cernere miraculum, stupentesque voces clamoris atque adhortationis proferunt: «Videte, o cives, contemplemini qualiter novus nauta, dilectus Domini Benedictus, mortali sine remige, navem propriam mediis regit in fluctibus.» Confusa denique omnis procuratorum fisci audacia, in posterum ab hac sese compescuit stultitia.

XX. Carolo Augusto, magno imperatore Francorum, diem obeunte, Ludovicus, filius ejus, imperii gubernacula suscepit; cujus tempore, variis tumultuationibus regno Francorum attrito, multo ac gravi turbine Ecclesiæ visus est concuti status. Namque filiis diversa adversus patrem molientibus, quantum ad totius regni speciem attinet, intestina oritur collisio; dumque pater alios honoribus ob merita privare, alios cumulare opibus studet, id ipsum vero filii adversus patrem, dejectos ab illo erigere, sublimatos deponere conantur, tempestatis instar maritimæ, subjectos hac illacque dispergunt; qua causa, res quarumque Christi ecclesiarum contigit gravissima pati dispendia. Inter quas ecclesia Aurelianensis cum contiguis sanctorum locis, quæ sub regimine dominicorum clericorum sive monachorum consistere videbantur, non modica vexatione afflicta est.

Siquidem Matfrido, comite quondam Aurelianensi, ob culpam inertiæ propriis honoribus privato, Odo in ejus locum substituitur. Qui insolentia gravi contra sui naturam elatus, cuncta quæ juri subjacebant ecclesiæ Aurelianensis, matricula excepta, sed et abbatiam S. Aniani necnon S. Benedicti, in propriam molitur redigere potestatem. Quod monachi cœnobii S. Benedicti cernentes, consilio inito, misericordiæ Domini solius se committentes, maturrimam partem suorum fratrum ad præfatum dirigunt comitem nimia insanientem tyrannide, cum pignoribus sanctorum, omnigena supplicantes prece, ne tantum incurrat piaculum, neve res sacro ordini delegatas ad nefarios transferat usus, sed magis servos Dei res sibi a Domino traditas libere liceat ordinare; quæ petitio nulli apud eum valuit. Cœperat, eo in tempore, expeditionem parare, viribus undecumque contractis, adversum Lambertum atque Matfridum sociosque eorum, Neustriæ partibus residentes, qui ab imperatore ad Lotharium defecerant. Cui expeditioni jusserat quoque interesse Jonam, venerabilem episcopum Aurelianensem, et Bosonem, abbatem S. Benedicti, quorum res injuste sibi vindicaverat. Interea auxiliares ex superiore Burgundia ad id properantes bellum, utramque Ligeris ripam tenentes, rapinis cuncta vastabant; quorum vesaniæ Boso abbas obviando, jussit naves portus ita paratas adesse, ut si populus, ex superioribus adventans partibus, citeriorem ripam teneret, nautæ omnem pecuniam familiæ cœnobii ipsius, in majoribus minoribusque pecoribus, seu ceteris mobilibus consistentem rebus, navibus exceptam, amnem ultra transferrent. Si autem ulteriorem viam pergeret, versa vice id ipsum ex supra dictis agerent rebus, transvehendo scilicet cuncta in hanc alvei partem. Præficitur hujusmodi negotio Hercambaldus, presbyter, bonæ vitæ et nominis, qui in hoc eodem cœnobio vitam tenuit regularem, eaque quæ scribere proposui, viva voce, sub attestatione veritatis, cunctis profitebatur certissimo se cognovisse visu. Dum enim per triduum profectio perduraret exercitus, labor non dicam nautarum, verum ipsorum excrevit nimius animalium, itemque ex pervigilio lassitudo prævalida. Fessus continuatione vigiliarum presbyter, circa crepusculum tertiæ noctis, domum properat, atque in stramine cujusdam lecti, impatientia victus somni, se projicit; moxque ut quippiam somni capere potuit, conspicit in visu adstantem sibi personam, sub monastico habitu, baculum manu gestantem, quam sequebatur puer ejusdem habitus. Itaque stupescentem presbyterum persona illa clementer alloquitur : « Quid est, frater, cur modo hic taliter jaces? » Cui ille venerandi vultus intuens personam : « Domine, inquit, vobis cunctisque notum est, quantum nobis ac familiæ nostræ Odo comes, necnon populus ei favens, inferat mali; ideoque injunctum præcepto abbatis officium, cura pervigili, certatim dum provideo, quatinus navali effugio familia nostra servare a raptoribus valeat supellectilem suam, gravatus somno, in hoc me stramine projeci. » At senior verbis favens presbyteri talia refert : « Novi vera esse quæ dicis, sed antequam his quæ dolendo quereris verissima satisfaciam promissione, causari aliquantulum libet. Mirum valde est quamobrem fratres nostri culpam in me redarguant ignaviæ, ac si ego nullam vexationis illorum curam habeam, velutque, lethargo oppressus, in eorum relevatione dormiam; quod pro certo fieri nequit. Si enim præceptis Omnipotentis curam adhibueritis obediendi, regulæ quoque per me a Deo vobis traditæ mandata exsecuti haud segniter fueritis, cuncta adversa fient prospera, inimici amici efficientur, gratiamque suam Fautor omnium bonorum in nullo negabit. De hac vero quæ nunc est injuria vestra, scitote jam clementissimi Conditoris omnium sententiam propitiam erga vos effectam, eumque, qui tyrannidis adversum ecclesiam indigne arma corripuit, septimum nequaquam transigere solem, donec hujus rei incurrat pœnitudinem. Habete ergo in Domino fiduciam et in illo confortamini. » Dum hæc senior delectabilibus ederet verbis, presbyter quibus poterat nutibus puerum sciscitabatur quæ esset tantæ venerationis persona. Cui puer submissa voce : « Hic est, inquit, pater noster S. Benedictus. »

XXI. Sæpe dictus itaque presbyter, cum rescisset beatissimum patrem secum in visu colloqui, cœpit, cunctis qui aderant videntibus, ab eodem sese lectulo, brachiis extentis, protrahere, ac si vestigia ejus quem cernebat adstantem tenere posset, simulque voces cujusdam murmuris emittere anxius, quas nullatenus adstantes intelligere poterant. Tandem expergefactus, hac illacque obtutum vertendo discurrens, supplici ac pæne lacrymabili voce, semel et bis ingeminat, dicens : « Quorsum Dominus meus sanctus pater Benedictus abiit? Cognitorem omnium occultorum Dominum testor modo hic eum, in specie corporea, a me visum mihique locutum. » Nec mora, ipse quoque presbyter monasterium veniens, patribus ejusdem loci cuncta quæ visu cognoverat, monita denique piissimi patris, necnon adhortationem ejus sedule refert. Qua relatione mœsti relevati fratres, semet invicem ad agendas Deo gratias hortabantur, qui, auxilio desertos humano, solito tuebatur munimine.

Necdum promissi cursum expleverant soles, et ecce ex acie castrensi quidam clericus fuga lapsus, cui nomen Herrardus, postridie belli exhausti, hora fere diei octava, monasterium pervenit, diroque nuncio cœnobium omne perculit. Nunciat namque cruentissimam cædem nostrorum, adversariorum victricem insistere manum, copias omnes, cum auxiliis hinc inde contractis, hac illacque fugæ subsidio dilapsas, ductores belli, Odonem fratremque illius Guillelmum, comitem Blesensium, Teutonem denique, abbatem Sancti Martini, Guidonem, comitem Cenomanensem, cum multis aliis amplæ opinionis viris, mortem oppetiisse. Quo nuncio graviter afflicti fratres, ad Dominum exorandum, pro tanta Christiani populi cæde, se intentissime conferunt. Licet enim quidam illorum qui tanto interfuere discrimini, nimium gravi infortunio res ecclesiæ juri subditas, non dicam premerent, immo penitus, gentili more, auferrent, tamen humanæ affectu naturæ, servorum Dei corda pro dolore concussa sunt; memoria recolentes, quid animæ perseverantes extrema sub luce in malis, apud inferos patiantur, quibus cruciatibus torqueantur quorum vitæ finis exitiale stipendium meruit. Quamobrem præcepti divini memores dicentis : « Orate pro persequentibus et calumniantibus vos, ut sitis filii patris vestri qui in cœlis est, qui solem suum facit oriri super bonos et malos, et pluit super justos et injustos », communi consilio pro his preces ad Dominum fundere statuunt, quatenus, etsi perpetuis non mererentur absolvi cruciatibus, saltem mitioribus mulctarentur a stricto judice pœnis[1].

XXII. Solemne festum impendebat sancti confessoris Christi Benedicti, quod, ex veteri consuetudine, quotannis pridie nonarum decembrium agitur; quo conventus multorum populorum, ob tanti memoriam patris, confluere monasterio solet, præterea servorum

1. Les Bénédictins remarquent, sur ce passage, que cette ancienne opinion sur l'adoucissement possible des châtiments éternels est contraire à la doctrine des théologiens modernes.

Dei religiosorumque non contemnenda copia virorum. Mos autem, prisca procedens ætate, multam occupavit tempestatem, liberalitatis gratia, post spiritalis refectionis abundantissimum donum, corpora quoque terreno accuratissime reficere cibo. Sed cum diversarum apparatus copiarum huic rei congruentium hinc inde proflueret, piscium omnimodis deerat affluentia, quæ tantæ celebritati aliquantulam præstaret gratiam. Anxius valde abbas sed et fratres huic procurando suffecti officio, quaqua versum dirigunt, si quomodo cujuslibet adminiculo a tanta relevari possent piscium penuria. Verum humana deficiente industria, cum jam desperati omnes, dejectis animis, nihil quod sperarent haberent, meritis et interventu clarissimi vereque Benedicti, a tanto mœroris suscitantur somno. Instante enim vigilia prædictæ festivitatis, quidam frater juxta morem, nocturno tempore, cum fratribus proprio recubans lecto, vidit in visu amnem Ligerim sese transpositum, atque in loco quo fluviolus, vulgari dictus vocabulo Obla[1], Ligeri immergitur, supra ejusdem fluvioli se adstare marginem ; ex alia vero ripa præfati fluminis, quemdam ignotæ sibi quidem formæ, sed tamen venerandi vultus, adstare clericum, qui baculo quod gestabat incurvo, more veterum antistitum, maximum gregem suilli pecoris a profundo ejiciens aquæ, eam versus partem qua prædictus monachus stare videbatur, cum magno impellebat strepitu. Expergefactus frater, post expletionem officii nocturni, evocato secretius monasterii decano, somnium refert, hortaturque ut cum fratribus fluvium piscandi avidi-

---

1. L'Able, petit cours d'eau qui se jette dans la Loire.

tate expetat; pro certo se scire quia Christi dilectus miles commilitonibus suis abundantissimam largiturus erit piscium prædam; hoc denique significare visum, cum procul dubio sues, pisces, ignota vero sed reverendi habitus persona summum portenderet Benedictum. Roboratis hac visione animis fratrum, certatim retibus paratis, curritur ad flumen; pansisque hinc inde cassibus, squammigeri gregis copia exuberanter abstrahitur æquore, tantaque fuit captorum piscium abundantia ut eorum evectio vehiculo egeret. Atqui noverat beatus pater tirones suos infatigabiliter Domini inhærentes præceptis, his ac talibus relevare beneficiis; qui mortali gravatus adhuc sarcina, discipulis penuria panis laborantibus opem ferre voluit, ducentorum modiorum farinæ conlatione. Si igitur corpora alimento tantopere solatur terreno, quanto putamus eum juvamine animarum saluti insistere, qualiter æternæ felicitatis gaudia, bonorum actuum onustati fructibus, mereantur intrare lætantes.

XXXIII. Opinione vulgo orbem penetrante, gratiam Christi præstabilem affore quibusque mortalibus incommoditate corporea laborantibus, ad limina confessoris Christi Benedicti, cœpere undecumque monasterium petere, quatenus optabilis sospitatis compotes esse valerent. Interea cum reliquis, quidam utroque debilis gressu, cui nunquam pedibus concessum fuerat iter carpere, sed magis scamellorum juvamine geniculis sese per terram noverat trahere, adstitit. Hic diu in basilica sanctæ Dei genitricis perpetuæque virginis Mariæ, apud sacros cineres excubans, tandem respectu divinæ pietatis atque interventu dilecti Domini Benedicti sanitati redditus, gratias Domino simulque intercessori suo, pro modulo scientiæ sibi conlatæ, referre non distulit. Sane quia insuetus dolor laborque non modicus, in extensione diutius contractorum nervorum, graviter debilem afflixerat, nequaquam repentina celeritate ignotum pergere iter valebat, donec titubantia genua, dolore procul semoto, firmius stabilirentur. Servatur proinde in domo pauperum hospitio deputata, ibique sufficientem sibi agapem, cum reliquis ptochio residentibus, accipit. Transactis aliquot diebus, æger robustior redditur, ac gressus, dudum hac illacque divaricantes, rectius incedere discunt. Postremo residentibus fratribus in unum, hora diei tertia, post lectionem capituli regularis sanctorumque memoriam, jubetur ab Adalguado abbate[1] quondam languidus sacro se præsentare conventui, atque ob dubietatem a quorumdam cordibus auferendam, putantium necdum eum plenam sospitatem recepisse, situlam plenam aquæ deferre. Quod confestim impletum est. Erat igitur spectare miraculum : videres adstare stabili firmoque gressu dudum terræ genutenus inhærentem, ac celeri directoque calle quoquo discurrere, qui nuper nutanti crure, vix baculo sustentante, quolibet progredi valebat. At mortalium corda, quid tunc gaudii, quid exsultationis habere poterant, patronum tanti gregis tantique præsulem loci, exhibitione operum sui præstantiam[2] cernentes ostendere! Sed mentes, cœlesti desiderio flagrantes, a laudibus Omnipotentis cessare non poterant, quin potius eo tempore, Christo

1. Adalgaud succéda à Théodulfe, comme abbé de Fleury, en 817.
2. Ms. d'Alençon : *præsentiam*.

jocundari in hymnis exsultationis uberius aggauderent, quo se tanto donatos munere cognoscerent.

XXIV. Dum Boso abbas cœnobii hujus regimen, ex regulari electione suscipiens, non ignobiliter disponeret[1], contentio maxima inter advocatum præsentis ecclesiæ, Eptagium nomine, necnon advocatum alterius cujusdam sacri loci, oboritur, ob mancipiorum querelam non parvi numeri. Theodoinus dicebatur vocabulo, vicarius Mauriacensis, cujus in officio eorumdem concretio atque cohabitatio a progenitoribus exstiterat; ad quem se advocatus illius alterius loci conferens, datoque munere corrumpens, ab æquitatis jure deflexit. Jamque instabat dies qua lis emota, in castello quod Nandonis vocatur, dirimi debuisset. Sed Boso abbas, ne forte minus cautus esse videretur, ad præfatum vicarium duos mittit monachos, eique loco muneris duo vascula mittit argentea, non contemnendi ponderis; obsecrans quatinus justitiæ et rectitudini favens, officiali nullo modo officeret nostro. At ille alterius jam dono corruptus, monachos spernens, dona respuens, superbia tumidus equum conscendit, servisque Dei dixit : « Recedite, o monachi, cum vasculis vestris ad monasterium de quo huc properastis. Hunc testor ensem, nullus, ab hodierna die, ex hiis mancipiis sancto famulabitur Benedicto. » His dictis, impulso calcaribus equo, celerrime incedere cœpit. Necdum procul a domo recesserat propria, et ecce equi cui insederat pes lapsus sessorem a dorso projicit. Qui cor-

---

1. Boson fut le successeur d'Adalgaud. V. *supra* c. xx, et *infra* c. xxviii.

ruens in terram, fracto humero, totoque pæne corpore contrito, obsequentium manibus ad domum refertur propriam. Dein ingravescente dolore, die abhinc tertio, vitæ excepit terminum. Advocatus vero Sancti Benedicti, castellum Nandonis[1] perveniens, querelam apud judices deponens, ac legali eorum judicio mancipia recipiens, ad propria remeat.

XXV. Decurso exinde non modico tempore, alia iterum oboritur controversia, inter præfatum hujus loci advocatum, atque advocatum S. Dionysii. Colliguntur ab utrisque partibus plurimi legum magistri et judices, qui pro partibus decertarent. Præterea aderant in eodem placito missi a latere regis, Jonas, episcopus Aurelianensis, et Donatus, comes Melidunensium. Sed cum litem in eo placito finire nequirent, eo quod salicæ legis judices ecclesiasticas res sub Romana constitutas lege discernere perfecte non possent[2], visum est missis dominicis placitum Aurelianis mutare. Venientes itaque ad condictum locum, magistri et judices, utraque ex parte, acerrime decertabant. Aderant namque legum doctores, tam ex Aurelianensi

---

1. Château-Landon, chef-lieu de canton, département de Seine-et-Marne.
2. Cet embarras des juges qui ne connaissaient que la loi salique, dans les affaires qui devaient être jugées selon les principes du droit romain, fut sans doute une des causes qui forcèrent de recourir au combat judiciaire. Remarquons en passant que cette manière de vider les procès, dont nous verrons de nombreux exemples, était tellement passée dans les idées et les mœurs du temps, que le moine, auteur de cette relation, trouve très-mauvais que l'on ait usé d'un moyen terme et s'emporte contre le juge qui en avait suggéré l'idée.

quam ex Wastinensi provincia. Enim vero, longiuscule litem judicibus protrahentibus, eo quod nec hi
cedere illis, nec illi assensum aliis præbere vellent,
tandem adjudicatum est, ut ab utraque parte testes
exirent, qui, post sacramenti fidem, scutis ac baculis
decertantes, finem controversiæ imponerent. Sed cum
id justum rectumque visum fuisset omnibus, quidam
Wastinensis regionis legis doctor, cui, quodam præsagio, Bestiale nomen pro humano indictum erat, quique
ex parte S. Dionysii, munere corruptus, advenerat,
verens ne si duo inter se decertarent, testis eorum
reprobus inveniretur, judicium protulit : non esse
rectum ut bello propter res ecclesiasticas testes decer-
nerent; immo magis inter se advocati mancipia partirentur. Cujus sententiæ Genesius vicecomes favens,
rectius dixit esse mancipia dividi quam testes bello
decernere, in eamque sententiam concilium omne deflexit. At vero S. Benedictus nequaquam judicis illius
ac legislatoris oblitus est, qui primus sententiam dividi
mancipia, versute juxta nomen suum ac bestialiter, protulit. Namque continuo, ut eadem in duas divisa sunt
partes mancipia, ille justo Dei judicio ita percussus est,
ut nullo modo aliquid loqui posset, evacuato totius
linguæ officio. Cognoscentes autem familiares ejus, qui
inibi aderant, veritatem rei gestæ, deduxerunt eum ad
monasterium sancti confessoris Christi, quem graviter
offenderat; ibique per unum ferme demoratus est
mensem, nutibus quibus poterat, auxilium deposcens
egregii patris. Denique aliquantulam sanitatem consecutus, ad sua regreditur; numquam tamen donec advixit, impetrare voluit, ut nomen sancti lingua propria
exprimeret Benedicti.

XXVI. Excubitorum officium sacris templis dicatum, non modo modernis temporibus constat, verum prisca ætate, sub beato Moise, a Domino legimus tabernaculo sacrato ex levitarum genere custodum munia subrogata, quæ, processu temporis, a sancto propheta necnon rege mirabili David, ampliori dispositione ordinata, morem nobis nostræque religioni, ut ita dixero, suggessere. Et quidem vetusta ætas idem officium per successionem prolis excipiebat, nostra vero, non propagatione prolis, sed magis puritate vitæ morumque probitate, officiales admittit. Hac denique sacra consuetudine passim summa celebritate vigente, præsentis quoque loci basilica, in honore sanctæ Dei genitricis Mariæ omniumque Christi virginum, Deo dicata, in qua venerabile etiam corpus sanctissimi Benedicti decenti honore servatur, omni religione atque honestate præstantem, Christianum nomine, monachum, custodem sortitur. Qui cujus meriti cujusque sanctitatis exstiterit, luce his clarius eminet qui ejus vitam sinceramque novere innocentiam. Huic solitum erat summa fiducia sacrum adire tumulum, atque vulgari mortalium more, si quid adversi extrinsecus huic loco accideret, adversus sanctum causari Benedictum : ea utique utens confidentia qua sciebat se haudquaquam ab illo velle contemni. Quod in hoc quod scribemus satis liquebit opere. In eadem basilica ob honorem simulque utilitatem, opere cælatorio ex ære deformatæ armillæ, atque adprime deauratæ, funibus dependebant, quibus campanæ, secundum morem, statutis horis celebrandi officii, pulsabantur. Quodam vero die, immixti populo, ecclesiam ingressi latrones, conspiciunt armillas funibus pendere, putantesque auri optimi pondus, cupiditate sibi familiari pessimum facinus meditantes, communi decreto suffossionem parietis moliuntur. Quod noctu, ut decreverant, explentes, ecclesiam ingressi, armillas cum calamis eis fabre adjunctis exportant, eodemque foramine egrediuntur, oppilantes humo aditum fossæ; tantoque silentio id a furibus patratum, ut nemo excubantium persentiscere quiverit quonam pacto tale completum fuerit facinus. Hora præterea surgendi adveniente, cum tantum scelus venerando custodi Christiano innotuisset, qui dolor pectori ejus irrepserit, quæ oculis lacrymæ profluxerint, fateor non facile dictu, cumque hujusmodi lamentis solito perveniens ad tumbam, acriter causari ac conqueri cœpit, cur latronibus se spoliandum tradiderit. Et quia fiduciam sese a B. Benedicto audiendi, cum simplicitate nimia, ceperat, etiam peregrino sermone rusticitatem causandi exsequebatur (nam natura Germanus erat), ita inquiens : « O sancte Benedicte, ut quid pigrescendo dormitas? Quamobrem domum tuam tam negligenter provides, ut quod in honorem operando confero, tu latronibus furto subducere permittas? Certe mihi non est curæ si etiam tibi bracas auferant, qui armillas non defendisti. Crede mihi, si armillas tuas non restituerint mihi, nec unam tibi candelam accendam. » Hæc et alia multa in hunc comminans modum, simulque baculo petram ante sepulchrum positam percutiens, tristis abscessit. Sed omnipotens Deus nequaquam diutius contristari passus est servum suum, quin potius meritis et interventu beati patris, cum quo fiducialius conqueri solitus erat, celerrime mœstitia relevatum, gaudio competenti replevit. Siquidem præfati latrones, scelus semel attemptatum iterato repetentes, foramen suffossi parietis, quod pridem tellure oppleverant, paucis diebus interjectis, expetunt, egestaque humo, ingressum moliuntur. Confestim vero a custodibus capti, quæstioni subduntur; fatentur facinus, seque ob id ecclesiam ea hora ingressos, ut omne aurum atque argentum cum gemmis, a S. Benedicti lecto extrahentes, auferrent. Requisiti autem quomodo tantum scelus nudis patrarent manibus, præsertim cum neque subulas majores, neque malleos, margulos, nec aliquid officinæ fabrilis secum haberent, quo tam fabrefactum destruerent opus, cultros ex manicis protulerunt, quibus se actutum omnia perpetrare confessi sunt. Servati igitur usque ad tempus diurnæ lucis, venerabili præsentantur Christiano; qui sciscitatus ab eis quid ex armillis, quas furto abstulerant, egissent, responsum accepit eas reconditas secum haberi. Graviter itaque redarguens, acriterque in eos invectus, quare tantum nefas aggredi ausi fuissent, quod Deo hominibusque exsecrabile foret (porro leges humanæ, absque ullo misericordiæ respectu, vita eos carere suspendio juberent); postremo Helisæi prophetæ exemplo, qui regis Syriæ latrunculos, quos ad se interficiendum direxerat, captos oculis, in medium deduxit Samariæ, atque rege Israel requirenti a propheta, utrum ne eos gladio percuteret, prohibuit, quin potius pane et aqua refocillatos suis remisit; misertus latronum labori, cibo potuque refici jussit, atque incolumes ad propria remeare; interdicens ne quando ad talia audenda prorumperent.

XXVII. Divi augusti Ludovici temporibus, cum secundum evangelicum Domini dictum: « Abundante iniquitate refrigesceret charitas multorum, » dissidio gentis Francorum, accidit multifariam rempublicam ejusdem regni affligi. Namque pravorum hominum consiliis, dum consultatio reipublicæ in superbiam dominatumque se transformavit, primoribusque magis sibi invicem invidere et obloqui, quam regni utilitati consulere, placuit; cœpere regibus boni quique suspectiores existere, quibus, ut ait Crispus, semper aliena virtus formidolosa est, atque in primis genti contraria sentire. Qua de re actum est, ut, dum imperator nobilitatem veteranorum deponendo insequitur, ac hi, memores pristinæ virtutis, defensare libertatem nituntur, defectionis ab imperatore regnique magnum pararint exitium. Sed quia nostri haudquaquam propositi est regum actus stilo comprehendere, immo miranda Dei opera, per servum illius Benedictum patrata, litteris committere, relictis quæ, ut ita dixero, perperam necne procaciter peracta sunt, ad ea quæ cœpimus redeamus.

Imperator, ut dictum est, suspectos Francorum primores habens, Germaniæ populos, Aquitaniam profecturus, evocat, Saxones videlicet, Thoringuos, Baioarios atque Alemannos; eisque, quos virtute Francorum pater armis subegerat, regni statum incomposite committit. Illud quo animo Franci exceperint in promptu est agnoscere. Libertate igitur Transrhenani, ac si ob tutelam imperatoris, adepta, vitiis sese omnemque subdidere exercitum : deprædationibus scilicet pauperum, bonorum virorum dehonestationibus, sacrorum locorum violationibus, ac reliquis quæ piget enumerare malis. Sed dum imperator expeditionem in filium agens, Aquitaniam versus, Ligeri fluvio appropinquaret, accidit quosdam supradictorum populorum duces, villulas cœnobii S. Benedicti vastando attingere. Cum vero, grassante prædonum sævitia, quid jam pauperibus diriperent deesset, monasterio proximant, idipsum quod et in reliquis acturi locis. Erat, haud longe a monasterio, armentorum grex non parvus depascens, qui continuis fratrum necessitatibus deputatus ad serviendum erat. Hunc prædonum valida invadens manus, minatur, partim securi percussum suis epulis præparare, partim secum suapte adducere. Quibus cum armentarius diceret non debere eos gregem sancti contingere Benedicti; quod si agerent, eis impune non cedere, illi indignantes pinguiorem quam conspexerant juvencam, a toto separatam grege, jugulari præcipiunt. Qua religata, unus ex eis qui audacior videbatur, evaginato ense, exsertoque brachio, vaccam percutere nititur. At vero, in ipso conatu vinctus ligatusque inextricabilibus vinculis, hæsit, ita ut erexerat, brachium cum ense retinens, nullamque in partem deflectere valens. Videres miserum adstare ipso suo conamine, loris non patentibus, vinctum, virtutemque divinam, quam in suo spreverat delicto, reipsa in se experiri. Socii videntes emissam cœlitus vindictam in comparem desævire, consternati animo culpam confitentur, misericordiamque ab eo quem superbe contempserant, sancto scilicet exposcunt Benedicto. Depositis denique armis, calceis pedibus resolutis, terram capitibus adspergunt, sicque, remedium petituri, monasterium properant, deducentes secum illum divinitus vinctum latronem. Et ubi basilicæ proximant, prostrati ante ostium, culpam cum lacrymis confitentur, nec illum solummodo reum sceleris, sed omnes una conscios esse criminis, edicunt. Postremo voto se obligant, nunquam se cuiquam ex familia S. Benedicti aliquid molestiæ illaturos, si modo gratiam illius promereri valerent. Cernentes interea custodes sacræ domus devotionem virorum, totoque inclinatos animo ad misericordiam pii judicis impetrandam, humi prostratos erigunt, dejectosque animo et corpore consolantes, ecclesiam introducunt, atque ad sanctum tumulum perducunt. Oratione completa, miser resolvitur, atque Domino cum sociis grates pro posse ac liberatori suo Benedicto agens, ad sua regreditur, aperte ubique prædicans divinam huic loco præstantius inesse virtutem, nullique ex sententia cedere, si quid pravi adversus sanctum molitus fuerit Benedictum.

XXVIII. Imperii Francorum monarchiam Hludovico augusto, ut præfatum est, gerente, venerabilis abbas Hilduinus cœnobii sancti martyris Dionysii, legatos Romam direxit, atque ab Eugenio papa corpus beati Sebastiani martyris impetravit; quod delatum in S. Medardi basilica, juxta corpus ejus, in loculo gestatorio, ad tempus collocavit. Quo in loco innumera miraculorum a Christo patrata sunt opera, interventu sancti martyris. Postera sane tempestate, Boso, abbas monasterii sancti confessoris Benedicti, palatium evocatus adierat; unde regrediens, transitum per monasterium S. Dionysii congruum habuit. Proinde divertens ad præfatum cœnobium, cum Hilduino reverendo abbate colloquium habuit familiare; interque familiaritatis colloquia, reliquias ab eo sanctorum martyrum expetiit, Dionysii scilicet, Rustici et Eleutherii atque Sebastiani. Cujus precibus nobilissimus abbas libentissime annuens, quod petebatur sub ea conditione præstitit, ut quotannis adveniente natalitio eorumdem martyrum, celeberrima apud nos ipsorum festivitas, more monastico, haberetur. Susceptis gratantissime Boso abbas sanctorum pignoribus, lætus ad propria regreditur.

Die vero adventus sui ad monasterium, jussit, directo misso, ut cum honore sanctis condigno, fratres sibi occurrerent haud procul a monasterio. Jussis obedientes fratres, excipiunt memorias sanctorum martyrum, cum honore quantum mortalibus conceditur digno, sub die undecimo kalendarum Juliarum, atque in ecclesia sanctæ Dei genitricis collocant. Sequebatur autem reliquias sanctorum non minima multitudo virorum ac mulierum, summa cum devotione, ob quædam miraculorum beneficia a Domino, per beatos martyres, patrata. Porro quia, ex antiqua auctoritate, sancitum erat feminas infra exteriores portas monasterii haudquaquam transitum introrsus habere, hi qui a longe memorias sanctorum secuti fuerant, ad preces convertuntur, ut permitteretur eis poscentibus, causa orationis, ecclesiam in qua sanctorum reliquiæ depositæ erant ingredi, votaque sua persolvere. Quod, quia adversum erat religioni monasticæ, nullo omnino pacto impetrare valuerunt. Illis vero in prece perdurantibus, cœpere etiam quique nobiliores, causa tanti rumoris excitati, ad tam venerabile undecumque confluere spectaculum; junctisque precibus vix extorquere quoquomodo ab abbate et fratribus potuerunt, ut extra portam monasterii, ad orientalem plagam, in loco nemoribus consito, tentorium extendi juberet, quo memoriæ sanctorum, certo tempore, hoc est vigilia Dominici diei deferrentur, manerentque sub reverenti vigilum custodia ibidem tam monachorum quam clericorum, usque ad eamdem horam Dominici diei, iterumque sacris referrentur ædibus. Quod cum impletum fuisset, multitudines plebium, non solum ex contiguis, verum procul positis locis, medelam animarum ac corporum consecuturæ, eo confluxere. Operabatur denique Dominus per clarissimos martyres suos incredibilia virtutum dona, quæ ipsi quoque pueruli ex parte conspeximus, ut liquido patesceret etiam nunc in his suis dilectissimis testibus illud compleri quod olim eis qui in eum vera fide crediderint repromisit, ita inquiens : « Amen, amen, dico vobis quia qui credit in me opera quæ ego facio et ipse faciet et majora horum faciet. » Siquidem capti oculis, quolibet scilicet corporis vitio, seu pessimo lippitudinis humore, seu glaucomate adoperti, clarissimum recipiebant videndi usum; debiles vero gravamine gressuum, qui nunquam pedibus incesserant, facilitatem gradiendi summo cum gaudio recuperabant. Dæmones ab obsessis extrudebantur corporibus, lunatici medelam assequebantur optatam. Præterea quidam membrorum quorumdam incendium male perpessi, quod genus morbi incurabile medici, derivato nomine a cancro, cancerauma vocitant, sanitatem perfectam se adeptos gaudebant. Innumera proinde sanitatum dona, ut præfati sumus, per beatorum memoriam martyrum, Dominus, in tabernaculo quo tempore statuto deportabantur, operatur ad laudem et gloriam nominis sui, qui electos suos ubique glorificat, non solum æternæ beatitudinis præmia largiendo, verum in præsenti sæculo, mortalibus deputato, miraculis illustrando.

XXIX. Sed ne imparem meritis idem conditor ac redemptor humani generis Jesus Christus sanctissimum ostenderet Benedictum, immo ne aliqui, minus intelligere valentes divinam dispensationem, gloriosiores quam maxime apud Dominum hos putarent existere martyres, qui sanguinis effusione proprii coronam sibi pararint felicitatis perpetuæ, quam illum qui absque martyrii palma, in pace animam sedibus patriæ cœlestis immiserit, placuit illi haud disparia per servum suum dilectissimum patrare miracula, apud sacratissimam ædem qua condita ejusdem patris membra servantur. Namque delatus a parentibus puer parvulus ad memorias sanctorum martyrum, cum salutem nequicquam diutius expetitam consequeretur (erat enim crurium exsiccatione nervorumque contractione adeo debilis, quin etiam taxilli ita natibus tenaciter inhæserant, quod nunquam a nativitate gressuum incessum experiri quiret), deportatur a bajulis ad sepulchrum sæpe memorati confessoris Christi Benedicti, ibique interdiu perseverans, postridie, concinentibus[1] nobis cunctisque qui aderant fratribus (nam vespertina synaxis tunc celebrabatur), cœperunt se nervi diu contracti extendere aridique meatus venarum sanguinis infusione hymectari, taxilli quoque natibus vehementer astricti, paulatim sese ab eis abjungere. Nec mora extenditur puerulus, et toto corpore pavimento inhæret. Paulo post vero sanus exsurgens, quamquam titubanti gressu, diversam in partem libere cœpit discurrere.

XXX. Hoc per Dei gratiam impleto miraculo, ex

---

1. Mss. d'Alençon et de Bigot: *cernentibus*.

improviso quidam rabie dæmonum furiisque agitatus advenit. Maldabertus hic vocabulo nuncupabatur, qui paulo ante, a civibus Aurelianæ urbis comprehensus, uti cerebrosus virgis cæditur, vinculis constringitur, custodiæ mancipatur. Sed omnia devincens, cursu rapido monasterium petit, ibique bacchari per cuncta miserrime cœpit, membra torquere, collum in absidem defringere, crinem rotare, arcuata dorsi spina, alvum protendere, saltibus in aera semet revolvere, ac per omnes motus corporis diabolicis incitamentis vexari. Proh dolor! miserrimum spectaculum! arctatur tandem vinculis, atque ad columnam ecclesiæ ab ea parte corporis qua vestis cingulo sinuatur, infelix durissime constringitur. Acceditur ad eum a sacerdotibus, qui exorcismos ac cuncta quæ erga energumenos agi debent impleverant. Interrogatus nomen edicit, Legionem se nuncupari confitetur. Volvebatur denique diverso circuitu columnarum, et motibus pessimis infelicissimum detorquens corpus, quid in se gereret ostendebat. Luctabantur, si fari liceat, agmina illa dæmonum cum intercessionibus sanctorum. Equidem miser ille, monitu religiosorum monachorum, qui eum ad obsecrandam Domini misericordiam sanctorumque omnium intercessionem impellebant, solitus erat veluti orationem invitus fundens dicere : « Deus, libera me ab hoste antiquo qui me obsidet! Sancte Benedicte, tu illum punge! » Et hoc non certe voluntarie, sed immundis agitatus furiis, joculariter, ut innumera alia, proferebat. Quid plura? interventu serenissimi patris, divina miseratione respectus, liberatur a diaboli laqueis, et sospes et quietus intra ecclesiæ limina residet. Colloquentibus sibi quomodo arreptus a dæmonibus fuerit, explanat, confitetur culpam, seque ob scelerum enormitatem immundis traditum spiritibus, contrito corde et humili spiritu, proclamat, grates Domino liberatori suo, necnon intercessori beato Benedicto refert, sicque incolumis ad propria remeat. Huic consuetus abhinc, tempore quoad vixit, mos incidit annis singulis, redeunte tempore sanitatis adeptæ, cum voto ad limina sancti confessoris Christi properare, atque, oratione peracta, sua repetere.

XXXI. Hoc, tali tantaque Dei clementia, a rabie dæmoniaca liberato, alter vinctus diris ligaminibus, a superioribus partibus Ligeris alvei deducitur, obsessus et hic a crudelissimo dæmone. Alligatur denique ad columnam ecclesiæ. Sanguinei huic obtutus, pallidus color, macilenta facies, torvus aspectus, quique mortalibus plurimum terroris incuteret. Illicitum ei erat panem comedere; non enim permittebatur a dominatore suo cibo more humano uti. Triduum transigere absque alimento solitus erat, aqua interdum simplici utebatur, exorcizatam coactus accipiebat, vociferans ac detorquens membra. Carnem aliquando avide sed sordide, si daretur, more canum edebat; hujusmodi victu miser infelicem trahebat vitam. Hic diutius apud sacram ædem diversis atque immanissimis cruciatibus vexatus, postremo vinctus manicis, ad memorias sanctorum ducitur martyrum, quo etiam cineres sæpedicti confessoris Christi Benedicti a fideli plebe venerabantur, religatur ad stipitem tabernaculi, ibique nimium affligitur. Sciebat nempe impius tortor virtute meritisque sanctorum citius sese pellendum ab obsesso homine, ideoque crudelius in eum omni genere desæviebat. Sed circa horam tertiam, cum jam missæ celebrarentur, post lectionem evangelicam, in somnum miser ille convertitur; dumque a sacerdote oblata sanctificaretur hostia, visum est cuidam fratrum nostrorum, cui nomen Garno, quibusdam quoque ex clericis, ac si tres muscæ magnæ multumque nigerrimæ, ab ore vesani hominis egressæ, foras tabernaculum avolarent. Quod postquam visum est, cœpit ægrotus quietius agere, atque miseratione Domini sanctorumque illius interventu, a persecutore humani generis ereptus, sanitati restitutus est, hocque modo incolumitatem adeptus, propria revisit.

XXXII. Castrum quoddam in Burgundiæ partibus, in latere montis, supra fluvium, Hormentionem[1] vocabulo, situm, adjacenti regioni nomen indidit; namque a Tornodoro vicina regio Tornodorensis dicitur. Huic præerat quidam nobili ortus prosapia, vocabulo Raculfus, ex officio vicem comitis agens, qui, ob pravitatem morum pessimorumque actuum immanitatem, mente captus in rabiem vertitur. Cumque semetipsum ac reliquos circumquaque sibi astantes gladio, fustibus cæterisque sibimet occurrentibus telis petere vellet, tenetur a suis, vinctusque cum magno apparatu, uti opulentissimus virorum, ad monasterium deducitur, illicque diu debacchans, in tantum ut dentibus fremendo minaretur, si licitum foret, accedentes ad se morsibus laniare, evolutis ferme diebus quindecim, interventu B. Benedicti, melius sapere cœpit.

1. L'Armançon, rivière qui passe à Tonnerre, département de l'Yonne.

Nec longe post adprime saluti restitutus, cum gaudio, non tantum unius viri, sed et multorum, nativum repetit solum.

Hæc et alia multa ea tempestate miranda Dominus, per servum suum carnis sarcina absolutum, operari dignatus est, quæ inertia eorum, quorum studiis nota populis debuere fieri, prætermissa sunt. Cæterum ea quæ visu corporeo nos cognoscere quivimus, quæve fideli narratione comperimus, summisso genere loquendi, quod vel maxime in agendis rebus valet, ad posterorum notitiam hortatu majorum transmittere curavimus.

XXXIII. Regum piissimo augusto Ludovico carnis onere spoliato, regnum Francorum, quod ex diversis nationibus solidum corpus fuerat effectum, trifariam dividitur, atque a tribus ejusdem imperatoris filiis ad regendum suscipitur. Et major quidem natu, Lotharius Franciam cum Italia, Ludovicus Saxoniam omnemque Germaniam, Carolus autem junior Burgundiam cum Aquitania possedit. Sed ut de regnis taceam, bellisne attrita decreverint, an pace continua aliquando floruerint, nostræ partis ærumnas breviloquio excurrere libet.

Carolo regni non minimam assecuto partem, infortunium junctum fortunæ rempublicam maximo profligavit damno. Ac primum, marchisis Britannici limitis inter se gravi perduellione dissidentibus, bellum oritur utrique lugubre parti. Quamvis enim, Rainoldo occumbente[1], victor Lambertus exstiterit, non adeo

---

1. Rainaud, comte de Nantes, mort en 843. Voy. Duchesne, t. II, p. 386.

tamen victricia ab hoste retulit signa, dum millia suorum prospexit oppetiisse satellitum; isque adversum Heriveum repetens, primum natorum Rainoldi, arma ob vindictam paternæ resumentem necis, eumdem male depugnantem vicit, telisque confossum neci tradidit. Hoc dissidii genere bellatoribus utrimque pereuntibus, pæne omnis illa regio defensoribus nudata suis, præda gentibus patuit externis.

Britonum siquidem proxima vis, limitem transgressa antiquum, Namneticam regionem, Andegavensem quoque, Meduanam usque fluvium, vastando cædibus atque incendiis, in suam redegit potestatem. Obstiterat quidem Lambertus jam pridem id annitentibus; sed jussu regis loco cedens, Britonibus explere conatus permisit barbaricos.

Præterea Nortmanni, gens Aquilonaris, nostro generi plus æquo præcognita, non jam piraticam exercendo, sed libere terras, nullo obsistente, pervadendo, omnem oram maritimam pessumdedit, atque, ut verius dicam, in vastam redegit solitudinem. Fuerant eorum pessimi conatus sæpe a ducibus illarum regionum sibimet succedentium frustrati, Lamberto scilicet atque Rotberto necnon Rainulfo. Sed illis varia pereuntibus sorte, omnis fere Neustria, quæ a Genabensi urbe per transversum Lutetiam usque Parisiorum pertingit oppidum, Nortmannicæ patuit feritati. Irruptionibus namque creberrimis cuncta vastando circumeuntes, primo pedites quidem, eo quod equitandi peritia deesset, deinde equis evecti more nostrorum, omnia pervagantur. Interea stationem navium suarum, ac si asilum omnium latrunculorum, in insula quadam cœnobio S. Florentii subposita componentes, mapalia quoque instar ædificaverunt burgi, quo captivorum greges catenis adstrictos asservarent, ipsique pro tempore corpora a labore reficerent, expeditioni illico servitura. Ex qua inopinatos discursus agitantes, modo navibus, modo equis delati, totam circumcirca delevere provinciam. Et primo quidem adventu, urbem Namneticam incendio cremavere; dein Andegavensem percurrentes regionem, ipsam quidem civitatem concremant; Pictavorum vero castella atque vicos omnemque patriam a mari usque eamdem Pictavam urbem populantur, vastant, cædibus replentes omnia. Sequenti tempore, navigio Turonum veniunt, eamque de more stragibus opplentes, ad postremum ignibus tradunt, populata omni circumquaque regione. Haud longo post, superiora Ligeris amnis navibus expetentes, Aurelianis perveniunt, captamque urbem auro distrahunt, Agio tunc temporis præfatæ urbis præsulatum gerente[1]; sicque ad tempus recedentes, secundo adventu prædictam civitatem combustione dissipant, matre duntaxat ecclesia, quæ in honore sanctæ Crucis, jubente Constantino Augusto, a beato præsule Euvertio sacrata erat, studio bonorum hominum remanente. Quid denique solius Neustriæ clades memorando stilum protrahimus? Aut solæ quatuor supra memoratæ urbes excidii damna sensere? Quid Lutetia, Parisiorum nobile caput, resplendens quondam gloria, opibus, fertilitate soli, incolarum quietissima pace, quam non immerito regum divitias, emporium dixero populorum? Num magis ambustos cineres quam ur-

---

1. Agius fut sacré évêque d'Orléans en 843. La dernière mention que l'on ait de ce prélat est de 867. Voy. *Gallia christiana*, VIII, col. 1424.

bem nobilem potis est cernere? Quid proinde Bellovacus? Quid Noviomagum et ipsæ quondam Galliarum præstantissimæ urbes? Nonne et ipsæ irruptionibus Nortmannicis atque hostili gladio concidere? Piget referre cœnobiorum nobilissimorum, tam virorum quam feminarum Deo devote servientium, excidia, stragesque non ignobilium plebium, captivitates matronarum, virginum ludibria, ac cuncta quæ victis victores inferre valent infanda tormentorum genera.

Quid Aquitanicæ gentis ingentem referam afflictationem, quæ olim bellorum nutrix, nunc frigidam bello præferat dextram, suisque orbata luminibus, ducibus egeat alienis? Etenim ipsa quoque optimos quosque genitalis soli in sese elidens, patet nunc præda gentibus alienis. Ab ipso quoque, ut ita loquar, Oceani littore, orientem versus, Arvernam usque, clarissimam veteri tempestate Aquitaniæ urbem, nulla libertatem retinere valuit regio, non oppidum aut vicus, non denique civitas quæ non strage ferali conciderit paganorum. Testatur hoc Pictavis, fecundissima quondam urbs Aquitaniæ, hoc Sanctonæ, hoc Engolisma, hoc Petrogorium, hoc Lemovicas; hoc certe Arvernus, terminus nunc usque barbarici gladii, ipsumque Avaricum, caput regni Aquitanici, proclamant, nulla scilicet bellica obviante manu, hostili graviter sese concidisse incursu. His atque hujuscemodi malis, per triginta ferme annorum spatium, Galliis, non absque piaculo quorumlibet, detritis, cultus quoque divinæ religionis quomodo processerit, utrum necne floruerit, in promptu est cuilibet, licet tardioris ingenii, mortalium persentiscere. Quis enim Christianæ religionis ordo normam eo propositi ad liquidum exsequitur, ut non magis prævaricator mandatorum Christi judicetur, si actuum exsecutio rite vestigetur? Unde non immerito talibus, hoc est nobis transgressoribus præceptorum suorum, ultionis vindictam, olim per prophetam repromissam, videtur infligere. Dicit enim comminans per Jeremiam prophetam : « Pro eo quod non audistis verba mea, ecce ego mittam et assumam universas cognationes aquilonis, ait Dominus, et adducam eas super terram istam, et super habitatores ejus, et super omnes nationes quæ in circuitu illius sunt; et interficiam eos et ponam eos in stuporem et sibilum, et in solitudines sempiternas, perdamque ex eis vocem gaudii et vocem lætitiæ, vocem sponsi et vocem sponsæ, vocem molæ et vocem lucernæ; et erit universa terra ejus in solitudinem et stuporem. » Itemque per Ezechielem prophetam : « Fac conclusionem, quoniam terra plena est judicio sanguinum, et civitas plena iniquitate; et adducam pessimos de gentibus et possidebunt domos eorum, et quiescere faciam superbiam potentium, et possidebunt sanctuarium eorum. Angustia superveniente, requirent pacem, et non erit. Conturbatio super conturbationem veniet, et auditus super auditum; et requirent visionem de propheta, et lex peribit a sacerdote, et consilium a senioribus. » Et post pauca : « Secundum viam eorum faciam eis, et secundum judicia eorum judicabo eos, et scient quia ego Dominus. » Est itaque cernere comminationem propheticam nostro assignari ævo, quando, ob scelerum immanitatem, populus quondam Dei et oves manuum ejus dati sunt nationibus in deprædationem captivitatemque durissimam; atque solum nupera florentissimum ætate, ubere glebæ, cunctarumque opulentia rerum, redactum in vastitatem ac solitudinem extremam. Libet igitur cum propheta David veraciter exclamare : « Justus es, Domine, et rectum judicium tuum ! » atque cum altero humiliter implorare : « Domine, miserere nostri, te enim expectavimus; esto brachium nostrum in mane et salus nostra in tempore tribulationis ! » Hæc de excidio jucundissimæ patriæ breviter litteris mandare libuit, quo his quæ consequenda erant clariorem pararemus viam. Omissis scilicet infandis malorum cladibus, quæ, ipso sui horrore et exsecratione, stili cursum in semet hebescere cogunt, jam nunc ad propositum redeamus.

XXXIV. Interea Nortmanni, ut supra paucis prælibavimus, secunda irruptione Aurelianos aggressi, urbem ambustione concremant, parsque illorum, duce Bareto, cum quadraginta navibus, monasterium sancti patris Benedicti expetunt, quod ab urbe Aurelianensi decem et octo distat millibus[1]. Illud denique vacuum habitatoribus reperientes, cunctis vero mortalium temporalibus refertum commodis, more sibi familiari prædantur, dissipant, ad postremum vero igni immisso adurunt. Aberat jam tunc corpus sacratissimum confessoris Christi Benedicti; siquidem prima vastatione præfatæ urbis, curam hujus sacri loci agente Bernardo, nobilissimi generis viro, levatum a loco sepulchri sanctissimum corpus in scrinio cum honore congruo repositum est, sicque in loculo gestatorio collocatum, qualiter quocumque fugiendi impelleret

---

1. On compte aujourd'hui environ trente-six kilomètres d'Orléans à Saint-Benoît-sur-Loire.

necessitas, a fratribus, fugæ præsidio sese tuentibus, deferre posset. Sed gratia Christi agente, gentili gladio sedes sibi aptatas repetente, sanctissima membra loco conduntur proprio. Secundo vero incursu hostium, jam prælibato abbate ultimos sui regiminis decurrente soles, iterum levatum sanctissimum corpus atque in loculo vectatorio depositum, hac illacque, prout opportunitas fugæ se obtulit, a fratribus defertur. Non tamen infra hæc temporis spatia, gratia divina servos suos, quanquam miserabiliter, peregre, incertisque sedibus jactactos, oblivisci dignata est, quin miraculis solaretur per dilectissimum suum patratis; quatinus titubantia propter tot hominum casus corda, ex præsentia tanti patris, virtute quoque præ oculis habita, abundantius roborarentur. Post exhaustum namque gravi grassante incendio cœnobium[1], nulla jam soli gratia remanente, quippe cui non templa divinis cultibus apta, non lares diversi exstructi usibus, non horrea, non penora, non certe quippiam decoris aut utilitatis restiterat, nudique maceriarum parietes, stuporem spectantibus oculis, horroremque magis quam decus aut gloriam præferrent; compulsi fratres, domum quondam quieti aptatam interpositis partientes arcubus, de parte umbram finxere minoris sacelli, in quo, fabricato altari, divinum officium interdiu celebrabant. Quo etiam in loco corpus beatissimi deferunt Benedicti, in loculo adhuc gestatorio positum. Dum igitur sancta eo quiescerent membra, Deo operante, tale quoddam accidit miraculum.

1. Cet incendie eut lieu en l'année 865. Voy. *Annales de Saint-Bertin*, et *la Chronique anonyme* publiée par A. Duchesne.

XXXV. Tempore præfixo, hoc est septima feria, per totius cursum anni, ex villis in proximo constitutis, more consueto orbis, ad distrahendas seu coemendas merces, populus confluere solet in loco juxta monasterium posito, qui dicitur Vetus Floriacus. Quadam itaque die sabbati, duo compares locum adeunt mercandi gratia; quorum alter in sacculo, ut ipse referebat, duodecim habebat denarios, quos simul ex mercibus distractis acceperant, eosque inibi inter se dividere convenerant. Sed dum ille qui nihil ex eis habuerat a socio sibi debitam requireret partem, ille vero se ei reddidisse fateretur, contentione oborta, judex fori, Engilraus vocabulo, accurrit. Cumque litem dirimere vellet, atque ille qui pretium habuerat compari se reddidisse modis omnibus affirmaret, nec dictis ejus fides adhiberetur, necessitate compulsus, dexteram contra basilicam extendens, cum furore juramentum protulit, ita inquiens : « Per istum sanctum Benedictum, ego illos ei reddidi denarios. » Quod quia temere ac falso juraverat, nequaquam ex impunitate gavisus est. Siquidem manum, quam cum brachio improvide pejeraturus tetenderat, ad se revocare nequivit; sed in suo conamine obrigescens, stupida remansit. Territi omnes qui aderant, quid consulto opus esset scrutantur e vestigio. Nihil vero consilii salubrioris repertum, quam ut reus virtutem jam expertus divinam, veniam petiturus ædem sacram expeteret. Quod ille impiger exsecutus, dejectus animo ac supplex, ecclesiam petit, deferens altera in manu, quæ pœnæ obnoxia nequaquam fuerat, voti gratia, furcam ferream tridentem. Postremo sternitur ante sacratissimam tumbam, vacuam quidem sancto corpore, sed virtute divina ex societate quondam priorum ossium refertam, veniamque temeritatis ac criminis ex perjurio contracti exorat, simul etiam misericordiam Domini precatur quatenus interventu piissimi pastoris, cujus venerabile nomen sacramento velut vilissimam attentaverat rem, sanitatem assequi mereretur. Affuit clementia Conditoris precibus affectuosis miseri poscentis auxilium eximii ducis, ejusque intercessione medelam infirmus consequitur, lætusque forum repetit. Sed ne forte plurima tristitia pro perditis absorberetur nummis, consolari eum Dominus dignatus est, ejus virtute cujus auxilio salutem illi voluit conferre. Namque, mirabile dictu! cum omnis fere populi multitudo a foro ad propria recessisset, paucique admodum remansissent, eo in loco quo major discursus fuerat plebis respiciens, vidit sacculum jacentem cum nummis quos perdiderat. Quem recolligens, gaudio majore afficitur, non solum pro salute corporea, verum etiam pro invento paupertatis suæ laborioso quæstu.

Huic admirabili signo aliud adjicitur, annuente Christi gratia, longiori quamquam terræ interstitio.

XXXVI. Est intra mœnia urbis Aurelianæ ædes in honore sanctissimi Benedicti constructa[1] a venerabili præsentis loci abbate, nomine Medone[2]; parvula quidem, sed in secretiori, ut eo putabatur tempore, loco sita civitatis, ac per hoc aptissima monachis et abbati

1. Cette petite église était autrefois une paroisse d'Orléans, connue sous le nom de Saint-Benoît du Retour.
2. Médon est placé le neuvième sur la liste des quatorze premiers abbés de Fleury, publiée par Baluze (*Miscellanea*, I, 79), d'après le Ms. 1720 de la Bibl. imp., anc. fonds latin.

in necessariis rebus agendis habitatio. Porro circa tempora hiemis, irruptionem in superiora meditantibus paganis, necessitate fratres coacti eo se conferunt. Certe, ut jam supra breviter memoravimus, bis civitate incendio concremata, tertio distracta, nullus jam ei defensionis ac tutelæ videbatur usus inesse; donec venerabilis pontifex ejusdem urbis, cum summa dicendus reverentia, Galterius[1], Deo inspirante, muros, per cuncta fere destructos civitatis, sagacitate nobilis ingenii qua præpollere cognoscitur restaurans, defensioni coaptaret populorum. Huc itaque servi Dei devenientes, tempus pro opportunitate religiosæ transigunt vitæ. Affuit autem inter hæc, apud sacram ædiculam, quædam femina ex burgo civitatis, capta viribus corporis a renibus inferius, ita ut nequaquam pedibus incedere posset, sed per terram reptando, scamellorum magis juvamine sese protraheret. Quæ excubando pro foribus ipsius ecclesiæ, eleemosynis religiosorum fratrum pasci solita erat; exspectans si quomodo fieri posset, ut pietate Dei ac meritis beati confessoris, corpoream assequi mereretur sanitatem. Cum igitur diuturno spatio temporis id ageret, tandem respectu divinæ pietatis meritisque et interventu sanctissimi Benedicti, sanitati restituitur, diuque in eodem loco sana et incolumis permanens, post virilem assecuta copulam, cum prole in eadem moratur civitate.

XXXVII. Quidam homo ex familia sancti patris, in Pauliacensi[2] pago, mansiunculam ex levi structura,

---

1. Galterius ou Walterius, évêque d'Orléans en 876 ; il l'était encore en 885.
2. Poilly, canton de Gien, département du Loiret.

vimine scilicet ac genesta, super hereditatem construxerat suam; quo cuncta quæ acquirere potuit conducens, spem omnem protrahendæ pauperrimæ contulerat vitæ. Casu denique accidente, igne comprehensa, flammarum globum cœpit remittere. Perstrepentium autem tumultu, ut in tali assolet re, vicinarum homines villarum cœperunt concurrere. Sed cum jam rogum flammarum altius ascendentem concremationique proximam cernerent, gradum compressere, dicentes eam a nullo posse liberari, quæ exstructa viminibus et compacta genesta, levem pastum voranti præberet flammæ. Præterea humano recedente adjutorio, pauper ille ad divinum conversus auxilium ita aiebat : « O Domine, miserere mei, ne fame affectus moriar! Sancte Benedicte, subveni mihi et adjuva servum tuum! Omnem enim paupertatem in hoc conduxeram tuguriunculo. » Dum hæc et alia plurima flendo congeminaret, Divinitas, flexa ad misericordiam meritis sacratissimi Benedicti patris, restinxit rogum, salvumque omne remansit tugurium, uno duntaxat pariete ambusto, qui erat contextus ex vimine, cunctaque illius remansere illæsa.

XXXVIII. Caput Cervium, pagus quidam Aquitanicæ provinciæ, regia liberalitate cœnobio Sancti Benedicti donatus, multis vicinorum insectationibus et maxime primorum patriæ, a potestate hujus loci desciverat. At post longum temporis spatium, maximo labore servorum Dei propriæ restitutus potestati, consilium necessarie repertum est, ut habitatione congrua monachis quoquo modo inibi constructa, assidue monachi duo vel tres ibidem persisterent, quousque faciles Aquitanorum animi ad nova quæque leviter molienda, instantia fratrum ab hac potiendarum rerum quiescerent fiducia. Mittitur ad id enitendum Raganarius monachus, magnæ religionis vir, qui olim ab imperatore Ludovico cum aliis Hierosolimam missus fuerat, atque cum eo Segevertus, presbyter ac monachus. Qui, cellulam in prædicto compingentes loco, omnem Aquitanicæ genti abstulere harum repetendarum rerum fiduciam. Exstitit eo tempore quidam vir ejusdem plebis, haud ignobilis, Stephanus nomine, qui aliquam partem fundi proprii cuidam servorum sancti Benedicti, accepto pretio, distraxit. Servus autem ille, fundum absque aliquo fructifero cultu adeptus, vacuam nequaquam permisit esse tellurem; sed eam optime excolens, vineam inibi plantavit, atque, quoad vixit tempore, in proprios retinuit usus. Decedente illo, dominus ipsius terræ de qua præfati sumus quod vendiderat rursus repetere conatur. Advocatus vero una cum Raganario monacho, ad locum sessionis terræ juxta morem legis adveniens, prædictam vineam ad jus ecclesiæ sancti Benedicti sua auctoritate revocare nitebatur. Proinde Stephanus, impatientia levis animi commotus, Raganario monacho ita, ut sedebat in equo propinquans, furibunde locutus est : « Tibi dico, Raganari monache, qui trans mare Jerusalem requisisti, per hunc testor ensem, quando tu et ego ab hoc recesserimus loco, S. Benedictus ex hac vinea nullam habebit potestatem. » Cui defurenti Raganarius infit : « Certe ego ignoro, tu vero nescis, utrum ab hoc loco recedere pro voto possimus. » Ille, iterum concusso ense, juramentum repetens, affirmavit se absque gratia S. Benedicti ab eo regressurum loco. His dictis, confestim ab equo corruens, contritis collisisque omnibus membris, in gestatorio ad domum propriam a suis refertur. Et vinea quidem potestati S. Benedicti relinquitur; ipse vero Stephanus, longo consumptus languore, moritur.

XXXIX. Rege Carolo Francorum disponente regnum, fames admodum gravis universas occupavit Gallias, clades etiam ex insectatione paganorum non modica totam per Oceani littora adtrivit gentem. Sed, ut tertiam juxta prophetam orbis experiretur plagam, graves immissæ sunt bestiæ, quæ famem clademque effugientes barbaricam hianti ore exciperent. Accidit autem ea tempestate, ut mulier quædam, ex Matriniacensi egressa prædio [1], infantulum minusculæ ætatis secum deduceret quo cum aliis suæ ætatis luderet infantulis, ipsa longius cum plurimis viris ac mulieribus prospectante. Cum subito lupus, a silva egressus, filium mulieris istius rapuit, ac sustollens, non silvam repetiit, sed per camporum spatia exportare cœpit. Cernens hoc infelix mulier, miserrimis vocibus plangoribusque immensis indolens, mixta deinde vulgo, lupum insequi cœpit. At ille, neutiquam territus, infantulum longius protrahebat. Sed cum fatigatum vulgus a persecutione lupi cessasset, desperans ei se ullo modo prædam excutere posse, mulier, quæ pro filii amissione arctiori stimulabatur dolore, nequaquam ab incœpto requievit cursu, sed magis pro posse citius properabat, invocans nihilominus S. Benedictum, quatenus ei suum ferret auxilium reddendo filium proprium, servumque suum

---

1. Marigny, canton d'Orléans, département du Loiret.

extra terminos suos nullatenus efferri permitteret. Tum deinde clementia divinæ Majestatis et interventu pretiosi confessoris quod exorabat adepta est. Lupus namque veniens ad terminos territorii S. Benedicti, infantulum illæsum atque incolumem relinquens, avia silvarum latibula repetiit. Mulier, recepto alacris puerulo, gratias Deo ac liberatori filii sui sancto pro scire referens Benedicto, lares pauperrimos suæ revisit proprietatis.

HIC DESINIT ADREVALDUS FLORIACENSIS.

APPENDIX ADELERII AD ADREVALDUM.

XL. Mirabilis Domini nostri virtus et sapientia, quæ beatissimum patrem Benedictum mirificat, glorificatum secum retinens in cœlesti curia, ejus reverendum cunctis mortalibus corpus mirificare in terris haud desistit jugiter miraculorum frequentia. Nam sicut a prioribus nostræ tempestatis viris, atque studiis veracis assertionis probabilibus credibili relatu comperimus, sæculis factum memoriale larga Dei celsitudo, per sæpe fatum sibi dilectum, clementi dignationis suæ munere, operare dignata est.

Contigerat aliquando sacratissimæ ejus Translationis festivitas [1], ad quam, temporis orbita redeunte, plurimæ confluxerant diversæ numerositatis undecumque catervæ, non solum a circumpositis, verum etiam a quibusque provinciarum remotissimis locis. Denique in celebratione tantæ festivitatis, præconiis nocturna-

---

1. Il y avait plusieurs fêtes de saint Benoît. Celle de la Translation se célébrait le 9 juillet.

libus decore competenti persolutis, nondum aurorae clare refulgentibus radiis, quietis gratia sua quique petiere cubilia. Quidam vero e fratribus, cui tuendae basilicae cura delegata erat, cum ad nanciscenda supernae aeternitatis gaudia jugiter intentus, suorumque peccatorum omni devoti cordis devotione a Domino deposcens indulgentiam, e vestigio sacrati corporis ante altare resideret, psalmorum ac precum melodiam consueto sibi more satagebat persolvere devotissime; qui etiam inchoata altius protelans, lassitudine cogente, obdormivit. Cui mox quidam senior, honestatis formositate decorus, ac reverendi habitus, adsistens, quid fratres agerent atque quonam secesserant jocundo affamine inquisivit. Ille autem protinus dormitum esse respondit, quo, post aliquantulam corporeae necessitudinis recreationem, diurni officii uberius valerent persolvere modulationem. Admirans itaque quis iste foret qui sibi haec imperando depromeret, beatissimus ad eum : « Ne mireris, inquit, ob praesentiam quam perspicis mei, certissime sciens me fratrem Benedictum vocari, praesulem ac defensorem hujus constitutum loci. Fratribus etenim ex me salutes dicito in conventu generali, et ad celebrationem missae solemnis sint praescii quia in exsecutione nocturnalis officii psallentibus meis praesens adesse nequivi; namque fratri Aimerico, in partibus Britanniae obeunti, veniam delictorum a Domino obtinui, atque de faucibus inimici eripiens, perennis vitae sedibus feliciter sublimavi. Cognoscant igitur, te fatente, postquam, disponente Deo, corporis mei praesentia a partibus eois in has occiduas terras transvecta est, nullum eorum damna passum fuisse, sed aeternae quietis munere donatos, coelestis patriæ sublimibus locis Christum eos collocavisse. » His dictis, visio adstantis simul et colloquentis ablata est. Ut vero se lux diei terris clara infudit, fratribus somno experrectis, idem sonitu fusilis tabulæ, olim reserandæ locutionis gratia compactæ, abbatem Theotbertum[1] cum reliquis adsciscens, salutationis verba depromit, et cuncta quæ Benedictus pater dicenda præceperat eis per ordinem retulit. Qui omni corpore terræ deflexo adorantes, lætabundis animis laudes innumeras Deo et provisori suo retulerunt unanimi devotione; et ne quid incongruum advenientis aspectus offenderet, quisque se studuit procurare. Quamquam enim specialiter cum sui præsentiam fratribus præstolandam innotesceret, in dominicis eis præceptis persistentibus saltem ne ad modicum quidem unquam abesset; tamen ad declarandam suæ virtutis potentiam communemque cunctorum lætitiam, sese præsentem demonstravit per divinæ operationis efficaciam. Nam aliquid magni se vel videre vel cognoscere cunctis credentibus, accidit ut, post recitationem sancti evangelii, omnes quicumque aliquo molestabantur incommodo, quosque sacræ basilicæ retentabant limina, cum optatæ sospitatis munere quisque repedaret ad propria. Sexaginta denique utriusque sexus et ætatis curati sunt homines, omni magnificentia Deo laudes, Deo gratias, et beatissimo patri Benedicto in communi referentes. Tanta siquidem perfecta Dei operatione liquido cunctis patuit, quia noster Benedictus inter missarum solemnia præsens fuit.

---

[1]. Théotbert était encore abbé en 885, d'après le cartulaire de Pressy.

XLI. Interea rex Carolus, fratribus duobus vita humana decedentibus, tertioque Lothario, ob pœnitudinem qua patrem carcerali mancipaverat custodia, monacho Prumiæ apud monasterium effecto, totius paterni imperii summam assecutus, gratum se cunctis et favorabilem præbens, nonnullos Francorum in suæ unanimitatis allexerat augustalem sublimitatem; sicque in virum perfectum sese quotidie extendens, ita christianissimi in ditandis sanctorum cœnobiis strenue exercebat devotionem, ut nemini priscorum regum, qui regii nominis claruerunt dignitate, impar visus sit in omni sancta religione. Nam inter cætera quæ huic loco contulit munifica affluenti sua largitate, sacerdotale indumentum, quod ex capella fratris sui Lotharii abstulerat, dum ex bello reverteretur Fontanetico, devotissime præbendo concessit, necnon duo vasa aurea, pondo librarum.... appretiata, cum evangelii textu, subtili operis diversitate fabricato, solemni donatione per se ipsum, ob medelam animæ suæ, studuit conferre. Verum, ut præfatum est, vita obeuntibus fratribus, Romam apparatu magnifico proficiscens, favore plebis totius imperator et augustus Romani imperii appellatus est. Cumque in redeundo fines Italiæ attingeret, quorumdam malivola deceptione illectus, apud Papiam civitatem, non sine maximo suorum luctu, pridie nonas octobris, vitam veneno finivit.

Hujus postmodum filius, vocabulo Ludovicus, regnum patrium suscipiens, vix duobus annis eo potitus, laboriosum quibusque nobilibus regni sui consecravit initium. Nortmannica siquidem gens, quæ, jam bis vagina suæ habitationis exempta, piraticam toties exercuerat, demum de morte patris ejus vires resumendo, intra terminos regni Franciæ liberè, paucis resistentibus, cladem malignitatis suæ inferebat continue. Et primum partes aggressa Neustriæ, cædibus et rapinis tota conaminis sui perversitate intenta, quæque prius desiderabilia et vitæ humanæ commoda videbantur, diripere et in suos nefarios usus convertendo satagebat redigere, peregissetque inchoata nisi Hugo, nobilissimus abbas, strenuè rempublicam gubernans [1], cum armis, tum consiliis suis et virtute, ejus barbaricos conatus reprimendo, maximam ex eis manum peremisset. Quod qualiter hujus per virtutem patris Benedicti potenter effecerit, paucis subjiciendum censemus.

Igitur pertransiens, ut diximus, nullo obsistente, plurimarum portus civitatum, Aurelianis devenit, indeque altius gressum protendens, ad monasterium Floriacum, cladem inflictura, accedere contendit. Porro fama vulgante istud jam pridem fratres compererant, competensque eis visum est ut loco cederent et præsidio opportunitatis necessariæ se communirent. Proinde diversorum vehiculorum plaustris aptatis, quæque pretiosa in eis componentes, cum supellectili reliqua ad prædium Matriniacense decernunt contendere, quatinus illic quoquomodo tuta sua omnia possent esse. Ast eadem perfida natio monasterium deveniens,

---

1. Hugues, frère de Robert le Fort, et que Charles le Chauve gratifia de nombreuses abbayes, entre autres de Saint-Martin de Tours, se rendit célèbre par la résistance qu'il essaya d'opposer aux Normands. (Voy. *Annal. de saint Bertin*, D. Bouq., t. VIII, p. 46.) Il mourut en 886, et ne saurait être confondu avec Hugues l'Abbé, le Blanc ou le Grand, qui fut père de Hugues Capet.

speque sua frustrata, nihil in eo quod diripere præter parietes valeret reperiens, tandem plaustrorum recentibus vestigiis perspectis, eo tendendum deliberat quo fratres iisse suspecto animo æstimabat, ut melioribus eorum direptis, rediret patrata victoria. Prævenit ipsorum nequam consilium omnipotentia misericordis Dei, quæ eos ex sua virtute protereret, et innocentem plebem a maligna eorum infestatione benigne defendendo salvaret. Nam tum prædictus venerabilis vir Hugo, a partibus Burgundiæ ob sui utilitatem necessitatemque forte Dei consilio vocatus, ad hos fines contendebat, propeque monasterium perveniens, relatu suorum addidicit fratres ab hostibus subsequi ac ocissime deprædari, nisi Dei liberarentur virtute mirabili. Denique hoc comperto, animum in diversa protrahens, utpote cui militum parvus admodum in præsentiarum aderat numerus, anxiari super hoc multimode cœpit et tædere, qualiter occurrendum foret intra semetipsum revolvens tantæ multitudini. Tandem hortatu Girboldi, nobilissimi Antissiodorensium comitis [1], animum congrediendi bellum assumpsit, asseverans nulla unquam passum discrimina fore, qui beati Benedicti patris servitutis gratia adversantium agmini sese immiscuerit. Roboratis ergo hac exhortatione animis, confisi meritis et auxilio excellentissimi patris, haud procul a monasterio hostes prosequuntur a tergo; consertoque forti animositate gravi prælio, tanta depopulationis strage in eos bacchati sunt, ut ex tanta populi numerositate vix fuerit aliquis qui belli eventum intimaret posteris [2]. Patrata itaque desiderabili victo-

1. Voy. aussi *Fragmentum historiæ vet.* Duchesne, t. II, p. 630.
2. Les *Annales de Saint Bertin* disent simplement : « Hugo

ria, belli dux suos interrogans, requisivit si forte quempiam reverendæ visionis monachum, inter densitates hostium sibi viam pandentem, proprio visu contemplati essent. Quibus respondentibus se in illo prælio neminem monachorum vidisse, statim ille : « Sanctus, inquiens, Benedictus me per totum belli hujus certamen protegens, sinistra manu equi mei habenas dirigendo ac custodiendo tenuit, dextra vero baculum manu tenens, plurimos hostium prosternendo morti tradidit. Sic et nocentibus pœnæ, et innocentibus interventu patris Benedicti securitas reddita est, præstante benedicto Dei filio, cujus nomen benedictum permanet in sæcula sæculorum. »

abba et Gauzfridus cum Transsequanis, confligentes cum Nortmannis in Ligerim residentibus, LX circiter inde interfecerunt. » D. Bouquet, t. VII, p. 107.

MIRACULORUM
SANCTI BENEDICTI

LIBER SECUNDUS

AIMOINI MONACHI FLORIACENSIS PRIOR.

PROLOGUS

AD GAUZLINUM ABBATEM [1].

Honorandis patribus, Gauzlino, reverentissimo abbati, omnique Floriacensis cœnobii sanctæ congregationi illi commissæ, eorum peripsema omnium, Aimoinus, regnum cum Christo æternum.

Obedientiæ bonum quanto sit præmio dignum, vestra, reverendi domini, doctrina ediscere merui; ideoque quorumdam vestrum imperiis, qui id paterna potius admonitione quam imperiosa auctoritate persuadendum mihi putarunt, libenter cervicem subdidi, ut quædam de miraculis communis patroni nostri sanctissimi Benedicti ad memoriam posterorum scripto traderem. Institi itaque ut potui, et non solum ea quæ

---

1. Gauzlin, fils naturel de Hugues Capet, fut le successeur d'Abbon dans le gouvernement de l'abbaye de Fleury. Il devint archevêque de Bourges et mourut en 1030. La vie de Gauzlin par André, moine de Fleury, a été publiée par M. L. Delisle, dans les *Mémoires de la Société archéologique de l'Orléanais*, t. II.

ad sacrosanctum ejusdem Patris sepulcrum gesta sunt, verum etiam illa quæ in aliis ipsius memoriæ locis ad ejus declarandum meritum Dominus operari dignatus est, stylo comprehendere curavi, opus omne in duos partiens libros. Suscipite igitur, sanctissimi Patres, tenuem licet, sed tamen fidelem fructum gracilis ramusculi, e magna vestræ unanimis societatis arbore prodeuntis; nec vos in ejus pœniteat laborasse profectu, qui id quam maxime nititur efficere, ut et nutritoris sui dilecti Benedicti laudes promulgare et vestris per omnia studeat placere desideriis. Vos autem, fratres amantissimi, cum quibus in primævo ætatis flore jugum suave Christi ferre didici, mihi, quæso, congratulemini quod vestris quoque adminiculis ad hoc profeci quatinus aliquid utilitatis meæ vilitati possit injungi. Quamvis enim in me ad vestri comparationem nulla exsistat utilitas, quidquid tamen boni in me est, ab omnipotente Deo, per intercessionem gloriosæ virginis Mariæ ac legislatoris nostri Benedicti perque servorum ejus laborem, totum est.

Ad postremum, omnes quorum corda ejusdem confessoris Christi amor possidet conveniens exposco ne in hoc opere rhetoricæ suadelam facundiæ requirant. Quin potius, inter rusticana despicabilis mensæ nostræ canistra, rutilantia ac suave redolentia miraculorum admirantes hauriant mella, meminerintque quia in testaceis plerumque vasis lautioribus epulis delectabiliter uti soleant.

His de ingenioli nostri tenuitate prælibatis, in calce prologi non putavimus prætermittendum hoc quod divina pietas huic nostro pastori inter cætera largitatis suæ contulit munera, quia, videlicet ad ea promenda quæ de se retulerant digna, nullius extraneæ personæ eguit unquam supplemento, quin imo ipsius clientuli, in ejus cœnobiis illius ope educati atque edocti, quidquid in ejus laude promendum erat, posterorum mandare memoriæ sufficientes inventi sunt post beatum duntaxat papam Gregorium, qui et ipse, ejus regulæ subditus disciplinis, quantis idem pater effulserit virtutibus eloquentissimo enucleavit sermone. Marcus denique poeta atque Paulus in Cassinensi cœnobio, multa de illius miraculis metrico opere elegantissime ediderunt. Translationis vero ejus sacri corporis ordinem ad hunc venerabilem locum, necnon signa hic vel per Gallias ipsius meritis gesta, vir disertissimus Adrevaldus[1], istius monasterii monachus, scriptis inseruit. Cui operi Adelerius, hujus nihilominus congregationis monachus, duo tantum capitula adjecit. Horum ergo vestigia licet non æquis prosecutus passibus, vos bene valere exoptans, his quæ dicenda proposui hoc dedi exordium.

I. Gallicanarum incolas regionum, assiduis exterarum labefactatos incursibus nationum, et veteres et modernæ quibusque eas intellectu revolventibus pandunt historiæ. Quos Julii Cæsaris decennalis attrivit concertatio, Hunnorum subita dilaceravit irruptio, Gothorum subvertit præsumptiva habitandi invasio; ad ultimum Francorum vivida bello dextra victos pariterque victores, æqua sorte, suo subjugavit dominio. Horum præferox potentia, cum in subigendis, tum

---

1. Un manuscrit provenant de Pressy, dont les Bollandistes se sont servis pour leur édition, ajoutait : « Qui et Adalbertus dicitur. » Voy. ci-dessus l'Introduction.

etiam in arcendis a suis finibus barbaris gentibus, viguit concordiæ viribus usque ad divæ memoriæ Caroli Calvi tempora, filii Ludovici, cui agnomen Pius fuit. Contra hunc fraternæ insimulatio invidiæ finitimarum concitavit odia gentium, præcipue Nortmannorum, qui piraticam exercendo maritima regni ejus loca direptionibus gravissimis depopulati sunt. Obstitit primo eorum sævis conatibus Robertus, Andegavensis comes, Saxonici generis vir, cui per id locorum a rege summa rerum delegata fuerat, adnitentibus sibi præeminentissimis Neustriæ viris, Rainulfo atque Lamberto, ut eloquentissimus auctor Adrevaldus priori refert libro. Sed illis varia obeuntibus sorte, Dani, excursionis suæ liberam nacti occasionem, quæ et quanta civitatibus bina expeditione intulerint damna, vastationibus seu incendiis monasteriorum ac reliquarum ecclesiarum, studioso lectori procedentis operis textus patefaciet.

Verum augusto Carolo rebus humanis exempto, filius ejus Ludovicus successit, qui Nihil fecisse prænomen sortitus est, sive quod, vix duobus annis regno potitus, nil strenue gessit, sive quod sanctimonialem quamdam, sicuti a majoribus accepimus, Calæ monasterio puellarum abstractam, conjugio copulans suo, peccatum, quod nihil esse noscitur, perpetrarit. Hujus in diebus effera memoratorum natio Danorum tertiam Neustrasiis inflictura cladem advenit, intulissetque majorem superioribus, ni Hugo[1], per Gallias abbatis honore præditus, eorum compescuisset temerarios ausus. Denique quod parva

---

1. Voy. sur ce personnage la note ci-dessus, livre I, p. 87.

manu innumeras hostium phalanges adjutus manifesto sanctissimi patris Benedicti auxilio ita fuderit ut vix nuntius superviveret, ex scriptis venerabilis viri Adelerii agnosci facile est. Qua plaga humiliati, Dani Gallias per aliquot spatium temporis quietas liquerunt.

At, Hugone ultimos vitæ suæ claudente soles, Ludovicoque principe post administratum biennio regnum diem obeunte, Carolus, ejus filius, qui Simplex postea est dictus, in cunis ævum agens, patre orbatus remansit; cujus ætatem Franciæ primores incongruam, ut erat, exercendæ dominationi arbitrati, maxime cum jam recidivi Nortmannorum nuntiarentur motus, consilium de summis ineunt rebus. Supererant duo filii Rotberti, senior Odo dicebatur, Rotbertus alter, patrem nomine referens. Ex his majorem natu Odonem Franci, licet reluctantem, tutorem pueri regnique elegere gubernatorem. Qui mente benignus et reipublicæ hostes arcendo strenue præfuit et parvulum optime fovit, atque adolescenti et sua repetenti patienter regna refudit; a quo parte regni redonatus, quoad vixit tempore, hostibus terribilis eique semper exstitit fidelis. Ab hac fraterni mansuetudine animi in tantum frater ejus aberravit Rotbertus ut, eo defuncto, quia pars regiminis, quam germanus suus Odo tenuit, non redhibebatur, palam tyrannidem invaserit. Quam causam aquilonares populi sibi non obfuturam arbitrati, cum scilicet totius regionis incolæ, studiis in diversa porrectis, concordi nequaquam adversus eos rebellarent animositate, totis incumbendum rapinæ viribus decernunt.

Et quia nobis ad præsens non bella regum tumultusve gentium disserere animo propositum est, quin imo miracula per beatissimum nostræ vilitatis alumnum, Deo operante, patrata Benedictum, mens promere gestit, ad ea explicanda veniendum est. Non vero nos idcirco eum nostræ vilitatis auctorem fatemur, quasi nos ipse viles fecerit, verum quia nos abjectos despectosque, nulliusve momenti exsistentes, ad hoc suo interventu ac sua ope provexerit, ut et ejus laudes promere et quidquid in nos salutis seu utilitatis quiverimus agnoscere post Dominum ei debeamus imputare.

Prophetici itaque nos memores existere oraculi, quo dicitur ab aquilone omne venire malum, acsi specialiter in nos prolati, frequens cogit memoratorum infestatio paganorum, qui e genuina sua tellure, instar apum, super nostras sæpissime, ut præfati sumus, provincias examen effudere prædonum, qui hæc ultima, de qua nunc nobis sermo est, expeditione, Rainaldo quodam duce, nostrarum reliquias spinarum, quantum in ipsis fuit, eradere procurarunt. Hujus testes sunt rei, non solum, ut jam dicti verba testantur auctoris Adrevaldi, Sequanico Ligericoque littori, quibus Neustria nobilitatur fluminibus, Dordoniæ seu Garumnæ, quarum Aquitania insignitur fluentis, adhærentium urbium, verum etiam præeminentium ruinæ ædificiorum. Inter quæ eminentissimum illud Caroli Magni principis palatium Cassignol[1], gloria quondam et decus

---

1. Casseuil, sur la Garonne, canton de la Réole, département de la Gironde. Les restes de ce palais frappèrent vivement Aimoin, qui en parle aussi dans la vie d'Abbon. On voit encore dans cet endroit les ruines d'un château, vraisemblablement plus moderne, que la tradition donne comme celui des quatre fils Aimon.

cunarum filii ejus jam præfati Ludovici Pii, quod ita Deo inimica gens subvertit, ut et inhabitabile redderet, et tamen quid aliquando fuerit manifeste appareat. Id eo loci situm est quo torrens Codrot Garumnam influit, turrim lateritiam in margine memorati torrentis exstructam habens, e qua et adventus prævideri et ingressus hostilium possit arceri navium, simulque ut classis regia, absque adversariorum impedimento fabricata in minori, ad fluenta majoris deduceretur amnis. Habet vero ecclesiam ampliori ecclesiæ conjunctam, miro opere ex lateribus fornicatam; in qua (si bene visa recordor) permodicum habetur sarcophagum, in quo frater Ludovici Pii geminus[1] esse putatur sepultus. Inde etiam magnum Carolum Garumnam transiisse, Hispaniæ christianis suppetias ferentem, ibique rediisse, liber vitæ ejus refert. Sed de his satis dictum; nunc propositum exsequamur.

II. Igitur innumeræ Nortmannorum phalanges, super quas Rainaldus regnum obtinuerat, quampluribus longis usæ navibus, usque ad superiora Ligeris percursantes, cuncta devastant. Tandem ad cœnobium ter beati Deoque dilecti Benedicti, quod Floriacum dicitur, Rainaldus cum suis attingens, vacuum habitatoribus cunctisque necessariis offendit rebus, domibus duntaxat exceptis; siquidem monachi cum corpore semper nominandi patris nostri Benedicti ad tutiora se contulerant loca, Lamberto tunc abbate piæ sollicitudinis erga eos curam gerente. Perveniens ergo

---

[1]. Ce frère jumeau de Louis le Débonnaire, né en 778, mourut en bas âge; il s'appelait Lothaire d'après les auteurs du temps.

inibi rex memoratus, et ex captivis resciscens quorum hominum foret talis habitatio, dormitorium fratrum suæ metationis delegit sedem; in quo varia, utpote paganus, dum patraret flagitia, una noctium quiescenti ei sanctus astitit Benedictus, duobus comitatus monachis, unus, ut ipsi Rainaldo[1] videbatur, mediæ ætatis robore præditus, alteri puerilis inerat habitudo. Beatissimus autem pater, niveam capite canitiem præferens, baculum vero manu, ita jacentem allocutus est adversarium : « Quid, inquiens, te, Rainalde, offendi, quod me meosque a propriis perturbas sedibus? sed mihi deinceps curæ erit, et te ab incœptis inhibere, et famulis Christi, ossibus quoque una meis, optatam quietem reformare. » His dictis, ligno, quod manu gerebat, incurvo caput jam expergefacti regis contingens, prænuntiavit terminum ejus vitæ in proximo adfuturum, sicque recessit. Turbatus hac visione Rainaldus, satellites magna ad auxiliandum sibi voce inclamat. Quibus accurrentibus et quid pateretur percunctantibus : « Quidam, inquit, monachus, non alter, ut æstimo, quam ille hujus tutor loci senex Benedictus, baculo verticem tangens meum, mortem minitando, dolorem mihi ingessit ingentem. » Jubet confestim cunctos pervasa domicilia deserere, nativumque solum repetere, cum quibus ipse profectus, ut patriam attigit, crebro debilitatus cruciatu vita discessit; tantaque, su-

---

1. Mabillon dit que les historiens normands ne font pas mention de ce Rainald. Mais nous croyons que ce personnage est le même que Raginald, dont il est plusieurs fois question dans les annales de l'époque et qui, à la tête d'une troupe de Normands, ravagea la Bourgogne en 925. Voy. *Frodoardi chron.*, D. Bouquet, t. VIII, p. 182.

bito moriente eo, ventorum procella inhorruit, ut non solum culmina tectorum, verum etiam eminentium subrueret moles arborum; captivorum vincula soluta; equi seu reliqua jumenta infra duodecim et eo amplius milliaria a Rothomagensi urbe ad pastum deducta, disruptis compedibus, in diversa fugerunt. Corporis ejus tumulo pyramidem superædificatam validissimo accepimus terræ motu subversam, ac ejus cadaver tellurem a suo rejecisse sinu; quod culeo cum lapidum mole insutum in Sequanam est demersum, quandoquidem humo non poterat contineri tectum. Hoc interitu memoria nefandi abolita fuisset hominis, ni vetustas Floriacensium incolarum, curiosa futurorum, marmoream ejus capitis fingere curavisset effigiem[1], quæ nunc in ultima parte parietis ecclesiæ sanctæ Dei genitricis Mariæ ac famuli ejus Benedicti, septentrionem versus, inserta perspicitur, quatenus et præsentes et secuturi omnes agnoscerent, interventu eorumdem sanctorum, omnipotens Deus qualem quantamque exercuerit in suis adversariis vindictæ severitatem. Adeo denique hæc ultio Nortmannicam in posterum perterrefecit temeritatem, ut præ cæteris Galliæ sanctis beatissimum revereantur patrem nostrum Benedictum.

III. Interea Rotbertus affectatæ tyrannidis potentiam palam exercere cupiens, a quibusdam episcopis dia-

---

1. Suivant Mabillon, les moines de Saint-Benoît montraient encore de son temps une tête insérée dans le mur de l'église, qu'ils donnaient comme étant le portrait du chef normand dont il est ici question. Mais cette tête, sans doute quelque modillon grimaçant, était en pierre et non en marbre, et l'église avait été trop souvent détruite pour que ce fût l'image iconographique dont parle Aimoin.

demate se regio coronari ac sceptro regni insigniri, partim blanditiis, partim minis, extorsit; sed nequaquam hujus præsumptionis lætos habuit exitus. Denique Suessionicis in campis bello a ducibus Caroli exceptus, vitaque spoliatus, licet exercitus ejus victoriam obtinuerit, ipse tamen nefariæ temeritatis pretium luit. Nec tamen socii defectionis interitu ejus territi, perfidiæ deseruere contumaciam; quin potius Herbertus, comes Virmandensis, infando scelere dominum suum regemque totius Franciæ Carolum, dolo captum, vinculis quoque irretitum, Peronnæ direxit tenebroso carcere recludendum. Et quia regni status sine principe agebatur in incertum, maxime cum Hugoni, Rotberti filio, qui post probis actionibus Magni nomen promeruit, puerilis obsisteret ætas quominus regias assumeret infulas, et Herberti cunctos haberet odium, præcipue eos quos humanitatis respectu ad misericordiam ærumna commovebat principis; tandem Rodulfus quidam, Burgundia oriundus, regendæ præficitur Francorum patriæ. Qui quam severus in coercendis sanctæ Dei Ecclesiæ exstiterit prædonibus, hoc uno liquebit exemplo.

Prædium olim sancto Benedicto ab Hugone [1], viro illustri, qui fuit tempore Dagoberti junioris, dono erat datum ad stipendia Floriacensium fratrum, in Burgundiæ partibus situm, vocabulo Diacum [2]. Illud quidam perversæ mentis miles ad suos usus rapuit, nec petenti abbati vel fratribus in jus venire voluit. Querimonia ad se perlata, jubet rex pervasorem ab

1. Les Bénédictins pensent qu'il s'agit ici de Hugues, archevêque de Rouen.

2. Dié, canton de Flogny, département de l'Yonne.

hac cessare temeritatis pertinacia. Qui vocem quidem jubentis audivit, sed assensum parenti accommodare distulit. Renuntiatur principi illum non solum pervasa retentare, verum etiam convivium ex substantiis monachorum seu incolarum in proxima silva sibi parare. Forte rex Autissiodorensis urbis domicilia incolebat, cum nuntius hujuscemodi rei aures ejus attigit. Qui, inexspectato milite, equum ascendens, quantocius ad locum properavit, relicto in civitate mandato, ut armatorum cohortes se digredientem subsequerentur. At regii satellites, fama proficiscentis regis permoti, certatim prosequuntur iter maturantem. Verebatur enim ne quispiam de exercitu, agnita re, æmulum redderet cautiorem. Ubi ad silvam ventum est, circumcingi eam princeps imperat armatis, interminatus eum capite plectendum a cujus partis custodia rerum pervasor ecclesiasticarum fuga delaberetur. Ipse, cum lectis juvenum silvæ abdita perlustrans, reperit eum quem quærebat sumptis armis resistere velle. Quem rex ipse Rodulfus, lancea transfixum, humi dejecit mortuum, apparitoresque ejus, qui imminentem evaserant necem, per diversa fugere coegit. Hæc, ut a patribus accepimus, plana fide retulimus, certumque habemus venerandæ memoriæ ingeniique singularis patrem nostrum Benedictum deinceps ei suum contra adversarios contribuisse auxilium, præcipue Nortmannorum debellanti exercitum.

IV. Abbate Lamberto carnis sarcina exonerato, aliquanto interjecto tempore, egregiæ sanctitatis Odo, ex monasterio Sancti Giraldi quod Aureliacum dicitur adveniens, huic sacro prælatus est cœnobio[1]; cujus in diebus ea quæ ad sepulcrum sancti confessoris sui Benedicti Dominus operari dignatus est, seu in aliis sub ejus nomine locis, nobis usque nunc incognita manent, partim antiquitate, partim scriptorum negligentia oblivioni tradita. Ipse tamen, eo sermone quem in ejusdem patris laude ac honore facundissima dictavit eloquentia, memorat eumdem cœnobitarum legislatorem suis temporibus multis miraculorum radiasse signis.

At eo migrante, et Archembaldo[2] hujus sacri ovilis sollicitudinem excipiente, Drogo quidam, sæculo non solum corpore verum etiam tota implicitus mente, ad conversionem venit. Cujus spiritum, mundanæ vanitati jam pridem deditum, idem abbas experiri pro certo volens utrum adhuc ex Deo esset, tramitem regularis excessit probationis. Nam petiturus Romam, animal sarcinas itineri necessarias ferens manu trahere, absque ullius evectionis adjumentis, pedibus viam terenti imperavit, ut qui pravitate morum reliquos sæcularibus nugis abrenuntiantes excessisse credebatur, excederet etiam præostensa abjectioris forma humilitatis. Qua ille injuria, quasi quadam cote, ad virtutum acumen usus, postquam ut susciperetur obtinuit, præcedere cæteros in sanctitate vitæ nitebatur.

Verum memorato abbate monasterialis regiminis

---

1. L'abbé Lambert fut remplacé par saint Odon vers 930. Ce fut du moins à cette époque que saint Odon, déjà abbé de Cluny, fut appelé à prendre l'administration de l'abbaye de Fleury pour y introduire une réforme devenue nécessaire. Voy. *Vita S. Odonis*, *Act. SS. ord. S. Benedicti*, Sæc. V, p. 182.

2. Archembaud succéda à saint Odon en 942.

metas attingente, venerabilique viro Wlfaldo ei succedente [1], qui post Carnotensis exstitit præsul urbis, jam dictus vir Drogo ab eo petiit ægerrimeque impetravit ut sibi, in cœnobitali diuturna probato conversatione, eremi singularem liceret aggredi pugnam, quam eo loco qui Balma dicitur viriliter adversus antiqui hostis insidias suscipiens, quanta et qualia tentationum certamina pertulerit, non est hujus operis evolvere. Sane dum in contritione carnis ac spiritus totam expenderet vitam, et vigiliis jejunia, jejuniis vigilias alternando subnecteret, graviores inimici generis humani perpeti cœpit insidias.

Quadam namque nocte, quæ unam festivitatum excellentissimi legislatoris monachorum antecedebat Benedicti, maturius pervigil surgens eremita, explorabat sub dio progressus stellarum in ortu competentis horæ adventum, in qua Deo ac protectori suo laudum præconia sancto persolveret Benedicto. Sed invidus omnium bonorum diabolus, calliditatis consuetæ astu mentem ejus ab incœpto deterrere bono gestiens proposito, aereæ quercus instar figuratus, quæ flammivomis ardere æstimaretur ignibus, tecto appropinquabat pauperis tugurii. Tunc miles Christi ad nota recurrens præsidia, signo crucis armat frontem, totumque se adversus phantasticum objicit incendium, memor utique, ut conjici datur, operum domini ac magistri sui Benedicti, qui, divinæ gratiæ præventus munere, adurentes flammas, vocatis ad suos oculos discipulis,

---

[1]. Vulfald, successeur d'Archembaud fut élevé au siége épiscopal de Chartres, en l'année 962. Ce fut lui qui entoura le monastère d'une enceinte fortifiée. Voy. *Fragm. chron. veteris*, Recueil de Duchesne, t. III.

imaginarias fuisse declaravit[1]. Hac illius constantia fraus inimica devicta disparuit. Adfuit e vestigio supernæ visitationis benigna consolatio, et claritatis immensæ circumfusus lumine, conspexit simul cum splendore advenisse quemdam egregia comptum forma albaque palliatum stola, qui in hæc verba venusta resolvit ora : « Ave, inquit, primus hujusce vastæ solitudinis accola, Christo diatim contriti cordis placabilia offerens libamina. Fuerit quidem intolerabilis visa perfidi tentatoris pervicacia, sed post ventos et nubila, tranquilla, crede mihi, tibi succedent serena. Propositi itaque tui ne cesses continuare perseverantiam, alumnique tui Benedicti laudibus prosequi celebritatem. Tuum post hæc erit deliberare quid velis poscere, illius studium postulata concedere. Aderit deinceps ut non sit necesse quidquam petere; quin potius ante tui invocationem, tibi præsto procurabit fore. » Hujus jucundissimæ affabilitatis auctorem non alium solitarius ille procul dubio suspicatus esse quam beatissimum patrem Benedictum, ei pro posse ac scire gratiarum studuit munia recompensare. Ecce qualis ac quantus hujus nostri protectoris circa devote ad ejus sacrosanctum excubantes tumulum exsistat favor, hinc colligi valet; si ita præsens his quoque apparet ipsius consolatio, qui procul remoto commanentes in solo ejus humiliter se dedunt obsequio.

V. Cæterum, Rodulfo rege defuncto, qui, dum armis protervos Danorum compescit incursus, Gallias

---

[1]. Greg. Mag., *De Vita S. Benedicti dial.*, c. x.

usque adhuc ab eorum impetu magna ex parte facit manere quietas, convérsæ res; nam Carolus, ergastulo clausus, animam, non corpus, custodia exemit, relinquens Ludovicum ex Headtgiva, Anglorum regis filia, susceptum. Qui calamitatis paternæ procella semet involvi metuens, ad Anglo-Saxones, maternæ affinitatis invitatus gratia, se contulit, in transmarinis arbitratus se tutiorem manere regionibus quam inter suos dominus si foret in cubiculo, rex in convivio. Post excessum sane Rodulfi regis., ab Hugone Magno revocatus, specie tenus regno redditus est patrio. Cujus administratio, jus dominationis exercere cupienti, tam sui a Thetbaldo Carnotensium comite captione quam post regni recuperatione, varia, instabilis fortunæ proventu, laboriosaque illi fuit. Is obiit mortem, duobus liberis superstitibus, Lothario atque Carolo, quos ei Gerberga, soror Othonis, Romanorum postea imperatoris, genuerat. Carolus ævo junior privatis in ædibus senuit; in hereditatem omnem Lotharius successit, qui potestate regia functus est per triginta et eo amplius annos perpetua.

Ejus in diebus, tam apud sacratissima patris nostri Benedicti ossa quamque et in aliis locis, ubi ejus veneranda habetur memoria, multa, præstante Deo, per eumdem egregium confessorem patrata sunt miracula, quæ posterorum notitiæ, Christo nos juvante, tradere adoriemur. Nam Arnustus quidam fuit, vir sæcularis militiæ clarus stipendiis, qui ab Archembaldo, hujus loci abbate, beneficiario jure, aliqua ex possessionibus monasterii sibi tradita possidebat. Hic oblitus benefactorum, fidei quoque quam sacramento sancto spoponderat Benedicto, ac illi pro posse famulantibus monachis, Pauliacensis parochiæ prædium assidua exinanibat metatione. Cui cum a fratribus mandatum esset ut ab hac præsumptione quiesceret, illeque obtemperare despiceret, coacti fratres omnipotentis Domini clementiam patronique sui Benedicti auxilium implorare cœperunt. Illis denique obnixe Dominum rogantibus, adversario vero in sua perdurante malitia, contigit ut una dierum memoratus vir prandium sibi in jam dicto prædio parari jubens, inter lautioris mensæ epulas, poma piri ad vescendum inquiri juberet; e quibus unum manu tenens, post multas blasphemias adversus monachos Floriacenses prolatas, juramentum protulit mendax, ita inquiens : « Hoc testor, ait, pirum, hoc anno me eis multa incommoda irrogaturum. » His dictis, partem pomi jam incisi suo injecit ori, quæ continuo ita blasphemum oppilavit guttur ut, interclusa voce, nulla valeret promere verba. Quem veluti exanimem sui, inter brachia lecto inferentes, hortabantur ut, pœnitens eorum quæ injuste intulerat beatissimo obsequentibus Benedicto, veniam flagitaret. Sed ille proloqui non valens, reclinato ad parietem capite, spiritum exhalavit. Nec passus est Dominus Christus incassum cadere suorum preces servulorum, a gloriosa sua genitrice Maria dilectoque sibi allegatas Benedicto.

VI. Unum vero ejus operum insigne, patris dico Benedicti, nunc adorimur exponere, quod cujusdam fratris relatu seu scriptis nos contigit agnovisse, qui se illud a fidelibus sanctæ Remensis ecclesiæ viris testatus est didicisse in territorio ejusdem urbis fuisse gestum. Anniversaria beati confessoris Christi Remigii in terris ex more celebrabantur, dies videlicet festus et plenus reverentiæ, in quo concursus populorum ad ejus venerandam basilicam fieri assolet. Eodem die, jam dicta Gerberga regina[1], tardiore jam incumbente hora, suorum circumfusa comitatu ad templum venit, et accidit ut vespertinæ laudis officia jam a cantorum choro inchoata offenderet. Quæ pudore suæ tarditatis, consuetæ stationis relicto loco, cryptas ipsius ecclesiæ ingressa est, in quibus pretiosi patris Benedicti oratorium habetur; ubi dum ad orandum regii stipatores suas flecterent cervices, unus eorum, protervæ temeritatis ausu, spatam quam manu gerebat altario superposuit. Exsecrati factum socii, gladio inde ablato, adversus tantæ auctorem vanitatis, increpatoria invexere verba. Quibus ille superbe respondit : « Quænam, inquiens, in vos nova isthæc incessit religio, ut aggestum calcis ac sabuli cum lapidum mole meo judicetis ense fore sanctius? » Et simul cum verbo, receptam machæram, Dominicæ non dubitavit reimponere mensæ. Hoc faciens tertio a contumaciæ suæ fastu inhiberi non potuit. Sed qui blandis hominum verbis corrigi noluit acriorem divinæ severitatis redargutionem in semet expertus est. Nam discedente a sacra æde regina, et ipse discessit, cumque nimium sui securus ac de se præsumens, lætus cum cœnantibus et ipse cœnaret, inter epulas ac pocula, labente super inguina cultello sauciatur; deinde elatus manibus obsequen-

---

1. La reine Gerberge, alors veuve de Louis d'Outre-mer.

tium a mensa, e vestigio, impœnitens, nimiumque lugendus suis, infelicem exhalavit animam, ostenditque Deus displicere sibi altaris sui abominationem, quod sub nominibus servorum suorum ipsi dicatur, quodque, ob sacrosancti corporis Christi immolationem, figuram obtinet crucis.

VII. Soliacensis[1] castri, quod a vico Floriaco tribus distat millibus, possessor quidam Herbertus dictus est, Herchenaldo genitus patre, fratrem habens, nomine Archembaldum, Turonicæ ecclesiæ nunc[2] archipræsulem. Huic Richardus venerabilis abbas[3], successor domini Wlfaldi, aliqua juris ecclesiastici prædia in beneficium concesserat. Qui nequaquam his contentus, reliqua quæ cœnobitarum usibus delegata erant nefando ausu diripiebat. Tunc pater monasterii cunctaque congregatio ad eum dirigunt, poscentes ut, memor fidei jurejurando eis a se pollicitæ, res eorum invadere desisteret. Quo parvipendente eorum monita, ad Lotharium regem, seu ducem Hugonem, querimoniæ suæ flebilem deploraturi ærumnam, profecti sunt. Apud quos tum quidem parum proficientes, per semetipsos eumdem perfidæ mentis hominem adorsi, orant ut sui misereatur, ab eorum oppressione

1. Sully, chef-lieu de canton, département du Loiret.
2. De ce mot *nunc* on a conclu avec raison qu'Archembaud occupait encore le siége de Tours en l'année 1005, époque à laquelle Aimoin écrivait.
3. Les Bénédictins ont admis, pour la régularité, que Richard succéda à Vulfald en qualité d'abbé de Fleury, dès que celui-ci fut nommé évêque de Chartres en 962; mais il est bien plus probable que ce fut seulement après la mort du prélat.

cessando. Verumtamen eo avertente aurem, ad nota recurrunt præsidia. Denique toto propemodum ejusdem anni quadragesimali tempore, inter litaniarum solemnia, sua Domino pro tribulatione fundentes vota, duo ærea pulsabant signa, ut eorum sonitu audientes ad simile invitarent opus.

Interim præfatus Herbertus in suæ malignitatis perseverans contumacia, pessimis quotidie adjiciens pejora, quadam nocte cum quibusdam satellitibus in Wastinensem pagum adire disposuerat. Et quia juxta Veritatis vocem : « Qui ambulat in nocte offendit, quia lux in eo non est; » luce utique carens virtutum ac tenebris obsessus vitiorum, obscuritate quoque mundanæ noctis impius quisque se suosque actus celare nititur; sed licet humanos, quantum in ipso est, devitet obtutus, oculos tamen Domini, qui super vias hominum sunt et omnes gressus eorum considerant, effugere nullatenus valet. Non enim, ut beatus Job testatur, apud Dominum ullæ sunt tenebræ aut umbra mortis, ut abscondantur ibi qui operantur iniquitatem. Sic itaque ab hoc impio Herberto ablata lux sua est, ipseque repente sublatus, quia diu fuerat exspectatus. Namque dum equi tergo insidens, cum suis nocturna adopertus caligine iter carperet, aspexit subito adstitisse lateri suo aliquem monachalis habitus stigmata præferentem, cujus indumentum ætherea claritate, ut post ipse suis retulit, resplendebat. A quo baculo quod præ manibus habere videbatur inter scapulas ictus, horribilem emisit vocem; sicque visio ex oculis ejus ablata est. Circumequitantes, horrore vocis pervicti, inquirunt sollicite quid ei acciderit. Quibus ille : « Sanctus, inquit, Benedictus, nunc mihi adsistens, valido me afflixit verbere, ex quo male habens immenso crucior dolore. Sed vos, o fidissimi commilitones, retrogradum callem arripientes, ad domum me referte meam, indeque, mihi veniam efflagitaturi, ad sepulcrum properate confessoris gloriosum. » Illi ejus obtemperantes præceptis, hinc inde sustentatum unde digressus fuerat reduxerunt. Qui inter manus famulorum, in ipso pæne ostii limine, animam reddidit; cujus devoti fideles, cœnobii patris Benedicti fratres adeuntes, eventum rei innotescunt, petentes quatenus vel cadaver exanime ad sepulturam suscipiant. Quibus illi, quamvis indignationis suspecti abbatis sui, qui tum forte aberat, assensum præbentes, suspectum corpus humo texerunt. Qui, etsi pro parta sibi quiete applaudebant, pia tamen compassione defuncto compatiebantur, eo quod in primævo juventutis flore, vitæ hujus privatus munere, pravitatem quoque morum non valuit corrigere.

VIII. Romaldus civis Carnotensis exstitit, cujus silva trans Ligerim, in Segalonia[1] sita, confinis silvæ quam Deo devoti viri jam dictæ ecclesiæ attribuerunt esse dignoscitur. Is unus exsistens eorum de quibus Scriptura dicit : « Quoniam quidem ipsi terminos transtulerunt, diripueruntque greges, » adunatum, tam in silva S. Benedicti quamque in sua silva, ad pascendum porcorum gregem ex æquo partiri conabatur. Et quia pars saltus monachorum major quam ipsius erat, grave hoc fratribus videbatur. Unde communi consilio quosdam ex suo collegio dirigunt ad Arnulfum, Aureliano-

1. La Sologne.

rum tum præsulem[1], cui idem vir beneficii gratia percepti parebat, ut eum ad æquitatis jura sua revocaret auctoritate. Verum ille, contumaciæ fartus spiritu, suadenti episcopo quatenus justitiæ tramitem servaret, superbe respondit se, eo die quo sues e bosco abducendi erant, interpellantibus responsa daturum; æstimans miser servis Dei se quæ requirebant erepturum, immemor evangelici divitis, cui sua amplianti horrea Dominus infit : « Stulte, hac nocte animam tuam abs te repetunt, et quæ parasti, cujus erunt? » Nempe Romaldus præfatus, antequam e loco ubi legatis proterve responderat pedem movisset, febre ingenti correptus, eo usque languit donec, eo ipso die quo se sperabat pauperibus Christi suillum pecus iri ereptum, morte damnatus ferretur ad sepeliendum. Fratres interea a reliquis juxta condictum destinati ad silvam, ejus operientes adventum, comperto quod obiisset, cum portione suum sibi debita ad propria sunt regressi, benedicentes Dominum, simulque sanctam Christi matrem Mariam, ac Dei famulum laudantes Benedictum.

IX. Tempore sæpius ac cum reverentia nominandi abbatis Richardi, cum ab imperatoria cœlestis Regis severitate ob enormitatem peccaminum decretum processisset, ut flammis voracibus venerabilis hic locus, Floriacensis scilicet, purgari debuisset, quæ et quanta,

---

1. Arnoul, évêque d'Orléans en 963. En rapprochant un passage de l'histoire de Richer de quelques autres documents, il est facile de s'assurer qu'il n'y a eu qu'un seul évêque d'Orléans de ce nom à la fin du x⁰ siècle, quoique les auteurs du *Gallia christiana* en aient mentionné deux.

perfidis quidem despicienda, nobis autem et quibusque sanum sapientibus miranda, acciderint prodigia, paucis memorare libet. Primum quidem satis obstupescendum quod basilica Sancti Petri, principis apostolorum, casuali conflagrante incendio, ea quæ, sanctissimæ Dei genitrici ac perpetuæ virgini Mariæ dicata, cunctis Dominum timentibus multipliciter diligendum retinet thesaurum, corpus videlicet sanctissimi patris Benedicti, illæsa resedit. Non solum autem illa, quæ sexaginta et non multo amplius ab ipsa distabat passibus, verum universa intra ambitum castri admodum arctum constructa ædificia, uno duntaxat horreo ardentis ecclesiæ parieti adhærente, incorrupta mansere ab ignibus. Acervus quoque frugum quem metam vulgo dicimus, qui tantum ponte novem vix passibus in longum dilatato, ab ipso distabat oratorio, voraces evasit ignium flammas. Movere debuerat hoc damnum corda mortalium; sed heu! mens hominum, nimium ignara futuri, dum non veretur, dum non metuit, sibi ingruentia nequaquam considerans adversa, cadit in deteriora!

Etenim non longo labente annorum curriculo, præcellentissimi Richardi abbatis industria fusile æris vas ad convocandos in oratorio fideles parabatur. Cujus rei ministri, cum, nocte quæ octavas sancti præcedebat Laurentii, labore fessi, membra sopori dedissent, accensam candelam, postibus affixam, obliti exstinguere reliquerunt. Quæ decidens, stramen lectorum stipula exstructum accendit, a quo domus completa flammis, ut jam vehementius arderet, etiam in contiguam sibi aulam Sanctæ Mariæ Christi matris ac dilectissimi domini Benedicti incendia sparsit. Clamor subito ac luctus ingemiscentium tollitur fratrum, verentium ne, comprehensis omnibus, educendi sacri corporis sancti patris Benedicti sibi facultas deperiret. Quibus etsi spes inerat eumdem excellentissimum patrem suos posse incontaminatos servare artus, humanus tamen animus, fragilitatis suæ vento agitatus, in incertum agebatur. Effertur denique lugentium mœrentiumque manibus illud admirabile margaritum, et cum palla, super quam pridie sacrosanctum corpus Jesu Christi fuerat confectum, circumducitur; cum repente aquilone, qui ad horrea fratrum flammas impellebat, flare cessante, totus ignium globus, volumine facto, cœlum versus cacumen extendit; ibique par superiori apparuit miraculum, ecclesia Sancti Benedicti, quæ pridem succensa atque restaurata erat, remanente cum xenodochio ejusque coquina, necnon et pistrino; ac si Dominus non verbis, sed operibus, servis suis dicere videretur : « Etsi vobis pro commissis iniquitatibus iratus videor, precibus tamen fidelium meorum, quos huic loco tutores delegi, mitigatus, aliqua vobis ad inhabitandum domicilia relinquo. »

X. Aliud quoque inusitatum antea sæculis ostensum a Domino est signum, quod non ambigitur meritis gloriosæ Virginis Mariæ sanctissimique confessoris Christi Benedicti fuisse obtentum, ad mœstorum solamen monachorum. Tripoda erat exigua, ad usus reficiendorum qui forte advenissent peregrinorum præparata. Hæc casu sub turri e qua signa dependebant elata, decidentibus ambustis circumvallatur trabibus. Tunc renovante Deo antiqua miracula, qui sub Moyse rubum mediis in flammis servavit incombustum, mensa lignea vaporem non sensit igneum. Videbatur ergo non ardens ardere tripes, nec juncta calori materies alimenta dabat, ut aperte claresceret ipsum aliquando super hanc discubuisse mensam, qui sibi tribui fatetur quod egenis ac mendicis confertur. Fit concursus ingens ad hoc spectaculum, videruntque quibus est videre datum quasi turbinem a prædicta mensa exsurgentem, congeriem carbonum huc illucque dispergentem. Videre erat dudum lugubres pro imminenti calamitate multorum vultus, repente hujus prodigii alacritate permutatos. Consumptis igitur omnibus, hæc remansit inusta. Nec his incommoditatibus fracti animi bonorum; quin immo, procurante venerabili Dei cultore Richardo abbate, in eum quo nunc cernitur statum, intra trium spatium annorum, hoc sacrum et valdè monachicæ vitæ cultoribus jucundum præparatum est cœnobium. Porro annus combustionis ipsius fuit ille qui ab incarnatione Domini nongentesimus septuagesimus quartus dicitur fuisse.

XI. Circa tempus vero illud quo summo studio restauratio ejus perficiebatur, architectus quidam, qui nunc adhuc superest, Dominicus nomine, operam cooperiendo fratrum dabat refectorio. Cumque in summo operturæ fastigio consisteret, ac cuidam sibi poculum porrigenti, ultra quam necesse erat, intenderet, lapso pede subito, inter immensas trabium moles ad terram decidit. Concurrentes fratres, qui eum tam ictibus lignorum quam duritia terræ exanimatum putabant, non solum viventem, sed etiam omnibus membris integerrimum reperiunt. Quod non ambigitur meritis sancti viri Benedicti fuisse obtentum, ne homo ejus

8

deditus servitio, vitæ aut membrorum quodlibet sustineret dispendium.

Ea etiam tempestate qua adhuc instaurationi ejus studiosus impendebatur labor, et sacratissima patris sui Benedicti ossa, in ecclesia Sancti Petri[1], devotus filiorum asservabat amor, tale quid in priori tumulationis suæ loco, hic tutor noster ostendisse narratur. Mulier quædam, dæmonio obsessa, ad monasterium est deducta, atque in crypta interiori, ut ibi curaretur, intromissa; unde post aliquantulas debacchationis suæ moras retracta, ante altare sanctæ Dei genitricis Mariæ constitit; ex cujus ore, ut nobis relatum est, tres dæmones in modum scarabæorum cum viridi cholera, in concha decidentes ærea, sonitum repercusso ære cierunt, sicque persona illa mundata est, obtentu gloriosæ matris Domini ac inclyti confessoris ejus Benedicti.

XII. Homo fuit quidam, Wastinensis pagi indigena, qui ab utero matris pedum privatus officiis, scammellorum adminiculo iter conficiebat, humum verrendo. Hic, ter beati patris nostri Benedicti audita fama, ejus veneranda adiit limina. Susceptus autem in domum alendorum pauperum usibus delegatam, petiit se alimonia sustentari fratrum, donec interventu sancti confessoris sui Dominus optatæ ei salutis tribueret effectum. Cujus precibus Richardus abbas annuens, in numero duodecim egenorum eum haberi instituit, quos diligens boni antiquorum cura patrum in hoc nostro Floriacensi cœnobio, ob duodenarium aposto-

---

1. Voir sur cette église, *Hist. Transl.*, en tête de ce volume.

lorum numerum, communibus stipendiis diatim ali ac vestiri sancivit. Qui quotidianis suspiriis aures piissimi pulsans Conditoris, dona cupitæ poscebat sospitatis. Et quia juxta Veritatis dictum : « Cœlorum vim patitur regnum, et instantia rapitur violentorum, » petens accipere, quærens invenire, pulsansque ut sibi misericordiæ aperiretur aditus, meruit obtinere. Tandem enim, suffragio in primis almæ genitricis Christi Mariæ, in cujus excubabat aula, ac deinde excellentissimi monachorum legislatoris Benedicti, quem mediatorem inter se et Dominum suarum elegerat precum, arentes humectari nervi, cruraque contracta cœpere resolvi. Hoc ubi languidus persensit, et ipse cupidus sanitatis, insueto attentabat viam terere more. Paulatim itaque se subrigendo, processu temporis, ambulandi firmissimas adeptus vires, meritis egregii confessoris, nativæ statuit repetere proprietatem telluris. Postulata itaque abeundi licentia, gratias liberatori Deo sanctoque pro posse referens Benedicto, cum propriis quos ad hoc ipsum evocaverat fratribus ad sua reversus, agriculturæ de reliquo operam dedit.

XIII. Sæpe nominati abbatis Richardi temporibus, cuidam monacho Benedicto, cui Niger prænomen fuit, ab eodem abbate cum aliquantis aliis ex cœtu fratrum tuendæ sacræ ædis mandata sollicitudo fuit, illius sane quæ sanctæ Dei genitricis Mariæ sub honore Deo dicata, cœlestis thesauri, corporis dico sanctissimi patris Benedicti, mirabile cunctis in se retinet margaritum. Una itaque dierum, dum ei in ordine vicis suæ propensioris curæ immineret diligens cautela, accidit lucernam, ante altare perpetuæ Virginis Mariæ venerationis gratia accensam, exstingui. Mos vero a priscis institutus patribus observari solitus erat, quod nos quoque in nostra perspeximus fieri pueritia, ut tam diebus quam noctibus, trium lucernarum lumine memorata illustraretur ecclesia. Exstinctam ergo prædictus frater candelam, ad aliam quæ sepulcro beati confessoris prælucere consueverat, ut accenderet deferens, ipsam quoque defecisse reperit; tertiam etiam, quæ oratoria cryptæ illustrare solita erat, dum invisisset, et ipsam emortuam offendit. Turbatus igitur animo, dum concito gradu se effert, ut lumen basilicæ restitueret, regressus perspexit unum e cereis eminentioribus, qui penes altare Reginæ virginum poni solent, et in festivitatibus tantum accendi, divinitus illuminatum, flammis rutilare coruscis. Quam rem valde admirans, gratias Deo reddidit, intelligens exstinctionem luminum, non casu, sed divina accidisse providentia, ad ostendendum mortalibus huic sacratissimo loco supernam nequaquam abesse visitationem.

XIV. Eques quidam aliquando iter faciens, devenit in villam ad jus monasterii Sancti Benedicti pertinentem, cui Vitriarias nomen est; ingressusque domum cujusdam viduæ, invenit sextarium avenæ, quam pabulo equorum necessariam sibi tollere volens, a muliere prohibebatur, dicente : « Si, inquit, viduitatis meæ paupertatem auferendo me despectui habes, saltem sanctissimum reverere Benedictum, cujus juris hoc rus est quod incolo. » Cui miles : « Tantum, ait, pro sancto Benedicto, quantum pro te dimitto; » vocatoque armigero, avenam quam ipse in sacculum pauperculæ transfuderat, collo equi ferendam tradidit, sicque discessit. Nec longum itineris spatium emensus, subito, ac nullis urgentibus calcarium stimulis, equo ad cursum proclivo in præceps labitur. Sonipes, disrupto gutture, interiit; ipse fracto debilitatus crure diu languit. Sua igitur pœna ipse didicit et aliis exemplum præbuit, nec sanctos oportere contemni, nec viduarum lacrymas debere esse despectui, quæ, ut ait Salomon, ab oculis ad maxillas, a maxillis ad terram decidunt, et Dominus omnium susceptor est earum.

XV. Caput Cervium possessio quædam est Sancti Benedicti, de qua in sequentibus plenius, favente Deo, narraturi sumus [1] : qualiter scilicet ad dominium hujus Floriacensis cœnobii pervenerit, seu quomodo inde habitatio monachorum ad Salense castrum mutata sit. Cui possessioni gubernandæ paulo ante memoratus vir venerabilis Benedictus, monachus, præpositus est. Qua tempestate ex castris, quæ creberrima per eam regionem habentur, ad centum quadraginta armati, in Argentomagenses [2] agros, qui ei loco vicini sunt, sese diffuderant, prædas ex eis acturi; idcirco ex villis etiam prædictæ possessionis armenta seu pecudes abegerant. Cumque Argentomagensibus damna suarum perlata fuissent rerum, e castrensibus confestim adversus eos pugnaturi prosiliere portis; sed in unum conglobati, cum se hostibus numero inferiores viderent, congredi cum his pavitabant. Tunc unus ex ipsis divinitus animatus sociis infit : « Nunc interim, o fidissimi

1. Voy. ci-dessous, liv. III, chap. IV.
2. Argenton, chef-lieu de canton, département de l'Indre. Le château d'Argenton, détruit par Waifre, duc d'Aquitaine, avait été rétabli par Pepin.

commilitones, terram Sancti Benedicti adversarios deprædatum ingredi sinamus; et quia dominus noster Giraldus ejus est advocatus, eam vice ipsius defensaturi, hostes viriliter secureque aggrediamur, misso prius legato, qui e monasterio Salensi, quod est sancti Benedicti, vexillum ipsius pretiosi confessoris, quod nobis præsidio sit, maturato deferat. » Consentientibus cunctis ac ejus consilio obtemperantibus, post susceptionem vexilli, adversariis nil tale verentibus, quadraginta solummodo juvenes, totis viribus sanctum invocantes Benedictum, ex improviso prædonibus superveniunt. Adversariorum vero corda omnipotens Deus meritis dilecti sui Benedicti ita perterruerat ut nullo modo resistere auderent; et hoc modo a quadraginta tantum juvenibus, centum quadraginta hostium, nullo aut minimo fuso sanguine, fugati seu capti sunt. Victores vero, omni potiti præda, nobilioribus quoque ex hostili agmine captis, ad Salense cœnobium venerunt, rogantes memoratum Benedictum præpositum ut quidquid inter manubias ex suorum agnosci posset substantia pauperum gratis reciperet. Quod ille libens accepit, et, receptis suorum spoliis, tripudiantes bellatores ad propria sivit abire. Sequuntur alia duo miracula haud multum huic dissimilia, a Domino per summum confessorem Benedictum iisdem in locis gesta. E quibus unum quod tempore ejusdem præpositi accidit, isti ipsi connectentes, aliud illi per omnia simillimum, suo in loco, aptius referemus.

XVI. Monarchiam regni Francorum adhuc Lothario regente, gravi perduellione primores Aquitanici regni contigit turbari; siquidem Giraldus, Lemovicinæ urbis vicecomes[1], et Boso marcham ipsius possidens regionis[2], contractis adversum se decertabant odiis. Quapropter Elias, Bosonis filius, dominum suum Willelmum, comitem Pictaviensem[3], muneribus precibusque pellexit, quatenus castrum Giraldi, quod Brucia[4] dicitur, secum obsidione cingeret. Qua de re, non solum villas Giraldo parentes, verum etiam possessiones Salensis cœnobii contigit graviter devastari. Nuntius ad Giraldum, Lemovicina tunc in urbe residentem, venit, qui diceret non solum ejus regionem, sed etiam agros Sancti Benedicti, eo quod ejus essent delegati tutelæ, ab hostibus depopulari. Ille in talibus nequaquam procrastinandum ratus, maxime confidens Benedictum patrem sibi auxilio ob suarum vastationem possessionum adfuturum, dirigit eo Guidonem filium cum lecta equitum manu, dans in mandatis ut hostes et a rapinis inhiberet, et, junctis sibi Argentomagensibus, ab obsidione, si tuto posset, bello deterreret. Argentomagenses, non ignari per quem post Dominum in superiori pugna victores exstitissent, ad jam nominatum Sancti Benedicti monasterium oraturi venerunt, poscentesque a fratribus eulogias panis et vini sibi tribui, dixerunt se tantæ fidei esse, ut absque dubitatione crederent, per illam escam

1. Giraud, vicomte de Limoges, depuis 963 au plus tard jusqu'aux environs de l'an 1000. Voy. *Art de vérifier les dates*, t. II, p. 391.

2. Boson le Vieux, comte de La Marche, et Hélie, son fils, comte de Périgord du vivant de son père. Voy. *ibid.*, p. 376.

3. Guillaume IV, dit Fier à Bras, comte de Poitiers et duc d'Aquitaine, mort en 994.

4. Brousse, canton de Measnes (Creuse), sur la limite du département de l'Indre. Voy. liv. III, chap. VI.

meritis gloriosi confessoris Benedicti, se et in prælio fore victores, et a mortis periculo immunes; nec sua eos spes fefellit. Nam congressione habita, tanta adversarios cæde affecerunt, ut post victoriam a monachis, respectu humanitatis etiam inimicos inhumare cupientibus, vix sepeliri quirent. Attamen aratris humum hac illacque more arantium inverti præcipientes, glebis, utcunque poterant, cadavera obruebant. Nullus sane Argentomagensium, qui pane ac vino Sancti Benedicti ob suæ salutis auxilium pasti fuerant, discrimen aliquod necis perpessi sunt; sed omnes victores, integroque numero ad sua redierunt, laudantes Dominum, ejusque confessorem summis laudibus extollentes Benedictum, cujus meritis et se periculo liberatos, et hostes palam profitebantur esse fugatos.

XVII. Richardo abbati Amalbertus [1] successit, qui benignus natura, benignior etiam exstitit humilitatis sibi insita mansuetudine. Hic a Lothario, Ludovici, quondam a Tethbaldo comite capti, filio, cum electione fratrum regimen nostri susceperat cœnobii. Hujus in diebus, in possessione ipsius Floriacensis cœnobii, quæ Hervini Curtis [2] dicitur, res hujusmodi divinitus acta est. Gauzlinus monachus, ei curti tunc præpositus, conductis operariis, ad ostium basilicæ sub nomine egregii confessoris Christi Benedicti Deo in eadem villa dicatæ, gradus ligneos fieri disposuerat. Faber lignarius ei rei studium impendens, dejectæ in proxima silva arbori dolabra superflua quæque demere

1. Amalbert, abbé de Fleury, successeur de Richard, mourut vers 985.
2. Voy. ci-dessous livre VIII, chap. vi.

parabat, cumque eam in partem alteram vertere tentaret, et non posset : « Eia, inquit, sancte Benedicte, quia ego nequeo, tu illam verte. » Hæc dicit non orantis voto, nec poscentis affectu, quin potius quasi diffidens. Vicinas silvæ adiit domos, auxiliares accersiturus ; cum quibus regressus, reperit lignum, quod vix sex virorum movisset manus, divina virtute eam in partem versum quam ipse volebat. Quid putas beneficii egregius iste pater noster illis largiri prævalet, qui eum tota mentis intentione cum cordis invocaverint puritate, si tantum illi præstitit qui se cum quadam, ut ita dicam, interpellaverat animi vanitate ? Nec nobis, quibus, quamvis immeritis, a Deo donatum est talem ac tantum inpræsentiarum habere Patrem, omnino desperandum, si ejus opem pura ac simplici imploraverimus prece, cum et extraneorum non aspernetur gemitus humillimos, et longe positos sæpissime exaudiat famulos. Quid denique cuidam monacho sui gregis, vocabulo Annoni [1], qui nunc adhuc superest, longiuscule hinc remoto, mœstorum solamen animorum, semper nominandus contulerit Benedictus, breviter exponere libet.

XVIII. Post excessum pastoris Amalberti, a quo in tenera ætate habitum monasticæ suscepi religionis, atque utinam cum proposito mentis! Oilboldus [2] ad prælationem Floriacensium fratrum, ipsorum electione et regia principis Lotharii ascendit donatione ; qui pia sollicitudine, tam spiritales quamque temporales sub-

1. Voy. ci-dessous livre III, chap. vi.
2. Oilbold, mort en 987, ne fut que deux ans abbé du monastère de Fleury.

ditorum procurans utilitates, imminente celebri patris Benedicti transitus solemnitate, congruum duxit ad abundantes uberiore piscium copia regiones quempiam suorum dirigere. Mittens igitur memoratum fratrem, et per manum ejus sufficientem ei negotio pecuniæ quantitatem, monuit ut impigre injuncto insisteret operi. Qui præcepto parens, fluminum legumina solerti cura quæsivit, quæsita emit, emptaque ut ad patrem a quo missus fuerat reveheret anxie instabat, sed ejus accelerationem itineris inundantes profusione imbrium retardavere Aquitanici amnes. Inter quos Andria, despicabilis quidam visu fluviolus, sed crebra in multiplices discursus alvei sectione, ac paludum aliquantis in locis interpositione, ad transmeandum difficilis; ad cujus, ut vulgariter loquar, matrem aquam prædictus perveniens frater, offendit vadum inundasse aquis, ac ideo impermeabile equis; naviculas vero duas, unam medio in flumine semimersam, aliam ulteriori in ripa detineri revinctam. Circumspiciens undique, nullius naucleri opem, aut alicujus prætereuntis valuit reperire juvamen. In hac itaque animi anxietate constitutus, dum iter suum impediri, et diem festum appropinquare intelligeret, sese in se colligens, et audaciam ex desperatione sumens, totum se ad orandum contulit. « Adsit nunc, inquiens, Domine Deus, mihi indigno famulo tuo auxiliatrix dextera tua, et si quid unquam majestati tuæ bene placitum pater noster sacer Benedictus patravit, seu quispiam servulorum ejus tibi in præsentia sacri corporis ipsius famulantium, ad præsens declara. Placeat tibi eamdem nunc, ordine quo tibi placuerit, exercere potentiam, quam quondam meritis ipsius dilecti tui exercuisti, dum discipulo illius undas siccis pedibus calcare concessisti! Non quidem ad hæc poscenda de meis præsumens accessi meritis, sed majora egregium confessorem Benedictum apud te posse impetrare confidens, ego quoque de patrocinio ipsius, pro mea apud tuam clementiam fragilitate, majora meis audendo viribus præsumpsi.» Hujusmodi oratione, ac mansueta qua idem monachus pollet simplicitate, præcedentibus insuper beatissimi Benedicti meritis, flexus Dominus, citissimum illi suæ gratiæ contulit suffragium. Navis etenim quam contrario in littore sitam esse diximus, divinitus soluta, absque ullo mortali remige, ad eam in qua cœnobita ille cum sociis residebat fluminis partem transiit. Videre erat ingens prodigium, navim, aliquando invito ac frustra obnitente gubernatore, in fluentis aquæ devios agentem cursus, tunc quasi cœlitus ostensam sibi lineam a ripa in ripam inoffense teneret, transmeavisse; donec contigua famulis monachi facta, lanceis attraheretur, qui hastis subremigando, universa onera transponunt, equos natatui committentes. Reversus ad patrem vel ad fratres, festi jam diei celebre officium initiare parantes, præfatus monachus eos magno exhilaravit gaudio, non tantum advectione tripudiantes alimentorum, quantum devote exsultantes virtute signorum quocunque terrarum Dominum suum sanctissimum radiare Benedictum.

XIX. Liberalis circa ægrotantes quoque ipsius sancti viri Benedicti exstat gratia; unde unum narro miraculum, quod memoratus abbas Oiboldus suo lætatus est accidisse tempore. Arnulfus, Aurelianorum episcopus, alias sane bonus, et ecclesiasticas regulas scientia et opere optime servans, nunquam ad purum prælatos hujus Floriacensis loci dilexit, ideo quam maxime quod illi ditioni solummodo parentes regiæ, subjectionem, qua ipse ultra modum delectabatur, nequaquam ei ad ipsius voluntatis dependerent nutum. Qua de re vineas S. Benedicti, in suburbano Aurelianensis urbis, in loco qui Boaria[1] dicitur, sitas, ut sui eas pervaderent satellites, assensum præbuit; propter quarum recuperationem cum prædictus abbas ad eum legatos misisset, nec impetravisset, cum senioribus habito consilio, deliberavit ut sumptis sanctorum pignoribus, imminente vindemia, ad locum cum aliquibus e fratribus, fructus earum collecturus, properaret, ut, quia eidem viro viribus armatorum obniti difficile erat, cum ipse multis sæculari potentia præditis regibus quoque persæpe restitisse comprobetur, saltem hac arte obviam iretur; cui idem pontifex, cunctos pene antistites Galliarum suo existentes tempore in his quæ Jesu Christi sunt, sapientia antecedens, refragari intuitu divini respectus nequiret. Levatis igitur duorum corporibus martyrum Mauri atque Frongentii, sub nomine inclyti confessoris Dei Benedicti, venitur ad locum, et inter iter agendum, vicinis et qui viæ propinqua incolebant domicilia percunctantibus cujus tam celebris foret pompa prætereuntium, respondebatur, sancti Benedicti. Inter quos quidam æger, longo attritus vires febrium ardore, sciscitabatur prætergradientes, cujus in obsequio tanta cum crucibus viam tereret turba. Responsum ei est sanctum Domini di-

---

1. Le clos de la Bourie, tout auprès d'Orléans.

lectum eo itinere Benedictum ad suburbana Aurelianensium ob suarum defensionem transire vinearum. Quo ille audito, spem promerendæ salutis induens, imbecillia membra baculo sustentante, reliquias usque beatas protraxit, prostratusque sub argenteo quo reconditæ erant scrinio, in somnum revolvitur. Transacta vero una nocte, mane primo surgens, incolumitati se sensit restitutum pristinæ, ac gratias Deo agens, laudum quibus poterat præconiis sanctum attollebat Benedictum, procuratorem eum suæ dictitans sospitatis. Nec multum a vero ejus deviabat opinio; ipsius enim ope ac precibus constat eum propriæ redditum virtuti, cujus meritis fisus, seu fama evocatus, ad illa properaverat loca; licet nos supra nominatos veritatis testes nequaquam ab hujus secludamus operatione miraculi, immo per omnia æquales et merito judicemus et actu. Porro fratres cum memorato abbate, peractis absque ullius interpellatoris impedimento pro quibus ierant, gemino lætabundi gaudio, ad sua regrediuntur. Verum pauper spiritu qui sanatus erat, tuguriolum eo loci, quo ipse cubans superpositos capiti sanctorum habuerat artus, ligneo construxit tabulatu; sub quo simili detenti languore quiescentes, si tamen plena eorum hoc fides exegerit, citissimam, opitulantibus tribus memoratis sanctis, capiunt medelam, uti accolæ eorumdem testantur locorum.

MIRACULORUM
SANCTI BENEDICTI

LIBER TERTIUS

AIMOINI MONACHI FLORIACENSIS SECUNDUS.

I. Favorabili supernæ dignationis præsagio, hoc in quo, Deo auctore, famulamur cœnobium ut Floriacus vocaretur accepit; quod priscis temporibus, non dissimilis gratiæ prærogativa, Vallis nominabatur Aurea[1]. Retinet enim in se aureum paradisi florem, sanctissimum patrem Benedictum, qui gratantissimo virtutum odore quosque remotissimos ad sui reverentiam invitat. Quarum proprietatem operationum si per singula explicare velimus, chartam nobis sermonemque, antequam sermonis materiam, deficere pro certo intelligemus. Sed ne beneficiis piæ paternitatis ejus, ab ipso nobis immeritis impensis, ingrati esse videamur, ea quæ nostram attigere notitiam, in quantum ipsius benigni patroni clemens supplicatio vires nostro tenui ingeniolo a Christo obtinuerit, rusticano licet sermone, posterorum mandare adoriemur memoriæ. Et primo, qualiter his temporibus respublica Francorum

---

1. Il est certain que le lieu où s'éleva le monastère de Saint-Benoît-sur-Loire, s'appelait Fleury à l'époque de la fondation; il ne l'est pas autant qu'il y joignit le nom de Vallis-Aurea, que le site, bien qu'agréable, ne justifierait pas entièrement.

substiterit, succinctim perstringamus, ut post liberius ea quæ proposuimus exsequamur.

Lothario regi, cœleste, ut credimus, pro terreno commutanti regnum, Ludovicus filius successit. Qui immatura præventus morte, destitutum proprio herede Francigenæ gentis principatum, utpote naturalis expers conjugii, dereliquit. Sane patruus ejus Carolus, quem privatum senuisse supra prælibavimus, conabatur, si posset, a sui generis auctoribus diu possessum sibi vindicare imperium; sed ejus voluntas nullum sortitur effectum. Nam Franci primates, eo relicto, ad Hugonem, qui ducatum Franciæ strenue tunc gubernabat, magni illius Hugonis filium, cujus jam mentio facta est, se conferentes, eum Noviocomo solio sublimant regio. Is, eodem anno, Rotbertum filium sibi consortem regni legit. Et quia, quantum ad cœptæ rei causam attinet, de regibus diximus, ad eam prosequendam veniendum est.

Igitur Oilboldo abbate in Christo quiescente, Abbo[1], Deo et hominibus vir amabilis, a fratribus, Hugone annuente rege, electus, in gradum successit monastici regiminis. Qui, præcedente hunc quo hæc scribimus anno, qui fuit ab Incarnatione Domini millesimus quartus, in Vasconiæ partibus a perfidis illius nationis hominibus, nobis præsentibus, innocenter occisus, martyrii sanguine laureatus, ad regna est æterna a Christo vocatus. In cujus diebus res mirabiles per præeminentissimum patrem nostrum Benedictum, ab omnipotente Domino patratas, quia jam tunc nos intel-

---

1. Abbon, célèbre abbé de Fleury, dont Aimoin a écrit la vie. Il mourut en 1004, à la Réole, tué par les habitants, ou plutôt par des moines dont il avait voulu réformer les mœurs.

ligibilis contigit pervenisse ad metas ætatis, certiori, utpote aliquibus præsentes, digerimus stylo.

II. Festivus æstivis mensibus translationis ejûsdem gloriosi patris annuo successu recurrebat dies, ad cujus spectanda gaudia, non solum quique pagenses, ut quidam in ipsius laude ait sapiens [1], verum plebs urbana honestis clericorum confluxerat personis inflorata. Quibus vigiliis insistentibus nocturnæ laudis, quam devota monachorum caterva identidem, undecunque ob lætitiam tantæ solemnitatis adventando, nostris sociata, in sui legislatoris explebat obsequela, repente per aquilonales basilicæ fenestras nocivi ignis lux resplenduit horrenda. Quippe in quoddam fenile casu quidam ignis decidens, aridis auctus fomentis, circumpositas sese diffudit in ædes. Nec laborabat flamma ut suas augeret vires, cum æstatis ardor tectorum jam torruisset culmina, et domus sibimet copulatæ, una alteri exustionis occasionem præberet facilem. Interea matutinalibus relictis hymnis, cuncti e sacris prosiliunt adytis, ad sua quisque tutanda totis intenti animis. Pauci seniorum, una nobiscum pueritiæ in annis constitutis, matutinales, prout exigebat res, laudes, licet minus decenti fine, concluserunt. Inde ad subtrahenda ignibus quæque necessaria promptæ vertuntur manus. Aula erat sanctæ Dei genitricis Mariæ holosericis palliis aliorumque velorum tam decora introrsus circumamicta varietate, ut multi eorum qui ad diem convenerant festum faterentur nunquam antea sic de-

---

1. Saint Odon, dans son sermon : *De Translatione S. Benedicti.*

center eamdem vidisse ornatam basilicam. Ad cujus pulchritudinem decoris, cum lampadarum ac cereorum stellata, ut sic dictum sit, area, accedebat auro ac gemmis præfulgens a fronte lectica, thesaurum Arabico metallo lapidique præferendum topasio in se retinens. Id primum, cum cæterorum reliquiis sanctorum, humeris dolentium suorum effertur servulorum, atque ad orientalem ecclesiæ partem in cœmeterio exponitur fratrum. Inde universi ad deponendum sanctuarii ornatum ora conversi, quod solers ædituorum diligentia per octo spatium dierum eleganter compserat, id nos trium aut non multo amplius quatuor horarum noctis intervallo deposuimus. Perspicere erat ac gemere regiam[1] illam matris Domini, stigmata viæ illius, qua quondam dilectus Domino cœlum Benedictus conscendit, nocturnis in laudibus præferentem, post modicum desertarum ædium factam similem. Et quia igneo fervore in vitreis jam fenestris plumbum liquari posse conjiciebatur, maxime cum victricis flammæ vorago cuncta exinaniret, spe sublapsa mortalis auxilii, supellex varia longiuscule a monasterio inter nemorum densa occulitur, cum repente uni ex abbatibus, qui ex vicinis cœnobiis emerito duci suo militaturi advenerant, nomine Rainardo[2], visio supernæ apparuit consolationis. Aspexit namque, cum aliis quibus hæc datum est videre, duas columbas super nivis candorem albicantes, quæ trino volatu ambitum circumcin-

1. C'est-à-dire la principale église de Fleury, consacrée à la Vierge Marie.
2. Deux abbés de ce nom gouvernaient à cette époque des monastères peu distants de Fleury : Ferrières en Gâtinais et Saint-Pierre de Sens.

gentes templi, ad Africum sui impetus direxere cursum, ubi jam proxima horreis fratrum violentia stetit ignium; nec divinitus designatum ausa est prætergredi terminum. Jamque humani cessaverat ars ingenii laborque conquieverat hominum, ut major divinæ miserationis virtus claresceret per beatissimum Benedictum, quem nos miseri criminabamur iisse dormitum. Nec quidpiam eorum quæ ambitu claustri claudebantur ullam sustinuere jacturam, ac si illarum angelici aspectus volatu avium circumvallata protegerentur.

III. Nostris modo diebus Archembertum, Antissiodorensis territorii incolam, fuisse novimus diutino languore graviter afflictum; cui cum amicorum seu propinquorum solers defuisset cura, ita assidua cubatione, curvatis genibus, coxis tibiæ adhæserunt ut latitudinem palmæ hominis subtercrescens excederet caro. Quem dum parentes ad cujusdam Sancti Simeonis sepulcrum, quod sanitatum gratia illustrari fama vulgante didicerant, efferre destinavissent, eo quod intra suam esset regionem, abnuit æger, seque ad Floriacense poposcit deduci cœnobium. Aiebat namque per nocturnum se conspexisse soporem, quia eo stante ante sacratissimam patris Benedicti tumbam, coram altare præcelsæ virginis Mariæ, rectis constitisset plantis, immensique decoris intuitus esset basilicam, ex qua sibi exeundi facultas negabatur. Nec vana illa quibus sæpe ludimur fuere somnia; sed, opitulante Deo suffragantibusque meritis reginæ virginum ac eminentissimi confessoris, salubrem habuere operationem. Denique, locato asello, ad desideratum devectus locum, a proximis qui eum deduxerant, pro foribus monasterii exponitur. Unde quia necdum scamellis usus fuerat, natibus reptando ac manibus, ad unum e publicis se protrahens pistrinum, ab ejus custode humanitatis compassione susceptus est; ubi diu curationis suæ præstolando adventum, desiderio accensus est adeundi matris Christi aulam, in qua spes directionis ejus sanctus quiescit Benedictus. Quam introgressus, minutum sibi a vicario ejusdem vici, Ermenfredo nomine, obtentu transmissum eleemosynæ, altario quod Deo sub honorem sanctæ Mariæ omniumque sanctarum virginum dicatum est superponere cupiens, sensit suos resolvi nervos. Cumque circumspectaret qui sibi auxilium ferret, a matriculario ecclesiæ elevatus, scamellos quidem suos cancellis sanctuarii, munus vero, haud secus quadrante illius evangelicæ viduæ Christo acceptabile, altari imposuit; dehinc humi prostratus cum orationi incubuisset, resolutus in somnum, salso perfunditur sudore. Experrectus autem, non jam scamellos poscens, sed baculo a quodam circumstantium sibi porrecto semet sustentans, ad hospitium abiit, pedetentimque firmissimas ambulandi vires adeptus est. Cumque sensisset copiam peragendi itineris sibimet non deesse, ingratus salutis, absque licentia hospitis vel sanctorum qui ei medelæ tribuerant efficaciam, clam abscessit; veniensque ad villam quæ Domini Petri[1] dicitur, iterato debilis redditur. Cui presbyter, Teudo nomine, qui ei locum metandi in sua concesserat domo, ita locutus est : « Quid, inquit, mali

---

1. Dampierre, canton d'Ouzouer-sur-Loire, département du Loiret.

commeruisti, o homo, ut languorem pristinum evitare nequeas? » Respondit ille se sine gratiarum actione a sanctis suæ curationis provisoribus recessisse. Interea sequenti nocte, quiescenti ei videbatur quod sacris a quibus discessisset locis adstaret incolumis, tenens lucernam præ manibus, status sui mensuræ æqualem. Monitu igitur et adjutorio prædicti sacerdotis carrucæ impositus, ad loca male a se deserta reducitur. Demum emptam ceram, juxta præostensam visionem, ad memoriam inclytæ virginis Mariæ deferens, ante sepulcrum gloriosi confessoris Christi Benedicti accendit; adhærensque pavimento, veniam admissi reatus cum redintegratione poscebat sospitatis. Facto ergo voto nunquam se ex eodem recessurum vico, gressuum meruit redonari integerrimo supplemento. Hoc nos ab ipsius contigit ore audire eo ipso die quo hæc cœpimus scribere; ei quoque narrationi interfuere Constantinus[1] presbyter et Letherius, levita gradu, monachus habitu, suscipiendorum hospitum tunc delegatus ministerio.

IV. Et quia, ut refert beatus papa Gregorius[2], sancti martyres frequentiora ostendunt miracula ubi eorum tantum habetur memoria, quam ubi eorum sacra conservantur corpora, liquet idem de cæteris intelligere sanctis, maxime ex hoc patre nostro, multipliciter excolendo, sanctissimo Benedicto. Cujus excellentissima signorum, a Deo per ejus meritum aliis in locis pa-

1. Il s'agit probablement ici de Constantin, auquel Gerbert adressa plusieurs lettres et qui devint abbé de Saint-Mesmin de Mici, près Orléans.
2. *De Vita S. Benedicti dial.*, cap. ult.

tratorum, notitiæ posterorum tradere noster gestit animus.

Caput Cervium dicitur prædium, in finibus Biturigum situm, Lemovicinis contiguum, a quo vicina regio, corrupto vocabulo, Capcergensis vocitatur[1]. Hoc ad dominium Floriacensis cœnobii, omnipotenti Deo sub nomine perpetuæ virginis Mariæ sanctissimique Benedicti dicatum, hac de causa, relatu seniorum valde antiquorum, pervenisse comperimus.

Ejus possessionis dominus Otherius dicebatur, inter Aquitanicos primates clara nobilitatis pollens prosapia. Is a primævæ juventutis flore paralysis percussus languore, manuum ac pedum caruerat juvamine; solius illi linguæ, auditus quoque ac visus, ex parte manebant officia. Diutino igitur laborans morbo, dum vana medicorum studia propensius sibi adhibita nihil intellexisset conferre valetudinis, audita fama miraculorum, quæ Salvatoris nostri omnipotentia apud sacratissima patroni communis Benedicti creberrime tunc operabatur ossa, ait suis : « Videtis, fidissimi mihi, vitaque ipsa qua nunc fruor miserrima chariores amici, quod medicinæ impensis nihil proficio, immo in dies ægritudinis protrahitur longitudo. Quapropter si qua vos cura vestri tangit Otherii, mearum, quæso, miserantes ærumnarum, celeri calle sepulcrum adire curate gloriosi confessoris Christi Benedicti. Et ne forte vos conturbent ignota viarum, scitote Ligerici amnis littora pagumque Aurelianensem hoc præclaro irra-

---

[1]. Sacerge, près Saint-Benoît du Sault, département de l'Indre. Le prieuré de Saint-Benoît du Sault était une dépendance de l'abbaye de Fleury. Voy. ci-dessus, liv. I, chap. xxxviii, et liv. II, chap. xv.

diari thesauro. Id mihi divinum prænuntiavit oraculum, dum fessos artus sopori mandassem, debere me eo cum votis dirigere meæ petitores salutis, quia inde forem adepturus remedium sanitatis. Et quia solus cum dulcissima genitrice resedi, patre orbatus et fratribus, ipsa non abnuente, verum hoc ipsum fieri sedulo deposcente, voveo Deo et jam dicto eximio Benedicto, hereditatis meæ portionem, cui Caput Cervium nomen est, cum omnibus ad eam pertinentibus, eo videlicet tenore, ut superstites ambo usumfructum ac præsentis vitæ exactionem retinentes, fratribus Floriacensibus post nostri dissolutionem cuncta restitui faciamus. Spe etenim suscipiendæ prolis per supra memoratam privatus revelationem, sollicitudinem ducendæ uxoris funditus abjeci. Properate igitur quantocius, et vestris servorumque Dei inibi degentium precibus opem efflagitate misero. »

Acceptis ejus fideles hujusmodi præceptis, cum wantis ipsius auro ornatis, per quos donationem memoratarum rerum sacris imponerent altaribus, absque dilatione venerandum adeunt cœnobium, mandata precesque sui domini catervæ innotescentes fratrum. Memorabile dictu! eadem die, ipsoque horæ momento, quo qui missi erant donum cum orationibus ante sancti præsentarunt tumulum, æger, qui nonaginta millibus jacebat semotus a loco, integerrimam adeptus est sanitatem. Qui laudum Deo præconia sanctoque dans Benedicto gratiarum cantica, exercitationis venationisve gratia, silvarum petiit abdita. Cui dum studet operam dare rei, occurrit suis a nostro remeantibus monasterio; quem illi conspicati equitando saltum peragrare, stupore ingenti perculsi sunt, videntes hominem, dudum absque alterius adminiculo e lectulo non valentem surgere, tunc non solum firmiter incedere, verum etiam equum cursu fatigare. Hæsitantibus illis et vultus similitudine se deceptos autumantibus, obvium se ille gratulabundus offert. Inquirit deinde sollicitius diem quo pro se vota solvissent, ipsumque fuisse certissime comperit quo sibi salutem obtigisse gaudebat.

Huic antiquæ veterum relationi virorum repugnabat antiquius tertii Clotarii regis edictum, in quo continetur quod memoratus Otherius ob perfidiam ab ipso rege interfici jussus sit, rebusque ejus omnibus confiscatis, illud prædium ab eodem principe, sancto est Benedicto collatum. Et hoc est quod in quadam sententia primi libri legitur [1] Caput Cervium liberalitate regia Floriacenses promeruisse fratres. Potuit tamen fieri ut post hanc quam nunc retulimus donationem, ipse Otherius, apud regem infidelitatis insimulatus, juberetur interfici, et quasi ex sua parte eamdem villam idem rex nostro conferret cœnobio. Quod vero in ipso regali præcepto Aotharius vocatur, permutatio veterum facit verborum, ut post latius ostendemus. Post cujus excessum, vicini quique hoc eis prædium auferre moliti, ad sibi utile coegerunt declinare consilium [2].

V. Denique, ut superioris continetur serie libri [3],

---

1. Voy. lib. I, cap. xxxviii.
2. Il est d'autant moins facile de se former une opinion sur cette difficulté qu'il n'est fait aucune mention de cet Othier dans les anciens historiens de la France.
3. Voy. lib. II, cap. xv.— Voy. aussi Adhémar de Chabannais. D. Bouquet, t. X, p. 146.

habitaculis monachico congruis ordini inibi constructis, spem potiendarum rerum ipsarum adversariis sustulere usque ad tempora Rotberti regis, filii Hugonis. Quo onus gubernandi suscipiente regni, Ademarus quidam, juventa pariterque corporis elatus forma, cujus genitor Wido in urbe Lemovicina vicecomitis fungebatur honore, nefarium molitus est scelus. Namque Lemovicinis nequaquam contentus facultatibus ex paterna sibi hereditate jure suppetentibus, dum cerneret numerosam coheredum fratrum suorum succrescere stirpem, in subripiendas res alienas animum intendit, dolique artifex, castrum quod a rusticanis Bruccia dicitur ingressus, dominum se agebat. Erat in ea provincia vir quidam haud contemnendæ potentiæ, Hugo nomine, cui media pars ipsius castri hereditaria obvenerat successione. Hanc ille, uti et eam quæ genitorem competebat suum, ausu temerario pervadit. Toto itaque potitus castro, copias duorum comitum qui eum inde pellere nitebantur, Willelmi videlicet Pictaviensis, et Bosonis Petragorici, per quindecim dierum eludens spatium, obsidionem eos solvere coegit; qua liberatus necessitate, audendo majora, municipium patris Benedicti, quatuor et semis millibus a memorato distans castello, absentiam præpositi Otherii aucupatus, latrocinantium more ingreditur. Municipio illi antiquitas Salis nomen indiderat, eo quod monachi habitationem assiduam a Caput Cervio commutaverant, eo quod is locus magna ex parte natura foret munitus. Hunc præfatus Ademarus idcirco, ut post ipse retulit, invadere nisus est, ut copiis frumenti ac vini, quæ a circumjacentibus incolis inibi ob tutamen sanctorum locorum aggregata erant, pervasæ

Brucciæ inopiam sublevaret; re autem vera, ut arctissimos possessionis suæ fines ampliaret operam dabat.

Interim præpositus loci, jam dictus Otherius, tantæ calamitatis accepto nuntio, dolore cordis tactus intrinsecus quod commendatum sibi a venerabili abbate Abbone, tunc Floriacensium rectore, et fratribus locum funditus amisisse videretur, in diversa cogitationum turbine rapitur; tandemque non mœroris, sed consilii tempus ingruere sibi intelligens, ad superius nominatum Hugonem recta proficiscitur via. Cui opportunitatem capiendi innotescens inimici, quod scilicet, Brucciæ firmissimo derelicto præsidio, in Salensis municipii demigrasset domicilium, ad præoccupandos ejus conatus proficisci hortabatur. Nec ille distulit qui intelligeret suo usui proficere, si eum in minus tuto valeret præoccupare loco. Quid plura? non solum illum, verum quosque circummanentes vicinos, quibus cordi esse patris Benedicti venerandam dilectionem cognoscebat, ad sui adjutorium alliciens, diluculo feriæ tertiæ præmonet hostibus occurrendum.

Interea cuidam militi ex auxiliaribus nostræ partis, nocte quæ diem belli præcedebat, hujusmodi per quietem ostensa est visio. Videbatur ei quod quasi cum præposito ecclesiæ Sancti Stephani Lemovicinæ sedis, nomine Ainardo, silvam peragraret, opportunisque in locis, retibus oppansis, multitudinem aprorum præ se ageret, quorum quidem alios ad præparatas insidias deductos vivos caperet, alios vero venabulis transfixos neci traderet. Evigilans igitur, dum cuidam sodalium quæ viderat enarrasset, hoc ab eo responsum accepit : « Visionis, inquit, tuæ, Deo opitulante et sanctissimi Benedicti suffragantibus meritis, manifestus in proximo propalabitur intellectus. Nam quod tibi de porcis præostensum est silvestribus, hoc tu patrari conspicies de perfidis hominibus; quodque, auctore Ainardo, te agere somniabas, hoc ventura luce, Otherio, sancti viri Benedicti monacho, duce, una nobiscum, Christo auxiliante, perficies. » Cumque ille qui somnium viderat rem sibi manifestius declarari peteret, erat enim earum quæ gerebantur inscius rerum, interpres ad eum : « Num, ait, ad aures adhuc pervenit tuas, Ademarum, Guidonis filium, egregii confessoris Benedicti pervasisse monasterium, et Otherium præpositum idcirco domini nostri petisse auxilium? » Gaufredus ob fortitudinem corporis Asini prænomine vocitabatur, in cujus castro memoratus monachus tum forte aderat, cum hæc miles contubernali referret suo. Quique hæc adjecit dicens : « Nos quoque, volente Deo ac sancto juvante Benedicto, sacri pervasores loci aut vindice feriemus gladio, aut captos nobili ducemus in triumpho. » Hoc dictum multorum roboravit pavitantia corda virorum. Videntur mihi somniator iste ac ejus interpres, duobus orientalibus fore similes, quorum unus victoriam Gedeonis somniavit, alter interpretatus est.

Feria porro sexta secundæ hebdomadis sanctæ quadragesimæ vertebatur, quando factio latronum memoratum occupavit cœnobium; et ecce crepusculo tertiæ feriæ sequentis septimanæ undecunque adsciti auxiliares, improvisi adstitere portis. Tunc quibusdam nostri agminis viris adhuc procul a castro constitutis, una cum præposito Otherio, divinum apparuit prodigium. Viderunt namque, sole totius terræ reliquas clarissime illustrante partes, ambitum castri densissima vallari nebula, quæ quidem nullum sibi pugnandi afferret impedimentum, hostium vero obnubilaret intuitum. Olli hæc dies æquanda videtur de qua antiquus legislator scribit : Quia Ægyptiis erant tenebræ crassæ et palpabiles, filiis autem Israel erat lux in omnibus finibus suis. Roboratis hoc signo animis, statuunt hostes prælio aggredi; et præmisso præposito, qui prævius dudum sibi fidos, tunc autem hostiles aggrediens muros, beati Benedicti nomen celsius inclamaret, ipsi, elata in excelsum voce, Benedictum invocant monachorum patrem; Benedictum resonant tum vallium concava, respondentque Benedictum proximæ silvæ abdita. Quo fragore vicinos consedisse montes infernaque patuisse hostibus visum; et quia montium facta mentio est, non sit audientibus onerosum jam dicti Salensis castri memorare situm.

Mons est non multæ altitudinis, in cujus declivio castrum constitutum est, quod quidem, ab orientali australive parte, difficilem ad se venientibus præstat accessum. Ab aquilonali sane latere, devexus montis machinamentorum omnium inhibet evectionem; at occidentem versus, ubi hostium facilis formidabatur progressus, domus erat lapidibus firmissime constructa, ad austrum in longum porrecta, ad repellendos inimicos satis idonea. Hujusmodi enim munitio adversariis facta est perditionis occasio, dum ob nimiam securitatem prius hostem adesse senserunt quam prævidissent.

Primus ferratas aquilonali parte intulit acies Gaufredus, propter vires, non propter pigritiam, Asinus agnomine; ignemque, ut pridie suis, inter pocula in amore patris Benedicti sumpta, condixerat, admoveri præcepit. Post eum reliqui auxiliares, Giraldus scilicet, Cluensis castri dominus, et Hugo Gargelensis, reliquique, quorum nomina dicere supersedi, qui ducentorum vallati caterva armatorum, adversarios pari fidentes numero, sed virtute constantiæ impares, e propugnaculis quæ tueri parabant, jaculis ac lapidibus repellere cœperunt. Et ecce providentia divina interventuque egregii confessoris ventus aquilo surgens flammas quidem ignium portis ingerebat, hostilia vero tela retro agebat. Cumque ignem convalescere, jaculaque sua in irritum cadere oppidani cernerent, formidinem animis induentes, introrsus fugere. Seditiosis ecclesiam petentibus, nostri a tergo sequuntur attentius, cæsisque in introitu portæ aliquantis, eos qui basilicam petebant insectabantur; in qua non tutam sibi latebram fore auspicatus Ademarus, turrim ligneam de qua signa dependebant, cum sex factionis suæ sociis, formidolosus conscendit. Ibi quoque se latere posse diffidens, tecta more architecti perambulabat, donec ab Hugone, qui studiosius reliquis eum investigabat, visus, pacta vitæ ac membrorum securitate, captus est. Cum quo quinque commanipulares ex eminentioribus tenti sunt, Hugo videlicet ac Archembaldus de Buciaco, Rainardus et Americus, frater ejus, filii Heldegarii, haud ignobilis viri Argentomagensis, atque Giraldus Tirinensis, his exceptis, quos aut minor potentia, aut minus pollens de nobilitate parentum sanguis nostræ subtraxit notitiæ, quorum numerus ad viginti et eo amplius fuisse refertur; equi capti numero centum viginti, præter eos qui vel a victoribus furtim subducti, vel a victis fuga sibi consulentibus abducti sunt; e quibus et multitudo hostium colligi potuit, et virtus superna pariterque excellentissimum patris Benedicti meritum evidenter agnosci, quod a tam paucis exercitatæ militiæ viris adversarii copiis ac natura muniti loci tam facile sint superati. Illud nihilominus gratia Dei gratuita nobis collatum credimus, quod hostium triginta militibus peremptis, nostrorum nemo saltem vulneratus est, tribus exceptis, unus videlicet militaribus deditus stipendiis, qui, lethali accepto vulnere, ad propria rediens, vita decessit, ac duo agriculturæ potius quam bellicis dediti stipendiis, qui cum multis aliis artis hominibus fama prælii exciti, auxiliatum nostris venerant, dum nimium rapinæ student, incertum a sociis an ab extraneis interempti sunt. Hoc itaque modo castrum, intra sextam diei quo primum ibi advenerant horam, receptum nostrisque redditum est, anno incarnationis Dominicæ millesimo.

Et ne quis æstimet tantam victoriam hominum potius virtuti quam divinæ ascribi debere largitioni, sciat ipsorum nobis relatione adversariorum vulgatum eos vigore ita destitutos ut, quamvis telorum seu lapidum mole abundare se cernerent, nullam tamen efficaciam in jaciendo sibi inesse sentirent. Animæ quoque peremptorum nocturno tempore in eadem villa quiescentes homines somnos rumpere sæpissime cogebant, flebiliter oberrando inclamantes se miseras fore, quæ excellentissimi patris Benedicti res pervadere non dubitavissent.

Nec Guido, genitor Ademari, sive etiam Giraldus, frater ejus, patrinus jam dicti adolescentis, immunes miseriarum fuere; verum sicuti participes ejus fuere consilii, sic quoque, Dei justissima disponente providentia, periculorum fuere consortes. Siquidem Guidonem non tantum orationis quantum dissimulationis, quasi nesciret quæ a filio gererentur, gratia, Romam profectum, morbus adeo vitiliginis debilitavit, ut non aliter quam in lectica ad sua regredi valeret. Giraldum vero obtentu ejusdem simulationis apud Pictavium degentem, et rei eventum præstolantem, ferox equus mordicus per coxam arreptum, per aliquot dies lecto cubare coegit. Hildebertus quoque, Argentomagensis incola, hujus factionis signifer, qui pacis medius palam quidem videbatur fore; occulte autem proditionem alebat, igne divino in maxilla adustus, usque ad diem suæ mortis incurabilis perseveravit, ita ut, consumpta carne, dentes specie miserabili nudarentur. Per omnia benedictus Deus, qui sibi beneplacitos assidue mirificat sanctos!

VI. Quia vero semel Aquitaniam ingressi sumus, non ab re esse videtur, si rei gestæ miraculum, quod ordo causarum superiori, paucis elabentibus annis, subnexuit, enarraverimus. Captus, ut supra dictum est, Ademarus ab Hugone, ad castrum Brucciæ deductus est. Id Giraldus quidam, partibus favens Ademarianis tenebat, exclusis factoribus Hugonis, qui partem ejusdem castri ab Ademaro sibi præreptam non mediocriter indignabatur. Denique eumdem juvenem, quem captum habebat, e regione murorum, unde a suis intueri posset, deduci præcipiens, interminatus est se ejus caput abscissurum, ni maturato sibi munitionibus cederent. Quæ res Giraldum et eos qui intus erant graviter perterruit, maxime videntes dominum suum cum tot exercitatæ militiæ egregiis bellatoribus subita rerum conversione dejectum. Unde non solum oppidum, sed etiam se suaque omnia territi dedidere. Hugo potitus castro, turrim quæ juris Ademari fuisse videbatur, confestim diruit. Juxta eam cisterna erat ad colligendas imbrium aquas effossa, quadraginta quinque et eo amplius cubitis in profundum patens.

Forte post aliquod temporis spatium, duo ex fratribus nostris apud memoratum sancti patris Benedicti Salense monasterium degentibus, utilitatis monasterii gratia, præfatum Hugonem, Brucciam tunc incolentem, adierunt; ob cujus colloquium superiora turris petentes, binos equos retinaculis sibimet connexos in inferioribus reliquerunt. Horum unus quietis impatiens, dum huc illucque errando socium trahit, postrema corporis parte in superius nominatam cisternam labitur, nec alterius ope juvari valuit quin ad fundum usque decideret. Clamor illico intuentium oritur equum monachorum in puteum esse lapsum. Tumultus causam Hugo sollicite perquirens, ubi damna lapsi animalis reperit, vehementer indoluit, quod hi qui eum visitandi gratia adierant monachi (æger quippe erat), tantam fuissent passi jacturam. Itaque uxori imperat ut, evocatis juvenum robustioribus, seminecis equi cadaver e puteo abstrahi faciat. Ipse post paululum ubi se vestibus induit, eam secutus, inclinans se ad os putei, solum equinum caput aquis eminere prospexit, reliquis membris cum sella lymphis opertis, et ad circumstantes conversus : « Hic, inquit, equus sellæ deinceps nunquam sentiet onus. » Ad quem mulier : « Num, ait, ille senex Benedictus, qui tibi a Domino victoriam obtinuit ex hostibus, tam est invalidus ut impetrare nequeat quatenus proprio animali suus revehatur monachus? » Ad hæc ille diffidens : « Si, inquit, hæc ille impetrarit, cæteris prælato sanctis, ejus me committam tuitioni. » Admotis igitur scalis, descendit quidam, audaci fisus juventa, qui equum per opportunas corporis partes funibus ligaret, quo facilius educi posset. Verum eo egresso, cum difficile videretur tam immensi corporis animal simul cum scala posse abstrahi ob angustiam putei, primo scalam educentes, dehinc caballum abstrahere cœperunt. Sed omnipotens Deus, ut ostenderet non solum jam sæpius dicto Hugoni, verum quibusque sanum sapientibus, egregium ducem monachorum, summum videlicet Benedictum, non parvi apud se esse meriti, immo majoris quam quisque mortalium conjicere valeat, geminavit miraculum. Nempe cum jam numerosa juventus usque ad summum putei marginem equum elevavisset, ac fratres eminus adstantes, litaniæ preces Domino solverent, ubi dilectum Domino Benedictum invocare cœperunt, subito rupti funes, equusque ad interiora lapsus est. Desperatio cunctos habuit, diffidentes eum ulterius posse vivum retrahi, maxime cum et descensus ad eum alligandum difficilis foret, nec funium illis tanta suppeteret copia, casusque de superioribus ejus æstimaretur contrivisse membra. Accedens autem unus fratrum ad memoratum Hugonem, hortatus est ut de virtute confessoris Christi Benedicti sumpta fiducia, adhuc semel attentatum adorirentur opus. Annuentibus quoque ejus persuasioni quibusdam juvenum, quid suæ possent vires experiri cupientium, præcipue conjuge ejusdem nobilissimi viri Hugonis, quæ fidei ac devotionis in beatissimum patrem nostrum Benedictum ardore flagrabat, iterato scalæ in puteum deponuntur. Porro apparatus funium nullus alter reperiri potuit, nisi quo retibus ad usum capiendarum silvestrium præparatis caprearum sibi invicem connexis atque contortis utebantur. His ergo alligatum, uti prius fecerant, retrahebant equum, magnis clamoribus sanctum invocantes Benedictum. Et ecce, cum jam pene inter manus futurus esset, iterato deficientibus vinculis, relabi cœperat in imis. Tunc unus e turba alligari se poscit cingulis ex coriis cervorum desectis, quibus Aquitani utuntur latissimis atque fortissimis, sicque introrsus dimitti, arreptisque tibiarum fasciolis, caballum aptissime capite alligans, monet socios se quidem primum, deinde quadrupedem extrahant. Qui monitis ocissime parentes, utrosque ad superos reduxerunt. Sonipes ac si mortuus humi exponitur, ad quem honorabilis vir Hugo accedens, eumque virga tangens, ad circumstantes ait : « Hic reviviscet nunquam. » Tunc equus quibusdam eum sublevantibus a terra, sese erigens concussit, aquamque quam invitus hauserat per meatum urinæ digessit. Alacris illico mulier his verbis virum arguebat : « En, ait, experimento hoc disce Benedictum Dei famulum fideliter se invocantibus, præcipue suis famulis, præsto esse. » Plausus continuo ac vox lætitiæ toto oriuntur castro, Benedictum laudantium, Benedicto gratias agentium quod jam viveret, quod jam propriis pedibus equus vaderet. Sane religiosa femina, quia hiems erat, in aprica domo cornipedem deductum mollioribus stramentis usque ad diffusionem sudoris ipsa operuit; qui inde post paululum retractus, terræ se provolvens ac omnibus membris concutiens, hinnitu sodalem quærebat. Quem fratres qui aderant, receptum lætantes, ad propria incolumem, nullo membro debilem reduxerunt. Horum uni nomen Anno[1], qui sacerdotii fungitur officio, alteri Remigius, in ordine manens diaconatus, quorum relatu ante transactos quindecim soles hæc ita gesta fuisse comperi; a quibus et sella ostendebatur quæ dilapsa cum equo fuerat, cujus scandilia, quamvis nova, et antelam suis impatiens pedibus ipse disruperat.

Viderit nunc quisquis ille est, qui hæc non sibi mira videri jactitat, quid horum præcellat, utrum ferrum e profundo laci reduxisse[2], an quadrupedis vitam in immani præcipitio non solum servavisse, verum et incolumem superis reduxisse. Ego quia utrumque noster iste legislator patravit, in ambobus eum non tantum potentem, sed etiam potentissimum fuisse fateor. In hoc vero illud admiratione dignum est quod equum, quem chordarum nequivere retinaculis protrahere, fasciolæ fragilis retraxerunt habenis, ac si patenter pius pater Benedictus eos non verbis, sed factis moneret id non humanæ fortitudini, sed divinæ potius operationi debere imputari suæque interventioni. Verum si quispiam ejus mira facta ob nostræ vilitatis personam contemnenda judicat, hunc nos rogamus, non ut nostra legat, sed ut mitissimos ejusdem patris vultus sua nequaquam exasperet ingratitudine. Qui si, quod absit! offensus fuerit, nulli dubium quod durum se præbeat et intractabilem, sicut e contra, humilitatis precibus mitigatus, favorabilem se exhibebit ac lenem.

---

1. Voy. ci-dessus liv. II, c. xvii.
2. *De Vita S. Bened. Dial.*, c. vi.

VII. Opportunum videtur et illud inserere lectioni quod, in eadem provincia, sub antedicto præposito Otherio, meritis sancti sui Benedicti Dominus operari dignatus est. Hildebertus, supra nominati Bosonis filius[1], ex materni avi successione comitatum Petragoricæ urbis adeptus, adversus Guillelmum, comitem Pictavorum, arma movit; et commoto exercitu, ad secundum Pictavæ civitatis milliarium castra posuit. Inter reliquos vero ejus auxiliares, quos ad id evocaverat bellum, erat Hugo, de quo præmisimus, dominus castri quod Gargilissa dicitur[2]. Is cognitum habens beatissimum patrem nostrum Benedictum his qui se plena invocaverint fide ubique et maxime in bello solere auxiliari, memoratum rogavit præpositum Otherium, ut sibi saltem duos conferret panes ex iis quibus monachi vescebantur, quos ipse cum suis certamen intraturus in escam sumeret; fidei non modicæ exsistens, qui crederet illo se cibo validius omnibus posse armis contra universa muniri pericula. Interim Hildebertum, tam ipsum Hugonem quamque cætera exspectantem auxilia, præcipue Fulconem[3], Andegavensem comitem, congregati Pictavienses repentina irruptione opprimere conati sunt, quatenus, eo qui dux belli erat, antequam cunctæ ejus congregarentur copiæ, oppresso, residuos ab ipsius deterrerent adjutorio. Nec ille segnior in obviando fuit, sed cum paucis,

---

1. Hildebert ou mieux Aldebert réunit dès 980 les comtés de la Marche et du Périgord. C'est à lui qu'Adhémar de Chabannais prête la fière réponse faite à Hugues Capet. Il mourut en 995.

2. Gargilesse, canton d'Éguzon, département de l'Indre.

3. Foulque-Nerra, comte d'Anjou, mort en 1040. Cf. Raoul Glaber, *Hist.*, lib. II, c. III, et lib. III, c. II.

quos secum habebat, excipiens advenientes, bis cum eis campali certamine conflixit. Cumque in eo esset ut ab hostium multitudine superaretur, veteranis etiam suis fugere non erubescentibus, ex improviso jam dictus supervenit Hugo, qui dejectos rebus adversis sociorum intuens animos, fractis citatim quos ex monasterio Sancti Benedicti acceperat panibus, et ipse sumpsit, et his quos secum adduxerat distribuit, ac demum Pictavos jamjamque victores, et sui nimium securos, cum Hildeberto aggressus, vicit fugavitque. Sane ex militibus, qui quidpiam panis Sancti Benedicti quamvis modice sumpserant, nullus lethale suscepit vulnus, sed omnes incolumes evaserunt.

VIII. Nunc jam ab Aquitania gressum verbi promoventes, in Franciam redeamus, narratisque de statu regni seu regum quæ ad rem pertinere videbuntur, miraculum per beatissimum patrem nostrum Benedictum ab omnipotente Deo in loco qui Abbatis Villa dicitur[1] gestum recitemus, sicque per monasterium ad Burgundiæ partes certis ex causis transitum faciamus.

Dux Francorum Hugo infulas regni adeptus, cum filio per decem continuos annos eis potitus est; moriens autem Rotberto filio monarchiam sui reliquit principatus. Hugonides Rotbertus uxoriam inire copulam jamdudum mente tractans, et ab Arelatensium partibus assumere sibi conjugem volens[2], exercitum congregat, sponsæ jamjamque adventanti occursurus.

1. Abbeville, canton de Méréville, département de Seine-et-Oise.
2. Constance, fille de Guillaume, comte d'Arles.

Dum ergo iter agens exercitus ulteriorem Ligeris ripam teneret, contigit Guillelmum Belesmensem[1], castra metandi causa, curtim superius nominatæ Villæ Abbatis sibi diligere. Porro e satellitibus ejus quidam perversæ mentis juvenis præveniens dominum, monacho ei curti præposito, Theoderico nomine, furibunde imperat ut sibi portas aperiat, eo quod ipse inibi metatum abiturus foret. Ad quem monachus : « Patientiam, inquit, o optime militum, in me habe adventum tui senioris operiente, cui soli hæ patebunt portæ. » Animadvertens miles copiam introeundi sibi denegari, conversus in iram, sociis infit : « En, inquit, contemplamini hunc monachum, veluti tumidum bufonem, equo itidem tumenti superbe residere, nec mihi aperire velle. » His contumeliæ verbis cœnobita motus, conversus ad orientalem, ad quam monasterium situm est, plagam : « Ego, ait, te, o senior sanctissime Benedicte, aut perpetuo obdormisse suspicor somno, aut nostris offensum peccatis ab his olim tibi dilectis abcessisse sedibus, qui ita inultas tuorum pateris manere injurias. » Quid multis morer? non diu vindex dilata est blasphemiæ ultio, divina eam meritis beati confessoris idcirco, ut credimus, accelerante providentia, ne pusillanimitate victus frater, majoris offensæ in verbo incurreret lapsum. Namque, adventante Guillelmo, infelix ille qui scandalizaverat fratrem, et insuper Benedictum despexerat patrem, jactitans se vino servorum ejus ad ebrietatem usque sua suorumque viscera absque ejus oppleturum gratia, domum a

---

1. Guillaume Ier du nom, seigneur de Bellême et comte du Perche, mort en 1028.

curti longiuscule remotam ingreditur; in qua minarum suarum satisfacturus exsecutioni, dum ultra modum vina haurit, calicem furoris Domini una cum mero usque ad fæces potavit. A mensa quippe surgens secus ignem se collocavit, temporalem æterno socians somno. Namque ignis stramenta lectorum corripiens, flammarum globos in sublimi extulit, ac tectum domus facile accendit; nec evigilavit miser donec, comprehensis omnibus, obrueretur trabium molibus. Itaque cum duobus obsequii sui pueris (nam tertius semiustulatus evasit) ac quinque equis, seu cum omni itineraria supellectili, incendio consumptus est. Qui vero, ambusta veste vel capitis crinibus, discrimine mortis beneficio exemptus fuerat fugæ, in præsentiam Guillelmi deductus, rem, ut erat gesta, ordine retulit. Tum ille : « Merito, ait, hæc infelicibus pœna provenit, qui malivolo vecordiæ suæ spiritu vina monachorum cuncta se exhaurire posse æstimantes, ita ebrietati operam dederunt ut imminens periculum vitare nequirent. » Hoc itaque facto suspicio fratris abolita est, qua falso calumniatus erat beatissimum patrem nostrum Benedictum obdormisse, qui cura pervigili assiduam sollicitudinem sibi subdito exhibet gregi. Porro a sibi placitorum istorum visitatione locorum nullius nostrum quolibet immani poterit deterreri facinore, quem grata suorum invitat præsentia ossium. Verumtamen eo magis nobis cavendum, ne tam pii aspectum visitatoris fusca commissorum offendamus caligine peccaminum.

IX. In ea inundatione Ligeris, quam plus solitam littoris accola, insolitam procul remotus sensit agricola, quid mirandi per meritum sæpissime nominandi patroni nostri actum sit Benedicti, quia absentem me contigit fuisse, relatu seniorum cognitum memoriæ adoriar tradere posterorum. Igitur Liger, eorum maximus fluviorum qui per Galliam alvei sui cursus in Oceanum propriis invehunt nominibus, inaudito antea seculis modo antiquos excessit terminos, anno incarnationis Domini millesimo tertio, regni autem Rotberti regis, quo cum patre regnare cœpit, sexto decimo, monarchiæ vero septimo. Tanta vero tamque repentina ejus fuit profusio ut agrarios laborantes, seu equites iter agentes, subita involverit ruina, ut non incongrue illi aptetur illud Virgilianum de Pado dictum :

> Proluit insano contorquens vortice silvas
> Fluviorum rex Eridanus, camposque per omnes
> Cum stabulis armenta tulit.
> (Virg., I *Georg.*)

Sic et iste, non solum pecudes cum ovilibus, homines cum domibus, verum etiam patrem matremve familias cum filiis ac filiabus, seu cum universis improviso impetu protraxit utensilibus. Hac aquarum illuvione involvi metuens armentarius gregis, usui monachorum patris Benedicti in cœnobio Floriacensi degentium delegati, ad tutiora montium pascua vaccarum abduxit armenta; unde regrediens, dum concitus sese proripit, ut intra septa castri receptus imminens evitaret periculum, obvium habuit hostilem quem fugere cupiebat amnem. Retrogrado itaque se proripiens pede, ad pontem rivuli, qui ob circumjacentis latitudinem paludis, Longum Rete dicitur, quem jam forte præterierat, summa cum festinatione tendebat. Ibi quoque obvios habens inundantis fluctus gurgitis, in desperationem vitæ ɡlabitur, et incertus consilii, fasciolis a tibiis resolutis, ad binas pontis tabulas se alligavit. Invocare tamen Christum et sanctum cœpit orare Benedictum, ut sui misereretur opem ferendo; sed, resoluto vi tumescentis fluminis ponte, ipse pariter ferebatur in præceps. Tum vero toto cordis affectu nomen beatissimi iterabat frequentius Benedicti; et quia jam morti traditum se credebat, ut animam tantum salvaret poscebat. Cumque undis se propellentibus ad eum delatus esset locum ubi Bonodia [1] fluviolus Ligeri influit, per tria fere milliaria aquis vectus, et semper in ore, semper in corde sanctissimi vocabulum replicaret Benedicti, exaudiri meruit. Nam mutatis flatibus ventorum, flans zephyrus ad littus eum leni impulsu deducere cœpit. Quidam vero ejus nati, prope lintribus obnavigantes, cognito quis esset, solutis quibus ipse se vinxerat ligaminibus, ad tutam portus stationem secum incolumem reduxerunt. Vocitatur autem homo ipse Constantius; qui etiam refert se multitudine circumdatum serpentium seu diversi generis reptilium, nec tamen per Dei providentiam et egregii Christi confessoris Benedicti interventionem quidquam sibi fuisse nocitum. Quod eo magis mirandum censetur quia quosdam hominum summa arborum cacumina conscendentium, ubi undoso torrenti aspirare fas non fore arbitrabantur, reptando subsecuti angues, miserandis laniatos morsibus decidere in profundum cogebant; hunc vero in imis constitutum, quamvis in modum cinguli circumambirent, nullate-

---

1. La Bonnée, petit affluent de la Loire.

nus tamen lædebant, gratia eum divina meritis sancti sui confessoris Benedicti custodiente, ad exhibendum famulis ejus devotæ servitutis obsequium. Cui etiam aliud divini muneris attributum constat fuisse beneficium. Ruerat radicitus aquarum alluvies maximas arborum moles, quarum impetu trunci quoque antiqua diuturnitate solidati evertebantur. Horum ille impulsu non solum mergi non poterat, verum sola manu vel brachio, ac si leves stipulas, ad se appropinquantes depellebat.

X. Ager quidam, ditioni subditus ecclesiæ Sancti Stephani Antissiodorensis urbis, confinis est terræ Sancti Benedicti, quæ memoratæ superius adjacet paludi. Hunc quidam Walterius jure beneficii sortitus, ejusdem telluris partem ad suos usus præripere cupiebat, confictaque calumnia, quod ex suo beneficio existeret atque a nostris ruricolis injuste pervasa foret, querelam ante venerabilem abbatem Abbonem exponit. Nam quodam tempore ab uno dominorum suorum missus est, ut sua vice jam dicto obsequeretur abbati ad regale palatium properanti. Inde cum redirent ambo simul, et ad eum perventum esset locum, de quo lis videbatur orta, idem vir conversus ad abbatem : « Nunc, inquit, domine abba, si placet, ostendam tibi terminum meæ possessionis. » Monente autem illo, ne quid supra suum determinaret jus, ne forte id nequaquam ei impune cederet, ille, impulso calcaribus equo, ad locum determinationis sibi placitæ properat, obtestantibus pene omnibus qui cum abbate aderant illum metam justæ divisionis transgredi. Sed cum habenis equum refrenare conaretur dicens : « Ab hoc ego loco universum jus ad istam partem (manu eam demonstrans) mihi, etiamsi necessarium fuerit, singulari certamine vindicabo, » equus in cursum actus retineri ab eo non potuit, quin potius, invito sessore, proruens semel ac secundo, offenso labitur pede. Tunc reverentissimus Abbo abbas conversus ad suos ita infit : « Jam nunc æquissimi Judicis justum citissime conspicietis examen. » Post quæ verba, equus tertio lapsus dominum a tergo suo abjicit. Qui cadens, discissis interioribus, fractaque scapula debilitatus, ad villam monasterii delatus, advesperascente ipso die defunctus est, peregitque ipse solus singularem quam proposuerat pugnam, Deo manifestum exerente judicium meritis dilecti sui confessoris Benedicti, cujus res alienare cupiebat; cujus casum miseratus honorabilis Abbo abbas, eo quod sibi in itinere devotissime obsecutus fuisset, cum fratribus in coemeterio ecclesiæ honorificentissime tradidit sepulturæ.

XI. Osa[1] Oceani maris quædam est insula, quæ a continenti Armoricanæ regionis terra quam Cornugalliæ nominant, pelago sexdecim passuum in transversum porrecto sejungitur. In ea beatum Paulum, cognomento Aurelianum, eremiticam duxisse vitam ex libro vitæ ejus didicimus. Hic denique S. Paulus, in loco Britanniæ qui oppidum Sancti Pauli[2] dicitur, episcopus factus, multis in vita sua clarus virtutibus, ibidem per divinam designationem tumulariam meruit sepulturam. Cujus corpus post longa obitus ipsius

---

1. L'île d'Ouessant.
2. Saint-Paul de Léon, département du Finistère.

transacta tempora, a Mabbone[1], ipsius loci pontifice, ad hoc nostrum Floriacense translatum est cœnobium. Hujus translationis seriem, quia occasio se præbuit, licet multis antea temporibus gesta sit, sicut a prioribus nostris eam auditu comperimus, referre dignum duximus. Memoratus denique venerabilis Mabbo pontifex, amore divino contemplativæ succensus vitæ, hæsitabat animo quonam potissimum in loco suum posset explere propositum; cui divinitus inspiratum est nusquam aptius id posse eum perficere quam in præsentia corporis sanctissimi patris nostri Benedicti, qui dux et signifer illius esset institutionis quam ipse sectari cupiebat. Sumptis igitur evangeliis et sacrarum vestium non contemnendo ornatu, simul cum sacratissimo corpore egregii præsulis Pauli, ad sibi desideratam pervenit habitationem, quem abbas istius sacri cœnobii, præcedenti libro nominatus Wlfaldus, cunctaque congregatio gratantissimo dilectionis suscipientes obsequio, quo advixit tempore, honorifice secum tenuerunt. Qui, peracto laudabilis vitæ cursu, ante altare Sancti Joannis evangelistæ, in basilica sanctæ Dei genitricis Mariæ, tumulariam adeptus est sepulturam. Corpus autem antedicti confessoris Pauli, cum proprio loculo, post loculum sanctissimi patris Benedicti posuerunt, uno tamen ampliori scrinio, quod etiam argento tectum erat, utrumque concludentes. Nunc jam ad id quod cœpimus exsequendum regrediamur.

XII. In memorata igitur insula, ob amorem tanti præsulis, quidam civis jam dictæ regionis Cornugalliæ,

---

[1]. Mabbon, évêque de Saint-Paul de 940 à 945.

Felix nomine [1], ad inhabitandum demigrans, cum aliis suæ provinciæ viris, per aliquantos annos, Deo placitam studuit ducere vitam. Sed cum, veraci referente fama, didicisset corpus jam dicti sancti apud nos retineri, deliberavit animo ad ejus sacratissima properare membra. Incitabat quoque bonæ voluntatis ejus conatum rumor sanctissimi patris nostri Benedicti, qui totius etiam remotissimos Britanniæ repleverat sinus. Ascensa ergo una quam solum tunc reperit navim, ad superius nominatum Sancti Pauli oppidum venire disposuit, cum pontifice ipsius sedis tractaturus utrum sibi hæc quæ cogitaverat agere expediret. Verum pelagus illud quod inter insulam ac continentem diximus esse terram, ob sui angustiam et rupium in eo prominentium exasperationem, difficilem multoties navigantibus efficit transitum. Quod cum jam dictus vir transmeare vellet, inopinato impetu undarum navis versata eum cum universis sociis inter se et mare conclusit. Erant inter eos natandi ignari; hos unda raptos, super unum e prominentibus saxis illæsos deposuit. Ille vero cum uno tantum sodali, jam reductæ in suum statum navi insiluit, et fluctus qui eam oppleverant panno sinuatæ vestis exhauriens, cum duobus qui soli remanserant remis ad recipiendos socios rupi appropinquavit. Quibus receptis prospicit eminus librum per quem laudes Deo persolvere consueverat, undis jactari, nec mergi; post quem directo cursu navis, eum levavit, ita omni humore introrsus carentem quasi non undæ ipsum per maria, sed ventus per

---

1. Ce Félix est souvent nommé dans la vie de saint Gildas. Il fut envoyé par l'abbé Gauzlin en Bretagne en 1008. Voy. *Vita Gauzlini*, lib. I, c. xxiv.

terras portaverit. Deinde aliquibus remis cum aliquantula supellectili receptis, ad destinatum tandem delati sunt locum.

Cumque memoratus vir, cum episcopo loci colloquium familiare habens, ea quæ sibi obvenerant referre vellet, prævenit eum pontifex, ita inquiens : « Num, ait, ignoras, domine mi Felix, quid cuidam monacho omnibus tibique bene noto de te per nocturnum soporem revelatum sit? » Cui cum ille diceret se id funditus ignorare, episcopus ad eum : « Retulit, inquit, mihi idem monachus coram multis testibus, dicens : Videbatur mihi quod Felix, qui in insula habitat, hic apud nos foret positus. Qui dum ad sua regredi vellet navimque ascendisset, diabolus in specie vulturis adveniens, cujus corporis moles montis altitudini æquari posse credebatur, cunctos qui rate vehebantur simul cum ipsa in profundum mergere mihi videbatur. Illis itaque hoc modo submersis, apparuit repente vir quidam monachico adopertus indumento, more abbatum recurvum a capite, de manu gerens baculum; quique super aquam deambulans, eodem ligno navim cum hominibus nil mali passis, ac cunctis rebus, de profundo ad littus traxit. Liberatis vero imperans ut se ibidem operirentur, vulturem qui jam fugam paraverat, insecutus, virga percussum in profundum abyssi mersit. Reversus ad Felicem et socios ejus, alacri ut erat vultu, eos hortabatur ut ascensa lintre quo cupiebant secure enavigarent, dicens : En adversarius vester, per Dei gratiam a me submersus, perdidit omnem vobis nocendi potestatem. »

Cumque ista, referente antistite Dei, servus audisset, casus quoque suos et ipse omnes ei exposuit, asserens ipsam visionem, etiam corporeo actu, in se completam. Intelligens vero ex memorata apparitione sanctissimum patrem nostrum Benedictum suæ saluti auxilium contulisse, magis amore ejusdem præcellentissimi confessoris flagrare cœpit, atque ut ad ejus sacrosanctum tumulum perveniret instare.

Igitur pauci temporis interposita mora, assumptis quibus se indigere rebus æstimavit, ad continentem destinavit remeare terram. Sane omnipotens Deus, ut ejus cor ad amorem sanctorum quorum expetebat præsentiam amplius inflammaret, duplicavit miraculum. Nam dum anchora a littore sublata alta peteret maria, repente se fluctus attollunt, et in sublime elatus præruptus aquæ mons ita totam circumcinxit scapham ut nulla ex parte aditus reperiretur evadendi. Tunc jam dictus Christi famulus Felix, horrore imminentis periculi perculsus, intra ima pectoris hujusmodi fundebat preces humillimæ supplicationis : « Inclyti, inquiens, confessores Christi, Benedicte atque Paule, quorum sacratissimos adire exopto cineres, ferte opem mihi misero qui solius nunc mortis discrimen formido. » Post has preces, dicto citius tumida considunt æquora, ventisque placidum stans mare tutam navigantibus præbuit viam. Ita ab instanti naufragio sæpe nominatus Felix exemptus, ad hoc sibi diu desideratum venit cœnobium, nobisque hunc suæ salvationis retulit fuisse modum.

XIII. Brevitati quidem studendum erat ne prolixitas verborum audientibus fastidium materiæ gigneret. Sed quia decurrens sermo retinere non potuit, quem vis dilectionis sanctissimi patris Benedicti ad plenius exponendas res gestas impulit, ignoscendum est si, plusquam licuit, loquax pagina fuit. Procurabimus deinceps succincto narrandi genere miracula ejusdem dilecti domini comprehendere, ut et laudes ejus promamus et lectori nequaquam oneri simus.

Burgundiæ in partibus, territorio Tricassino, villa habetur Sancti Benedicti, Tauriacus nomine, quam advocatus, vocabulo Gauzfredus, quamvis ab extraneis defenderet, violentius quam quilibet externus vastabat. Quem a monachis frequenter ut a malefactis quiesceret, admonitum, nec obtemperantem, pius pater Benedictus a Deo obtinuit flagello correptionis prius percuti quam ejus malitia funditus deleretur. Quadam itaque die, eo in domo propria intra memoratæ urbis Tricassinæ muros constituta residente, et judiciariam inter rusticanos agente actionem, niger canis rabie plenus adfuit, et nullum lædens circumstantium, impetu in eum facto, nares ejus ac faciem morsibus dilanians, abscessit. Unde ille in amentiam versus, ab amicis ad basilicam Sancti Dionysii est deductus; ibique aliquantulum, sed non ad plenum, sensu recuperato, regressus ad propria, dum malis quæ pauperibus Sancti Benedicti intulerat adjiceret pejora, a dæmonio arripitur, catenatusque et in quoddam retrusus cubiculum, ultimum exhalavit spiritum, profitentibus cunctis qui eum noverant, ob sævitiam ejus in ruricolas pretiosi confessoris Benedicti, talia ipsum pertulisse. Huic metuendæ ultioni, aliud amplectendum misericordiæ ac sanitatis adnectamus signum.

XIV. In inferioribus hujus Neustriæ partibus, in

Andegavensi scilicet urbe, Ainfredus quidam apud monasterium Sancti Albini ex clerico monachus sponte factus est. Is meliorandæ vitæ gratia ad hunc venerabilem Floriacensem demigrans locum, aliquantisper nobiscum commoratus, ad memoratum regressus est cœnobium. Ubi dum moratur, gravi tumescentis coxæ afflictus languore, gemino urgebatur angore. Nam abbas ipsius monasterii, quibusdam simultatibus eum impetens, cunctis interdixerat fratribus ne quis eum saltem in exitu visitaret animæ. Cumque ille, morbo ingravescente ac dolore ad vitalia serpente, fratres ad se invisendum suumque exitum Domino commendandum venire deposceret, ab uno, cui soli concessum erat eum invisere, quid abbas de eo præcepisset addidicit. Quod ipse audiens graviter tulit, et per Andegavæ civitatis nobiles qui ab ejus visitatione, quia eum diligebant, inhiberi non poterant, abbati mandavit ut sibi misereretur, ad satisfactionem, si quid in eum non recte commisisset, parato. Sed eo differente, coactus est æger aliunde consolationem quærere, et, quia se a temporali abbate videbat despici, ad illum qui legionibus monachorum per longa jam pridem secula sollicitudinis suæ curam impendit tota se contulit mente, recordansque quantam in patribus hujus Floriacensis cœnobii tempore suæ peregrinationis reperit dilectionem, converso ad parietem capite ac lacrymis suffusus ora, in hæc prorupit verba : « O sancte, inquiens, Benedicte, miserere mei tuum auxilium anxie implorantis, tibique spondentis quod, si mihi corporis sanitatem vitæque a Deo obtinueris prosperitatem, tua supplex sacratissima expetam ossa, gratiarum pro posse redditurus vota. » His peroratis, aspexit, ut post ipse retulit, subito quemdam incogniti vultus virum, monachalis habitus tegmine adopertum, qui e regione ulceris manu protenta, silenter abire visus est. Mox ægrotus in somnum resolutus, qui tres et eo amplius noctes pervigiles duxerat, unius horæ spatio placidissima quiete potitus est. Evigilans vero, dum summis digitis vulnus quod vis morbi patefecerat incautius premeret, particula quædam putrefactæ carnis, instar boleti, inde cum maxima doloris parte prosiluit, ac demum infra breve tempus, resumptis viribus, quod voverat devote nec absque munere complevit.

XV. Patriciacus dicitur villa in Augustodunensi territorio regionis Burgundiæ sita[1]. Hanc Echardus, comes Burgundionum ditissimus, Sancto Benedicto et fratribus Floriacensis cœnobii ad stipendiarios quondam sumptus benigna largitate contulit[2]. Quo defuncto ac in Floriacensi monasterio juxta ecclesiam Sanctæ Mariæ sepulto, in memorata possessione fratres habitationem sibi statuerunt; in qua etiam delatis a Floriaco sancti patris Benedicti reliquiis, ecclesia in honore Dei ac gloriosæ virginis Mariæ simulque egregii ipsius confessoris constructa est, quam Christus Dominus, meritis sanctæ suæ genitricis necnon dilecti famuli sui Benedicti, sæpissime miraculis illustrem reddidit. De quibus, quia multa per inertiam oblivioni tradita sunt, pauca quæ vilitatis nostræ attigere notitiam, memoriæ posterorum, ad omnipotentis Dei ac sanctorum ejus laudem, tradere curabimus.

1. Pressy, canton de Saint-Bonnet de Joux, département de Saône-et-Loire.
2. Une charte du cartulaire de Pressy, insérée dans le Recueil de Pérard, contient le texte de cette donation.

Solmaricense prædium, jam dicto Patriciacensi cœnobio subditum, quidam perversæ mentis homines invadere moliebantur. Quorum malitiæ Rotbertus monachus, illi loco tunc præpositus, obsistere cupiens, instante vindemiæ tempore, cum sanctorum pignoribus ad locum properat. Cumque iter agendo, sanctarum vectores reliquiarum Cluniacum cœnobium devenissent, inibi nocte quieverunt. In crastinum vero cœpti itineris callem capturi, a fratribus ejusdem cœnobii cum magno processionis apparatu ducebantur, et ecce in ipso basilicæ Sancti Benedicti egressu, orta cum vento pluvia, cereos ob honorem Dei ac sanctorum ejus accensos funditus exstinxit. Sed antequam portam castri ipsius monasterii egrederentur, et serenitas rediit, et cerei divinitus reaccensi, inspicientibus cunctis, per aliquod viæ spatium nullis ventorum flatibus exstingui potuerunt. Simili modo dum, peractis pro quibus ierant, sanctas reliquias a tabernaculo sub quo manserant extulissent, lucernæ exstinctæ, divinaque virtute illuminatæ, nullo aurarum spiramine lumen amiserunt, donec a terra Sancti Benedicti sanctorum progrederentur pignora. Erant autem, quæ ferebantur cum patrocinio sancti patris nostri Benedicti, pretiosæ reliquiæ beatissimorum confessorum Eucherii et Verani, necnon Cypriani, Sperati ac Pantaleonis, martyrum. Has, sicuti relatu seniorum nostrorum comperimus, quidam aliquando Lugdunensis antistes cuidam monacho hujus sanctæ congregationis contulerat, remunerandæ sedulitatis gratia, quia liberalibus eum instruxisset litterarum studiis. Quas ille, ut celebrior inde esset locus, in ejusdem Patriciacæ villæ oratorio condidit.

XVI. Bernardus quidam, ejusdem Burgundiæ vir illustris, dominusque castri quod Uzon vocatur, discordiam habebat cum quodam sibi affinitate propinquo, non minoris potentiæ, nomine Letboldo. Cujus possessiones dum direptionibus vastaret, etiam ex villis ad jam dictum Patriciacum monasterium pertinentibus armenta abducere cupiens, quosdam servorum Sancti Benedicti resistentes sibi interemit. Propter quam causam supra nominatus Rotbertus præpositus eum adiens, humiliter poscebat ut legaliter Sancto Benedicto ac ejus monachis emendaret malum quod contra leges servis eorum irrogaverat. Ille contumaciæ plenus spiritu, in hæc verba respondit : « Miror, domine Rotberte, tam sapientem virum ad tantam stultitiam devolutum, ut a me emendationem rei exigas, cum me magis rogare oportuerit ne pejora adjicerem; » et adjecit : « Dominum, inquiens, qui me nasci fecit, testor me, antequam quindecim ab hoc die evolvantur soles, experimento probaturum utrum Sanctus Benedictus igni, an ignis a me ejus injectus domibus sancto prævaleat Benedicto, qui meum intra suum castrum defensare nititur inimicum. » Ad quæ verba commotus monachus : « Confido, ait, in Domino, ac in sanctorum ejus meritis, te nec ista impleturum, nec constitutum a te terminum temet vivendo excessurum. » Hoc dictum rei veritas subsecuta est. Denique prædicto viro venerabili Rotberto ad monasterium regresso, antequam præfinita præteriisset dies, præfatus Bernardus ab obvio sibi hoste præscripto Letboldo lancea confixus interiit, subiturus pro certo illud diutinum cum igne certamen, quod falso juraverat se Sancto Benedicto brevi tempore illaturum.

Adjiciantur huic vindictæ prodigio quatuor sanitatum insignia duabus tantum feminei sexus personis a Christo collata in eodem monasterio Patriciaco, per merita sanctæ suæ genitricis ac inclyti confessoris Benedicti, aliorumque quorum ibi habentur patrocinia sanctorum.

XVII. Mulier quædam, Adelais vocabulo, linguæ ac pedum privata officio, ad memoratum venit cœnobium manibus reptando. Hæc præ foribus monasterii per aliquantulum decubans temporis spatium, a fratribus quidem nutu manuum petebat vitæ subsidium, a sanctis autem voce cordis sanitatis auxilium. Quadam itaque die, tertia videlicet feria ante sanctam Pentecosten, cujus ipso anno[1] festivitas xiii kalendas Junii evenit, medelæ suæ horam adesse persensit; veniensque ante ecclesiam, indiciis quibus poterat, aperiri sibi introitum exposcebat. Quo impetrato, per terram se trahens oratorium intravit, et coram altare sanctæ ac individuæ Trinitatis in ipso ingressu posita subito substitit, ac se paulatim ab humo sustollere cœpit. Quid pluribus morer? intra breve momentum pleniter erecta, rectis gressibus ad altare sanctæ Dei genitricis Mariæ atque confessoris Christi Benedicti progressa, ac si in oratione prosternitur; indeque post paululum se erigens, elatis in altum manibus in hanc vocem prorupit : « Gratias, inquit, ago tibi, Domina mea, virginum regina sancta Maria, tibique, sancte Benedicte, quorum interventu omnipotens Deus mihi curvæ ac

---

1. C'est-à-dire en 1005, année dans laquelle Pâques tombait le 1ᵉʳ avril et la Pentecôte le 20 mai.

mutæ rectitudinem membrorum contulit et loquelam. Nec vobis, sancti Dei Eucheri et Veranne, minores persolvo gratiarum actiones, quos sæpe exoratos meæ non diffido adjutores fuisse salutis. » In his vocibus totam pene exegit noctem. Agebatur eo die festivitas beati Romani, alumni sanctissimi patris nostri Benedicti, et fratres completorios Deo solvebant hymnos; qui continuo sonantibus signis laudes Deo alacres pro ostenso reddiderunt miraculo.

XVIII. Christo disponente adhuc sanctos suos mirabilibus insignes reddere, nono post patratum istud signum die, tertio videlicet kalendas Junii, alia inibi deducta est mulier. Huic Alexandra nomen erat, quæ gestatorio, quo lapides ferri mos est, a duobus viris advecta, in basilicam se introduci rogavit. Quæ in eodem quo et prior erecta fuerat loco, ad orationem se inclinans, post modicum pedetentim erigere sese cœpit. Cujus conatum fratres, qui ad tam mirandum convenerant spectaculum, juvare cupientes, inter manus eam elevando sustentabant. Ipsa quoque circa horam diei tertiam, in qua delata fuerat, plenæ donata sanitati, per aliquot menses in servitio ecclesiæ permansit.

Postulata autem atque impetrata a jam dicto ejus loci præposito Rotberto licentia redeundi ad sua, pollicita est se ad inchoatum reversuram sanctuarii obsequium; sed dum moras ad regrediendum innecteret, pristinum languorem incurrit. Verumtamen dum quæreret qui se ad suæ salutis locum reveherent, nec inveniret, cœpit anxiari et mœsta esse. Tandem necessitas consilium reperit, ut Deo ac sancto Benedicto voveret, si salus collata sibi restitueretur, ut ad jam nominatum valeret regredi monasterium, se deinceps inde nequaquam recessuram. Statim igitur ut hoc vovit, firmissimas in eo quo residebat loco ambulandi vires resumens, postposita omni morarum occasione, ad Patriciacum, Sancti Benedicti cœnobium, ubi sanata prius fuerat, reversa est. Cumque cuncta quæ circa ipsam acta fuerant fratribus referret, sponderetque se inde amplius non discessuram, in commune benedixerunt Dominum, famulumque ejus sanctissimum patrem nostrum Benedictum, gratias agentes illi, qui servulos suos, quos forte absentia sacri corporis ejus mœstificare poterat, spiritali visitatione dignos ducendo miraculis lætificaret. Et ne qua dubitatio de præstitis mirabilium beneficiis remaneret, vicinos ambarum mulierum sollicite perscrutari curaverunt; hospitem etiam ejus quæ prius sanata fuerat interrogantes utrum eam aliquando loquentem aut ambulantem recte vidisset, tam ab ipso quam a reliquis qui utrasque noverant, vere eas debiles, vere a Christo meritis sanctæ suæ genitricis ac dilecti sui Benedicti fuisse sanatas didicerunt.

XIX. Migrante ad superos, eo quo superius relatum est ordine, venerabili patre nostro Abbone, e vestigio quædam adversæ res, maxime nobis qui ejus obsequio adhæseramus, evenere. At reliquis neglectis ærumnis, unam memoriæ mandare non grave videatur audientibus; quæ pene intolerabili hoc sacrum cœnobium profligasset damno, ni superni regis Christi pia clementia, interventu sanctæ suæ genitricis patrisque nostri Benedicti mitigata, vindicem nostrorum scelerum retraxisset dexteram. Enimvero quia in signis superioribus demonstratum est quam potens hic egregius dux noster ac semper nominandus Benedictus in duobus singulatim exstiterit elementis, aqua videlicet et igne, in hoc manifeste apparebit quantum in utrisque valuerit uno eodemque tempore, et, ut verius fatear, temporis momento.

Celebris nostro orbi illuxerat dies Translationis ipsius summi confessoris, quæ quinto iduum Juliarum, annuum nobis repræsentare consuevit delectabileque festum. Cumque tota vigiliarum nox cum subsequente die in laudibus Deo debitis congrue fuisset expensa ob tanti devotionem patris, post debitam refectionem vespertinaleque officium, hora quietis advenit, et cupientibus nobis oculos diurno furari labori, erroneæ antiqui hostis adfuere insidiæ. Namque ejus instinctu quidam perversæ mentis homines, latrocinandi, ut quidam referunt, cupiditate, ignem forensibus imposuere domibus; ut vero alii fatentur, casualis eisdem ædibus irrepsit ignis. Qua de causa, excitato tumultu fratres expergefacti, ad exstinguendas voraces incendii flammas properarunt, subductoque primum, quaqua opportunitas sese obtulit, omni ornatu basilicæ, qui non minor, immo per omnia major quam in priori incendio, interiora templi venustabat, ad jam dictum opus unanimes vertuntur; sed illorum labor incassum cedebat. In superiora namque se aurarum spiramine ignis attollens, coquinam xenodochii repente corripuit, quæ aulæ sanctæ Dei genitricis Mariæ vicina erat, in qua pretiosus confessor Domini Benedictus quiescit. Tum metus ingens cunctos habuit, verentes ejus ædis occasione venerabile cunctis Dominum timentibus exustum iri templum. Unde quidam nostrorum, interioris hominis voce, auxiliari sibi piis precibus sanctam Dei genitricem Mariam famulumque ejus inclytum poscebant Benedictum, repetito sæpius nomine sororis ejus Scholasticæ. Alii vero id ipsum clara quidem voce, sed querulosis iterabant verbis. Tandem memoratorum preces sanctorum audiit Omnipotens, cœlique a parte serena intonuit. Denique cum summa cœli esset serenitas, profusus subito e nubibus imber, flammas quæ interiora castri ædificia depascebantur, funditus exstinxit. Mutati autem ventorum flatus cadentes favillas, quarum copia instar decidentis nivis introrsus ferebatur, retroactas in semet redire cogebant. Ita meritis egregii protectoris nostri Benedicti non solum monasterium incolume resedit, verum nec tantum vici exustum est, quantum priori incendio perierat, quod in eadem festivitate temporibusque memorati contigit venerandi abbatis Abbonis. Unde nimirum legiones monachorum domino suo Benedicto illud cujusdam sapientis non incongrue et absque fuco valent aptare elogium, quod ille, fucata usus laude, de quodam terrenarum protulit principe rerum, ita inquiens:

> O nimium dilecte Deo! tibi militat æther,
> Et conjurati veniunt ad classica venti.
> (Claud., *Paneg. Honorii.*)

Liceat nobis hac de re quædam proludendo paululum eloqui. Congruum, ut reor, huic nostro videbatur legifero, in commotione elementorum venerabilis sororis suæ adhibere solatium, quam meminerat ad se retinendum tempestatum opposuisse obstaculum. Unde non incongrue, aeris potestatibus complacita sibi loca evertere molientibus strenue repugnaturus, a suis famulis eamdem sororem suam secum invocari voluit, cujus preces ad obtinendas a Domino imbrium profusiones agnoscebat fore idoneas.

XX. Puellam quamdam nobilibus ortam antiquitus fuisse natalibus, nomine Adelaidem, nuper didicimus cruribus contractam. Quam dum pater ejus ac mater per multa sanctorum loca duxissent, nil remedii ei a sanctis impetrare potuerunt. Ii, desperata salute, ad domum eam reducentes, manebant tristes, quid de ea agerent ignorantes. Nam Parisius eam ad S. Dionysii sepulcrum, atque Lemovicas ad domini Martialis tumbam, qui ambo tunc miraculis coruscabant, perducentes, nihil omnino profecerant. Quiescenti autem matri ejus vox cœlitus advenit quæ diceret : « Quænam, ait, dementia vos tantas in vanum compulit perdere expensas, ut longe posita sanctorum adiretis patrocinia, vestro hic relicto vicino, sanctissimo videlicet Dominique dilecto Benedicto, cujus sacratissima ossa, pro vestra (si tamen id ex fide expetieritis) multorumque salute, ex Italia provincia in hanc divinitus translata sunt regionem? Unde pro certo scias nullatenus tuam sanandam esse filiam, nisi eo delata fuerit. » Evigilans itaque mulier viro sibi conjacenti somnium refert. Cui ille : « Ego, inquiens, jam id ipsum mente conceperam ; sed vereor ut sanctus ille, nostro irritatus contemptu, Dominum pro ea exorare velit. » Ad hæc illa respondens : « Ducatur, inquit, ad sancti sepulcrum ; et si quidem eam sanaverit, habeat ipsam ancillam in sempiternum ; sin vero noluerit, reducatur, cum debilitate etiam libertatem retinens. » Erant enim ipsi non solum liberi, verum etiam genere clarissimi, ac facultatibus ditati. Orto igitur sole, iter ad monasterium arripiunt, quod non nisi xviii millibus ab eorum distabat domo, una secum filiam deducentes debilem. Instabat autem celebre festum ejusdem sanctissimi Benedicti, et in ipsa quidem die festivitatis eam sanandam sancto patri Benedicto obtulerunt. In crastino vero mane surgentes, dum regredi cuperent, filiam sanam omnibusque membris benevalentem repererunt. Pro qua re immensas gratiarum actiones Deo ac ejus amico beatissimo referentes Benedicto, eamdem natam suam ei perpetuo servituram tradiderunt, quæ postmodum ducens virum, filios procreavit; ex quorum progenie quidam adhuc non inutiles in servitio perdurant fratrum.

XXI. Nuper quoque res est gesta quam narro. Quidam cæcus, Argentomagensis castri incola, dum reliquiæ ipsius præcellentissimi confessoris Christi Benedicti a Salensi cella ad sanctum Marcellum martyrem a fratribus deferrentur, tacto loculo confestim visum recepit. Requiescit sane corpus ipsius sancti martyris in ecclesia non longe ab ipso castro constructa. Quod cum identidem a suis ad Salense monasterium delatum fuisset, alter cæcus de villa ipsius monasterii, Modicia nomine, ibi advenit magnis vocibus sanctum invocans Benedictum; fama namque suprafati miraculi jam ejus attigerat aures. Qui et ipse non multo postquam ibidem advenerat tempore, miserante Deo et meritis sanctorum obtinentibus, lumen quod petebat recipere meruit. In quo videlicet Salensi cœnobio, tantis tamque assiduis idem toto orbe venerabilis pater monachorum renitet miraculis Benedictus, et maxime in ulciscendis inimicis, ut si cuncta quis velit mandare memoriæ, proprio indigeant volumine.

XXII. Hæc de miraculis quæ Deus, per merita sancti sui Benedicti, diversis in locis operari dignatus est, inerti stylo ac sermone rusticano edidimus. Verumtamen hanc sententiam claudendo operi adnectentes, monemus lectorem multa nos scienter præteriisse. Cavendum est enim in universis rebus omne nimium, et auditorum intentio grata brevitate invitanda, non fastidiosa est loquacitate deterrenda. Hic ergo finis erit libri, quamvis, si Dominus voluerit vitaque comes fuerit, ea quæ fidelis fama in tota pene divulgavit Neustria, nostra nequaquam sint silenda desidia. Compellunt etiam nos ad tacendum amici nostri, qui maximum deputant sibi affluere epulum, si aliorum studiis lacerum infigant dentem. Attamen nulla eorum detractione deterrebimur quominus laudes Dei ac ejus dilecti, patris videlicet nostri beatissimi Benedicti, referamus. Ista igitur omnia, et quæ in priori opusculo ab aliis auctoribus descripta sunt miracula, sub triginta[1] abbatibus, qui huic Floriacensi cœnobio ab initio suæ fundationis, per trecentos octoginta quin-

1. Le *Gallia christiana* (t. VIII, col. 1543) ne donne que vingt-neuf abbés de Fleury, jusques et y compris Abbon. Mais nous avons dit que le commencement du xe siècle fut signalé par de graves désordres dans ce monastère, et les documents nous manquent sur cette époque de son histoire. Peut-être est-ce entre l'abbé Lambert et saint Odon, qui vint y introduire la réforme, qu'il faut placer celui qui manque à la liste des trente abbés dont Aimoin avait écrit l'histoire, malheureusement perdue aujourd'hui.

que[1] et eo amplius præfuerunt annos, diversis in locis, per merita sancti confessoris sui Benedicti, operari dignatus est Jesus Christus, Dominus noster, qui cum Deo Patre et Spiritu Sancto in Trinitate perfecta vivit et regnat Deus, per omnia sæcula sæculorum. Amen.

1. En retranchant ce nombre du chiffre 1005, date de l'année où notre auteur écrivait, on a 620. Mais nous croyons avec les Bénédictins que l'abbaye de Fleury ne fut fondée qu'une vingtaine d'années plus tard.

MIRACULORUM
SANCTI BENEDICTI
LIBER QUARTUS
ANDREÆ MONACHI FLORIACENSIS PRIMUS.

PROLOGUS AUCTORIS.

Expletis duobus luculentissimæ explanationis libris insignium gestorum patris patrum Benedicti ab Aimoino, hujus sacratissimi nutricio cœnobii, qui primus post recensibiles Adrevaldi labores, tanti consulis, tanti regis, tantique, ut vere fatear, imperatoris, laudes ad liquidum, Deo favente, prosecutus est; cumque idem post quatuor capitula rerum a se inchoati libelli, ad vitam Floriacensium edendam abbatum se rogatu omnium vertisset fratrum; nos, quamquam longe impari stylo, quamvis impeditioris eloquii cauteriati eloquio, præcellentissimi viri tamen, quoad valemus, celebrem subsecuti sumus intentionem. Omnem etiam nostri operis conclusionem, auctore omnium propitiante, divisimus trifariam, post undecimum patris Gauzlini obitus annum[1], ad id studii applicantes animum cui ipse universale suum devoverat servitium.

1. Gauzlin mourut au mois de mars de l'année 1030.

Sicque a Salensi cœnobio nostri exordii locamus fundum quo diva illius accepit sollicitudo secessum. Inde etiam fidelis gressu sermonis proficiscendo, baculo muniminis tanti ducis innitendo, cistarciis meritorum illius inexhaustis fidendo, alia ejus sanctæ memoriæ dicata expetimus loca : videlicet primos Neustriæ Burgundionumque limites, Aquitaniæ Hispanorumque fines, quæ omnia ejus gloriosi nominis gratia pollent mirabiliter.

Quocirca, anno invictissimi regis Francorum Henrici duodecimo [1], et tui regiminis septimo, o nobile decus monastici ordinis Hugo [2]! cum quo coævæ pueritiæ seu juventutis multiplices in gymnasio sanctæ exercitationis comsumpsi soles, quæ præstantissima communis advocati nostri signa, olim ac moderne orbis floruere per climata, in præsentiam vestri quoque sancti patres uterini, enarrabit parvitas; quorum precibus se auxiliari deposcit levamine juvari, ut quod ignara præsumpsit audacia, providi scalpro examinis polire, seu ad unguem quadrare, vestra dignetur industria.

I. Cum multi per clivum Pytagorici bivii callem, Dei præcepta negligendo, appeterent, ac e contra superna miseratio exspectaret convertendos, nec finis malorum instaret ullo modo, virgam suæ districtæ correptionis super illos extendit unicus filius Dei, ut

1. C'est-à-dire en 1043. Ainsi André, qui commença son ouvrage onze ans après la mort de Gauzlin, en 1041, était en mesure deux ans après d'en présenter les trois premiers livres à sa congrégation.

2. Voy. plus bas sur l'abbé Hugues, liv. VII, ch. v.

qui leges et justitias ejus profanaverant, saltem sic castigati resipiscerent. Unde quædam terribilis et irremediabilis lues, attingens Aquitanicæ regionis fines, quæ vulgo dicitur *Ignis sacer*, plurimos ex ipsis pessumdedit, plurimos membrorum officio privavit, multos etiam longis cruciatibus attrivit. Hæc omnia divina ultio exercuit, quæ juxta cujusdam doctissimi viri sententiam, quanto tardius inruit, tanto vehementius punit.

Interea castri Salensis ecclesia [1], nobilium procurante solertia, in melius fuerat reædificata, quam ipse sanctissimus pater noster Benedictus, usque in præsentem diem, et suis membris et assiduis lætificat miraculis. Ob quam causam permoti affines illius regionis, commune consilium ineunt, ut ad illum sua vota oblaturi venirent, et gloriosum confessorem exposcerent, quatenus illius pio interventu eorum Dominus misereretur, et ab imminenti clade liberare dignaretur. Sane tunc temporis cura illius loci cuidam commissa erat venerabili viro, nomine Hisenberto, qui ob cœlestis regni gaudia mundi favores spreverat, ac habitum monasticæ religionis assumpserat. Qui quidem animo perculsus tantæ multitudinis gemitibus, ubi hujusmodi pestem ferventius sævire audivit, illuc properare cum sanctorum reliquiis non distulit; nam ut credimus, divino motus instinctu, pignora tanti ducis feretro imposuit, et cum caterva totius populi Lemovicam tendit ad urbem, quo horum duorum precibus procerum, scilicet sanctissimi legislatoris Benedicti et gloriosissimi Martialis, consequerentur donum misericordiæ Dei.

---

1. Saint-Benoît du Sault. Voy. la note ci-dessus, p. 133.

Dum siquidem cum maximo plebis tripudio iter peragerent, obviam habent quamdam feminam nervis membrorum perditam, quæ posita in quadam ecclesia in honore S. Hilarii dicata, ubi transeuntium tumultum comperit et loculum tanti patroni inspexit, conversa in lacrymis, cum vocibus piæ petitionis sic ait : « Eia ! sanctissime Benedicte, quale gaudium huic inesset miseræ, si tuo itineri valeret quoquo modo interesse ! Verumtamen quam uti animo desidero et voce profiteor, corpore non valeo, te testem habeo. » Cumque crebris singultibus eadem repeteret verba, ab instanti infirmitate illico per Christi gratiam est liberata, et exsiliens ac si nullam fuisset infirmitatem perpessa, improvise occurrit lætabunda, et cum ingenti omnium admiratione auctorem salutis suæ magnis cœpit vocibus conlaudare.

His sub cunctorum oculis, Deo favente, peractis, cœptam aggrediuntur viam; sed jam defessi labore et intercepti adveniente nocte, juxta quemdam fluvium qui Semerius dicitur, haud longe a Pounciaco castro, cum sanctis reliquiis resedere. Pervolat interim fama patrem Benedictum partes transire in illas. Conveniunt undecumque senes cum junioribus, omnis ætas omnisque sexus, et Dei famulum magnis extollunt laudibus. Auget devotionem et spem ipsorum præpotens ostensio miraculorum. Nam sub intempestæ quietis silentio, novem a supradicta clade illic liberati sunt per intercessionem gloriosissimi confessoris; lucescente etiam diei aurora, duo nihilominus pueruli simili morbo adstricti pristinæ sanitati sunt redditi; qui etiam intimabant suis parentibus videre se virum nivei vultus, qui adtrectando singulorum infirmitates, omnium suorum membrorum dolores per extremos pedum articulos, quadam divina virtute, compelleret exire.

Porro, dum Lemovicam proximare cœperunt ad urbem, fit concursus populorum, præcedit exercitus monachorum cum agmine clericorum, et nostri Redemptoris dilectum cum laudum præconiis suscipiunt. Funduntur preces cum lacrymis ut Deus misereri dignaretur illis, horum summorum principum meritis. Nec differt omnipotens Deus hoc suis charis concedere amicis; et ut Aquitanicus sciret populus hujus adventu super se Salvatoris misericordiam pervenisse, quadraginta aut eo amplius qui aderant ægroti amissæ redduntur sospitati. Sicque pestis illa cessavit deinceps ab illis, per interventionem venerabilis patris nostri Benedicti.

II. Minime quoque postponendum reor esse quod cuidam militi sua levitate contigit; præsertim cum hunc singularem nostræ fragilitatis consolatorem, nec in magnis, nec in minimis, silere debeat lingua carnis. Quidam vir, nomine Bertrannus, pro quibusdam suis necessitatibus ad supradictum venerat cœnobium; peractis vero pro quibus ierat, dum regreditur ad propria, quidam ex suis unus illum non longe est comitatus; sed accepta licentia, causis aliquibus cogentibus, retro est regressus. Qui cum reverteretur, ut diximus, dextra lævaque fratrum conspicatus culturas, viridanti seminum germine recenter adopertas, extemplo superbiæ tumore distentus, invidiæ facibus succensus, impellens calcaribus cornipedem, molliter habenas relaxans, totis insurgens viribus, per medium currere compulit. Videres rabiem tanti hominis nutare contra potentiam Dei creatoris, et novellæ plantationis semina, radicitus evulsa, passim jacere dispersa; et ubi satis suæ fecit voluntati, sperans ac si jam de cætero nihil sancto superesset Benedicto, ut cœperat cœptam tenuit viam oppido, super his delectatus; nostris autem qui hæc viderant non mediocriter dolentibus. Verum ab illo haud multum abfuit divina ultio. Cum igitur semitam silicibus stratam, super oram stagni positam, equitando transiret, ac vis omnium ventorum cessisset, quidam repentinus subito a sinistris irruit turbo, qui equum et equitem demersit in gurgitem. Accurrunt omnes ad tantam Dei omnipotentis vindictam, et vix miserum a profundo fluminis semivivum abstrahunt. Attamen sonipes, qui sceleris exstitit particeps, extinctus sub aquis debitas pœnas luit. Ille autem posthac nequaquam simile commisit, castigatus correptione tali.

III. Quædam puella, illius loci incola, ab immundo dæmone fuerat arrepta, sub medio noctis tempore; quæ ubi a suis parentibus adducta est ante mirificum tanti nostri advocati tumulum, cœpit audax pervasor Dei fabricæ, illum verbis hujusmodi lacessere et miseram diris cruciatibus discerpere : « En, inquiens, Benedicte, cespes vetustissime, quid nobis tecum commune ? Cur mortuus insequeris quos vivens nusquam regnare alicubi permisisti ? Quid nobis et tibi ? Ne erres obtestor. Tantum propter te hanc relinquam quantum propter similem decrepitum senem. » Hæc et alia hujusmodi improperia voce terribili perorabat. Fratres autem qui aderant, et hæc ex inimici ore audierant, solo prostrati cœperunt exorare clementiam

Dei omnipotentis, ut hunc expelleret ad laudem et honorem nominis sui, placatus meritis sanctissimi dilecti sui Benedicti. Cumque ista implorarent, letaniæ precibus adjunctis, antiquus ille hostis, plasma relinquens creatoris, cum magno gemitu vocis fugiendo discessit.

IV. Præterea quidam exstitit præditus honore seculi, sed deditus moribus pravis, nomine Ramnulfus, cujusdam castri dominus quod Pulchra Arbor dicitur[1]. Hic siquidem creberrimas injurias huic celebri monachorum duci jam adeo irrogaverat, ut quidquid illius oculis poterat videre ac si propria non differret diripere; et ita per multos dies illius adcumulabatur pœna et rabies. Quamobrem calicem iræ Domini, dum perseverat in istis, incaute ebibit et ad fæces usque potavit. Nam una dierum, fretus auxiliis suorum, veluti contra carnalem inimicum acies dirigeret bellorum, rapacem tendit manum ad prædictam supellectilem patris Benedicti famulorum; sicque ad propriam regreditur domum. Paratis epulis, ut ita dixerim, ex pauperum lacrymis, ex tanti injustitia tyranni, ipse cum suis pransurus adsedit, et qui, primam dum ori admovet bucellam, ita opilantur fauces adversarii ut, digna vindicta Dei, quam spreverat omnimodis, infelicem ut erat meritus exhalaret animam : dignus hac pœna, ut qui mente superba se contra Christi amicum erexerat, tam despicabili prosterneretur machæra.

V. Quidam miles, nomine Hildebertus, res sui juris,

---

[1]. Belabre, chef-lieu de canton, département de l'Indre.

sitas in confinio Aquitanici pagi, secum huic obtulerat legislatori[1]. Horum quædam quidam beneficio tenuerant, quapropter cætera sibi ausu temerario usurpabant; quorum princeps erat Gualterius, prænomine Monachus, cujus diuturnam malitiam Gauzlinus abbas comperiens, equis ascensis, ad Salense cœnobium venit, Elisiernum quemdam, fratrem nostrum, loci illius custodem delegavit. Cui laudabili patri cum vesanæ mentis Walterius minitando diceret : « Si quem, aio, huc monachorum reperero, mox meo interibit gladio. » Et vir sanctus tali respondit verbo : « Multorum, inquit, confessorum Floriaci satis habeo, at nullo prorsus martyrum de eadem sancta congregatione congratulor; proinde si unum mihi martyrizaveris, duos dirigo tibi; si duos habebis, et quatuor; et quotquot interfeceris, numerum duplicabo tibi. » Hæc locutus ad propria regreditur. Præfatus autem Gauterius, in sua obstinatus malitia, sancto Parasceven die, febre corripitur ad extremaque deducitur. Immundorum millibus dæmonum domus vallatur, interius exteriusque ita repletur, ut cum oculis non cernerentur, eorum strepitus et compressio ab egredientibus et ingredientibus, tam voce quam vultuum pallore et horrore, profiteretur. Lacrymabiles voces a misero eduntur, nihil intueri aliud quam infernalium ministrorum exercitus. Jam induciæ a patre Benedicto exposcuntur, jam in eum se peccasse profitetur, ad Salense monasterium curritur, sacra vestis induitur, malignorum hostium cuneus procul expellitur. Porro

---

1. On voit dans la *Vie de Gauzlin*, liv. I, chap. VIII, quels étaient les biens transmis par ce personnage à l'abbaye de Fleury, et que cette concession n'avait pas été gratuite.

illucescente dominicæ Resurrectionis die, recedit a corpore[1].

VI. Sed tamen nec sic quievit factio perversorum; quin immo Giraldum vicecomitem adeunt, donis muneribusque pelliciunt, et suæ partis attrahunt ad auxilium. Qui rursus, haud longo exacto tempore, turgescente gutture, in lectum decidit ægerrime. Cui una noctium adstans virginum regina, trium quasi pontificum consortio vallata, in hæc prorupit verba : « O homo, quid tibi mali feci? Quid in te commisi, ut quod mihi meisque confertur amicis animo tu auferas violento? Certe prædico tibi non te levaturum hinc nisi ab hac insania pedem mentis retraxeris, et quidem uxore filiisque privaberis, quorum suasu me hosque quos intueris, Petrum videlicet, Benedictum Paulumque, ad iracundiam provocasti. » His dictis visio adstantis et colloquentis discessit. Giraldus quidem in proximo pristinæ redditus medelæ, pœnitentia ductus, ad Floriacum venit, culpam fatetur criminis, prostratus ante altare Dei genitricis; qui dum ad proprium redit solum, conjugem cum filiis defunctam reperit, uti didicerat visione spirituali. His permoti adversarii, beneficio primo possessa injusteque pervasa ex tunc dimittunt nobis libere utenda.

Nec prætereundum tertium hujus rei signum, quo, more duorum vel trium testium, omne stabiliatur verbum. Salensis loci fœnatores operi, mediante jam die, insistentes, prospiciunt cominus quemdam reve-

---

1. Ce chapitre et les deux suivants se trouvent à peu près textuellement dans la vie de Gauzlin. Voy. *Vita Gauzlini abbatis*, liv. I, ch. xxv, xxvi, xxvii et xlii.

rendæ canitiei senem, cum quodam puerilis ætatis collega iter agentem. Percontatus quis esset : « Ille, inquit, cui Hildebertus sui patrimonii reliquit facultates. » Sciscitantibus quo tenderet, easdem se invisere, respondit alacriter. At illi tantæ rei signo attoniti ad monasterium currunt, testanturque patrem Benedictum corporali intuitu se contemplatos esse. Quæ res veritati assensum præbet; nam haud hujus donationis exstitit causa, quamvis vilissima, in qua non eadem die cerneretur, aut simili alloquio uteretur.

VII. Jam Aquitaniæ partibus valedicendo, trans Pyreneæorum juga Hiberiæ penetremus regna, quo tanti principis Dei, cedrinæ laudis victrix, nil minus condecentissime viruit viretque laurea[1]. Tempore Gauzlini gloriosissimi patris, cœnobii Floriacensis abbatis ac Bituricensium archipræsulis, multi nobilium, mundialis vitæ nugis abnegatis, in palæstra hujus loci Dei et Domini nostri se dedere ditioni, sub proposito sanctæ religionis. Nec minus etiam, ab extimis Hispaniæ secessibus, alii a puero in divina observatione enutriti, alii apice pastoralis curæ sublimati, patria rebusque abdicatis, præsentiam petiere hujus principis Dei; magni existimantes si liceret conspectibus perfrui, cujus erant doctrina et magisterio informati. Videres affluentium agmina undecumque concurrere, et tanquam uno ore proclamare illud nobile vaticinium Isaiæ : « A finibus terræ audivimus laudes, gloriam justi; » et Psalmistæ : « Etenim benedictionem dabit legislator. »

1. La fin de ce chapitre a été publiée par les Bollandistes d'après un fragment d'André de Fleury. Voy. IIIe vol. de Mars, p. 354.

Cujus benedictionis ut participium mererentur, quidam duo germani, nectare tacti supernæ inspirationis, a Barcinona urbe profecti, communis protectoris nostri sacrosanctum expetiere tumulum; quorum unus, nomine Johannes, in monasterio sanctæ Dei genitricis, cognomento Rivi Pollentis[1], a pueritia sacris imbutus litteris, petalum promeruerat curæ pastoralis, scilicet abbatiæ Sanctæ Ceciliæ[2], virginis et martyris, sitæ in cujusdam vertice montis. Alter vero, vocabulo Bernardus, a quibusque nobilium sub tirocinio militiæ secularis est instructus, sed, quoad possibile laico, Deo subditus. Qui florentis fortunæ abjectis deliciis, quodque mirificum est, tædis nuptialibus spretis, ignesque animi igne superans supernæ contemplationis, cum proprio germano Floriacum usque locum, ut prælibatum est, devenit; ibique habitum sanctæ religionis humiliter quæsivit et reverenter suscepit. Quo pro certo referente, cognovimus quoddam cœnobium haberi in partibus illis dicatum in honore hujus amici Dei, ob fertilitatem vinearum Bacchi nomine inditum, a memorata urbe iter pertrahens unius diei. In quo loco innumera fiunt miracula, ad laudem Domini nostri Jesu Christi, per merita beatissimi patris nostri Benedicti; ex quibus pauca perstringere libuit.

VIII. Igitur quidam præclaræ indolis adolescens, secus præfatam basilicam iter faciens, gratia orandi cum proprio armigero divertit. Porro, penes fores

---

1. L'abbaye de Ripouil.
2. Le monastère du Mont Serret que Roger, comte de Barcelone, rendit en 1023 aux religieux de Ripouil. Mabillon, Ann. Ben. IV, 297. — Voy. aussi Marca, *Marca Hispan.*, 333 et suiv.

ecclesiæ equis a foris relictis, dicens : « Sancte Benedicte, hos interim tuæ committo custodiæ; » se in orationem ante sacrum dedit altare. Dumque crebris singultibus preces fundit attentius, contigit quemdam transitum habere, pari quidem itinere, sed dispari intentione. Ergo miser ubi neminem custodem reperit, vim faciens aurigæ invisibili, animalibus cum armis invasis, cujusdam fluvioli, cui nomen Lubrigatus, vadum ad usque tendit; sed demens, cæcatus suæ perfidiæ tenebris, dum medium conatur nare gurgitis, præceps ruens in undis, nulli ultra comparuit. Juvenis vero a templo egrediens, dum huc illucque oculorum vertit aciem, damni haud frustra impatiens, mox ut animadvertit adversarii fraudem, concitus irrupit sui debitoris basilicam, talia voce querula proclamans : « Eia! inquiens, sanctissime Benedicte, quonam pacto preces te rogantis ad Christum allegabis, qui unius quadrupedis custos esse nequisti? Obtestor non me hinc discessurum usquequo restituas quod novi amissum tui negligentia. » Hæc et his similia dum queritur voce sedula, extemplo revertitur raptoris rapina, et absque ullius regentis solertia loco constitit quo injuste fuerat ablata. Fit continuo concursus populorum, ingens agitur gaudium benedicentium Dominum qui talibus signis patrem Benedictum exornat quoquo terrarum. Cætera ejus virtutum insignia, prout inerit capacitas, humilis modulatur avena.

Cum una dierum orationis gratia turba fidelium præfatum intraret monasterium, contigit quemdam clericum communem habere introitum; qui palmas et oculos ut ad cœlum erexit dicens : « Sancte Benedicte, hujus peccatoris tu miserere! » ecce passer subter laquearia volitans templi, egestione alvi ejus frontem oculosque infecit. At ille ira commotus talia dixisse fertur : « Sancte Benedicte, sancte, inquiens, Benedicte, tibi polliceor numquam me, quoad vixero tempore, limen ingressurum tuæ basilicæ, nisi illatæ injuriæ manifestus aderis judex. » Nec mora, cum immensi strepitu fragoris, avis misera in terram corruit, visceribusque fusis inedia crepuit, geminis luminibus nihilominus a capite erutis. Quid putas in hujus alitis membris latuit, nisi hostis humani generis, qui molimine suæ calliditatis contra Dei famulum semper exarsit? Quod evidentissimis apparet indiciis, dum ejus sacratissimi nominis vim ferre non valuit, et vas quod intraverat, divina virtute perculsus, disrupit. Attoniti omnes qui aderant et magno exhilarati gaudio, laudes referunt Jesu Christo in hymnis et plurimis donariis, qui in turbinibus hujus mundi talem ac tantum tutorem illis concessit, cujus et virtute nominis, antiqui adversarii fraudes procul dubio dinoscuntur, et credentium populus crebris miraculis lætificatur.

IX. Accidit quoque tempore quodam expeditionem agere Saracenorum gentem, gratia impugnandi illius regionis celebre Christianorum nomen. Unde armatorum innumerabili multitudine fidens, nativi incolatus egressa vaginam, post multarum Christianorum posessionum depopulationem, secus præfatum cœnobium castrensem figit metationem. Porro oppidani pridie, percepta fama vesanæ gentis, suas quasque res undecumque collectas, ut pote humanis destituti solatiis, tuendas Benedicti precibus almi, fratrum immittunt officinis; ac ita cum universis cœnobitis, uno tantum remanente illic, contigua abdita montium, concava vallium, dumeta sylvarum, sparsim pro posse latitando, quæsiere. Nec mora, ut dictum est, templum ethnica ferocitas tentoria deponens obambit, claustrum irrupit, divinam sedem ausu temerario petit, pauperum res invadere gliscit, ac reliqua igne cremare contendit. Sed Benedictus pater, qui quondam animas suorum ab interitu liberavit Longobardorum, nunc quoque versa vice, omni salvata supellectile, haud aliquid sibi commissorum sivit perditum ire. Res mira et vehementer stupenda! Nam ut fratrum cellaria juventus irrumpit effrena, quæque sibi utilia secum deportatura, cætera flammis traditura, divino terrore perculsa hæsit; ignisque stipulæ manipulis seu lini, ac si immissis aquis, occidit; ipsaque vina promptuarii, rigorem in glaciei conversa, propriam naturam potestate amiserunt[1] divina; tali itaque attoniti signo, incompotes rediere ad sua. Id comperto, eorum princeps, nomine Almator, illos quasi desides et imbecilles objurgans, cum maxima multitudine proprium illuc dirigit nepotem; utque solo tenus monasterium eruat, incendio tradat, rapinis disperdat, cædibus polluat, imperiali edicto inculcat. Extemplo unusquisque regalia jussa pro viribus implere festinat. Adest nihilominus etiam propensius cœlestis clementia, atque eorum conatus furibundos, uti primos, irritos reddit secundo. Verumtamen sacrilegi, dum districtis mucronibus huc illucque discurrunt cuneatim, si forte quempiam Christianorum repererint, unus penita ecclesiæ cum sodalibus petens, nec ta-

---

1. Le manuscrit porte par erreur *amisit*.

men in aliquo potestatem sacrorum habens, ad sacrosanctam appropiat aram, juxta quam ferreum malleum casu reperiens, illiusque manibus corripiens, felle efferæ mentis pallens : « Quandoquidem, inquit, fidissimi socii, in aliquo non prævalemus, saltem hoc sacrum nostris manibus eradere invigilemus. » Hæc dicens totoque conamine ictum in sublime librare cupiens, inter geminos oculorum orbes sese quoad nisu valuit percutiens, humi mortuus, cæteris cernentibus, delabitur. Cujus interitu comperto, cæteri in fugam versi, ad regem redeunt conturbati, certisque judiciis inviti testimonium reddunt Omnipotenti. Itaque diligenter inquirens præfatus princeps, cujus in honore eadem sacrata habeatur ædes, ut perpendit quod tantorum signorum operator attestatur Benedictus pater, auctoritate regali indicit, ut ab illa die etj deinceps nemo illorum inquietare præsumeret inibi Deo et Benedicto patri famulantes, quos ita sua defensaverat mirabili potentia; sicque tentoria deponens atque alia ad loca demigrans, monachorum derelinquit habitationem.

X. Quoniam vero perfidæ gentis mentio, gratia patris Benedicti, sic operi immiscuit nostro, ratum duximus etiam exsequi qualiter Virgo virginum Maria ex his, quodam tempore solemni, triumphaverit, potentia sanctissimi Michaelis archangeli et summæ clavigeri aulæ sociali obsequio fulcita. Igitur Saraceni qui et Agareni, multis retroactis seculis usque in præsentem diem cum Christianorum confligentes populis, ac si alteri Philistæi, dum multi prolixiores numero ex acie frequenti ruunt in armis, nostri quanquam multo longius impares, assiduis Christo duce gauderent laureis, urbibus hostium exultarent evictis, pervasione resultantis tripudiarent confinii, manubiorum jocundarentur fortuna mirabili, captivorum incomparabilibus potirentur catervis, perfidi, dolore cordis intrinsecus tacti, suapte denuo bella innovant, denuo contra Christum effeminatam instaurant aciem, et licet securi victoriæ, satius mori eligunt quam meriti continuique infortunii meritum ferre probrum. Hæc Barcinonensis regni quatuor duces comperientes, Bernardus Bisildunensium, Guierdus Cerdinensium, Raimundus Barcinonensium, Ermengaudus Urgillensium, in grata planitie Thorani castri, cum quingentis tantum modo armatis, in unum conveniunt, quidque super hac re consulto opus sit unanimiter decernunt. Dum vero se mutuis contra inimicorum castra hortarentur alloquiis, speculator ex editiore prospiciens specula, ingenti proclamatione vociferare cœpit hostium ad viginti et eo amplius millium adventare agmina. Quod fidelium conventus audiens, cum tantæ multitudinis summa congredi jam trepidans, fugæ præsidio ad præfatum oppidum certatim tendere festinat. At inclitus ille Bernardus perfractos sacri contubernii animos hujusmodi corroborare incipit præloquio: « Quid, inquiens, fidissimi socii et commilitones, hic trepidatis, ubi nullo modo ullus perpenditur sociatæ cohortis timor? An victricia vobis horrent signa ex hoc gente nefanda, Christo operante, millies reportata? Nonne aliquando centeni mille hostium cuneos in multiplices strages protrivistis? Num nonnunquam milleni decem millium pro voto victores exstitistis? Quid si assidua approbatione illud Davidicum promeruistis dicens Cadent a latere tuo mille, et decem millia a dextris tuis, ad te autem non appropinquabit. Et si ultimam sortem hodierna dies affert, an fas est tot triumphorum insignia ingrato vale consepeliri? Cur itaque a cordibus vestris Dei genitricis memoria excidit, sanctissimi Michaelis pia protectio evanuit, beatissimi Petri, apostolorum principis, augustissimum levamen emarcuit, quorum ductu ex his multotiens, Deo protegente, victores exstitistis? Ergo, charissimi auxiliatores, ingenuæ nobilitatis memores, exercitæ audaciæ pruritu pudentes, avitam recolligite constantiam unanimes, atque ex tanto hostium numero quinque millia Dei genitricis Christi dentur triumpho, totidem quoque Sancti Michaelis procalcanda patrocinio, quinque etiam millia beati Petri delenda suffragio, cætera quæ restant nobis cœlesti adquiramus adjutorio; atque post hæc in prædictorum sanctorum obsequio unanimi ruamus servitio. »

Vix verba compleverat cum rex eorum, nomine Helgaliffa[1], cum tribus millibus tantum fortium pugnatorum, ad portam castri infestus accelerare contendit. Satrapæ vero in centuriis et millibus, cum innumerabili argyraspidarum agmine, cominus subsequentes, æreis haduddis, nervis et manibus, personabant; complosisque cuprinis athomoris, fragor cœlos ad usque mittebatur, quo insolito æraminis tinnitu equorum reverberatis auribus, equites perterrerentur facilius. Nec mora, ex proxima convalle nostri proruentes, Mariam totis precibus præoptantes, primatem

---

1. Dans ce mot ainsi corrompu, il est facile de reconnaître le titre du chef des Sarrasins, le calife, que notre chroniqueur a pris pour un nom propre.

superni palatii magnis vocibus implorantes, excubitorem regni cœlorum iterata oratione reclamantes, insiliunt in hostes et tamquam leves stipulas jugulis adnihilantes, principem ipsorum obtruncant, cæterosque diversa cæde lacerant. Quod decem et septem millium exercitus, conlapsione Alben, id est regalis vexilli, conjiciens, animis formidinem induens, quaqua versum fugam arripiens, imminens satagebat evadere discrimen; at Christicolæ eos a tergo prosequentes, ad decem millia interficiunt, oneratique plurimo auri et argenti captivorumque, caput impii conto victrici deferentes, ad sua redeunt alacres, mundi Redemptorem super his omnibus glorificantes.

XI. Nocte autem peracti belli rumor tantæ victoriæ, Deo volente, in Gargano ostensa est monte [1]. In ecclesia siquidem beati Michaelis archangeli, quam ipse sibi sua præsentia sacravit, cum post occasum solis nulli remanere fas sit, quidam clericus post vespertinam synaxim, illic orando foribus clausis, obdormiit. Porro, jam intempestæ noctis silentio raptus in extasi, et ecce multitudinem angelorum in medium basilicæ aspicit fulgore palliatam admirabili, adventum opperientem ac si alicujus magni principis. Profecto hæc ille intuens, præ nimio pavore angustiatus, deficiens, cum vehementioris gloriæ jubare ecclesia repletur, propensiorique cœlicolarum comitatu stipatur, et Dei mater solito lætior, tantorum principum media throno splendidiore resedit. Perquisita a circumstantibus quis ejusmodi exultationis foret casus : « Modo, ait illa, dum

1. Le mot Gargan ou le mont Saint-Ange, royaume de Naples.

huc me apte properarem cum fratrum contubernio, a partibus Hispaniæ humilis Christianorum adfuit legatio, quo illis meo succurrerem præsidio. Imminebat illis pro certo adversæ gentis dura et aspera concertatio. Quocirca ad misericordiam Dei gratia miserorum provocata, cum quibusque fidissimis, licentia et obtentu mei unici nati, retrogrado calle cedens, eis ita subveni, ut quingenti nostræ partis cum viginti millibus adversariorum pugnam aggressi, decem millibus eorum extinctis, vita cum victoria potirentur universi. Nec saltem aliquis ex tanta multitudine cecidit, nisi is, Amalricus nomine, quem hiantis patulis rictibus Averni, a dæmonumque abductum sorte, en vestræ statuo societati et præsentiæ. »

Clericus autem hæc intenta aure percipiens, angelorumque laudibus usque diei ad auroram fruens, mane facto a custodibus capitur, quid egerit, quidve viderit omnibus ordine pandit. Qui nequaquam illius creduli verbis, nuncios illas in partes dirigunt, ac ita esse ut cœlestis contemplator visionis insinuaverat vera fide cognoscunt. Et quidem apte quo illius præsentia tam mirabilis disponeretur victoria, cujus pia per merita cœlorum regia fragilisque mundi gubernatur respublica.

MIRACULORUM
SANCTI BENEDICTI

LIBER QUINTUS

ANDREÆ MONACHI FLORIACENSIS SECUNDUS.

I. Calcem, Domino comitante, primo assignantes volumini, Apenninarum secessibus redeundo, ac si per vestigia cancri, secundi exordium ordimur; reditum stabilientes per pagum Bituricum, jam vetusta ætate Bidorcensem dictum, quo Benedicti patris magnalia haud dissimili præpollent gratia. Verum tamen primo subnotandum quid justi Judicis justo examine, injustæ acciderit patriæ, quo normalius ad propositum valeamus festinare. Anno itaque millesimo tricesimo octavo Dominicæ Incarnationis, sexto idus augusti, media die, sol obscuratus quasi duarum horarum spatio sui splendoris radios occuluit. Denuo etiam in crastina, eodem sub signo toto illius diei mansit spatio, sanguineas flammas emittens sedulo.

II. Eadem nihilominus tempestate, Aimo, Bituricensium archiepiscopus [1], pacem sub jurisjurandi sacra-

---

1. Aimon, archevêque de Bourges, fils d'Archambauld comte de Bourbon, mort en 1071. Il n'est pas besoin d'appeler l'attention du lecteur sur l'importance historique de ce chapitre. Voy. sur cette paix ou trêve de Dieu, dont les évêques d'Aquitaine prirent l'initiative, D. Bouquet, t. XI, p. 507 et suiv.

mento in diœcesi voluit suo. Unde comprovincialibus adscitis episcopis, suffraganeorum fretus consiliis, omnes, a quinto decimo anno et supra, hac lege constringit, ut contra violatorem compacti fœderis unanimi corde hostes existant, et distractioni rerum eorum nullo pacto se subducant; quin etiam si necessitas posceret, armis exturbantes appeterent. Non excipiuntur ipsi sacrorum ministri, sed a sanctuario Domini correptis frequenter vexillis, cum extera multitudine populi in corruptores invehuntur juratæ pacis. Unde multotiens perfidos exturbantes, castellaque eorum solo tenus evertentes, ita Dei adjutorio exterrebant rebelles, ut dum fidelium adventus, fama longe lateque vulgante, diffunderetur, apertis municipia relinquentes portis, fugæ præsidium expeterent, divino terrore perculsi. Cerneres hos, ac si alterum Israeliticum populum, in multitudinem desævire Deum ignorantium, taliqué eos proterentes instantia, infectæ pactionis eos cogebant redire ad jura. Et quæ adstipulatio hujus fœderis fuerit dignum ducimus inserere scriptis, quam ipse archiepiscopus cum cæteris coepiscopis tali modo sub jurejurando corroboravit :

« Ego, inquiens, Aymo, archiepiscopus Bituricensium Dei dono, hoc toto corde et ore, Deo sanctisque ejus promitto, quod absque ullius simultatis fuco hæc quæ subter sunt toto impleam animo. Hoc est, ut pervasores ecclesiasticarum rerum, incentores rapinarum, oppressores monachorum, sanctimonialium et clericorum, omnesque sanctæ matris Ecclesiæ impugnatores, quousque resipiscant, expugnem unanimiter; non munerum inlectione decipi, aut parentum seu proximorum affinitate ulla ratione moveri, quominus exorbiter a tramite rectitudinis. Contra illos autem qui hujusmodi sancita transgredi ausi fuerint totis viribus venire promitto, nec ullo cedere modo, quousque prævaricatoris revincatur suasio. »

Hæc super reliquias protomartyris Christi Stephani protestatus, cæteros ut idem agerent postea hortatur; qui unanimi corde obaudientes, universos, uti præmisimus, a quinto decimo anno et supra, parochiales et comprovinciales per singula episcopia commonefacientes, eadem subtitulant corroboratione. Quorum timor tremorque adeo infidelium corda pertrivit, ut multitudo inermis vulgi quasi armatorum acies pavescentur ab illis; atque ita eorum cor emarcuerat, ut obliti militiæ, humiles, agrestes, ac si potentissimorum regum, relictis oppidis, fugerent cohortes. Quo circa illud Davidicum aptissime congruebat vaticinium : « Populum humilem, inquiens, salvum facies, Domine, et oculos superborum humiliabis, quoniam quis Deus præter te, Domine ? » Utque impleretur quod dicitur : « Frangit Dominus omnem superbum. » Ita superborum duritiam hac humili machæra coercuit, ut quanquam inviti præfixis tamen obaudirent præceptis, solusque ex omni multitudine Odo Dolensis[1] superfuit, vindictori malorum Dei judicio reservatus.

III. Ergo superni auxilii fortitudine freti, cum pacem quaqua versum, Deo disponente, stabilirent, radix et fomentum omnium malorum, cupiditas, velut infelix lolium, in culmos tantorum excrescere cœpit bono-

---

1. Eudes l'Ancien, seigneur de Déols ou Bourgdieu, canton de Châteauroux, département de l'Indre.

rum. Unde virtutem Dei suæ adscribentes fortitudini apostatæ, nescii quod Dominus fortitudo munimenque sit suæ plebis, jam venali mercimonio donum omnipotentis Dei statuario apponunt, fidem infringunt, pacis jura incesta pecunia veneunt; cujus suæ nequitiæ veneno authores mandati Dei inficiunt, postque istius antistitis animum ad similia, proh nefas! pelliciunt. Deceptus autem, dum innocentem sanguinem iniquo condit marsupio, gratiamque cœlestis exponit regis, non longe commissi talenti fortunatus mansit. Iniquæ itaque mammonæ dolo præscriptus pontifex captus, dum circumquaque hianti cupidine desævit, Beneciacum, castrum cujusdam Stefani, sui immemor antistitii, cum multitudine Biturencis adoritur populi; et infectæ pacis culpam objiciens, quasi Deo ex hoc præbiturus vindictam, flammis intentat succendendum, solo tenusque imperat evertendum. Quod undique cinctum obsidione igne cum mille quadringentis et eo amplius utriusque sexus concremant; ipse tamen ex tanta multitudine solus evasit, fratribus, uxore et filiis incendio consumptis; cervicesque miserabiles tantæ victoriæ lauro dedit. In quod castrum, cum per quatuordecim millia finitimi quique regionis illius advolassent, rerum etiam suarum timentes jacturam, eo omnia conveherant. Proh dolor! crudeles morientium gemitibus haud commovebantur, non mulierum planctibus miserabantur, aut trepido discursui puerorum compatiebantur; nullam miserationis venam eliciebat caterva infantium ad ubera pendens matrum, inter ipsa instanti carnifici arridens tormenta, flebilis genitricis querelis nescia; interque ipsa pia parentis oscula excepti, rogo vitæ excedebant termino.

Multo plures spe pariendæ prolis utero insignes, adactæ flammis, voces nequaquam parcendi emittentes, jam semesæ ignibus, abortivos, ventre concremato, longe propellebant partus. Taliterque justus tulit crimen iniqui, et justus pro impio periit. Hoc ergo donati triumpho, ad sua redeunt miserabili tripudiantes gaudio. Stephanus autem Bituricas carceralis custodiæ mancipatur ergastulo.

IV. Non multo post, volens omnipotens Deus sanguinem suorum ulcisci servorum, prædictum contulit episcopum, ut solum Odonem rebellem, aut communi omnium pactione adstringat, aut armis aggrediendum non differat. Cujus animum, Deo volente, reperiens inflexibilem, dum adhuc insontium sanguine maderet, undecumque collectis auxiliariis, cum ingenti apparatu ministrorum Dei, rebus fidens secundis, in inimicum aciem dirigit. At cum jam cominus uterque adstaret exercitus, cœlitus facto sonitu ut retrocederent, cum Dominum secum principem jam non haberent, ipsæque nullo modo adquiescerent, enormis corusci luminis globus eorum in medio decidit, ut illud impleretur quod dicitur : « Fulgura coruscationem et dissipabis eos; emitte sagittas tuas et conturbabis eos. » Porro adversæ partis populus multo se inferiorem prospiciens, cum illi numero maris superarent arenam, id consilii capiunt ut pedites, ascensis quibuscumque animalibus, mediis militum se miscerent cohortibus, ut tam ex figurata specie equitandi quam ex oppositione armorum milites arbitrarentur ab illis. Nec mora, ad duo millia plebeiæ multitudinis, ascensis asinis, medio equitum ordine partiuntur equestri. Sed illi expavescentes, fugam per ripas Kari fluminis arripiunt, atque sui enecatione ita obcludunt, ut e cadaveribus morientium, gressibus suorum pontem sternerent inimicorum, pluresque occumberent suorum quam gladiis persequentium.

Dolenses autem a tergo insequentes, ferro concidunt, diversarum mortium strages inferunt, dumque natare gurgitem non valent, super corpora interfectorum, ut dictum est, palantes trucidant hostes. Nec numerus comprehenditur morientium, cum in una convallium septingenti et eo amplius occubuerunt clericorum: sicque Dei æquissimo vitam cum victoria amisere judicio, qui obeuntium nullis miserationibus flexi, nidore fraternæ nequaquam moti, exustionis, manibus infaustæ victoriæ plus æquo exstitere exhilarati; gladiosque persequentium prævenientes, tamquam ipsos parcere arbitrantes, se mutuis ita configebant mucronibus, ut hic septem, illic deni, ac si verubus, hastis, lancearum, reperirentur infixi. Sic quondam Benjamineæ accidit genti, ut dum unius infortunio non doluit, unius abrasione condoluit plebis. Nec mirum si hac ultione super eos ira Omnipotentis desævit, qui utique pastores ovilis Dei, non suggillatores erant constituti. Et cum ipse dicat: « Ecce ego requiram oves meas; » qua ratione manum suæ justissimæ correptionis continere valuit, dum hinc sanguis innocentum de terra adsisteret, inde promeritæ damnationis vindictam provocatio superbæ acceleraret improbitatis? Unde eos prænuntio signo moneri voluit, non eorum partibus illum auxiliari, victoriæ nullo modo confidere, quem tali concusserant exacerbatione. Et quidem apte et juxta illud propheticum:

Duplici contritionis suæ induerentur diploide, qui Cainæ malignitatis tumentes bile, fratrum injusta nullo pacto compassi sunt animadversione. Nam cerneres totam fluminis crepidinem hastis obeuntium, et quasi quodammodo alicujus silvæ plantarium, armis oppetentium, per medium corporum, averso sole, crispare virorum. Interfluebat quoque amnis, suæ naturæ extorris, limpitudinem sui cursibus commutans sanguineis, extremæ iram discussionis ignitæ specie proferens imaginationis. In qua pugna Albericus Soliacensis[1], Deo volente, vita plenus occubuit, innumerabilium malorum injuriis qui loco obstitit Floriacensi[2]. Sed jam tempus est ut propositæ narrationis ordo texatur, a Castellione nostra possessione inchoando, cujus situm pandere nesciis duximus ratum[3].

V. Est quidam secessus collium in pago Bidorcensium, a Floriaco monasterio quadraginta millibus disparatus, quo grata sed arctæ latitudinis planities porrigitur convallium, ab oriente vero et occidente vicino accessu cingitur montium; quæ perspicuo meatu crispans fontium, amœnitate virens pratorum, aere salubris, arboribus nemorosa, vinearum affluentia uberrime redundat. Regalis etiam gloriæ venatuum copia prædicatur perceleberrima. Cujus in meditullio mons se sustollit haud multæ latitudinis, ab aquilone ad

1. Aubry, seigneur de Sully.
2. Ces événements n'étaient connus que par un très-court fragment de la chronique du monastère de Bourgdieu, qui les place en 1034. Voy. *Recueil des Historiens de la France*, t. XI, p. 387.
3. Châtillon-sur-Loire, département du Loiret.

meridiem profusioris protensus longitudinis, conlateralibus genuinisque rivulis, Anda et Tiranda[1], ceu geminorum liberorum complexus brachiis, nativos ortus a Mesembria in Arctum emittentibus. Habet autem a septentrionali climate amnem Ligerim, qui largius quam alias illic gratiosiorem piscium abundantiam repræsentat. Tot deliciarum fundum quidam Aimo, officio clericus, noster effectus monachus, Floriacensibus contulit fratribus.

Necessarium quoque est pandere posteris qua ex occasione prætaxati res Castellionis nostræ accesserunt deditioni. Est quidam agellus Nancredus dictus, meridianæ plagæ jam dicti montis longiuscule subditus, quo, tempore domni Vulfardi, hujus loci abbatis et Carnotensium præsulis, monachorum statio viguit celebris, sicut quorumdam vera relatione comperimus, sepulchrorum notamine contuetur, et incolarum fideli assertione protestatur. Quorum unus jam decrepitæ ætatis dictus est Benedictus, alter vero jam nonagenarius vocatus est Richerius, tertius etiam coævi temporis nuncupatus est Domnaldus. Qui quanquam nostram usque non pervenerint ad ætatem, ipsius loci præposito, venerabili Willelmo monacho, tamen hæc narrasse ab ejus didicimus ore. Cum igitur, ut dictum est, fratres eo loci manerent, accidit ut super præfatus Aimo, amore ductus fraternæ consolationis, eorum uteretur sedula frequentatione alloquiis. Erat autem idem Aimo supremæ nobilitatis vir, et paternæ here-

---

1. Ces deux cours d'eau ont plusieurs fois changé de nom. On les appelle aujourd'hui, le premier les Chezeaux, le second la rivière de Courcelles, et réunis ils prennent le nom de rivière de Châtillon.

ditatis, haud minimis ditatus prædiis, officio fungens clericali, cui quoque inter cætera Pinetus monsque Castellionis sorte sui obvenerat patrimonii. Qui mons illius tunc temporis potius ferarum quam hominum fertur exstitisse habitaculum, in sui editiori loco dirutam senioque conlapsam habens capellam, sub honore confessoris Christi Poseni dicatam [1]. Et quanquam dilecti Dei sepulchrum ab incolis ignoraretur, crebris noctium horis, indicio cœlestis splendoris mortalibus publicabatur.

Igitur, ut præfixum est, habitacula servorum Dei sedulo petens atque alimonia divini verbi animæ viscera saginans continuo; antiqui hostis malitia, illius profectibus condolens, morem veternum recolligens, totius debacchationis accingitur in iram. Accidit namque ut bonæ memoriæ Aimonis nepos, cum quodam ex fratrum familia, juvenilis animi inlectus supercilio, delibatus mero supervacaneo, contenderet casu litigio; a quo repercussus, graviter tulit, inexpectatoque die locum, mœrens reliquit, Gordonem castrum se concessit. Non fratrum humilitate flectitur, non digna satisfactione placatur, quem dæmonica fraus suo juri deditum adstrinxerat. Ergo toxicatæ mentis malitiam in cordis acerra ad horam occulens, ulciscendæ injuriæ nactus opportunitatem, cum jam monachi fruges in unum collegissent, promptuariaque recenti salerno eructuarent, ille, immissis flammis, cuncta delevit ad

---

1. Saint Posen est particulièrement honoré dans l'église de Châtillon, bien qu'il n'en soit pas le patron. Il y a encore un oratoire élevé en l'honneur de saint Posen dans les bois de Santranges, aux confins des départements du Cher et du Loiret.

usque favillam; quæ res incognita mansit per illius circulum anni.

Accidit autem ut una dierum quidam duo juvenes, gratia aucupandi memorati montis verticem ascendentes, cum eo ventum esset quo fons beati Posenni vivaci margine gaudet, in superposito dumeto geminas conspicerent volucres. Mox arcubus intensis, spiculis aptatis, ictum dirigunt; nervis adactis, volucres celeri volatu silvas repetunt, turriculisque conlapsæ ecclesiæ considunt. Porro juvenes prædæ incompotes, causa reperiendi cuspides spinetum evertentes, seriolam offendunt, lugubre Dei servorum detrimentum. Hac inventa, ut domi redeunt, cœlestes tanti infortunii indices blanda erectione alarum claroque concentu vocum aeris sublevantur in altum.

Quæ orchula, Deo volente, ante fores utcumque reædificatæ basilicæ appensa, a quadam recognoscitur femina, quam, uti ipsa postea fuit confessa, perversæ mentis juveni præstiterat ob deportationem luminis capellæ præfati montis, verum, ut revera postea patuit, ad conflagrationem rerum servorum Dei. Nam callidus ille, perpetrato scelere, jam redierat, et quasi nescius eorum dispendium sub æquanimi lance ferebat; sed fraudis commento tecta veritas diutius celari non potuit. Itaque eum apprehendentes quæstionique subjicientes, efficiunt ut quid egerit, quomodo egerit, apertis propalaret alloquiis.

Nec mora fratres, equis ascensis, Aimonem agnomine Fortem adeunt, tantæ adversitatis cum adversario rem proponunt. Quod Gordonicensium quique nobiles, æquo libramine examinantes, dignum suspendio acclamant unanimes. Tunc a multitudine totius plebis ad patibulum raptus, ab Aimone fidejussoriæ legis suffragillatione redimitur; et pro tantæ offensionis pignore, suprafatus mons, cum adjacentiis suis et Pineto, eo tenore nobis confertur, ut quamdiu ipse rebus humanis interesset, precaria cessione ea possideret; post obitum vero ejus, Floriacensium subjectio sibi vindicaret. Quo alterutra adstipulatione stabilito, ipse non multo post, mutato habitu, sancto habenda dereliquit Benedicto. Quo in municipio, quoniam situ elegantior et munimine videbatur præstantior, fratres, priori statione deserta, succiso nemore, metatum suæ habitationis stabiliere, reædificataque in melius ædicula, duo construxerunt altaria : unum sub veneratione Christi martyris Mauricii, alterum in honore confessoris Domini Posenni, cujus mirificæ reliquiæ tali sunt repertæ ostensione.

VI. Igitur cum multorum evolveretur annorum series, succedentiumque abbatum prævisio solers res per idem temporis propagaret Floriacenses, contigit ut tantorum cathedra principum sanctissimum Abbonem, nulli priorum secundum, sortiretur abbatem. Cujus temporibus, aurea vallis aureo liberalium fulgens decore virtutum vel artium, copia nobilium sublimata exstitit virorum. Inter quos quidam, Johannes nomine, enituit, Sarracenus prænomine dictus. Qui quibus exeniis pompatus advenerit, Aymoinus refert in eo libro quem de Floriacensium rectorum ordinavit successibus. Temporibus itaque hujus gloriosissimi patris, huic Johanni cura commissa erat præpositurae Castellionensis; quo eam laudabiliter administrante, placuit supernæ pietati, ut apocalypsis quoque sanctarum fieret reliquiarum inclyti confessoris Christi Posenni.

Erat namque in eodem proastio quidam subulcus, pauper spiritu, dictus Constantius, quem bina admonitione divinæ visioni sollicitare placuit, ut mane facto cunctis innotesceret liquido, quo infrà duum fodientes altarium, mirabilem supernæ largitionis educerent thesaurum. Homo itaque rusticanæ mentis actus hebetudine, injunctum oraculum surda pertransiit aure. Verumtamen jam trina apparitione pulsatus, ut incalculata floccipendit, ceu nescius, verberibus validissime affectus, amens effectus, die reddito ecclesiam properat, ostensa promulgat arcana, locum indicat; primusque, arrepto fossorio, terram evertit atque exportat, cæteros ad similia hortans sub voce præconaria. Illico tantæ rei novitate incolæ perterriti, cum pridie pastorem, hodie prophetam stuperent, secum admirantes ad idem simile opus accinguntur unanimes, inventoque pretiosissimæ margaretæ margareto, gratias in altissimis agunt Christo pro suæ tantæ misericordiæ dono. Nec mora, constans repertor pretiosi loculi, Constantius, amissæ constantiæ Dei redditus est munere. Dei famulus autem Johannes sanctas excipiens reliquias, cum hymnis et laudibus, retro ipsius altare, tumulo constructo altiori, ad honorem Omnipotentis deposuit; quo mirificis miraculorum signis propalatur, congerieque virtutum insignis probatur. Quorum quædam posterorum memoriæ subter ita annectimus.

VII. Sane in vicinio Sancti Gundulfi, est quidam lucus Sancti Benedicti patris juris, cujus aliquam portiunculam vicecomes Bidorcensium, Gautfridus, cujusdam sui servi Balarici assentiis, nobis auferre moliebatur. Hoc Guillelmus, summæ sanctitatis præpositus illius loci, comperiens, præfato principis servo mandat, quo, hac seposita calumnia, diem statuat quo uterque injuste pervasum saltum adeat, judicumque justo examine et testium certo discrimine hujusmodi controversiæ veritas clarescat. Quo impetrato, statuta advenit dies, et alterutra ex parte advolant auxiliares, et Benedicti patris in medium ponitur res. Cumque utrinque forti decertatum esset cavillatione, ille commotioris turbatus bile animi : «Jam, inquit, videbitis hoc quod repeto meæ an monachorum veniat sorti. Nec ulla procrastinabit morula, quin quod repeto duellii quam primum approbetur censura.» Hæc effatus, perversum Halaricum ante se agens, hujusce rei incentorem, silvam penetrat, locoque cum nostris properat. Ubi dum testis falsitatis præcedendo attigit, præsumptorioque calle, torosa voce, audacis signo dexteræ, res dilecti Dei invasit dicens : « Si quis hos limites esse abnegat, me id totis viribus refragaturum sciat, » mox amisso lumine, densissima ita cæcatur caligine, ut coactus a suis quo cœpta perageret, inchoata æqua lance secerneret, se injuste contra patrem Benedictum erexisse, tam verbis quam merito casu, proclamaret. Deinde æquissimo Dei judicio, ut palpando et quodam modo pœnitendo, a nemore excedit præfato, unius arboris tam valide inliditur scopulo, ut dextro oculorum amisso, probrum concinnatæ fraudis præ se haberet perpetuo. Cæteri autem culpam confitentes, erroremque recognoscentes ab incœpto resipiscunt cum suo principe unanimes ; nec ultra aggrediendum perpendunt quem, primæ congressionis puncto, ita terribiliter exacerbatum miri signo prodigii cognoscunt.

VIII. Homo quidam, nuncupatus Albericus, servilis conditionis, familiæ patris Benedicti tantique dilecti Dei dilator, servitutis censum, affectatæ libertatis supercilio exporrectus, persolvere multos per annos reluctabatur; a multis ex hoc conquestus, a parentibus redargutus, a quibusque fidelium objurgatus, nullo modo convincitur. Quid plura? Cessantibus hominibus, asperrime divinitus reprehenditur, et ni legaliter cedat minis durissime intentatur. Fit hoc semel geminaturque: Sed ubi jam trina apparitione pulsatus, agrestis duris in cotibus natus, dum quasi dormitando oscitandoque, aperta sed prurienti aure verba concipit, inflato corde ex asse repellit, turgentique pectore inculcata renuit, ille qui alloquebatur : « Non, inquit, durissime, abibis impune. » Hæc locutus, ejus dexteram manum arripiens, inque ejus volam validissime infligens, pollicem super cæteros digitos complicans: « Hoc, inquit, saltem signo conjicies, hac tandem pervigili cauteriatione, o saxose, addisces, nullo modo cœlites contemptum iri, quibus nec verba proferre erubuisti. » Hæc dicens visio adstantis evanuit. At miser ex nimio angoris evigilans, e lecto prosiliens, reliquumque noctis pervigil ducens, mane facto properat ecclesiam, superbæ mentis invectionem obclusæ dexteræ signo exerit, culpam confitens, et magnis clamoribus se injuste errasse contra gloriosos Dei amicos aperte profitens. Concurrunt omnes ad tanti spectaculi celebre miraculum, hærent heri taurina fronte superbum, nunc mitis agni cor ferre prostratum.

Porro aliquanti ejus repentina mutatione turbati, nec fidem animi tanto attribuentes signo, sed potius falsæ opinionis adscribentes elogio, gratia comprobandæ veritatis, inter palmam et pollicem ferreis libratis subulis, attentare quodam modo conantur, si quolibet pacto reduci posset pollex qui falso innexus auspicabatur. Atqui cum justo Dei examine conglutinata caro abstraheretur cum eo, ipseque ingenti dolore affligeretur, omnimodis subductis verubus, Dei omnipotentis amicos mirificis præconiorum extollunt laudibus. Miser autem æs servilis censionis sinistra proferens manu, altarioque cum immenso lacrymarum singultu deponens, ante sacrosanctam prosternitur tumbam; indeque se elevans, signi funiculo religatus collo, pandit sonitu trino nativo se reputatum nævo. Verumtamen quoniam citius noluit converti, sanctorumque hortamentis sprevit obaudire, citissimæ non restituitur sospitati. Quatuor mensium tamen spatio exacto, quo die noctuque ante beatum excubans mausoleum, cunctis undecumque confluentibus, tantæ præsumptionis suæ exerens prodigium, jam pollice pene penetrante interiora, manu exesa, putridine defecata, a debile jam recuperatio restaurationis speratur nulla. Hac itaque correptione castigato cœlestis subvenit miseratio. Nam die Ascensionis Domini, cum missarum solemnia a bonæ memoriæ Guillelmo in eadem celebrarentur ecclesia, omnibus ante præmonitis quo ex ope invalidi clementia posceretur Redemptoris; cumque jam evangelii lectio a diacono legeretur, eoque ventum esset ubi dicitur : « Illi autem profecti prædicaverunt ubique, Domino cooperante et sermonem confirmante sequentibus signis, » continuo manus languida resolvitur et, digitis pristina loca repetentibus, pollex impressus emergitur, quem sanguinis cruor ab imis eructuans insequitur. Quod cernentes universi, grates reddunt Deo attoniti, Benedictum patrem gloriosissimumque confessorem Domini Posennum laudibus extollentes jocundis. Attamen, quanquam sospitatem adeptus, nunquam tamen fossula impressi digiti carne vestiri valuit quoad vixit, sed in testimonium perpetuale monimentum rebelli fuit.

IX. Pro foribus ejusdem ecclesiæ quædam contracta, nomine Maria, tuguriolum habebat; quæ per quindecim annorum tempora permanens in infirmitate sua, una dierum posita in crypta, sub veneratione Dei genitricis Mariæ a memorato Johanne constructa, dum presbyter in majori basilica peragit sacra, versusque ad populum exorari pro se deposceret : Orate, diceret, fratres, illico illa in abside memorata posita se elevans et nervorum sonitu cunctos percudens, suique restauratione lætificans, atque profluentibus venarum meatibus sanguine pavimentum humectans, pristinam, Deo operante, resumpsit sanitatem.

Altera quoque, Tetberga nomine, arrepta a dæmone, dum ante ejus Deo dignum allata est tumulum, cum vix a multis nequiret teneri, huc illucque per spatium ecclesiæ vi ferretur dæmonis, hausto pulvere vivifici sepulchri cum aqua exorcizata, in somnum resoluta obdormit. Nec post multo evigilans, ac si se nullam incursa debilitatem, signo fidei se munit, postque gaudens ad propria redit.

X. Tempore quodam, Gimo, nepos antelati Gimonis, cum multitudine armatorum pone illius montis transiens sinum, dum longo itinere confectum eo loci refici juberet exercitum, et copiam non suppeditat, illico suos arma sumere imperat, claustrumque monachorum adoriri inculcat. Qui dicto citius parentes, clipeorum tecti testudine, portam adusque properant, postes succidunt, vectes proterunt, inclamantes patrem Benedictum nequicquam audiunt, sanctum exposcentes Posennum aure mortua negligunt. Raptisque pauperum manubiis et quæque erant necessaria victui, loco recedunt adversarii. Cum vero iter agerent, secumque se perpetrato scelere debaccharent, unus eorum animi levitate actus : « Arbitror, inquit, quod hujusmodi sanctorum [virtus] nullius valitudinis sit apud Dominum, dum querelis servorum præsto non adsunt suorum. Nam et ego frequenter talium incentor malorum, sanctarum violator ecclesiarum, ac si æterno somno sopitos, nullorum, uti dixi, eos animadverti meritorum. Unde quo secesserint, quove abierint aut quo in diversorio, nostri perculsi multotiens timore, latitando aufugerint, satis nequeo mirari. Et per quorum suffragia totus mundus creditur tueri! Stupeo an adhuc nostræ mortalitatis timidi mortalium queant terreri minis! »

Vix verba compleverat cum subito a dæmone arreptus, ab equo dejicitur, terra graviter inliditur, graviter et angustiatur. Illico a comparibus ligatur, retropede monasterium ducitur, ante almi confessoris altare exponitur; universique digna acti pœnitudine quæque pervasa restituere. Ille autem perpetualis servus ei adscriptus, quanquam nobilitatis genere superbus, erat enim ex Augustoduni urbis ortus primoribus, dæmone extemplo mundatus, amissæ sospitati restituitur. Et qui dormitavisse Dei amicos auspicabatur, quantum ubi præsto adsint duplici approbatione absque dubio cognovit.

XI. His virtutum idiomatibus locus ille celebris effectus, et cum processu temporis signorum crescens titulis, accidit ut tempore gloriosissimi abbatis Gauzlini et Bidorcensium archietralis, casualibus flammis correptus, in cinerem ejus lignea septa resolverentur; solummodo ex tantæ conflagrationis damno opertura capitialis fornicis a foris intacta, cæterisque compaginata combustæ ecclesiæ appendiciis, merito tantorum amicorum Christi, cum sua vitrea inviolata remansit. Nihilominus memorata sanctæ Dei genitricis Mariæ crypta eadem eripitur divinæ salvationis potentia; testatique sunt qui adfuerant geminas columbas super utramque adstitisse absidem, quæ vim totius camini oppositione sui procul abegerint. Verum trabibus conlapsis, laquearibus ambustis, cum ædiculam reginæ Virginum a regione æstuantis incendii ostiolo patenti tota rabies impeteret camini, eoque inveheretur spirantibus auris quo iconia matris Domini cum imagine nostri Redemptoris, ligneo opere sculpta, veneratur, ab illis divinitus auctus, ac si vento roris pulsus, sinuosa in sese volumina recolligens, ardere videbatur nil lædens. Et cum sui irruptione carbonum hac illacque immitteret congeriem, altarisque compleret tabulam, sacrosanctam quoque reliquiarum reduceret archam, cumque etiam more ferventis ebulliret fornacis, nec aulæa quidem eorum, ob honorem in gyro dependens, ignis sensit nidorem; quæ adhuc superest ob tantæ rei venerationem. Stuperes antiquum renovatum miraculum, aut mosaicæ probitatis signum, aut trium evasionem puerorum. Jam vero aliquantulum sopito majoris basilicæ incendio, cum duo presbyteralis ordinis viri illuc gratia sanctorum evehendorum irrumperent pignorum, quorum unus Gauterius, alter vocatus Adelardus, tanti vim algoris illic sunt perpessi, cum per exustæ spatium ecclesiæ præ nimio æstu quivis non posset durare, ut stridentes dentibus hiemalis brumæ paterentur frigus. Correptis itaque a deifica mensa peplis, nullumque signum reperientes exustionis, simulque omnia salva animadvertentes, usque ad minimam embrimiarum stipulam, quantocius retro sunt regressi, sicque nostros, hujusce modi infortunio turbatos, tam miro lætificant miraculo. Quibus omnibus incorrupta potest pensari virginitas et inviolata sanctorum patrum magnanimitas, quoniam ignis terrentium principum nullum valuit suæ perditionis retorquere ad dominium. Nunc sequentia videamus.

XII. Durum genus agrestium, uti semipaganum animum circa theoricæ legis gerit cultum, ita vana et frivola socordi intentione ducit sancita et instituta sanctorum patrum; pro minimoque illis inest, si eorum quilibet alicujus justorum festum solemnizare recuset. Nec mirum si cujus expetant suffragium non vereantur et cultum. Quod non quidam illorum attendens, possessione Castellionis, celebri die postposito patris, plaustrum feno onustum propriam dum duceret domum, carrum cœlesti igne absumitur, boves cum domino incedendi officio destituuntur; nec ante ipse sospitati redditur pristinæ quam firma adstipulatione de cætero se ab hujusmodi abjuraret præsumptione.

XIII. Est etiam quidam agellus, præfatæ possessioni compaginatus, Curticellas dictus[1], quem quidam injuste moliebantur retorquere ab jure monachorum ad sanctæ Bidorcensis sedis ditionem clericorum. Cujus controversiæ advocatus Archenaldus existebat, protomartyris Christi Stephani[2] archidiaconus; partium vero servorum Dei venerabilis abbas Gauzlinus, ejusdem ecclesiæ metropolitanus, fautor exstitit idoneus. Hujus mirabili propagatione res Floriacensis loci florentissime quoad vixit florendo floruere. Quid plura? Dies statuitur quo præscripti ruris calumnia alternali examine dijudicaretur, ad idque consilii ventum est, ut quilibet cujuscumque ditionis, juris tamen Sancti Stephani, judicio igniti ferri finem propositæ imponeret altercationi. Sed ut testis falsitatis, expiatis culpis, lautus balneis, vestibus indutus sacris, vultu acclinis, improbam manum igneo constantius admovet ponderi, non cauteriatus, ut moris est reis, deprehenditur. Sed media templi testudine, disploso ventre, vesicæ pandit fetido strepitu quod patris Benedicti res injusta cavillatione conquererentur : pro certo digni hac despicabili exinanitione, præsertim qui suorum conscii, contra Dei famulum se erexere importunæ cupiditatis ingluvie. His ita peractis, laudes reddentes Deo omnipotenti, a Castellione nostri sunt regressi.

1. Courcelles, près Châtillon-sur-Loire, département du Loiret.
2. Saint-Étienne de Bourges.

XIV. Porro in eadem ecclesia gloriosi confessoris Christi Posenni requiescunt ossa, cujus pia merita miraculorum fantur insignia. Inter quæ vidimus aliquando quamdam puellam oculis captam, inibi, Deo operante, lumen recepisse, atque se perpetuo servituram eidem Dei amico fidem dedisse. Post aliquantum autem temporis irrita voti, dum ad propria festinaret regredi, iterato pristinæ traditur cæcitati. Et quæ sponte noluit, postmodum invita, in loco eodem mansit.

XV. Quodam tempore, a quibusdam militum castri quod Sancti Saturi[1] dicitur, adeo huic dilecto Dei Posenno injuriæ sunt illatæ, patris Benedicti non verita sanctitate, ut vesanæ mentis acti furore, portarum non metuerent repagula abcidere, contumelias pro posse inferre; sed haud longe merito commisso divina ab eis affuit ultio. Contigit siquidem Geilonem, Soliacensis castri dominum, postea monachum, cum armatorum multitudine in inimicos prædatum aliquando prodire. Quo Gordonicenses comperto, Landrico duce, Nivernensium comite[2], undecumque contractis armis, in hostes properant; non victuri profecto, sed inglorii morituri. Quos præfatus Geilo a tergo accelerare perpendens, Ligeris alveum ob finitimorum levamina transmittere cupiens, sed pro sui maxima inundatione non valens, multo impar viribus congredi non audens, quid summæ audaciæ vir ageret, cum suorum auxilium ex ulteriori ripa prospiceret, nec facilis commeatus inesset, omnimodis incertus erat;

1. Saint-Satur, canton de Sancerre, département du Cher.
2. Landry, comte de Nevers, qui mourut vers l'an 1028. Voy. *Art de vérifier les dates*, t. II, p. 558.

quum et fugæ horrebant illi præsidia, nec vincendi speranda fortuna. Hac itaque coarctatus in angustia, saniori usus sententia, fluitantia in unum cogit agmina, quemque militum a pauperum præda exonerari imperat, ac deinceps contiguo Pauliaco, terra patris Benedicti, adversariorum adventum operiri mandat, nomine et meritis tanti confessoris quasi murorum tuitione securi. Quod si fortasse ingrueret bellum, patrem præcipit catervatim Benedictum sonare, Benedictum ore se boare, corde fortiter implorare, nunquam deceptum fuisse spem qui tanto collocasset in principe. His effatis, ecce advolant inimicorum catervæ; suis potitis non honorem dedere, sed infra Benedicti receptos asilum aut disperdere festinant, aut jam quasi captos victrici sorte dispartire triumphant. Cum præfatus Geilo in illos insiliens, certaminis primicerium Benedictum invocans patrem, illos longe numero profusiores armisque propensiores pro libitu pessumdedit, plurimis eorum cum Landrico comite retentis. Ita Dei æquissimo judicio, quadraginta illorum et eo amplius vitam cum victoria unius horæ amisere puncto, calicem iræ domini pleniter ebibentes, et fundum ad usque potantes, quos beatorum confessorum nulla potuit terrere reverentia.

XVI. Qui memoratus Landricus iisdem diebus Gordone castro morabatur, eo quod Mahildem, Gimonis filiam, utroque parente orbatam, Rotberto uni suorum filio haberet desponsatam. Et quia utrique jugales admodum parvuli erant, ne eorum res interim hac illacque vacillarent, provisoriam sibi eo loci paraverat sessionem. Verum peracti belli anno, eo defuncto, cum, jam adulta ætate, animus nobilis nubilisque puellæ ad genituram novæ prolis comperendinaret quotidie, ipseque ad hujusmodi rem nullo amoris affectatus titillatione, multorum processus temporum inefficaci protelaret procrastinatione, illa præcordiale vulnus sponsi pro posse cohibuit, ei pollicita numquam se desertum iri aut probrum tanti infortunii se propalatum iri, si fidem servaret, nota et congrua dilectione assentiret. Cujus ille cautioni, licet dissimulando, favens, latenter quocumque pacto valebat ei insidias parabat, quo, antequam res in medium ageretur ea exstincta, immeritus puellæ patrimonio donaretur. Nam una dierum dictus Rotbertus, nativos Burgundiæ repetens fines, uxori falso creditæ mandat, ut transmisso Ligeris fluvio, se subsequatur quam perniciter; eo videlicet quo, abducta longius a suis, scelus perageret securius iniquæ proditionis. Verum imminens periculum illa comperiens, ascito conventu nobilium, factum detegit, effeminatos, procos spadonicosque amplexus de jure pandit. Hinc illi, scriptis apicibus, divorcia mittat, neve ulterius repedare præsumat, legationibus et minis interminat. Ipsa autem, sacro velamine suscepto, atque in honore sanctorum martyrum Satiri, Saturnini, Perpetuæ et Felicitatis sociorumque eorum, haud longe a castro prætaxato, monasterio magnis sumptibus constructo, propriique juris possessionibus ampliato seu aggregato, clero sub normali natura vivere parato, se sanctæ religionis perpetuali addixit proposito [1].

1. Ce serait ici le lieu d'examiner où était situé ce château de Gordon ou Gourdon, qui paraît avoir eu une certaine importance au XIe siècle. Mais nous avouons ne pouvoir rien établir sur ce

Cujus in vicinio oppidi quædam res habentur patris Benedicti, cum ecclesia dicata in honore Christi confessoris Martini, sita in cacumine antelati castri. Quæ quidem ecclesia a domno Richardo abbate uni clericorum, nomine Guillaico, concessa fuerat precaria scriptione. Abhinc processu agente temporum, per succedentium seriem abbatum, contigit ut septimo venerabilis Hugonis, hujus Floriacensis sedis rectoris, anno, memoratus clericus migravit a sæculo. Quod unus cognatorum ejus comperiens, nomine Malbertus, tanquam alter Naab Gedzrahelitidem invadendo vineam, uti heres defuncti, præfatam ecclesiam ab jure monachorum suum retorquere moliebatur ad dominium, in tantum ut utensilia sacri templi propriam ad domum non erubesceret exportare, capitaleque periculum intentaret feroci ore, si quem nostrorum contigisset aliquando calumniam inferre. Quod multi nobilium illius exhorrescentes provinciæ, adversantis ausus tyranni exprobrant, atque commonefaciunt ne tanti dilecti Dei in sese meritam provocet iram. Atqui cœlestis providentia cor illius jam eo induraverat, quo propensiori victoria ejus confutaretur protervitas.

Sane una dierum, insimul accito conventu fidelium cum aliquantis nostrorum fratrum, dum res exponitur in medium, atque contra jus eas obtinere nititur servorum Dei, haud mora uxor illius, no-

point d'une manière certaine. Faudrait-il y voir Sancerre, que l'on ne trouve désigné sous le nom de *Sacrum Cæsaris* que dans les historiens du temps de Philippe Auguste? Ce qui justifierait cette conjecture, c'est que Gordon était situé en Berry, près de la Loire, et que Saint-Satur, où Mathilde fonda un monastère, est tout auprès de Sancerre.

mine Maria, cujus inductus malitia contra Dei amicum Benedictum se infausto prolapsu erexerat (erat enim præfati clerici neptis), ita derepente paralysis morbo arripitur, ut totis cum impurato ore contortis membris, effigiem videretur amisisse formæ prioris. Nec mora, quantocius sponso mandat ut concilium, sessione post habita, partibus justæ querelæ cedat, quódque sui admonitione pervaserat, si sese incolumem videre vellet, ex asse obmittat, uxorem Pilati in talibus secuta. Quæ res ad omnium aures perveniens, maximum aliquibus prædonum incussit timorem, qui ejus exemplo acti, cætera sibi jam temeraria præsumptione usurpaverant. Ille autem tali signo compescitus resipuit, licet invitus. Porro conjux ejus nunquam postmodum perfectæ reddi valuit sanitati, cujus concinnatione hujusmodi injuriæ Benedicto sunt illatæ patri. Nunc cum miraculi termino clausulam figimus libro secundo.

MIRACULORUM
SANCTI BENEDICTI

LIBER SEXTUS

ANDREÆ MONACHI FLORIACENSIS TERTIUS.

I. In Tornodorensi territorio quædam hujus sancti patris eminet possessio, Diacus vocabulo, cujus in adjacentiis quædam est ecclesia sub veneratione sancti martyris Cyrici constructa. In qua cum a presbytero ardens candela fortuitu foret derelicta, lychnum altiori flamma exæstuans, arcamque altari quam proximam maxima ex parte corripiens, mirum dictum! omnibus conservatis quæ intus erant peplis deificæ aræ, ita obstupuit ut, mane reddito, perpenderet liquido quod justorum merito illius incendii mirifice tepuisset ardor; talique modo vim propriæ virtutis oblitus est ignis; in seseque vires occulens, nocendi determinatis compeditus metis, marcescens ac si sparsus in undis moriens, defecit.

In eodem proastio quædam perutilis habetur metatio, monachorum gratissima habitatio. Cujus stationis ecclesiam, in S. Petri apostoli honore ædificatam, ipsius loci præpositus, boni testimonii Orgerius, eleganter ampliavit, cryptis a parte capitii honesta habitudine constructis. Verum pluviali agente temperie, dissidente maceria, lassis fornicibus, fastigium totius ædificii in gruminos dilabitur. Atqui arcula interius posita, quoddam vasculum retinens luteum, sanctarum ablutione reliquiarum causa infirmantium plenum, nullo modo tantorum mole subrui potuit lapidum, aut vasculum aliquod incurrere dispendium. Sic quondam Benedicti meritum cautibus fusum vitreum dolium servavit illæsum, quod hoc milleno saxorum pondere sepultum restituit inviolatum.

II. Sed jam tempus est ut augustiora tanti principis Dei magnalia fide exsequamur plena, quo quia minima, præstantioribus intercalata, ex se propensiora christianæ venerationi eliciant gaudia. In Floriacensis cœnobii vicinio, Butticulas [1] videlicet vico, nomine quidam Stabilis stationem habuit, ex servili conditione patris Benedicti. Verum agente processu temporis, inopia coactus rei familiaris, nativi incolatus locum deserit, Burgundiæ regna expetit, atque Alsoni viculi pro posse metationem stabilit. Ubi prospera sibi arridente fortuna, homo proprii laboris ditatus vigilantia, jam militari commercio rusticanæ ignobilitatis mutat officia. Inde ad altiora se subrigens, dum hinc affluentia opum, stabula equorum, sessiones accipitrum, pastiones canum, inde florida juventus famulorum obsequeretur, jam quasi remotior ab jure, utpote paulo semotior a finibus patriæ, censum abdicat servitutis, frivolæ libertatis insigne exerit, uxorem sortitur ingenuæ nobilitatis. Jam igitur proventu turgescens liberorum, supercilio protensus divitiarum, nullo pacto illius reminiscitur

---

1. Bouteilles, sur le bord de la Loire, en face de Saint-Benoît, département du Loiret.

qui de stercore erigit pauperem, ac destitutis solium gloriæ et principum largitur sedem; et quanquam per angulos pectoris conscia sibi censura rotaret servilis, obstinatus ad instar duræ silicis, Benedictum funditus nescit. Abs quolibet sciscitatus de merito tanti confessoris, persancte pejerat nec etiam se scire quod vocaminis proferat stigma. Attamen si ignorat, nullo modo ignoratur, dum reluctatur, dum recalcitrat, genuinis catenis inretitur. Porro multorum evolventibus annorum curriculis, accidit, tempore domni abbatis Richardi, ut quidam nostrorum fratrum, Dodo vocatus, Diacæ possessionis præficeretur rebus. Ergo inculcatæ obedientiæ illo curam decussatim administrante, quæque conlapsa aliorumque desidia neglecta in meliorem statum cœpit strenue reformare. Interque ventum est ad instabilem et miseram domni Stabilis præsumptionem. De conditione interrogatus, exporrecto latere, protervo ore, probrum affectatæ libertatis cœpit defendere, applicato parentatu, ac si omnium peripsema ab illo ignoraretur; nullisque indiciis inhiberi valet, quo saltem quis Benedictus esset absque indagine perpenderet. His itaque assentiis ille obstinatus, ante Rotbertum, Tricassinæ urbis comitem[1], hujusmodi querimonia determinari precatur. Quo conventu nobilium accito, in medium res agitur; sed nulla dijudicatione animus superbi devincitur. Unde communi decreto sancitum est, ut duorum, Deo judice, congressione finem æquitas controversiæ imponeret. Quod ab alterutra parte stabilientes, definita advenit dies, atque ille spurius mi-

---

[1]. Peut-être Robert, fils de Herbert de Vermandois, comte de Troyes, mort en 968. Voy. *Art de vérifier les dates*, t. II, p. 610.

les, jam aditum quærens evadendi, velut lubricus anguis, duellium refellit, nisi is adhibeatur qui sibi jure ingenuitatis possit æquari. Nec mora, advocatus patris Benedicti, nomine Leteredus, in medium prosilit. « Pro hujus modi, ait, negotio, nulla congrediendi fiat dilatio. Habes liberum, habes avitæ nobilitatis auctoritate supremum. Consere pugnam, et liquido cognosces qua rectitudinis lance apud Deum Benedictus valeat, cujus jura dura cervice ferre recusas. » Hæc dicens, signo fidei munitus, baculum cum parma corripiens, in medium scamatis properat, illicque securus de victoria, hostem provocat. At ille pertæsus bobinator, fraudis fidens commento, quanquam invitus locum properat, etsi invitus tamen serio honorem dat Christo. Igitur consciæ mentis actus reatu, ut in testem veritatis, tendit armatus ab ora manicæ inclusum servilis testimonii obolum, Leteredo ignorante, nil amplius se debere Benedicto fraudulenter subasserens, idque duellii sorte se comprobaturum, languenti quanquam conatu, jactitans. His verbis permotus ille nobilis vir, hostilis calliditatis inscius, dum hoc refragaturus in æmulum totis proruit viribus, o celebre miraculum! æs necdum animadversum in enormem metallici clipei vertitur figuram, quod sui reverberatione et magnitudine populis ad duo millia astantibus, Benedictum per echo lacrymis et precibus resultantibus, ingens incussit gaudium et stuporem. A cunctis concurritur, novi prodigii species a terra sustollitur, sicque inauditæ lauro victoriæ pugna dirimitur. Sane argentum fere quatuor horarum spatio theoricam obtinens effigiem, paulatim minorando, pristinam reperit formam. Qua ex acie instabilis confutatus Stabilis, deinceps monachorum deditioni perpetuo stabilitus mansit; nec servile vinculum ei abnuere libuit quem Benedictus sibi bravio adquisierat tali. Inquisitus quid egerit, profitetur palam omnibus. Quod insigne cum cæteris sanctorum reliquiis, in eadem ecclesia, in posterorum memoriam, monumentum reservatur æternale.

III. Est etiam quoddam prædiolum, dictum Tauriacus, situm super Seccanæ fluvium, quatuor millibus a Tricassinis mœnibus. Quod quidam advocatus, Gauzfredus vocitatus, sub obtentu tuitionis adeo male adnihilabat, ut infra suæ domus atria Benedicti compelleret accolas, publica judicia foro residens cum eis exerceret, exquisitis calumniis sagittaret, jamque abrupto jure monachorum, sensim suæ voluntati adscriberet. A multis ex temeraria præsumptione arguitur, a Lisierno, tunc temporis præposito, sedulo oratur; sed non solum non corripitur, verum deterior factus, virum Dei exturbat minis et terroribus. Una autem dierum, uti solito coacta multitudine incolarum almi Benedicti, dum crudelis crudeliter illos quæstioni subjicit, dum alienum æs plus æquo exigit, ecce per medium omnium canis teterrimus, pullata pelle fasciatus, accurrit, dextraque lævaque miserorum lustratis cuneis, nemine eorum læso, super cathedram pestilentiæ residentem irruit, injurias Benedicti ulturus almi. Invectus itaque in os temerarium oculosque furentis judicis, facie deturpatum, menteque captum, dæmonum efficit ludibrium. Et qui infaustum in ruricolas dilecti Dei exercuerat dominium, ab antiqui hostis dominio nullatenus est liberatus quousque interiit, multorum sanctorum optatis patrociniis.

Denique, eo taliter Dei judicio perempto, quidam ei germanus, nomine Rotbertus, in locum ejus substituitur. Et malitiæ quidem defuncti non parcens, secum in secreto pectoris trutinare incipit qua inexperta offensa Benedictum adoriri possit. In quo insurgens totius debacchatione severitatis, ac si in interemptorem accingitur fratris; primoque possessiunculam, Affugias dictam, suos ad usus reclamans, deinde tertiam partem duorum farinariorum in Seccanæ alveo molentium, ab Aduyno, homine nostri juris, minis et terroribus exigit, vigentique solidis denariorum sic pauperem ab hereditate exulat, eo tenus quo monachorum partes liberius postmodum fraudulenti concinnatione sibi adquirat. Porro cœlesti examine, dum servorum Dei hianti ingluvie insequitur amolum, pœnæ efficitur et ipse æternale dæmonum pabulum. Sane coram primatibus Tricassinæ urbis res ventilatur, sed omnium conclamatio tanti tyranni postponitur corde perverso. Tunc memoratus Oggerius oppido super his conturbatus, ascensis equis Floriacum tendit, pervasoris malitiam ordine pandit. Nec mora, laudabilis pater Gauzlinus anathematis cassibus hunc singularem ferum inretiens, vineam Christi adamantino ore demolientem, præcipit ut fratrum communis oratio ad Deum per dies fundatur, illum ut a cœpto resipiscere faciat, aut suæ deviationis præcipitio pereat, quam adnihilari ecclesiasticas res permittat. Quæ res ab universo Tricassinæ urbis clero, cum laudabili ejusdem sedis episcopo, nomine Frotmundo, alternali impenditur obsequio. At ipse in sui malitia obstinatus, nec precibus frangitur, aut Dei justo judicio mitigatur. Libuit itaque super his patrem Benedictum apponere solitum solitæ miserationis oculum, et dum jam non bene quadrat contemptor legis Dei, ita superni Arbitri inreprehensibili invectione miser miserabili delegatur amentiæ, ut vinculis arctatus, ab hominum aspectu remotus, cubiculo inclusus, post aliquot dies reperiretur a diabolo suffocatus. Exinde monasterii Sancti Petri, apostolorum principis, quod dicitur Inder, sepulturæ mandatur. Atqui pervasorem ecclesiasticarum rerum terra non ferens, a se exponit, a se ejicit, Benedicto pro posse elementum famulitium impartit, ac si particeps participii contumeliarum amici Dei. Mane itaque facto, ita repertus, iterum quantocius sepulturæ traditur. Sed denuo bis terque miraculum geminatur. Paulatim proditur factum, paulatim timor et tremor corda occupat omnium. Confestim igitur uxor ejus super his inquiritur, res in propatulo pernoscitur, quid consulto opus sit communi consilio definitur. Unde ad id ventum est quo Benedicti res injuste pervasæ cum digna satisfactione relaxentur, Floriacum mittatur, a fratribus indulgentia absolutionis misero impertiatur. Quo facto, atque eadem relaxatione in scedula pectori mortui superposita, non enim tellus pepulit ultra, Benedicti patris pia miseratione ab illo die et deinceps pacata.

IV. Nunc Vuastinense territorium ingredientes, dignum duximus adoriri ea quæ partes in illas Benedicti egerint merita. In possessione nostra, Montiniacum[1] dicta, nostri juris habetur ecclesia, hujus dilecti Dei sub honore dicata. Accidit autem ut quidam miles, sat perfidæ mentis, nomine Gaufridus, agente fortuna, suum

1. Montigny, canton d'Outarville, département du Loiret.

quemdam obvians inimicum, nullo modo reveritus Christum ejusque famulum, usque in jam dictæ ecclesiæ insequeretur atrium; indeque abstractum, vinculis innexurum, propriam ducit ad domum. Sed divinæ ultionis correptio haud longe affuit a perverso. Siquidem vanus triumphator, ut militarem subintrat larem, a Benedicti amplexu abstractum jactitans hominem, ita supernæ indignationis verbere derepente tam valide appetitur, ut de ejus vita, amisso sensu, quam maxime desperaretur. Tandem a quibusque fidelium coactus, ligatur a patre Benedicto, miseratio jam expetitur, numquam se simile acturum de cætero pollicetur. Deinde digna satisfactione patris commotum placans animum, quoddam cedendo prædiolum, Castellionis dictum, in pago eodem situm, ad plene recipit sensum, abstractæ incolumitatis recuperans donum. Et quidem, elegans spectaculum! dum capit capitur, dum ligat ligatur, dum absolvit absolvitur, dum se recipit culpamque agnoscit, miserationem a tanto medico consequitur. Ita nemo illorum perit; sed ille de ereptione, iste de sui restauratione, tanto liberatori gratias agunt in commune.

Præfato Montiniaco est quidam agellus concorporatus, quem præripere nobis quidam satagebat Guitbertus. Unde tempore messis, vinctis bobus, prætitulati agri mergetes plaustro impositos asportare conabatur. Ergo carpento onerato, stimulis animalia acriter agente bubulco, dum jamjamque progredi certarent ab agri confinio, raptoris sistitur vehiculum, vires animalium hebetescunt, atque ceu præ oculis ruris possessorem Benedictum patrem haberent, terminos strigæ progredi repugnant. Stuperes, tanquam alterum

Balaham, flagris et vocibus perfidum instare Guitbertum. Sed horret sensus muti quadrupedis quod homo rationalis injusta instigatione satagit, anteque innocuum animal potest exstingui quam Benedicti res rapaci evectione auferri. Dum autem in his insudat homo pestifer, mirabile dictu! retrogrado calle limigeri cedentes, per viamque finium suprafati ruris in directum pergentes, absque ductore, quasi Betsamis, memoratam ecclesiam sunt regressi. Sicque pro peccato et pro delicto tanti Philistæi non quodlibet aliud aliena servitus attulit, quam quod conscia erat mergetes [esse] patris Benedicti. Ad quod mirabile signum concurritur a multis, effrena hostis cupiditas clamatur a cunctis, virtutem victoriamque Benedicti undecumque plebs advolans in cœlum usque sustollit. Hinc' tædio et terrore improbus attonitus, justi pervasa, licet invitus, Floriacensibus reliquit.

V. Antelatæ ecclesiæ presbyter, Richardus nomine, vir summæ sanctitatis adhuc superest, cujus temporibus res est gesta quam narramus. Autumnali tempore instante, contigit præfatum presbyterum, vinearum fructum gratia devehendi, aptatum duxisse bijugum. Sed dum torcularibus advecta, plaustro subacta, presbyteralis spes paulo serius remoratur quam æstimat, accidit ut quidam irreveriti cordis juvenes, iter agentes, vehiculo presbyteri retardarentur parumper; primoque maximis illum objurgant injuriis, deinde ut quantocius plaustrum submoveat furibundæ mentis increpant vesania, et ni id fiat maturius, afficiendum intentant verberibus. At clericus altum concipiens corde dolorem : « Etsi non propter gradum tanti peccatoris, ait, saltem propter sanctum Benedictum cui in præsentiarum deservio, vos ab hujusmodi temperari convenisset verbo. » Hæc mœstus eloquens, oppositum amovet, perversis satisfaciens. Profecto a querimonia famuli Dei haud procul affuit auris Omnipotentis. Nullatenus ergo ab illatis contumeliis pœnitentes, dum viam accelerare æstimant pro libitu victores, eorum currula eo loci ita substitit, ut in rigorem æstimaretur duratæ lapidis. Ipsa quoque jumenta crebris ictibus acta, gestibus quibus poterant, frequenti videlicet calcitratione, innuebant quod divina prohibitione hærerent. At illi nequaquam super his animum apponentes, circumquosque vicinos evocant, multo plura animalia adsociant, nunc rotis manus, humeros axibus, venabula cum contis applicant, eminus innocuas feras infestant acrius verbere et vocibus, sed nec siquidem moventur. Hæc admirantes jamjamque ad sese reversi, ad domum comiter properant presbyteri, quem congrua humilitate placantes, Benedictique patris vice se absolutos gaudentes, continuo tendunt quo cœperant alacriter.

VI. Bolonis villæ [1] procurator, nomine Durandus, a quodam milite, vocabulo Gauterio, capitur, atque Parisius custodiæ traditur; deinde ligneis compedibus arctatur, cupa maximi ponderis quantitatisve supponitur, quin etiam enormi saxorum aggesto gravata. Die noctuque desuper duorum jugi sessione et excubiis providebatur custodum, ne innocens compeditus aliquo modo elaberetur. Illic miser multis attritus diebus,

---

1. Et mieux « Bosonis villæ : » Bouzonville, canton de Pithiviers, département du Loiret.

fame exhaustus, frigore consumptus, diutino situ et humanæ necessitudinis angustiis emortuus, omni auxilio destitutus, nolens et invitus multa per tempora detinetur. At vigilia Purificationis matris nostri Redemptoris, arctissimo, ut dictum est, ergastulo clausus, aggere lapidum sepultus, vigilum munimine septus, dum frequenti iteratione genitricis Dei levamen precatur, lignea lineamenta resolvuntur proculque ab eo pelluntur. Inde opposito manum amovens vasculo, Virginum reginam et Benedictum patrem invocans sedulo, ita mira sub celeritate tanti fastigii machina levigatur cum superpositis omnibus, ut homo ab intus erutus evadere quiret, ni iterato captura formidaretur. Unde totam domum, omnibus quiescentibus, perambulans, credo divinitus pavore perculsus, quo tanti miraculi species geminaretur, denuo spontaneus adpure revertitur. Ubi diutinis affectus injuriis, opem præstolabatur misericordiæ Dei. Quo duorum mensium consumens spatium, jamque in initio secundi mensis, præfatos patronos orat precibus, ut omni extorri solamine solita pietate succurrant, liberumque abire concedant. Tunc inter suorum verba singultuum iterum cupæ manum applicat, quam ac si nullius ponderis in altum sublevat. Unde etiam non jam delitescendo, verum coram cunctis exiens, palam custodibus iter arripiens, atque plurimos ex familia obvians, a nullo eorum repetitur, a nemine calumniatur, abs quolibet nullo pacto insequitur, donec avitos lares repetiit usque quo theotocos Christi et sanctissimi patris Benedicti limina attigit et pro voto gratias reddidit.

VII. Laudabilis memoriæ Adrevaldus mentionem

domni Bosonis abbatis, in primo Miraculorum libro patris Benedicti [1], facit; quod reliquias patris, Christi martyris, Dionysii a venerabili Hilduino abbate tunc temporis impetraverit, Floriacensique loco solemni traditione intulerit. Porro temporum processu decurrente, patre Gauzlino regimen monasterii celeberrime administrante, suprafatus Helgaudus [2] Vivianum abbatem adiit, reliquias jam dicti martyris sanctorumque Rustici et Eleutheri poscens redonari sibi, quo in fundo proprii monasterii eorum in honore ecclesiam deberet construere. Quod a præfato obtinens abbate, pridie kalendarum octobrium, nostræ gaudendo obtulit patriæ. Nec multo post ad orientalem cœnobii partem, eorum sub veneratione, primo ligneo, post lapideo tabulatu constructa ecclesia, inibi aliquam portionem pretiosorum pignorum locavit ingenti cum lætitia. Quorum merita petentium fides approbat et Deus omnipotens miraculorum gratia illustrat; ex quibus unum perstringere libuit nostroque annectere operi.

Quidam homo, nomine Tetbertus, qui quidem adhuc superest, primo conticinii crepusculo, propter prædictam iter agens basilicam, dum ante fores illius prætergreditur, aspicit quasi apertis januis eamdem ecclesiam ad instar flammantis ardere fornacis; casuque correptas eo loci æstimans flammas, terrore horroreque attonitus substitit, vimque tanti miraculi pavescit. Cum itaque divinum incendium rotans si-

---

1. Voy. livre I, p. 63 et 64.
2. Helgaud, moine de Fleury, historien du roi Robert, fit construire une église en l'honneur de saint Denis dans le bourg de Fleury. Voy. *Vita Roberti regis*, D. Bouquet, X, 112. Voy. aussi André, *Vita Gauzlini abbatis*, liv. I, ch. XXXIX.

nuosaque volumina crebro recolligens, statueretur super dominicam aram, atque paulatim se subrigens sursum, versus turrisculum peteret signorum; cumque ex adverso ille, baculo innixus, mirabile factum acie sequeretur oculorum, extemplo, barbarico actus spiritu, vociferare cœpit, sacramque ædem cremari clamoribus ingeminat assiduis. Qua in re dignum pro certo censeri valet quo ignis indicio eorum nobilitas claresceret, qui divini facibus succensi amoris, velut aurum septempliciter probatum, in fornace tribulationis clausi, pœnas corporis pertulere imperterriti. Illico e stratis omnes prosiliunt, ad celebre signum catervatimque currunt, lympham convehunt, ardentem sed non exurentem exstinguere moliuntur rogum, mutuis exhortationibus vires acciunt. Verumtamen cœlesti stupefacti prodigio retrocedunt, ad seseque reversi viritim propria septa repetunt, super omnibus benedicentes illum qui suorum laus est famulorum per sæcula sæculorum.

VIII. Quanta cautela cavenda sit scurrilitas vanaque aut otiosa nugacitas, Benedicti patris præmonet auctoritas, omnemque qui sanum sapit pedem mentis submovere decet a talibus, ne sibi in maximæ culpæ deputetur reatu. Quid uni fratrum hujus congregationis, nomine Gauterio, studiis liberalibus adprime erudito, corporali evenit detrimento, et quidem quid egerit, cujus culpæ obnoxius fuerit, fratribus exponatur et amicis. Idem Gauterius, tempore domni abbatis Abbonis, obedientiæ delegatus erat cellarii. Qui quadam dierum claustro cum cæteris residens, Benedictique patris præ manibus habens regulam, ubi fortuitu ventum est quo præcipitur ut monachiles merces vilius veneant quam a laïcis, ille dæmonis actus instinctu, arrepto rasorio, paternum *vilius* abradit, intinctoque sepia calamo, mammoniticum *carius* præponit. At beatæ memoriæ Abbo, excessum fratris comperiens, modesta increpatione eum studuit corrigere, atque pro tali ausu condigna curare pœnitudine. Sed ille impatiens suæ correptionis, dum viri Dei monita negligit, vindictæ superni addicitur Judicis. Benedictione siquidem ab eo percepta, dum injunctæ obedientiæ gratia, sub noctis medio aucupatum Ligeris amnis expetit ora, infirmantium fratrum scilicet gratia; dumque casses retium, quas vulgo *panteras* vocant [1], hinc et inde porrectis amicibus, fluminis alternis protenderet ripis, et volucrum pervigil excubitor præstolatur capturam, circumpositis famulis sopore sepultis, ipse dæmonum manibus a citeriori ad usque ulteriorem transportatur alveum. Ibique crebris verberibus adeo conficitur, ut iterum citeriori ripæ ab eis restitutus, vix in solius præsumptoris pectore sola solummodo palpitaret spes. Post modum autem condignæ vesaniæ traditus, incurabilis omni vitæ suæ tempore mansit; sicque caritate totius corporis caruit, vilitatem omnium membrorum incurrit, qui carum mangonicæ fraudis paternæ indulgentiæ præposuit vili.

IX. Quidam nostrorum fratrum, nomine Gauterius, a laico tonsoratus, hujus sacratissimi cœnobii sacri scrinii custos, a quodam nobilium viro est exoratus, nomine Achedeo, dari sibi sanctorum pignora, ob re-

---

1. On appelle encore aujourd'hui panthères ou pantières, de grands filets en usage dans les plaines de la Beauce.

verentiam loci quem in honore sanctæ Dei genitricis Mariæ et beati confessoris Christi Aniani ædificaverat[1], atque Floriacensium fratrum subjectioni cum adjacentibus sibi prædiis delegaverat. Cujus testamentum donationis nostris retinetur in archivis. Est autem monasterium idem situm super fluviolum Sangiam[2], a Soliaco castro quatuor millibus distans. Quamobrem præfatus monachus sui loci prosperis successibus gaudens, quorumque sanctorum lipsana corripiens summatim, abbate Hugone et nobis insciis, eo latenter dirigit. Atqui monachilem fraudem justorum subreptio non ferens, non multo post ita gravissimo illum afficiunt incommodo, ut omnibus de ejus vita desperantibus, ei extremus cum sacri perunctione olei daretur viaticus. Languidus autem credo divinitus tactus, in crate pectoris cœpit versare tacitus, cujus rei causa hujusmodi infirmitate jam ad occasum traheretur. Illico sanctarum reliquiarum mente concipit ablationem, illico imminentis dispendii jacturam perpendit. Unde maturato mittit, subtracta mandat restitui. Qua etiam nocte, nec aperte dormiens, nec perfecte vigilans, aspicit prælibatum scrinium præ oculis, tantamque rosarum et liliorum multitudinem inde scaturire, suoque pectori blanda variaque demissione distillare, ut ex miri odoris flagrantia experrectus, se totum libera voce incolumem confiteretur. Mane vero facto, reverentissimæ vitæ virum evocat Odonem, audacis commissi deplorat temeritatem, celebris visionis pandit ordinem. Cui ille sapienti jussu priori loco sanctorum inculcat

---

1. Saint-Aignan le Jaillard, canton de Sully, département du Loiret.

2. Le ruisseau de Changes, qui se jette dans la Loire à Sully.

exenia assignare, atque posthac simile factum nusquam attentare. Porro ille, quanquam ori jubentis obaudiens, perfectam haud consecutus est sospitatem ; sed eodem anno moriens excessit hominem.

X. In Blesensi territorio, quidam præpotens divitiarum homo, dives opum, abundans pecoris, rure patris Benedicti metationem habuit. Instante autem solemnitate ejusdem amici Dei quæ quinto idus recolitur Julii, presbyter Vinaylæ[1] ecclesiæ proprios parochiales commonere facit honorem celebrationi tantæ deferri festivitatis. Cui cum omnis cœtus fidelium pium dedisset assensum, ille, post peracta divina mysteria solemnis diei, propter fores ecclesiæ indignando residens, quid sibi Benedictus attineat, corde tumenti, ore turgenti, coram cunctis immurmurat, præsertim cum imperata monachorum et sanctimonialium potius servitus debeat. Hæc et alia ille mammoniticus effatus, mandato seposito jubentis, in propriam messores sationem dirigit. Ipse ad alia occupatus, festivum diem negligit, jamque advesperascente, vesanos operatores invisere placuit. Tunc ac si nulla æstimaretur eorum Deo odibilis transgressio, ipse ad idem operis accingitur continuo, non ut levamen operis suppeditet præsumptoribus, sed ut in propatulo Benedicti clarescat contemptor et inimicus. Verum dum læva fluitantes atque quodam modo divinitus renitentes aggregat spicas, falcem admovens dextera, resecandi gratia, os in proferendas in sanctum apperit blasphemias : « Videamus, inquiens, si illius Benedicti nobis vel in

---

1. Vineuil, canton de Blois, département de Loir-et-Cher.

aliquo officiet calumnia. » Hæc locutus, dum nimis incaute et festinanter in idem insudat, ceu, absente solemni die, totius anni sibi deficerent spatia, sic per medium sinistræ manus vulnus dentatæ falcis infigitur, ut geminas in partes ipsa divaricata, veluti mortuus et ab aliquo repulsus, humi resupinaretur. Deinde ignis cœlitus lapsus ita reliquum agri cumulosque mergetum, cum plaustro et animalibus, invasit, ut in cinerem omnia redacta, vix seminudi procaces redirent ad sua. Quæque vero sub eodem die ad domum iniquitatis fuere ablata, cum eadem et omni supellectile, eodem divino incendio usque ad favillam sunt adnihilata. Ac ita qui unius diei cultor fore erubuit, nolens et invitus cum maximo detrimento sui, totius anni ferias Benedicto patri exhibuit.

Simili modo, in Turonico pago, res est gesta quam narro de quodam Gauterio qui celeberrimum diem Lationis[1] ejusdem patris, qui pridie nonas colitur decembris, securus festi conscia transgressione neglexit. Quo ad quippiam operis occupato manifesta apparuit visio, illum ab illicito avocans incœpto. Ille autem dum floccipendere cœpit verba monentis, arripitur, terræ prosternitur, ita etiam divino verbere afficitur, ut aliorum manibus domi reportaretur. Post autem, jam meliuscule sibi redditus, culpam confitens, Floriacum venit, sponsioneque pacta, ad propria sanus et incolumis abscedit, votiva oblatione cum præsentia sui patrem Benedictum placaturus quotannis.

XI. Enim vero eo quo piissimus rex Rotbertus de-

1. La fête de l'Illation. L'institution de cette fête ne datait que du xie siècle. Voy. la note à la fin du volume.

functus est anno, hora noctis tertia, eclipsis apparuit lunæ, defectum et mortalitatem portendens gentis Christianæ, sub tanti principis migratione. Cometes etiam, septimo idus martii, hora decima noctis, ad longitudinem hastæ ardens usque ad auroram, per trium dierum spatium, apparuit. Innumerabilis multitudo equidem locustarum fruges arborum, sata messium, vireta pratorum radicitus depastæ sunt. Verum ora Ligeris carpentes amnis, dum ulteriorem expetére cuperent ripam, alveum prædicti opplentes fluminis, in aquis Benedicti patris meritis submersæ, nostræ incompotes Dei miseratione exstitere patriæ. Sequenti quoque anno, tanto grandinum imbre, Julio videlicet mense, vineæ cum sationibus nostræ provinciæ sunt protritæ, ut confractis arboribus, hominum adnihilatis laboribus, dispendio vitæ maxime timeretur. Nec multo post vehementior fusa tempestas quicquid spei supererat protrivit et in nihilum evacuavit; quod genus infortunii nunquam eramus experti. E vestigio continuo triennio irremediabilis fames ita subsequitur, ut ipsis quoque humanis carnibus nullo modo revereretur. Mures et canes cæteraque communia animantia jam maximas ducebant delicias inediæ coacti miseria. Bovinum fimum, cineri causa coquendi suppositum, aptissimum judicabant edulium. Tunc per vicos et plateas, more energumenorum bacchantes, cuneatimque discurrentes, solam mortis imaginem pallore et squalore vultuum præferentes, nunc centeni, aliquando milleni, si ubi quippiam vulgatum esset refectionis, illico effrenis irrumpebant animis, ac ipsa sub festinatione vorandi animas emittebant miseri, feliciores morituri. Quæque etiam virentia corticesque arborum cum frondibus virgultorum more depascebantur animalium. Necnon ad summum tantæ calamitatis, nonnulli locupletum, lautioribus escis parcentes, dum hinc dulcis tenerque affectus pignorum ad ubera pendet, inde residentis parentis conlaterali amplexu proles arridet, inter ipsa convivia subita mentis mutatione turbati, oculis minaces, vultu terribiles, impias manus incestis innocentum polluunt jugulis, atque, proh nefas! naturæ extorres, tot superlativis non verentur dapibus saginari. Quocirca liquido colligi valet, annuales fructus edere gestientem divino numine terram fuisse prohibitam, neque effœtis visceribus uti solito attulisse sterilitatem, sed virtute cœlesti nostris facinoribus exstitisse compescitam, dum quod partum erat negligitur, dum præsentis affluentiæ obliviscitur, et ferini dentes, abdicatis epulis, cruenta indevoratione armantur. Non legitima sacra reverebantur, aut ceremoniæ quadragesimales a talibus observabantur; quin, proh dolor! ipsa sancta Parasceven die, intestina asinorum, carnes equorum præcoqua ingluvie appeterentur famelicorum.

Nocturna latrocinia ita quoque tempore quiescendi exercebantur, ut si forte custos domus et domini repertus fuisset canis, suffocatus et concisis in frusta partibus, miseris miserum se præberet in epulum. Scrutabantur quoque septa animalium, præsepia pecorum, atque inter rimas parietum ferreis libratis subulis, ea cauteriati fame ita interimebant, ut nulla vestigia hujusmodi fraudis deprehendere quirent: quoniam quidem veruum primo blando palpamine, a loco scrutati vulneris retrorsum acta pelle, deinde corde tenus, infixa cuspide, denuoque resiliente corio obducta cicatrice, dum exterius cruor non valet profluere, interius coagulato sanguine, animal repentina turgescens perflatione, dispendium incurrebat vitæ. Quocirca casuali languore eadem mortua existimantes, ac si morticinia pro foribus exponebant, quæ consciis reatus in pastum proveniebant. Sed, ut dictum est, ipsa cibi refocillatio, nullo pacto vitæ erat propagatio, quippe cum diatim, uniuscujusque auroræ diluculo, nunc hic quadrageni, nunc illic quinquageni, animabus exhaustis, jacerent exstincti; taliterque pro multitudine morientium omnis manus cessaverat pollinctorum. Cerneres temporibus illis Hierosolimitanæ cladem obsidionis, et præsentem austeritate desævire potiori. Illic nefas unius mulieris calamitosa plebs horruit; hic, quodam legitimo jure, clam et in propatulo mortuis nullo modo miserabatur, vivis insidiabatur, sepultis effossio ingerebatur. Quid plura? et temporum prolixitate et crudelitatis genere, hæc multiplex dinoscitur fuisse. Tandem exacta correptione triennali, miseratio Cunctipotentis, qui dat escam omni carni, super filios hominum suapte compatiendo respexit, atque manum aperiens abundantiæ cœlestis, eos suæ affluentiæ plenitudine abundanter ditavit.

XII. Gravi perduellione inter se dissidentibus duobus principibus Franciæ, Odone videlicet Carnotensium, et Fulchone, Andegavensium comite, cum pridem utrisque viribus Pontilevii fortiter profligatum esset[1], sorsque victoriæ ad ultimum, Cenomannensium suppetiis, jam victo Fulchone, cessisset, contigit præfa-

---

1. La bataille de Pontlevoy, gagnée en 1016 par Foulque-Nerra, comte d'Anjou, sur Eudes, comte de Blois, de Chartres, etc.

tum Odonem denuo in hostem arma movere, cum valida lectæ multitudinis expeditione; iterque agentes propter patris Benedicti possessiones, cum ob reverentiam dilecti Dei, idem princeps suos a rapina pauperum interminasset, dicens neminem sanctorum ad auxilium promptiorem, ad vindictæ referendum talionem faciliorem, voci jubentis totius exercitus phalanx velocius dicto paruit. Inde cum præterlegerent ora Alengen stagni, secus ecclesiam Sancti Salvatoris quæ Germiniacus [1] dicitur præterfluentis, unus negligens præmissionis, principalis contemptor edicti, anseres in medio conspicatus fluminis, eas rapturus, illuc equum calcarizando divertit. Cui cum objiceretur easdem patris fore Benedicti, ille qui parvipenderet verba loquentis simul et querimoniam damni deplorantis, oblitus instantis vindicis, in aquas cum quadrupede perniciter prosilit, quo finem malitiæ cum vita locavit. Quique distulit reddere vota vivens, mortuus signa dedit non inultum abire quempiam, qui contra Benedictum se erexerit patrem.

XIII. Hanc eamdem ecclesiam strenuissimus vir Theodulphus, Aurelianensium præsul atque Floracensium pastor egregius [2], haud minimis construxerat sumptibus, sicut celeberrimus authenticorum Aimoinus, in libro Vitæ abbatum, luculenti refert relatu. Quæ ad posteritatem deveniens, annorum volvente chilindro, ita paulatim divinæ servitutis obsoleverat minis-

1. Germigny, canton de Châteauneuf, département du Loiret.
2. Théodulfe, célèbre évêque d'Orléans et abbé de Fleury, mort en 817. Il fit bâtir l'église de Germigny qui conserve encore de précieux restes de la construction primitive.

terio, ut jam tempore Hugonis abbatis, quivis sacerdotum posset reperiri, qui inibi saltem dignaretur commanere pensumque officii exsolvere. Quapropter præfatus abbas, tactus supernæ inspirationis dextera, senio exesam in melius componens basilicam, quatuor nostræ congregationis fratres diligit, qui Deo devote deservirent eo loci. Cujus temporibus quæ inibi miracula acciderint, licet non omnia, saltem vel pauca, vestræ pandamus fraternitati.

Ergo, ut dictum est, cum illic Cunctipotentis obsecundatio affatim religiosorum vigeret proposito, accidit ut quidam languidus, suæ salutis optionis cupidus, ecclesiam die sabbati properaret, suæque paupertatis oblationem, videlicet candelam, super altare deponeret ob Salvatoris honorem; inde quoque, fusa oratione, septa propriæ repeteret casæ. At unus fratrum, Odolricus nomine, erroneæ mentis tactus cupidine, altario clam custodibus properat, lychnum asportat, post se lectulo collocat; meridiana enim agebatur hora. Sed antequam cupitum carperet somnum, terribiliter redarguitur, duriter increpatur quod hujus modi fraudem fuerit aggressus, atque, antequam e proprio surgeret stratu, ita febre corripitur, ut quasi amens effectus prosiliret festinus, ecclesiam peteret concitus, magnis peractum scelus propalans vocibus, simulque sui reatus culpam protestans, fraudis mancupium agens præ manibus. Qui triduanæ anxietatis expiatus correptione, pristinæ sospitati redditur, Deo propitiante.

Alter etiam, Constantinus nuncupatus, post matutinalem synaxim in eadem ecclesia aliquando somno corripitur. Ubi dum ante lucanum in loco stationis suæ paululum indulgeret quieti, vidit; et ecce per medium orientalis fenestræ, retro altaris positæ, quidam episcopalis schematis stigma præferens ingreditur, duarum quasi levitarum comitatus comitatu. Post quos mulier quoque e vestigio subsequitur quædam, proprium in ulnis natum gestans. Ubi insimul stantes, cœpta a pontifice missarum celebratione, ut ad divini ventum est oblationem sacrificii, illa filium adstanti obtulit præsuli, qui ab ipso sancto impositus est altari. Deinde dum initiari incipit sacerdos, puerum in frusta trina partitione concidens, unam super deificam reliquit mensam, sanguinem infra calicem excipiens, particulatimque in eo guttas exprimens, sic reliquas diaconorum manibus tradens. Qui præfatas portiones altrinsecus positis altariis deponentes, post missarumque completionem denuo antistiti restituentes, omnibus redintegratis membris, ipsum viventem redonant genitrici. At ipsi monachum objurgantes, quod nocturnis horis inibi somnum carpere non timuisset, præfatæ fenestræ meatu evanescunt ab oculis ejus. Ille vero visione perterritus, extemplo hujusmodi ægritudine afficitur, ut omnibus membris per aliquot soles debilitatus, atque maximo tumore faciei turpatus, agnosceret nullum omnimodo debere versare in sacris, nisi quem pura conscientia sincere Deo conjunxerit. Porro quid pontifex, quid levitæ, quid etiam mater cum prole velint intelligi, mystice in promptu quimus conjicere. Dum per matrem puerumque ille cognoscitur esse qui dixit : « Caro mea vere est cibus, et sanguis meus vere est potus, » quique, dum pro nostris erratibus immoletur quotidie, vivus et integer permanet semper in suæ majestatis perpetuitate.

Qua in ecclesia, angelicæ visitationis excubiæ, splendor quoque supremæ Celsitudinis, sub conticinio intempestæ noctis, quam frequentissime notissimum est apparere. Sed de his hactenus, nunc alias stilus vertatur.

XIV. Rotberto serenissimo rege, cum Hugone filio, strenuæ juventutis viro [1], felicibus auspiciis Francorum sceptra tenente, atque eodem Hugone sexto sub principatus anno vitam obeunte, Henricus ejus germanus, Burgundionum dux, Remis, die sancto Pentecosten, totius Galliæ faventibus primoribus, in regnum sublimatur [2]; nulli priorum secundus in officiis militaribus, maxime cum ob invincibilem expugnationem quarumque munitionum, non a captione munerum, *Municeps* ab omnibus sit agnominatus [3]. Quod enim castrum obsidens, aut solo tenus non eruit, aut in deditionem non recepit? Quod evidentissimis exemplis post paululum liquebit.

XV. Ergo mater ejus Constantia, prosperis filii abnuens successibus, totiusque populi renitens plausibus in cœlum porrectas habentis manus, eodem die, ascensis equis, mœrens dicessit. Satagebat enim ut alter liberorum, patri æquivocus, regni apicibus præferretur, postmodum a fratre Austrasiæ ducaminis fastigio donatus. (Verumtamen oramus ne alicui subrepat

---

1. Hugues, fils du roi Robert, associé par son père à la couronne, mourut en 1025.

2. Henri fut couronné du vivant de son père, en 1027.

3. C'est la première fois, nous le croyons du moins, que l'on trouve ce surnom donné à Henri Ier.

stomachatio, si per seriem temporum aliquantulum cœptæ narrationis evagaverit sermo.) Regina itaque suos conatus condolens labefactos, adeo in æmulum muliebris machinationis insurgit animo, ut inter patrem et filium altercatione orta, diaboli seminario, ambo eum exturbare cuperent regalis honoris solio; ita ut ab omni Franciæ statu eum propellentes, Balgenciaco castro mercenaria statione hospitaret. Pace inter eos reddita, post genitoris inferias et lugubrem Parisiensis monasterii Sancti Dionysii martyris tumulationem, denuo inexorabilis lis et intestina oritur discordia.

Quamobrem regina maximam regni portionem ad suæ partis resecans sortem, videlicet Sylvanectensem urbem nobilem, Senonas civitatem, Bistisiacum castrum, Domnum Martinum, Puteolum, Meledunum et Pisciacum contra regalem contendebat obtinere cessionem; conlataque media portione Sennensis urbis præfato Odoni comiti[1], ut infausta adversus dominum ageret bella effecit. Nihilominus plurimos nobilium Galliæ haud minori illexit deceptione; ac ita abrupto fœdere pacis, multa rebellium millia in expugnationem principis unius calliditas mulieris crudeliter animavit. Porro ille, uti superba Burgundionum molimina, adhuc agens primæva adolescentiæ initia, avita devicit prudentia, eodem modo calcitrantis Neustriæ colla militari sibi subegit instantia. Siquidem prima congressionis principia tunc cum matre conserit Constantia; primoque castrum adorsus Pisciacum, ob frequentiam

---

1. Eudes, comte de Champagne, de Chartres, de Blois, etc., mort en 1037.

piscium reginæ magnum tunc temporis deliciolum, celeri sub momento, astu Odonis Dolensis cepit, suæque partis ad dominium retorsit. Sane regina vires ferre non valens filii, atque jamjam imminentem pertimescens capturam sui, lustrata opportunitate evadendi, levi elapsa lembulo, per medium Sequanæ alveum, Ponteseram fugæ expetit suffugio.

XVI. At rex Puteolo [1] emovit castra, quo rebelles ferro et famis edomans penuria, pro velle regali afflixit tyrannide. Ubi, dum undecumque pugnatorum manus valida, armis instructa, animis audax, regiæ expugnationis advolat gratia, Soliacensis castri Humbaldides Archenaldus, cum belligera apparitorum juventa, in regis properat obsequia. Nam, ut prælibatum est, palantis matris horrens insecutionem, Pisciaci collocatis præsidiis, ad Puteoli munitionem militum applicaverat cohortem. Quapropter præfatus satelles, dæmoniaco actus furore, Benedicti extorris reverentiæ, ipsius possessiones deprædationibus evacuat, flammis coæquat, atque cum pauperum lacrymis, sedula Benedicti invocatione refertis, et probro tanti confessoris, quo cœptum fuerat quasi secure tendit. Nec mora, ante latum castrum fixis tentoriis, ex Benedicti præda prandium paratur illi. E regione altum facinus pater sanctus non sustinens, adversariique cor præsciens impœnitens, dignæ meritum ultionis maturato culpæ promptissime rependit. Adhuc siquidem flebiles escæ inerant ori, et juxta illud propheticum : ira Dei super eum venit. Orto enim in castris tumultu militari, ipse

1. Le Puiset, canton de Toury, département d'Eure-et-Loir.

e vestigio abjectis epulis, arma corripit, properat in aciem cum suis. Qui a quopiam adversæ partis ictum in incertum vibrante, cerebro tenus lancea citur tam valide, ut extrema agens relaberetur terra, atque illic mortuus apud inferos Cociti glaræas expeteret cœnaturus. Qui, quanquam immeritus, apud Floriacum tumulariam sepulturam est adeptus.

Ergo Puteolicis fame sitique confectis, viribus fractis, spe evadendi frustratis, dextras sibi rogantibus dari rex renuit; sed potius, applicatis machinis, militum testudine vallatos evincere satagit, atque gratia ulciscendæ protervitatis exterminio disperdere intendit. Et nisi amazonidis Constantia, pœnitens facti, satisfaciens filii voluntati, quæque pervasa cum sese subjiciendo illi, succurrisset obsessis, vitæ dispendium protulissent universi. Qui prostratæ matris flexus lacrymis, benigne petitionibus ejus assensum præbuit, illatarumque immemor injuriarum, eam deinceps, quo vixit tempore, decenti veneratus est honore[1].

XVII. His peractis, contra totius factionis principem, Odonem, militum movit cohortem; quem ita in brevi bellorum invectione prædomuit, ut jam bino certamine, inviso fuso hoste, demum repentino superventu interceptum, seminudum, amissis caligis, peremptis sociis, captis exercitæ nobilitatis quam plurimis, impelleret fugæ latibulis imminentis dispendii. Hinc prospera agente fortuna, altiori in inimicum inæstuans

1. D'après ce passage de notre auteur, la mort de la reine Constance, sur l'époque de laquelle les historiens ne sont pas d'accord et que quelques-uns placent en 1032, doit être reportée à l'année 1034, si ce n'est plus tard.

ira, ejus nobili oppido igne concremato Claresio, Gornaico in deditionem accepto, Senona potitus jam dicta, rebellem coegit supplices protendere dextras. Exinde gratia ulciscendæ injuriæ in protervos insurgens, usquequaque aut regno expulit, aut patriis legibus prout voluit subjugavit.

XVIII. Non post multum temporis, Hugo Mauritaniensis[1], vir admodum strenuus in rebus bellicis et genere nobilis, nepos prætaxati antistitis, propagare cupiens confinia sui honoris, regem Henricum adiit, eique paciscitur summam sui patrimonii (erat enim sine liberis), si tantummodo contra aliquos regalis excellentiæ rebelles ei arma movere liceret. Quo impetrato, adeo Soliacenses tempore sationis sub momento protrivit, ut in deditionem acceptis, pontibus in Ligeri fluvio stratis, adventum sui interminaret Bituricensium populis. Sed præventus morte a cœpto destitit, Deo volente. Cujus obitum comperiens, alter præfati pontificis nepos, dictus et idem Hugo, agnomine Bardulfus[2], absque mora exstincti parentis res repetit. Absque voluntate regis, custodibus illectis muneribus, Petverem castrum[3] audaci præsumptione invadit; quæ res non ei prospere cessit; quoniam quidem præfatus rex, undique lectis copiis, cum Balduino, Flandinensium

1. Hugues, seigneur de Mortaigne, en Poitou.
2. Cet Hugues Bardulf ou Bardoul fut un des plus puissants et des plus belliqueux seigneurs du xie siècle. Quoi qu'en dise notre auteur, il ne tarda pas à rentrer en grâce auprès de Henri, car on le voit figurer, dans plusieurs chartes postérieures, au nombre des grands du palais et même précéder les grands dignitaires de la couronne.
3. Pithiviers, département du Loiret.

marchione, terras ejus abripit, igni ferroque tradit. Inde Merelis villam¹, quamdam sui juris munitionem, latronum pro certo speluncam, vigilia Sancti Johannis Baptistæ, una incursione cepit et a fundamentis diruit.

Dein Petveram biennali obsidione cingens, inclusis inedia consumptis, castrum suæ redegit potestati. Postea Novidunum petens, in paucis diebus suam retorsit ad ditionem. Tunc hostem exturbans persequendo, omni honore exulato, Bidorcensis patriæ pepulit limbo. Qui clarissimus rex, ob devictam hostilem superbiam, quascumque res quorumque sanctorum quos Petverenses injuste pervaserant, servorum Dei dominio restituens, haud immemor [fuit] etiam sanctissimi patris Benedicti, quæque suprafato castro adjacentia ab adversariis præerepta restaurans, et restaurata omni malarum consuetudinum censione evacuans.

XIX. Castrum autem Evera², quod erutum a Rotberto rege fuerat, Gauzlini abbatis lautæ memoriæ suggerente solertia, iterato reædificatur in initio regni istius, Odolrico machinante, Aurelianensium præsule, cujus antea abrasum erat mercenaria assentatione. Verumtamen gloriosus princeps, ardore paterni tactus

1. Méréville, canton d'Angerville, département de Seine-et-Oise.
2. Yèvre-le-Châtel, canton de Pithiviers, département du Loiret. Non loin de là se trouve Yèvre-la-Ville, où le monastère de Fleury avait des propriétés que pillaient incessamment les petits seigneurs du châtel d'Yèvre. La destruction de ce repaire était l'objet des préoccupations constantes des moines de Fleury, et ils l'obtinrent plusieurs fois des rois de France. Voy. *Vita Gauzlini abbatis*, livre I, § 33.

emolumenti, idem castrum evertit solo tenus, paterni testamenti scripta nullo pacto attaminari passus.

Est haud longe ab ipso quædam patris Benedicti possessio, nomine Bulliacus[1] vocabulo. Illic cum prædatum militum tenderet turba, quæque utilia secum inhiando ablatura, accidit quoque ut ecclesiam, quæ in honore Sancti Martini inibi habetur, infringere molirentur; in qua cum in quodam Sancti Laurentii oratoriolo vas vino reperissent plenum, illico illud crebris perforant ictibus, merum exportare conantur. Sed falluntur, res mira! falernum in glaciem duratur, liquentis undæ natura mutatur; adacti sparsim foramina, sicco stupescunt meatu. At illi, nec sic adhuc creduli, ignitis starvillis denuo costas terebrant vasculi, rimas intentant certatim; sed pauperis Rotberti potentius oratio valuit, beatorum confessorum Martini et Benedicti frequens inclamatio plus potuit, imploratio inclyti martyris longe præstantior exstitit. Super his oppido illi admirati, abscedendo honorem dedere Omnipotenti. Continuo castrensia septa fama pervolat, replicans quid Benedicti egerit gratia.

XX. Anno ab Incarnatione millesimo vicesimo secundo, Rotberti vero regis trigesimo quinto, Hugonis etiam filii ejus sexto, in anniversario ipsius Nativitatis Domini, audita est nefanda hæresis, sanctæ ecclesiæ catholicæ contraria omnimodis. Erant namque in civitate Aurelianensi, quidam clericalis ordinis, a puero in sancta religione educati, tam divinis quam sæcularibus imbuti litteris. Horum alii presbyteri, alii

---

1. Bouilly, canton de Pithiviers, département du Loiret.

LIBER SEXTUS.

diacones, alii subdiacones, pessimum suæ perditionis lupum sub ovina pelle portantes, quorum princeps erat Stephanus cum Lisoio et Fulcherio, seminarium diaboli et multorum perditio. Cum vero veritas dicat : « Nihil opertum quod non reveletur et occultum quod non sciatur, » revelavit et istorum falsas insanias hæresum, quæ hujusmodi erant. Trinitatem in unitate mentiebantur se credere, filiumque Dei carnem sumpsisse; baptizatos autem negabant Spiritum Sanctum in baptismate posse suscipere, aut post criminale peccatum aliquem ullo modo ad veniam redire; pro nihilo computabant impositionem manuum; non credebant ecclesiam esse, nec per id quod continetur id quod continet dici posse; nuptias cum benedictione non debere fieri, sed accipiat quisque qualitercumque voluerit; nullum esse episcopum, nec posse ordinare per consuetos ordines presbyterum, quia Spiritus Sancti non habet donum. Filii Dei genitricem se habere similem per omnia jactabant, cum nec similis visa sit nec habere sequentem. Venerabilis autem præsul Gauzlinus, hujusmodi rem animadvertens, Aurelianis cum sapientioribus Floriacensis loci pervenit, convictisque adversariis divinorum librorum testimoniis, a præfato rege igni jussi sunt tradi.

Nec multo post unus fratrum nostræ congregationis in noctis visione vidit; et ecce prætaxati seductores, ac si a secessu emergentes latrinarum, habili suorum hospitio meritorum, domum quiescentium irrumpunt fratrum, postmodumque viritim lectisternia scrutantur singulorum. Nec mora, singularis omnium nostrum Benedictus pater, provisor et impiger procurator, a parte basilicæ cum magni splendoris occurrit decore.

Mox etiam ex adverso se illis objiciens, baculo quem tenebat ante se agens, usque ad aquilonalem monasterii insequitur portam; ubi multitudini dæmonum propter fores opperientes traduntur, et ad sibi merita supplicia protrahuntur. Quo circa hujusmodi indagine liquido patet, quod non dormitat neque dormiet Benedictus, in gratia Patris taliter qui sibi juratos custodit Floriacenses.

XXI. Anno quoque ab Incarnatione Domini millesimo tricesimo septimo, era millesima septuagesima quinta, post octabas Paschæ, prima hora diei, amisit sol radios sui luminis, et visus est in ea forma qua videtur esse luna secunda, et circa horam tertiam visus est quasi luna quinta, et post pusillum in modum octavæ lunæ. Eodem anno, fluvius Liger, egressus bis ex proprio alveo, haud minima damna circumjacentibus sibi regionibus intulit. Denique agros villasque depopulans, homines et jumenta interimens, nobis Floriacensibus gravissimam protulit jacturam, multa tritici modiorum millia secum perditum trahens. Eodem quoque anno, memoratus Odo comes, Henrici regis spreta jussione, cum magno apparatu Francorum, contra Alamannos et Lotharingios properans ad bellum, de se suisque magnum exteris præbuit triumphum. Commisso namque prælio cum eorum duce Gothelone, cum multa millia alterutra ex acie corruissent, in ipso certaminis principio terga vertendo, occubuit, proh nefas! Quod huic simile nunquam semper victrici nostræ acciderat genti [1].

---

[1]. Eudes fut défait près de Bar, par Gothelon ou Gozelon, duc de Lorraine.

MIRACULORUM
SANCTI BENEDICTI

LIBER SEPTIMUS

ANDREÆ MONACHI FLORIACENSIS QUARTUS.

I. Lustratis quadripartiti climatibus stilo digestionis insignium factorum egregii patris, jam nunc ad vos, sanctissimi patres, Christo duce, dictando regredimur, quo, sicut quæque remotiora vobis fiunt perinde luce clariora, eo quoque vobis notiora illis sint alternali caritudine viciniora. Quapropter eatenus ad id fraternitatis inducti, etsi non omnia, saltem vel aliqua ejusdem legiferi gesta, quæ ad sacrosanctum ejusdem dilecti Dei tumulum divina propitiatione fiunt, humilis propalet industria.

Igitur decussatim Henrico Francorum sceptra administrante, atque, ut præfatum est, antelato Odone vita inhoneste decedente, duo filii ejus genitoris præpotentes inter se dispertiunt honores. Unde Tetbaldus, major natu[1], tam Carnotensium quam Turonensium fastigia, assensu ejusdem regis, suo libitui conciliat; porro alter junioris ætatis, Stephanus, Trecas Meldensiumque sibi apices eodem jure consociat. Sed cum veritas dicat : « Omnis plantatio quam non plan-

---

1. Des deux fils du comte Eudes, c'était, contrairement à ce que dit André, Étienne qui était l'aîné et Thibaud le cadet.

tavit pater meus cœlestis eradicabitur,» et cum ipse iniquitates patrum visitet in filios in tertiam et quartam generationem, decrevit quoque horum prædecessorum malitiam in filios transgressionis explere. Nam quibus simultationibus horum proavi statum regni præcedentiumque regum fasces permovere, aut quibuslibet concinnationibus obsolevere, seu qua fraude dominantium sceptra astu callidæ perversitatis corrosere, atque fines suæ dominationis infauste ampliavere, plus valet efferri ipsa re quam stili digestione. Unde clarissimus rex ex quarumdam rerum pervasione dolore cordis tactus intrinsecus, segnitiemque, immo insolentiam patrum exsecratus, ad injuste pervasa animo invigilat. Cujus illi conatus invincibiles persentiscentes, rectitudinisque callem negligentes, undecumque auxilia protrahunt, et quem invincibilem bello sentiunt regni fastigio exturbare contendunt, ut pote quorum ad partes propensiores totius Franciæ spectarent proceres. Unde Odonem, ejusdem regis germanum[1], pelliciunt, fratri gratia regiminis subtrahunt, ac post deinde clerum cum conventu nobilium paulatim veneno suæ proditionis ita inficiunt, ut quidam ex hoc proscriberet dicens : « Et genus et species communi bulle soporant. »

II. At vero præclarus princeps, humanis destitutus auxiliis, corde tamen persistens irrefragabilis, contra factionarios arma corripit, atque in quodam municipio fratrem aggressus, cum aliquantis cepit, Aurelia-

---

1. Eudes, quatrième fils du roi Robert. Voy. encore sur ce personnage et sur sa mort le 1ᵉʳ chapitre du livre suivant.

nisque custodia deposuit[1]. Exin alternaliter diversæ inexplicabilesque cædes, ignis rapinarumque depopulationes, crebræ quoque concursiones. Nihilo segnius inclytus princeps in profanos sedulo invehitur, et quanquam impari apparatu longe numero profusiores demolitur, castrisque eorum cum patrimoniis, Deo auxiliante, potitur. Inter quæ, cum præfato Stephano etiam congressus, vicit, fugavit, comite Rodulfo retento cum suis[2], in quo summa totius factionis sita et opitulationis secura erat; cujus rebus in deditione receptis, ipsum sibi postmodum fidelissimum auxiliatorem effecit. Deinde, divina virtute propitiante, paulatim iniquitatis plebe resipiscente, regiis suppeditatur suppetiis, ita ut Causiacum in momento expugnato Terotæ irrumperet castro; ac demum, navalibus machinis constratis, municipium contenderet Gisleberti. Metlandico et quidem solo terrore devincto, comitem Galerannum[3] regni pepulit limbo. Exinde comitem Andegavensium Gauffredum expetens, solum tantæ concinnationis extorrem, sibi jurisjurandi lege associat, utque contra rebellem Tetbaldum arma moveat efficit imperiali censura; qua licentia ille Turonorum vallans ambitum, munimine vallat aggerum, qua obsessæ urbis animos pervigili instantia infringit civium. Quo comperto, suprafati fratres et principes, undecumque collectis auxiliariis, et pene a totius regni partibus insimul coadunatis conjuratoribus, illuc gressum dirigunt, armisque ac valida manu insignes Turonen-

---

1. Voy. Ex Chronici veteris excerpto, *Recueil des historiens de France*, t. XI, p. 158. Voy. *ibid.*, p. 160.
2. Raoul, IIe du nom, comte de Valois.
3. Galeran, comte de Mantes et de Meulan.

sium expetunt fines. Id autem Gauzfredus pertimescens, adversariis pergit obviam, commissoque certamine, immo effugatione ac si inermes invadit; atque septingentis sex et sexaginta exercitæ nobilitatis retentis cum universæ deprædationis manubiis, ipsum comitem Tetbaldum claris sortitur triumphis, in proximo urbe potita, cum omnibus appendiciis illius et honoris summa[1].

III. Hac nihilominus tempestate, anno Dominicæ Incarnationis millesimo quadragesimo quarto, mense decembri, sexto idus ejusdem mensis, octava hora noctis, feria quinta, luna quarta decima, eclipsis ipsius inter Hyadas et Pleiadas contigit. Eodem quoque anno et mense feriaque eadem, hora diei secunda, decimo kalendas ejusdem mensis, solis eclipsis similiter evenit. Quo siquidem anno, Mahildis regina Parisiis obiit, quam ex Cæsarum progenie matrimonio sibi asciverat præfatus rex; susceptaque regia ex ea prole, hominem decessit, monasterio Sancti Dionysii tradita sepulturæ. Sed hæc hactenus; nunc pollicitæ narrationis ordo adoriatur.

IV. Ergo longe ante harum exitus causarum, celebris memorialis Gauzlino vitam obeunte, Arnaldus biennio præfuit Floriacensium monarchiæ[2]. Quem

1. Il s'agit de la bataille de Noet, près de Tours, où Geoffroi-Martel, comte d'Anjou, battit en 1044 Thibaud, comte de Chartres et de Blois.
2. D'après ce texte formel, il y a lieu de corriger Mabillon et les auteurs du *Gallia christiana*, qui ont donné Azenaire pour le successeur immédiat de Gauzlin dans le gouvernement de l'abbaye de Fleury.

Azenarius, ex clerico monachus, astu uti innocentem decepit, honore exuit, seque, quam plurimis laicalis nostrique ordinis veneno pecuniæ infectis, injuste supposuit. Sed triennio sat incommode potitus, ut pote divinæ virtutis solamine destitutus, invitus secessit Mathiacæque[1] abbatiæ se contulit. Nam, o justi Judicis æquitas! cum ille sicophanta claustro cum fratrum resideret contubernio, speciem solo habitu veri mentitus pastoris, hunc certis horis spiritus Domini malus ita exagitabat, o apostata Saülis stropha! ut relicto claustro, elabi tentaret, exturbatus divinæ virtutis potentia. Si quando etiam, gratia utilitatis loci, seu verius, ut ita dicam, vagacitatis limen exiret monasterii, quando rediens longius turriculi signorum prospiciebat cruciculam, tanto subita mentis mutatione ita agebatur, immo sui reatus terrore afficiebatur, ut domum repedans inter fratres ac si inter hostilem se æstimaret versare catervam; præsertim cum nullatenus per ostium introierit justitiæ, sed aliunde per tegulas videlicet Sathanæ in Jesu Domini se submiserit ovile. Cujus rabies quas turbas dederit, quove exterminio omnium plantarium deliciarum, Floriacensem scilicet locum, perdiderit, aut quibus suæ malignitatis cornibus limpidos fontes tanti paradisi turbaverit, quibusve pedibus irrefragabilis simultatis irriguos amnes universalis sophiæ exsiccaverit, quibus vireta aureæ vallis et nemora, [quæ] inter omnia matris ecclesiæ ligna cedro altius se efferebant, nulla valet recenseri vigilantia. Porro ut memoratum est, exacto triennio, matutina-

---

1. Pour *Massiacæ* : l'abbaye de Messay, diocèse de Bourges, département du Cher.

rum fratribus psallentibus synaxim, festivitate Sancti Benedicti, dum *Te Deum laudamus* hymnus insonuit, fugiendo abscessit. Sane hujus successoris illius Hugonis temporibus, quæ Benedicti floruere miracula, præsens, ut pollicitum est, explicabit instantia.

V. In confinio namque Senonicæ urbis, quidam pater familias stationem habuit, cujus unicus filius ita erat longa ægritudine affectus, ut, arescentibus nervis poplitum, ex integro amitteret incedendi officium. Huic, ferme unius anni curriculo, hac afflictione attrito, divina revelatio apparuit, ut Floriacum expeteret solum admonuit, quo ibi reciperet valetudinem totius corporis; qui supernæ admonitioni credulus, proprios genitores convocat citius, nocturnæ quietis visus pandit attentius. Illi vero nequaquam hujusce rei visione permoti, sed potius deputantes somnii deliramentis, sperabant eum ab intentione posse averti. Attamen, ut se comperit parentum auxilio destitui, viam clanculo arripit, sustentatus scamellorum supplementis, et Floriacum usque pervenit. Post vespertinalem autem synaxim, conatibus quibus potuit ante sanctissimi patris tumulum se protrahens, talia humili voce dicere cœpit: « Eia! inquiens, clementissime Benedicte, omnium tibi famulantium spes adjutorque fidissime, tuis obaudiendo præceptis præsentiam tui corporis ut jusseras expetii, præstolans miserationes tuæ pietatis; jam nunc memor pollicitæ donationis præsentem tuum respice famulum, et assuetæ dulcedinis porrige manum, ut sospitati redditus, rediens ad propria, tibi possim laudes dicere in sæcula. » Hæc et his similia cum deploraret voce querula, paulatim corpore se extendere nervi diutius morbo marcidi, ac ossa longo torpore sopita cum quodam lætitiæ sonitu pristina repetere officia, et vacillantem machinam corporis consuetis gestare ministeriis. Cuncti autem qui aderant vota unanimi reddideruut omnium Creatori, qui semper proprios sic novit honorare amicos.

Nec longo tempore peracto, alius quidam advenit vocis adminiculo privatus a matris uberibus. Fidelium vero quorumdam agente devotione, in cryptam ducitur ubi quondam divina dignatio hujus sanctissimi legislatoris venerabile corpus decrevit tumulari. Ubi cum a quarta diei hora usque ad undecimam prostratus jaceret, et cordis devotione piissimi patris opem exposceret, inter ipsos suæ orationis ploratus somno corripitur. Imminebat equidem solemnitas beatissimi Petri, apostolorum principis, cujus noctis excubias consueto more fratres præstolabantur humili cum reverentia. Interim sanctus pater, nequaquam se suppliciter poscentis oblitus, apparuit ei in specie qua animam viderat propriæ germanæ superni regni palatia introire, ac ei dixit blanda sermocinatione : « Quid, inquiens, puer advenisti, aut quid tuæ salutis quæris ? » Cui cum ille respondere vellet : « Domine, tu nosti; » subito vocis organa silentes fibrarum occupant venas et inusitata persolvunt officia. Evigilans autem et primitias novi sermonis in laudem tanti patroni lætabundus foras proruit, restaurationeque sui et omnem confluentium turbam exhilaravit dicentium : « Gloria, Christe, tibi! »

Talia virtutum insignia quidam coævæ ætatis puerulus cernens, cum totius precis lacrymis deferri se ad ejusdem sancti mausoleum petiit, ex cujus etiam familia, conditione naturalis genealogiæ, carnis originem duxerat, a renibus ad pedes totus et iisdem debilitatus. Hic sane præ foribus culinæ fratrum assidue solitus erat pernoctare, quippe gressuum destitutus juvamine, ac a transeuntibus stipem alimoniæ petere. Qui scilicet persistens in eodem loco trium ferme mensium curriculo, aliorum ulnis ut limina reverendæ attigit basilicæ, sospitati ita redditur plenissimæ ac si nullius fuisset infirmitatis tactus incommoditate. Quid ergo, fratres carissimi, his tribus miraculis trium puerorum mirabili assertione insignitis, Dominus noster nobis revelare voluit ? nisi ut sub trinæ admonitionis indagine, ostendat nos puritatem veræ innocentiæ aggredi debere, mentis demolita rubigine. Ait enim ipse : « Nisi, inquiens, convertamini et efficiamini sicut parvuli, non intrabitis in regnum cœlorum; » et alias : « Sinite parvulos venire ad me, talium est cœleste regnum cœlorum; » et Psalmista : « Ex ore, inquit, Deus, infantium et lactantium perfecisti laudem. » Quod si nondum quis perfecte valeat assequi, videat ne, dum istorum laudi perfectæ derogat, tenebris cæcatus suæ perfidiæ, in perfectæ incidat pœnas gehennæ. Quod quidam haud animadvertentes, sed suo errori potius assentientes, divinæ indignationis vindicta plurimas, ut ipsi experti sumus, in se pertulere angustias. Unde nos, dilectissimi, qui tanti patris præsentia unanimiter lætamur, hunc nostrum patrem magnificis laudibus extollamus, et quæ ad honorem sui nominis et constantiam nostræ fidei propriis concedit inspicere servis, lætabundis suscipiamus animis; ex hoc quoque gratias agamus nostro Redemptori, qui illum in terris taliter frequentibus exornat miraculis.

VI. In partibus Burgundiæ quoddam habetur castrum, Disesia dictum [1], incola cujus quidam dictus Rodulfus. Huic gressuum itaque officio crure tenus debilitato, fere sex quindecim annorum spatio, divinæ visionis apparuit consolatio : ut Floriacum tendat, Benedictum patrem exposcat, inculcat admonitione crebra. Igitur supernæ miserationi fidem dans, atque laboriosam reptationem laborioso labore attentans, post arduam confecti itineris progressionem, locum properat tandem ad usque Floriacensem; in quo fere sex mensium demorans spatio, tandem Divinæ Ascensionis vigilia, in somnis admonetur ut mane facto se protraheret usque ante Dei genitricis altare, inibi recuperaturus donum sanitatis diu optatæ. Verumtamen æstimans somniorum id illusionem esse, maxime cum identidem quotidiana perageret continuatione, atque a cupita deficeret spe, rursus obdormit diem operiens instantis solemnitatis. Sane reddito mane terris, jam secunda hora diei, cum omnis populus præstolaret stationem apud Sanctum Andream, ac si ad alteram Bethaniam, quam venerabilis Gauzlinus abbas annuatim decreverat agendam, ob Dominicarum reliquiarum honorem quas ipse a partibus detulerat Italiæ, uti liquido digessimus in vitæ ipsius serie [2], tunc prædictus debilis una nobiscum usque ad jam dicti apostoli templum, sed præ foribus orans, præ maxima multitudine plebis interius introire non valens, quodam divino terrore arripitur, angustiatur, atque interior casus signo palloris et sudoris patenter exprimitur. Verum-

---

1. Decize, canton de Conches, département de Saône-et-Loire.
2. Voy. *Vita Gauzlini abbatis*, liv. I, ch. xx.

tamen fratres, oratione præmissa, tertiaque hora solemniter decantata, dum annuali lustratione cum sanctorum reliquiis metatum illius obambire cuperent castri de more, divinitus subito irruente nimbo, sistimur atque retrogrado calle monasterium redimus. Quos præfatus reptando subsequens languidus, ante Dei genitricis Mariæ altare substitit, ibique inter ipsa missarum solemnia, uti superna didicerat responsione, sanitati redditur diu cupitæ.

Quidam figulus, nomine Wilielmus, Pedentionis villam inhabitans, quadam die, feria quinta scilicet, gratia publici fori luteæ mercis labores venditurus advenit, factoque negotio, quo de lucrato fœnore domi aliquid suæ deferret familiæ curiosa satagere cœpit sollicitudine; cujus conjux dum eo resistente quippiam salis vellet emere, atque eo crebro obsistente, nullo modo cederet feminei animi pernicies, ille ad sanctam basilicam ambas subrigens palmas : « Per hunc, ait, Sanctum Benedictum id nusquam eris actura. » Confestim miseri pejeratoris sinistrum brachium cum ipsa manu ita emortuum mansit ac si omne corpus vitalis caruisset calore spiritus. Is itaque hoc infortunio ita turbatus, solo inani verbo utpote et sibi ablatus et liberis, dum in ancipiti fortuna mœstus, consciæ culpæ facinus deplorat, id utilis captat consilii, ut, candela ad longitudinem languidi cubiti facta, monasterium adeat, Benedictum patrem expetat, culpam agnoscat, atque de cætero emendationem promittat, sicque eam ante sacrosanctum tumulum ardentem derelinquat. Quo facto et in proximo pristinæ redditur sanitati, ac de reliquo ab hujusmodi verbo castigatus omnimodis mansit.

VII. Quid Britannicas in partes probro justi Judicis actum sit, examine hic dignum censuimus subnectere. Eadem in regione; provincia dicta Broherec, miles quidam adhuc superest juxta proprietatem illius brutæ gentis, Rivallon nomine. Qui juvenilis ætatis illectus frivolitate, utque credi potius valet, dæmone instigante, cujusdam feminæ, vocabulo Rojantric, decipitur amore, jugalibus sponsi thalamis orbatam nuperrime; sed hanc non legitimo sibi sociari peroptabat connubio, non casto copulari matrimonio, sed ut sub infamiæ titulo meretricali sibi deserviret famulitio. Diebus ac noctibus, minis et precibus, tormentis et muneribus, pudicos nobilis puellæ insudat perfringere conatus. Quæ primum intemperantiam adolescentis horrens, altumque facinus exsecrans, postmodum autem dum uspiam nullus evadendi aditus reperitur, hujusmodi apologetico utitur : se Deo suam post viri divortium vovisse continentiam, ut, mutato habitu, Regi totius virginitatis, cum cæteris ipsi dicatis, se contraderet in basilicam Sancti Salvatoris. Hæc imprudens homo percipiens idque nullo modo ferens, undecumque contractis copiis, vigilia sancti Andreæ apostoli, ad habitaculum properat innocuæ mulieris; deinde domus militum corona ambitur, fores succiduntur, triclinium irrumpitur, ludibrio Dei ancilla agitur, atque denuo mater cum unica filia prostituendæ cæteris deliberantur. Patrato vero scelere, atque omni assumpta supellectile cum universis quæ reperere, ad sua cœpere spurcissimi victores redire. Ast ille qui solus dinumerat gressus omnium filiorum Adam, quique æquo libramine flebiles appendit lacrymas viduarum et orphanorum, haud passus est impios ab itinere impunitos abire. Siquidem unus arreptus a dæmonio, equo insidens, hastæque cuspidem humi infigens, post demum lanceæ aciem pectori applicans, impulso in se viriliter cornipede, trajectus acinace exspirans delabitur terræ. Duo nihilominus tantæ concinnationis fautores, semoti a cæteris, equitantes atque secum de perpetrato facinore debacchantes, a spiritibus immundis visibiliter rapti cum equis et armis, invisibilibus, ut credi potest, mancipati sunt pœnis. Attamen cor impœnitens, in die iræ iram omnipotentis Dei thesaurizans sibi, neque emolliri sic potuit; sed omnibus secum assumptis, domum propriam repetiit, quo inæstimabili timore corripitur, ac si ex improviso hostium multitudine vallaretur. Unde repentinam legationem ob tutamen suum ubi ubi dirigit, cum non inimicus carnalis sed vindex immineret spiritualis. Ergo, ut dictum est, ita Dei judicio in sese perterritus, dum circumquaque finimitorum poscit auxilia, atque ad hæc impetranda tres satellites festine ex propria dirigit familia, jam procul fere milliariis duobus a tyranni domo, quodam ignari viarum subsistunt quadrivio (erat enim nox), ubi unus eorum, nomine Roaldus, cujus hoc ab ore cognovimus, in modum volucris vertici inhærentem ipsum inimicum humani generis sentit, utrasque genas sui geminis alis cientem iteratione frequenti, unguibus cum rostro cerebro tenus infixis; deinde ita sensum funditus amisit, ut quam tenebat hastam mucronis intorquens toto conamine, nescius in compares dirigeret necem. Verum quid ex illis actum sit, quodve egerint, usque in præsens nescitur. Porro hic ab equo plenus vesaniæ prosiliens, pugnis et alapis vultum oraque cruentans, ac crines capitis furibundis manibus discerpens, totumque corpus dilacerans, perfectæ amentiæ traditus est: nunc torvi voces juvenci, nunc clamores grocitantis imitans corvi. Sed illi quonam pacto subvenit Dei miseratio, patris Benedicti merito, dignum duximus promere fidelis descriptionis stylo.

Itaque præfatus dæmoniacus omnimodis sui oblitus, ad horam traditur Sathanæ in interitum carnis. Post tergum manibus revinctis, immemor sui, iter arduum arripit; sicque per juga montium, per fruteta sylvarum, per gurgites fluminum, brachiis, ut dictum est, retro ligatis, fines ignotæ regionis, dæmonico agente instinctu, nunc cursitando, num saltuatim expetit anhelando. Non moram aliquando lassitudo impulit, non successus noctium aut intercapedo dierum remorationem intulit; sed tot interstitia terrarum, ac si sub unius diei vertigine, nullo obsistente, nemine refragante, solus cum solo hoste mirabili dimensus est celeritate. At ubi tali sub momento, trium hebdomadarum a nativo solo discurso spatio, Floriacensi appropiat monasterio, perterritus inimicus imminenti misero auxilio, in proximum lacum, dictum Kanordus, piscium gratia fratrum deditum usibus, ipsum præceps impellit, utque vitam extorqueat submersione instat frequenti; cum Benedictus pater præsto affuit, atque sine remige, absque humano juvamine, ligatum juvenem eduxit a flumine. Nec aliquid in eum unda valuit, quæ quondam territa Benedicti meritis sese calcabilem præbuit, ac utrumque discipulum sanum et incolomem restituit. Viderit, quisquis est, quid potioris censeatur admirationis, an justi justum discipulum super aquas cucurrisse, aut perversum perversi famulum in aquis vixisse aut sub aquis mortem evasisse? Igitur prosiliens a flumine, cursum utpote menceps per medium arripuit villæ, clibanumque ardentem fortuitu intuens, ac toto conamine illuc moriturus festinans, dum jamjamque immineret ori ferventis fornacis, tunc per unum a præsentibus capitur, quis vel unde esset inquiritur, sed nulla petentibus responsio fertur. Sane a multitudine populi tentus, dum valvas monasterii attigit, tunc varias voces edere cœpit, nunc ferarum, aliquando volucrum, nonnunquamque latratus catulorum; ac postremo conqueritur quid sibi velit Benedictus, quid a propria domo exturbare conetur, quid sibi jure concessum injuste auferre moliatur. Attamen, ut ante sacrosanctam pervenit tumbam, virum Dei ferre nullo modo valens, in specie canis hominem linquens, omnium Creatori ad horam dedit honorem. Quis tamen edicere prævalet quas quantasque piæ devotionis lacrymas, sub clangore signorum, fidelium fuderit turba?

Porro recepta sanitate, cum post quindecim soles ad propria cuperet redire, adest denuo ille pestifer hostis in specie murilegi, silentio intempestæ noctis, primumque dominum domus Balduinum evigilans, nam ante ipsius lecti aderat spondam, postque enormis coracis versus in figuram, trina grogcitatione cunctos excitando exterret, ac si patenter sodalitium sodalis inquireret, servum repeteret qui Benedicti præsentiam proprio libitu relinqueret. Sed ut ex nimietate terroris evigilavit osque ad proclamandum aperuit, subito ille versus in speciem teterrimæ avis in eum reintroivit, quam ipse, uti postea confessus fuit manifestissime, sciens glutivit, sicque novissima hominis illius exstitere pejora prioribus. Iterum miser capitur, iterum ligatur; maneque facto, denuo coram piissimi patris sistitur mausoleo, servusque ei et stationarius adscribitur perpetualis. Mox universis cernentibus, potentiori victoria hostis proteritur, dum per meatum urinæ superatus egeritur.

Sane ille antiquus inveterator, bino jam supernæ congressionis fusus fugatusque duellio, rursus bella innovat, denuo viperina arma exacuit, altiusque insurgens, non jam quemlibet suorum, verum victoris principis provocat attentatque exercitum. Siquidem ipsius noctis conticinio, quo plebs monastica tanto gratulabatur in tripudio, cumque jam fratres membra laboriosæ pro certo quieti laxassent, illico ille perfidus adest inimicus et prædo, assumptaque crocitantis forma coracis, dormitorii septa celeri volatu contendit, perlustratisque omnium lectisterniis, bile efferæ malignitatis accensus, totus in quemdam fratrum nostrorum invehitur præceps Odonem, qui venerabilis Dei amicus, hesternis memorati compatiendo miseriis, sacris illum agentibus exorcismis, meritis dilecti Benedicti pristinæ redonaverat sospitati. Qua ille versipellis tactus injuria, et maxime cum non solum jam magistri, quin imo boni discipuli pelleretur censura, totus in eum, ut præfatum est, efferatus possidendum adoritur, lectique illius propter assidens spondam, panso ore, alis extensis, in os ejus intrare gestiebat sui condolens. Enim vero excito dormiente tanti horrenda voce tyranni, dum eo pone respecto, divinum perterritus exposcit auxilium, necdum prima syllabarum nominis Benedicti emissa, ille perosus ocius fumo evanuit, atque cera liquidius senatum monachorum liquit exterritus. O Deo carum! o Deo dilectum! cujus non solum nomen, verum quælibet nominis litterula, ac si ignita Potentis sagitta arcu meritorum emissa, hostem antiquum persequitur æternum usque in exitium, ad gloriam et venerationem illius cui omnis jure debetur laus et famulatus.

VIII. Miles quidam, vocabulo Erbertus, contra suæ professionis quempiam diutinam agens perduellionem, fallente blandientis fortunæ sorte, atque aliorsum quam speratur longe secedente, ab inimico capitur, vinculis traditur, carcerali custodiæ irremediabiliter et truditur et cruciatur. Itaque non solum inedia famis, sed et longo situ et squalore confectus ergastuli, nam satis inhumane et crudeliter tractabatur ab adversariis, singillatim quæcumque poterat sanctorum ad sui auxilium exposcebat suffragia, præsertim cum ex asse illi deficerent humana. Sed, ut dictum est, continua intente fundens precamina, dum sedulo frustra eadem edit verba, id superna dissimulante providentia, post innumeros imbres lacrymarum, post omnium attentationem orationum et familiares quorumque sanctorum expostulationes, jam quasi desperato et universalium asilo exinanito totius dolentis animæ, singularis Benedictus pater, revelatio illius memoriæ, obviat extemplo. Quem captivus, quasi jam compos effectus sui, implorare cœpit vocibus tremulis, quo solitæ dapsilitatis privilegio opem ferat elego, absolvat a vinculo, ut illi perpetuo cum uxore et liberis adscribatur sub servitutis nævo, maxime cum circum illarum maritimarum confinia terrarum, nomine tantummodo, non vero aliquo effloruerit miraculorum signo. Habetur siquidem illas in partes quoddam castrum, Monsteriolus dictum, quo, ut dictum est, clausus servabatur præfatus miles. Quid plura? Ex inconstantia angoris et tristitiæ somno arripitur, atque a Benedicto patre illi confestim assistitur : compedes et catenarum nodi baculo quem tenebat adtritantur, ferrea repagula reserantur, homo caute abire præcipitur. Taliter vero evigilans, et omnimodis visioni fidem dans, a strato prosilit atque per medium custodum undique circumjacentium, sed divino sopore stertentium, elabitur passuatim. Post demum pro viribus iter arripit, sicque cum suorum vinculorum capturis, Floriacum, die Natalis Domini, tendit, servile debitum Benedicto patri ultroneus solvit, promissum peragit, et ita gaudens patriam repetit.

IX. Dicente apostolo : « Non possum visa et audita non loqui; » igitur dum adhuc puerulus in lare paterno Davidicos rudi tirocinio discerem psalmos, quamdam memini puellam, Evam nuncupatam, cui ob mei providentiam, et gratam pervigilemque circa quarumcumque rerum sollicitudinem, peculium totius domus pater cum matre crediderant. At vero, una solemnitatum die, cum in semper recensendi Benedicti basilica missarum perceleberrime agerentur sacra, atque ceu mosaica theoricæ recordationis buccina, ob festiva evangelicæ adnuntiationis verba, duo pansiora alternarent signa, omnesque, sicut illis moris erat, cum oblationibus catervatim concurrerent, quo, peracto voto, pransuri alacres redirent (nam tunc cautum erat non antea cibum sumere), nobilium quempiam contigit matrem comitatum sese accingere ad eundum; cumque me ad simile opus promptulo, jam epidermine cum clericali birro aptato, ipsa sibi habilius anobalarium a suprafata pædagoga reposceret, eademque ad heræ jussum, querula indagine quæque scrutando perlustraret, nec uspiam reperiendi admitteretur spes, ita antiqui Sabæi arte subita mentis pervertitur immutatione, ex nimio hujusmodi infortunii angore, ut cultro quo casu tenebat vitam sibi non formidaret abrumpere. Exinde miserius lacrymabili subacta vesania, diabolica machinante calliditate, a circumstantibus vincitur, unaque nobiscum monasterium deducitur, crypta includitur, medico spiritali sananda relinquitur; quæ illic subito obdormiens, in eodemque loco a quinta diei usque ad horam nonam quiescens, amissam, Deo propitiante, resumpsit sospitatem, nec in horum aliquo Satanas valuit, cujus fraus Benedicti meritis in nihilum semper liquescit.

X. Irremediabilis famis austeritate provinciam nostram, per idem tempus, Dei judicio, gravissime profligante, bonæ memoriæ genitor meus, Stephanus, indigentium ferventius cœpit pauperiem sedula districtione relevare, adeo ut ducentorum multitudini et eo amplius rogam propriæ substantiæ suppeditaret quotidie, infirmos visitaret, plurima nosocomia, ad id boni constructa, jam securus de præmio, solerti sedulitate repleret, mortuorum corpora, cum uxore propria, sepulturæ honeste mandaret. Porro, ipsos hoc in negotio occupatos, contigit fortuitu archam pauperescere a tritico, quæ ferme decem ejusdem annonæ capiebat modios, quo pauperum turba assignata refocillabantur hora. Quod ille fidelis conjugis comperiens relatione, suggerente et perscrutante ab illo quo ordine continuaretur tanti operis intentio, præsertim cum instantis inediæ miserias permaxima anni adhuc protelarent interstitia, ille fixam uti solito in Deo semper habens spem : « Vade, ait, non in aliquo hæsitans, sed in Salvatoris et ejus famuli Benedicti virtute confidens, summo diluculo cistam aperiens, ex iis quæ inveneris pauperum Christi compesce esuriem. » Tunc mulier sapiens ori jubentis cordis credulam adhibens aurem, postquam ante lucanum Dei amici expetit templum, ipsa ad illud eleemosynarium accelerat asylum, quod ex cœlesti abundantia ita stupescit confertum et coagitatum [*f.* coaggeratum], ut undique farris super effluentem admiraretur cumulum; neque in eodem eadem defuit largitas quamdiu prædictæ calamitatis institit penuria. Taliterque nobis Benedicti gratia Helisei redeunt signa, sic ducentorum modiorum pia magnalia renovantur, superna operante clementia.

XI. Operæ pretium prosequendum fideliumque auribus, utique reor, intimandum, quanta suæ procurationis sollicitudine hic gloriosissimus confessor circa suorum ferveat diligentiam pignorum. Hinc locum quo, Deo disponente, inhabitat qua placeat invisere frequentia humilis propalatio calami paucis absolvat; primusque nobis strenuissimæ solertiæ obviet Helgaudus, ab ipsis cunis ejusdem sanctæ sedis monachus et chimiliarchus, sanctorum ossium custos ac provisor tam vita quam moribus idoneus. Hujus namque temporibus accidit, ut quorundam ædituorum ad sese respicientium levitas, vaga garrulitate indepta, post completorium synaxim, inquieta ageret seria mutua scurrilitate, per medium tanti Dei principis aulæ. Cumque hoc etiam hebeti iteratione per dies frequentarent, adstat in visu quiescenti fratri sanctus Dei abba Abbo, jam pridem martyrii lauro coronatus a Christo; quidque inepti providentia, somno sepultus, patrem Benedictum inquietari assentiat, ferulam manu proferens signoque palloris iram intentans, verbo cum verbere increpat acerrime; ita ut cum magnitudine clamoris et illatorum vibicum indiciis, signa perpenderentur invisibilis correctoris. Cæteri autem pœnitentia ducti, alterius sunt deinceps emendati plagis.

XII. Sancitum equidem ab antiquis patribus est nostris, curiosaque prævidetur cautione, quo omni noctium sive dierum tempore, bina luminaria inter ipsa sancta sanctorum luceant absque ulla interpolatione. Quorum unum oleaginæ undæ suffitur liquore, positum pone Dei genitricis altare, quæ, pro participibus universalis genituræ, oleo inroratum lætitiæ mundo protulit intemerato ex ventre. Porro alterum, e ministerio apum, Benedicti patris deservit præsentiæ, ut qui lux et lucerna mundi ab omnium profitetur auctore, et evidenti non ignoratur assertione, præ se habeat quod in illo et de illo fidelium credulitas gaudet autumare. Quod si quidlibet horum forte contigerit occidi, aut sanctorum fragore reliquiarum, aut horrore cœlestis provisionis, custodum somnus aufugit, nec quispiam eo loci quiescere permittitur, quoad utriusque luminis parilis societas revocetur.

Nil minus angelicæ visitationis excubias mirabili inibi experti sumus frequentia; utque e pluribus unum referam, imminente celebritate inventionis sancti protomartyris Stephani, vigilia videlicet ejusdem festivitatis, jam conticinio intempestæ noctis, per sudum cœlestis laus carminis paulatim templo Dei cœpit illabi. Deinde per mella se profundens symphoniacæ dulcedinis atque resultans vocum diastemate inenarrabili, clara circumquaque aspergine reboando perpenditur audiri. Quæ modulatio septa dormitorii penetrans, fratrumque quosdam altioris reverentiæ et sanctitatis excitans, ac si ad nocturnalem propellit servitutem; ex quibus duo, unus vocabulo Tetgerius, officio fungens diaconatus, ac liberalium artium disciplinis a puero adprime eruditus, alter quoque, dictus Tetfredus, Sancti Florentii quondam abbatiæ honore donatus, veluti præventi nocturnalis officii hymnis, quantocius stratis prosiliunt, januamque monasterii citissime adeunt. Quo antequam pervenissent, angelico jubilationis organo exterriti, ad sese reversi secumque mirantes et Dei gratias agentes, retro sunt regressi, matutinale debitum pervigiles præstolaturi.

Unus nostrorum fratrum, nomine Gerardus, vir reverendæ conversationis et vitæ, sacrorum provisionibus cæteris adactus erat custodibus. Cui, una noctium in latere basilicæ quiescenti, quidam adstitit haud alius quam Benedictus ille celebris, quoque de lecto surgere deberet bina apparitione submonuit. Verum etsi ille, ibi aversa aure, monita pii negligit monitoris, tamen ille suorum custos pervigil, ille ædituorum ædituus mirabilis, jamjamque persentiscens imminentes antiqui inveteratoris artes, operculo lecti manum admovet atque super membra jacentis miserando reducit. Quo facto, e vestigio subsequitur permaxima laquearii ipsius templi ruina, cujus potior pars inclusi fratris stratui ita durissime inliditur, ut facto sonitu, monasterium omne a fundamentis ruisse æstimaretur. A multis concurritur, ad voces vociferantis promptissime tenditur, sui salvatoris consuetos replicat actus.

XIII. Sanctus Dei Abbo, cum tempore domni ac præcellentissimi Oyboldi, hujus loci rectoris, Anglicarum expetiisset confinia regionum, ut in libro Floriacensium continetur abbatum, exemplo vitæ beati viri nonnullos illorum accendere spiritaliter contigit, præsertim cum ille, nunc affluentia doctrinæ, nunc exemplar coelestis doctrinæ verbo et moribus commendaret quotidie. Quapropter contigit ut multi nobilium, sæculi abdicatis pompis, uxoribus cum liberis spretis, parentibus cum cognotis neglectis, patrimoniisque juxta evangelicum præceptum relictis, patria rebusque postpositis, præsentiam expeterent Benedicti patris. Quo etiam sub tempore, quidam vir, laudabilis vitæ, Gunfredus nomine, confessoris Christi ductus amore, ab illis regionibus has in partes est devolutus, Deo volente; quo probæ conversationis vernans floribus, indeficientis stadio laboris, supernæ recompensationis bravium ad usque pervenit, quoniam quidem corpus proprium macerans vigiliis atque abstinentia, spiritui spiritaliter servire cogebat; cui etiam moris erat ut post matutinalem synaxim in basilica commorans, reliquum noctis instantia vigiliarum precumque ac lacrymarum ad usque auroræ protendere terminum. En itaque, crebro hoc peragente, accidit ut una noctium uti solito in basilica pernoctans, postque matutinales hymnos, in choro psallentium loco stationis suæ orando paululum obdormiens, cogente videlicet lassitudine atque sedula genuflexionum iteratione, vidit; et ecce totius ecclesiæ facies innumerabilium cœlestis splendoris lampadarum lumine repletur, supernorum exercituum agmine stipatur, divino jubilationis concentu perfunditur. Vir autem Domini post paululum evigilans, invisibiles quidem ministros nullatenus videre valuit, sed summam mirifici splendoris maxima ex parte vidit; quem Deus hujusce revelationis ex parte donavit, ut non visa colligeret per enigmata, perspecta autem facie ad faciem perpenderet intelligenda, quanquam terris positus, Jesu Christi Domini fisus præsentia. Qui cujus sanctitatis fuerit liquido valet pensari. Pridie enim quam viam ingrederetur universæ carnis, quo sepeliendus foret præmonuit, locumque secus exteriorem cryptæ Sanctæ Crucis frontem indixit, indicendoque oravit. Porro id pollinctoribus negligentibus atque alias urnam accelerantibus, ille uni eorum nomine Adraldo, postea monacho, apparuit, trinaque visione increpando ab incœpto perterruit; unde sibi defunctus effecit quod sibi vivens fieri optavit.

XIV. Anno millesimo quinquagesimo sexto Incarnationis Domini nostri Jesu Christi, adventus autem corporis piissimi patris Benedicti in hunc Floriacensem locum sexcentesimo sexagesimo sexto, verus splendor indeficientis luminis Deus, omnipotentia divinæ majestatis suæ operante, hunc beatissimum locum, quem ante mundi constitutionem præelegit ad sibi digne serviendum, ineffabile dispensationis suæ ordine mirabiliter irradiare dignatus est corusco jubare fulgorantis claritatis, ostendendo servis suis, meritis sancti Benedicti, coelestis doni charismata. Clarissimæ festivitatis sacratissimus etiam toto mundo celebris illuxerat dies transitus ejusdem gloriosi sancti, quæ duodecimo kalendas aprilis agitur; pervigiles excubabant fratres devotissime divinis obsequiis commonitorium resonantes ad populum, ut merito in conspectu angelorum psallentes eos adstare posset dicere quivis. Concurrebant undique devotissimi devotius populi, inter quos ab Aurelianensi urbe non ignobiles quidam aliarumque partium plurimi erant, sacerdotali etiam nonnulli honore præditi; sed quia non omnes mundatos mentis oculos habebant, viderunt, quibus a Deo datum est videre, totum castri ambitum adeo clarissimo fulgore splendere, ut in circumpositis aquis internatantes cernerent pisces. Surgebat ab imo aulæ columna ad instar ignis, jubare multo nitens atque immenso lumine conspicua, coelum usque protendens, quæ ipsam sanctissimam aulam divino nitore totam igneam reddiderat : fulgor utique ille divinus qui olim in tumulatione hujus præcipui confessoris apparuit coelitus. Quod sanctissimum lumen, quantum capacitas intuentium æstimari potuit, unius et semis horæ spatio permansit. Lucescente die, fratres, ut hoc cognoverunt, exhilarati corde et corpore, solemnia sancta peregerunt devote. Subsecuta sunt plurima miraculorum insignia in hoc Deo dilecto loco, meritis sancti Benedicti concessa, et præcipue in ejus monasterii septa, quæ post inseremus ordine suo.

XV. Eo tempore, quæ in Cassinensi monte apparuit visio ipsius monasterii abbati Richario, ut veraci adstipulatione a veraci persona comperi, indico. Cœnobii S. Richarii abbas exstitit quidam, Gervinus nomine, ordinis monastici nostris temporibus decus insigne, qui hæc a beatissimo ore Leonis noni, papæ piæ memoriæ, certe addidicit, præsente abbate præfati monasterii Cassinensis. Acciderat tunc temporis in eodem sacro Cassinensi cœnobio grandis concertatio fratrum illius loci, inter se disceptantium se sanctissimum pii pastoris corpus non habere; indicto ergo triduano communi conventu jejunio, omnes contrito corde et humiliato spiritu, piis flexibus et questuosis singultibus, toto triduo persistentes in orationibus, et psalmodias per vigiles devotissime obsecrantes Deum attentius demonstrari sibi hoc quod hæsitabant coli. Cum ecce subito tertia exacti die jejunii, adest in visu præfato abbati Richario clemens pater Benedictus, stipatus venerando obsequio venerabilium personarum. Compellans ergo monachum his verbis ita alloquitur in hunc modum : « Nosti, inquiens, frater, qui hi quos cernis ? » Cumque ille quasi nimio metu attonitus miraretur tantarum fulgorem personarum, respondissetque : « Non, » subjunxit communis provisor noster : « Ego, inquiens, frater sum Benedictus, provisor et tutor hujus loci a Deo datus ; hic autem dextrorsum stans, digito misericorditer ostendens, præco et prævius Christi nascente et moriente eo exstitit; iste vero læva mihi adstans, sacerdotali apice pileatus, inter primos theologos Christi, confessor Martinus, specialis gloria sacerdotum ; quorum sanctis suffragiis locus iste hactenus custoditur et regitur. Decreveras, si fas esset, corpus adtrectare meum, sed nefas est templum sepulchrum violare meum; me enim Dei mei omnipotentis operante jussione, cujus præscientia cuncta ordinantur, atque mea volente electione, in partibus Galliarum, loco Floriacensi, ossa condigne tumulata requiescunt mea. De cætero noveritis me præsentialiter vobis semper præsentem adesse, præsertim cum amborum istorum locorum custodiam tutelæ commiserit meæ clementissima pietas misericordissimi Dei. Siquidem ut utraque sunt meæ custodiæ commissa, ita indesinenti provisione nocte dieque curam ago, et pro his ambobus in commissis locis indefessus precator ante Deum semper adsisto; ambobus enim una manet gloria, una provisio, una custodia, una defensio. Viriliter igitur agite vos et illi, et confortetur cor vestrum in Christo, indefesse servando sanctæ munia regulæ, ut feliciter cum Christo, precibus meis obtinentibus, felices semper manere valeatis. Sufficiat ergo vobis me spiritualiter semper adesse præsentem, et ne unquam sepulchrum violari velitis meum cavete. » Et ita visio illa cœlestis et miranda abscessit. Hæc nobis retulit Centulensis abbas, præscriptus Gervinus; præsentibus illustribus viris, abbate hujus loci Ragnerio, et gubernatore cœnobii Sancti Dionysii Hugone, olim vero monasterii Sancti Medardi rectore Rainaldo, aliisque plurimis clarissimis viris. Consolatione plenissima lætificent nos hæc clarissima exempla, lætificet nos piissimi patris, pastoris et provisoris reverentia, cujus, quamvis immeriti, quotidiana fruimur præsentia; adimplere studeamus sanctæ regulæ munia, ut per ejus dulcissima monita perveniamus ad gaudia per hæc nobis ab eo repromissa. Amen.

XVI. Jesu Christi Domini nostri piissima præordinante providentia, cœlesti mirabilique thesauro, corpore scilicet reverentissimi patroni nostri Benedicti, a partibus Italiæ in hoc sacro Floriacensi delato cœnobio, ipsius benignissime annuente voluntate, secundum consuetudinem sanctæ matris Ecclesiæ Romanæ, in abdito terræ loco, uti condecens erat reverentissime atque dignissime loculo conditus est plumbeo, fulgurante desuper misso cœlitus splendore igneo. Mox aggere multo lapidum coacervato, in amplam molem exuberaverat locus isdem usque ad tempora fortunati viri abbatis Odonis, qui ob augendam filiorum devotionem erga suum proprium alumnum, aperuit ad pedes ipsius, orandi gratia, cryptam, remota lapidum congerie quæ sacrum tegebat tumulum, constructo altare in honore Deo dilecti et inclyti pontificis Martini. Siquidem sub ipsa ara veraces ferunt tumulatum eumdem pretiosum patrem nostrum; quod et innumera protestantur miraculorum illic creberrime facta.

Processu vero temporis, eximiæ virtutis Vulfaldus abbas egregii patris Benedicti sanctissimum corpus de interioribus cryptæ, octavo idus augusti, ad superiora solemnissime transtulit in eum quo nunc veneratur locum, beati Pauli, Britanniæ præsulis, conjuncto corpore. Deinceps quantas virtutum operationes, quantas sanitatum donationes multi experti sint mortales, quanti diurna frigoretici vexatione laborantes acceperint remedia, nemo quamvis eloquentissimus valuit explicare, nullus abhinc disertissimus poterit enarrare. Nos vero ex innumerabilibus quæ vidimus aut audivimus pauca perstringimus.

XVII. Tempore Gauzlini, hujus loci abbatis atque

Bituricensium archiepiscopi, occulto et metuendo sed tamen justo Dei faciente judicio, hoc Deo dilectum habitaculum, cum omnibus intra et extra positis ædificiis, sub unius noctis spatio cuncta conflagrata sunt incendio. Fisi igitur fratres de summa benignitate sui reverentissimi gubernatoris, convexerunt in interioribus cryptæ quidquid in ornatu templi erat pretiosissimum cum multa supellectili alia : rati enim, quod verum erat, rectius esse sanctissimo provisori ei quod suum erat committere, quam forinsecus alicubi tradenda committere. Nec spe sua frustrati sunt; obseratis enim januis discedunt, patrem piissimum piis devehentes humeris. Nondum eo tempore absida Sanctæ Mariæ arcuato exædificata erat opere, sed cuncta tabulatis tegebantur ligneis; velox ergo flamma cito pertransiens in omnia templi ædificia, etiam superiorem cryptæ partem occupavit, superque laquearia templi ardentia magna mole decidentia inter sudes qui ob arcendam quarumcumque.... (Cætera desunt [1].)

[1]. Ce qui est relatif à cet incendie peut être complété par le long récit qu'en fait l'auteur dans la Vie de Gauzlin que nous avons plusieurs fois citée. Voy. *Vita Gauzlini abb.*, liv. II, c. I.

MIRACULORUM
SANCTI BENEDICTI

LIBER OCTAVUS

AUCTORE

RADULFO TORTARIO MONACHO FLORIACENSI.

I. Rege Francorum Henrico feliciter sceptra tenente, ejusque germano [Rotberto] ducatum Burgundiæ utcunque administrante, frater ipsorum Odo privatus degebat, nullius dignitatis fastigio sublimatus. Qui, quoniam non habebat propria, inhiabat subripere aliena, rapinis et deprædationibus operam impendens. Unde factum est die quadam ut, valida manu militum collecta, Soliacensium sibique contiguorum agros deprædatum iret. Inde revertens onustus spoliis et præda, contigit ut etiam quorumdam pauperum patris Benedicti res cepisset. Divertens vero in quoddam rus ejusdem patris, Germiniacus vocabulo, mansionem violentam ibidem accepit, contradicentibus sibi ejusdem ruris officialibus, et referentibus quam severe ulcisceretur Omnipotens violatores illius loci, meritis patris Benedicti. Qui floccipendens eorum dicta, præcepit circa ecclesiam, in honore Salvatoris mundi ibidem dicatam, rapinas includi pauperum. Siquidem habebat eadem ecclesia cœmeterium valli munimine circumdatum. Porro famulis jam dicti patris ab eo sibi subrepta repetentibus, animo obfirmatus nihil reddere voluit penitus, insuper comminatus est eos verberibus ut tacerent afficiendos: erat enim nimiæ ferocitatis et extollentiæ. Igitur præparari amplum sibi suisque de rebus pauperum jubet convivium. Cumque deesset cera unde deberent fieri luminaria epulaturis necessaria, interrogat utrum in ecclesia illa candelæ haberentur. Cui cum responsum esset nihil ceræ illic haberi præter paschalem cereum, in honorem videlicet Dominicæ Resurrectionis a parochialibus solemni oblatum more, jubet eum propere afferri et exinde candelas copiose suppeditari, non veritus injuriam Salvatoris, cui sanctificata erant cereus et ecclesia. Proinde vino diversisque ciborum ferculis cum suis accurate refectus, sanus et incolumis, post morose protractas in vanum sermonem vigilias, dormitum vadit; et dum levi sopore quiescens aliquas noctis pertransisset horas, subita incommoditatis angustia perturbatus, inclamat suos, quibus circumsistentibus indicat se mortifera invaletudine detineri. Itaque per reliquum ejus noctis, eadem ingravescente molestia, in eo loco mansit. Facto autem mane, recognoscens manifeste patris Benedicti res neminem, quamvis generoso concretum sanguine, impune temerare posse, quo valuit modo, equum ascendens, recessit; et eodem invalescente morbo, diem ultimum clausit, probabile satis factus argumentum, veridicam illam esse sententiam, qua dicitur non esse personarum acceptionem apud Deum.

II. Exstitit ejusdem prædii villicus, nomine Vivianus, vir moribus barbarus, aspectu torvus. Huic suprafatæ ecclesiæ, sicut et reliquarum ipsius possessionis actionum, cura commissa fuerat. Qui supervacaneum ducens in talibus tempus expendere, quippe qui ignoraret quanti habenda sint, custodiam sanctorum sibi delegatam locorum omnino postposuit, magis intendens annuum exigere quæstum de sibi subditorum rebus pauperum. Oratorii ergo ejusdem ambitus ejus incuria neglectus, nullius valli muniebatur obice alteriusve obstaculi ; sed foribus reseratis patebat canibus, porcis et cujusque generis animalibus. Erat autem Vivianus cultor fertilis agri, abundans opibus, dives pecoris, et quoniam erat assiduus venator, alebat canum gregem, ad capiendas modicas seu magnas diversarum specierum feras sagacem. Accidit itaque die quadam unum de canibus, quia patebat ingressus, nemine obsistente, intrasse jam dictum Sancti Salvatoris oratorium, quem consecuti sunt ex aliis aliqui. Porro qui primus ingressus fuerat, quoniam lampas, in quo olei liquor ad effugandas nocturnas illius sacri loci tenebras infusus habebatur, propior pavimento dependebat, saltu adnisus eam dejecit, et olei liquamen, quod de ipsa effracta lampade effusum erat, lingua lambit. Erat vero hic domino suo valde carus, quoniam ex illo erat canum genere, qui lepores assequuntur velocitate pedum. Accurrunt et alii, cupientes hujus edulii participes fieri. Nec mora, qui oleum lambuerant, in rabiem vertuntur, egressique ab oratorio, mirabile dictu! aliis commisti canibus, qui forte in domo vel platea substiterant, omnes rabidos efficiunt, et gregatim quaquaversum discurrentes, cuicunque obviabant animali, illud ore dilaniare, unguibus discerpere attentabant. Nec est data requies ab eorum infestatione per circuitum vici illius habitantibus, donec omnes suffocarentur vario genere mortium.

III. Corripitur ergo Vivianus ab amicis seu a quibuscunque sanum sapientibus viris vicinis, ne sacrum locum vilipendat, ut ambitum ejus claudat, ut animalia sua ab ingressu illius arceat. Sed nullatenus aurem sese monentium dictis accommodans, incurrit aliud majus detrimentum. Denique cum haberet multitudinem porcorum (erant enim fere quater viceni), nequaquam eis adhibere custodiam voluit, ne superius memoratum intrarent sacrum. Igitur una dierum, illapsi aliqui ex eis ipsius penetralia sacri, vertuntur in furiam, egredientesque ab illo, toti suo obviant gregi. Protinus ergo omnes sues, sicut canes superius, in insaniam vertuntur, ita ut nullus eorum ulterius ad consuetam domus Viviani redierint haram. Videres eos passim vagantes, hianti ore, ea feritate qua illud animal furia invectum fertur, bacchando discurrere, et quodcunque obvium immundo ore polluere, pedibus conculcare, nec ab illa rabie cessarunt donec cuncti variis mortibus necati sunt. Pensanda est Omnipotentis invicta in hujusmodi transgressores patientia, quæ, eos ad pœnitentiam adducens, de facultatibus ipsorum quam de ipsis ultionem mavult. Hic etenim postmodum exstitit monachus, licet in extremis.

IV. Enimvero Gaufredus, cognomento Rufus, cupiditate instigante, bis binos boves qui ad excolenda novalia, ad reditus fratrum pertinentia, in eadem possessione addicti fuerant, rapaciter abstulit; admonitus ut eos redderet, nullomodo acquievit. Insuper multa se illaturum adversa patri Benedicto famulantibus interminatus est. Nam, dum per villam ejusdem patris, Bulliacus vocatam, iter faceret, convocato Gauterio, ejusdem villæ majore, inter cætera insana quæ furioso protulit ore, contestatus est quandiu adviveret S. Benedictum pacem cum eo nunquam habiturum. Cui idem Gauterius, vir modestus, tali respondit affamine : « Multorum, inquiens, ejusmodi minas perpessi sumus, et ab omnibus his eripuit nos Dominus per meritum sanctissimi Benedicti domini nostri; nemo tamen eorum qui talia inaniter adversus eum protulerunt verba, impune ea protulisse diutius lætatus est. » Necdum dies octavus præterierat postquam boves rapuerat, et ecce a quodam suo inimico, cui itidem quamplura intulerat damna, circumventus gladioque confossus, interiit, patri Benedicto famulantibus in nullo de reliquo calumniatus : « Impii enim, ut ait Salomon, de terra perdentur, et qui inique agunt, auferentur ex ea. »

V. Hugo abbas juveniles adhuc agens annos, dum magnificus vellet haberi, multa juveniliter gessit ; et quoniam ex præclara Francorum lampade originem trahebat, degenerem se autumabat, ni ea gereret quorum multimodo opinio aures vulgi percelleret. Unde inter cætera suis præcepit clientibus, ut in suprafato agro, Germiniaco scilicet, multum eorum avium agmen, quæ pavones nominantur, sibi aggregarent. Qui sui domini obtemperantes mandatis, circumquaque discurrunt, eos qui ejusdem generis nutriebant alites, adeunt, et tam precibus quam muneribus, in brevi copiam earum assequuntur, curamque illarum fetibus impendentes, domini sui applaudunt votis. Accidit autem quadam, ut assolet, die, unum ex maribus solivagum incedere. Qui dum huc atque illuc pervagatur, ecclesiam Sancti Salvatoris, cujus supra meminimus, ingressus est, per eamque deambulans, subito alis expansis altari subvolat. Cujus ut crepidinem attigit, mox debilitatus cruribus et immobilis juxta altare mansit. Aliquot horis decursis, quidam ecclesiam intrantes inveniunt eum circa aram se volutantem, assumptoque eo, eis quibus earum alitum alendarum cura delegata fuerat resignant. Qui suscipientes, domino suo suæ alitis infortunium referentes, qualiter contigerit aperiunt. At ille fide plenus, jubet fieri stupeum filum ad mensuram pavonis, ab extremitate videlicet rostri illius usque ad extremum caudæ, ceraque involvi, et accensum altari ante quod debilitas ipsa contigerat præponi. Qui jussa complentes, factum et accensum lychnum ante aram statuunt ; necdum consumptus lychnus erat, et avis integre pristinam recepit sospitatem. Ecce quid meruerit fides ; licet enim dicat psalmus : « Quoniam multiplicata est misericordia tua, Deus, homines salvans et jumenta », et B. Augustinus : « Qui salvat te, salvat et gallinam tuam », tamen, ut Apostolus ait, scimus non esse Deo curam de hujusmodi irrationabilitate, nisi quantum expetit usus et necessitas rationalis creaturæ.

VI. In territorio Portiano est quidem ager, Arvini Curtis [1] vocabulo, ab hoc monasticæ religionis insti-

---

1. Harnicourt, près Château-Portien, canton de Réthel, dépar-

tutore per longa tempora possessus, cujus agri advocatus dicebatur Adelardus. Hic cum tutari et defendere sibi credita debuisset, magis ipse pessumdare et deterere institit, quam ab aliorum violentia eripere. Totis siquidem in res ruricolarum inhians faucibus, per fas et nefas illis sua auferebat et propriis mancipabat usibus; nec tamen id solum sibi, si eorum res diriperet, sufficiebat, insuper verberibus multis afficiebat. Crebrius vero a fratribus qui eidem prædio præfecti fuerant admonitus cessare debere a tanta malignitate, emendare se noluit; sed potius in majorem sævitiam exarsit. Denique cuidam mulierculæ aliquid abstulerat, quæ currens ad ecclesiam, sublatisque quibus operiebatur lineis, altare diutissime flagris cecidit, increpans quasi præsentem patrem Benedictum his verbis : « Benedicte vetustissime, piger, lethargice, quid agis? ut quid dormitas? quid tuos tantis subjacere servos improperiis sinis? » Quemdam etiam, ut plures omittam, rusticum multæ simplicitatis virum, nomine Arnaldum, stimulis nequitiæ exagitatus, dum quadam die agrum exerceret, improvisus adveniens, arrepto stimulo quo ille suos stimulabat juges, tantis affecit verberibus, ut semivivum relinqueret. Nec ductus pœnitentia, satisfactione aliqua eum aliquando voluit placare. Qui autem verbera passus fuerat ab omnipotente Domino ultionem de ipso flagitabat, implorans super hoc auxilium Benedicti sui domini. Nec diu remoratus Dominus, qui pauperem liberet a potente, retribuit impio juxta suam impietatem; namque

---

tement des Ardennes. Il y avait autrefois dans cet endroit un prieuré dépendant de l'abbaye de Fleury.

una dierum, audiens suos ad locum ubi erat properare hostes, equum ascendens, armis protectus obviare illis festinat. A quibus fugatus, dum properat equi saltu velociter transmeare quemdam fluviolum, qui Minio vocatur, cuspide hastæ quam gestabat longius ante se protensa terræque innixa, ferrum ejusdem hastæ versus suum incautius reduxit guttur, equoque cui insidebat calcaribus incitato, dum rivum transire gestit, lanceam in suum guttur demersit; moxque exanimis effectus, sociorum manibus ad propria reportatur, nulli deinceps famulorum patris Benedicti verbera irrogaturus.

VII. Alter etiam, Rainerius nuncupatus, qui unus erat ex ejusdem possessionis exactoribus, et ipse, ut rei probavit eventus, erga famulos ipsius monachorum ducis exstitit malitiosus. Qui dum multa secus quam debuerat ageret, frequentius falsa innoxios opprimens calumnia, et eorum bona iniqua diripiens violentia, cujusdam viduæ unum quem solum habebat abstulit porcum. Repetente vidua suem, et cum lacrymis precibusque gemebundis suppliciter ut sibi ab eo redderetur sæpius flagitante, nullatenus acquiescere voluit. Qua de causa dolens illa assiduas in ipsum devotationes aggerebat. Die ergo quodam, casu accidit eamdem viduam ex improviso ingredi domum in qua cum quibusdam aliis prandens Rainerius recumbebat. Quæ, cum ipsam recordatio amissi pecoris gravi torqueret mœrore, cœpit, sicut crebrius solebat, ut suus sibi restitueretur exposcere porcus. Ille vero æstimans nil sibi officere quod dicturus erat, incauta protulit temeritate quod postmodum pœnituit dixisse, putans patrem Benedictum nihil ducere, si quis a se sibi præmissam fidem prolatis incautius verbis ausus fuerit temerare. « Per sacramentum, ait, quod sancto feci Benedicto, nunquam tuum attigi porcum. » Idem vero Rainerius, ut ipse viculi adipisceretur exactionem, ex more loci jurejurando promiserat, ne aliquid injustum in famulos superius dicti patris moliretur. Igitur postquam falsum pejerando protulit juramentum, ira commotus, cultrum quem forte tenebat manus super mensam jecit. Qui a mensa resiliens, mucrone sursum verso, oculum perjuri pupugit, et eum perpetua cæcitate damnavit. Tandem improbus, posteaquam intellexit divino judicio uno se privatum lumine, professus est prius mendaciter locutum fuisse, perpendens viduarum lacrymas nequaquam spernendas, quæ a maxilla ad terram descendunt, et Dominus omnipotens susceptor est earum.

VIII. Amplectenda et omni excolenda est favore pia miseratio Omnipotentis, qui « quod diligit, corripit, flagellat autem omnem filium quem recipit. » Denique permittit diversarum spiritus infirmitatum dominari interdum corporibus nostris, ut saltem proprio admoniti incommodo, recordemur clementis ejus longanimitatis. Qui si tota mentis intentione ejus benignitatem pro eadem incommoditate imploraverimus, nisi augmento nostræ obesse præviderit animæ, facilem singultibus nostris dabit aditum ad se; gaudet quippe de totius creationis suæ salute. Quod si etiam, juxta quod scriptum est, ad ejus sanctorum aliquem convertantur, vocem sui fidelis exaudiet, nostras preces sibi allegantis. Quam nostram assertionem approbant mirifica opera, per patrem Benedictum sæpius nobis ostensa. Quidam etenim vir ex famulis ejusdem patris, Archembaldus nomine, frater Hildruardi, villici de Braio[1], quæ est haud contemnenda ipsius ducis monasticæ cohortis possessio, igne consumebatur sacro. Hic delatus a villa ad illius sacratissima membra, continuis gemitibus Conditoris omnium opem per meritum sui domini sibi implorans opitulari, velocius quam sperabat, exoptatæ restitutus est sospitati. Sopito namque incendio quod jam anteriorem pedis ejus consumpserat partem, remeavit ovans ad propria, salvatori Deo devota precum fundens libamina, et suum patronum, cujus meritis salutem promeruerat, magnis extollens laudibus.

IX. Alter quoque eadem detentus incommoditate, juvenis quidam, de Transligeranis partibus, a matre in asino Floriacum devehitur; qui vigilantioris fidei ex hoc probatur exstitisse, quoniam mox ut cognovit se comburi sacro igne, nihil pigritatus petiit matrem ut Floriacum deportaretur : habere se fidem, per meritum patris Benedicti ab omnipotente Domino valere salvari. Nec eum fefellit laudabilis suæ fidei devotio. Denique ante aram gloriosæ Dei genitricis allatus, absque dilatione, per gratiam ejusdem semper Virginis meritumque pii patris, integræ juxta suam fidem restitutus est sospitati. Lætabundus itaque cum jucunda rediit matre, quæ eum mœrens et cum gravi persecuta fuerat mœrore.

X. Festum Purgationis semper Virginis Mariæ Dei genitricis, quæ purissima et castissima super omnem

---

1. Bray, canton de Châteauneuf, département du Loiret

humanam puritatem et castimoniam semper exstitit, celebrabatur, eratque dies Dominicus. Quædam ergo mulier, Tescelina vocabulo, incola vici Floriacensis, operam impendebat lanificio. Hæc advesperacente jam die, reputans tam celebritatem ipsam quam diem Dominicum præteriisse, et aliquas ipsius diei lucrari cupiens morulas, accepit colum, lanamque super sua subtiliter extendens genua cum rorifluo sputamine, eamdem colum tenuiter ipsa lana cœpit involvere. Cavebat tamen ne suæ cernerent quid ageret vicinæ. Sed Redemptor mundi, cujus oculis nuda et aperta sunt omnia, et matris injuriam, et suam diem severe vindicavit Dominicam. Nempe cum diem tantum, gemina religione sacrum, irreligiosa mulier temeraret, manibus retrorsum actis omninoque debilitatis, experta est in seipsa qua sunt digni pœna sacrorum violatores dierum. Cum torsione quoque manuum aliud grande patiebatur tormentum : sentiebat quippe intolerabilem a digitorum intercapedine suorum exire ardorem. Cumque immensis cruciaretur suppliciis, vicinarum hortatu mulierum monasterium ingressa post diem alterum, coram altare Dei genitricis astitit, ipsam pietatis matrem continuis flebiliter obsecrans singultibus, ut sui misereretur, frequenter utique et patrem invocans Benedictum, ut pro se intercederet. Transitis ergo aliquot diurnis horis, manibus ad pristinum reductis statum et sopito incendio, gratias agit omnium conditori Deo gloriosæque semper Virgini Mariæ, nullatenus oblita monachorum legislatoris Benedicti.

XI. Memoratus abbas Hugo quemdam virum de

familia patris Benedicti, nomine Letardum, Tescelino concesserat Petverensi[1], ut tam ipse quam ab eo progeniti perpetuo ipsi famularentur obsequio servili. Qui factus dominus illius, obtinuit eum non paucis diebus. Interpellatus autem idem vir nobilis post longum tempus a quodam suorum militum, Ingranno nomine, ut supradictum servum ei jure beneficii donaret, annuit. Ingrannus quoque obiens, filio suo Isembardo ipsum possidendum reliquit. Genuit autem præfatus Letardus filium, nomine Rotbertum, quem Isembardus, utputa proprium vernaculum, in sua aluit et educavit domo. Rotbertus vero factus grandiusculus, a suis comperiens genitoribus se de familia patris exortum Benedicti, sed ab abbate supradicto ut vile distractum mancipium, indoluit, nec diutius dolorem sui animi occulere valuit. Facta igitur fuga, ab Isembardi præsentia se subtraxit. Quem longum latere non valens, ab eodem domum reductus, pœnas luit quas solet fugitivis; insuper sacramento ab eo est astrictus, ne servitutis jugum de reliquo ferre detrectaret. Qui, quoniam adolescentiæ tempora necdum excesserat, ad præsens siluit, donec ætate procedente vires colligeret, quibus suo injusto domino resistere valeret. Postquam ergo genas illius flos vestierat juventutis, elapsis adolescentiæ lustris, abbatem expetiit Guillelmum[2], qui tunc temporis præerat Floriacensibus; apud quem angorem sui cordis cum anxiis deponens suspiriis, conqueritur de injustitia sibi suisque illata. Guillelmus itaque cum esset vir strenuus, et suam

---

1. Tescelin, seigneur de Pithiviers.
2. Voy. ci-dessous, ch. xxv, ce qui concerne cet abbé.

rempublicam semper augmentare toto anhelaret desiderio, respondit se illius ærumnarum misereri velle, justasque querelas ipsius viris prudentibus palam facere, et si quo pacto valeret, præsidium illi sese fore. Comperto igitur Isembardus Rotbertum, quem suum opinabatur servum esse perpetuum, ad priorum dominorum confugisse asylum, mandat abbati nominato, ut sibi proprium restituat mancipium, alioquin deinceps se ejus futurum inimicum. Qui missis ad eum qui sua referrent verba, mandavit eum quidem quem injuste repetebat, vernaculum patris Benedicti fore, se vero illicite diutius ipsum possedisse. Quapropter si de cætero illum habere vellet servum, in jus venire esse necesse. Quibus Isembardus auditis, apud se deliberans quoniam abbati injuste resistere nec fas, nec posse habebat, determinatum mandavit diem, in quo hæc controversia inter eos finiretur. Die autem statuto, plurimis nobilium et sagacium viris ab alterutra parte aggregatis, diu multumque sermone altercatum est; sed minime ipsa calumnia eodem die finem accepit. Tandem vero multis prius exactis conventiculis, adjudicatum est idem negotium, monomachia terminari debere. Dato igitur die singularem ineundi pugnam, in condictum conveniunt locum : videlicet qui repetebatur, et Airicus quidam nomine, quem Isembardus suo obtulerat loco, fortis robore, miles officio. Erat autem idem statura procerus, Rotbertus vero pusillus. Qui, quamvis secum confligentis corpulentiam metueret, habebat tamen, uti postea retulit, fiduciam in patre Benedicto, suo jure domino, et sibi infesto viro hunc inculcabat sermonem : « Non ego tecum decerto, sed dominus meus cujus me servum profiteor, Benedictus. » Ergo qui illum impetebat, Airicus, ut moris est, primos ictus intorsit in eum. Quos ille gratia Dei protectus constanter sustinens, permansit illæsus, et alternum verber suo hosti tentans incutere, virtute patris, cujus nomen retinebat mente, manum ipsius ductante, buculam [1] clypei quo suus tegebatur adversarius, fortiter perculit. Quæ, claviculis quibus affixa tenebatur avulsis, longius resilivit, moxque manus adversarii nuda apparuit. Quippe foramen in clypeo fuerat, quod bucula protegebat, deintus semipedali affixa ligno, quo manu retento, gravem ille Rotberti adversarius facilius verteret clypeum. Rotbertus cernens manum secum dimicantis nudam, ictu repetito toto conamine eam percussit. At ille doloris impatiens, clypeum remisit; et quoniam manu debilitata qua tegumen regebat, qua arte se tegeret non habebat, assiduo Rotberti verbere fatigatus, victum se proclamat. Dehinc exarmatus a victore, cum Isembardo, pro quo ignominiosum certamen inierat, confusus rediit ad propria, de reliquo haud dubius, patrem Benedictum nequaquam suis defore in adversis rebus. Hac victoria facta est Floriacensibus non modica exsultatio, hostibus vero maxima confusio. Porro demonstravit pater sanctus in hoc facto neminem suos posse aliquo pacto distrahere vernaculos. Videant sibi, qui famulos, census, prædia, sanctis locis attributa ob laudes omnipotenti Domino persolvendas, nefarie distribuunt laicis, seu cujuscunque generis personis.

---

1. « Id est umbo clypei, ubi manus inserenda, vulgo, *boucle*; « unde gallice nomen clypei *bouclier*. » (*Note des Bollandistes*.)

XII. Miserum genus hominum pagos incolentium vix unquam levi jugo Christi ferream cervicem submittere appetit suam; sed qualiter ferox taurus indomitæ fronti primum præsentiscens imponi jugum, stimulis actus recalcitrat, sulcos agens obliquos, sic illud genus hominum semper sacræ renitens religioni, vix aliquando viam rectitudinis incedere consentit. Unde quidam rusticus, dum, sacerdote ex more præconante, audisset celebrem solemnitatem Translationis patris Benedicti annuntiari, quæ quotannis apud plurimas celebriter recolitur in mense Julio nationes, parvipendens ejusdem præceptum sacerdotis, qui jusserat omnes suos parrochiales esse feriatos, statuit eo die agriculturæ operam dare. Habitabat autem idem in agello quodam patris Benedicti, Vinoilo dicto. Diluculo igitur surgens, vicinis cunctis ab opere manuum vacantibus, ipse solus junctis bobus in agrum quem exercere cupiebat tendit, eum quem ipse in hieme prosciderat gliscens rescindere campum, ut tam æstatis calore quam hiemis rigore decoctus, et sementis tempore, dentata crate glebis attritis, in pulverem redactus, semine suscepto, abundantiorem diebus messis suo cultori exhiberet frugem. Dum ergo cupitum perageret opus, ecce adstitit ei quidam in schemate monachili, qui utrasque illius manus tenens, bifurco quo aratrum tegitur tam fortiter adstringit ligno, ut sanguinem per omnes ejus ungues eliceret, et rusticus idem aliquo prorsus pacto eas divellere ab eodem nequiret ligno. Quo facto, qui apparuerat monachus nequaquam ulterius sibi est visus. Ille, pariter dolore nimio anxius et rubore confusus, hæsitabat quid ageret. Concurrentibus vero quibusque et tanto stupentibus prodigio, cognoverant enim per bubulcum, qui effrenato animo eis intimaverat, detegit quid viderit manifeste videntibus quid sibi acciderit. Conjectantes itaque qui accurrerant ex circumstantiis, ex monachi videlicet oromate et diei festi ipsius violatione, monachorum ducem hanc ultionem de præsumptore tanti facinoris patrasse, hortantur quatenus votum eidem patri faciat : se solemnitates illius, quoad vixerit tempore, nunquam temeraturum, monasterium ejus petiturum, pœnitentiamque tanti commissi acturum. Vovente hæc illo, et omnibus quos tantæ rei stupor inexpertus attraxerat Dominum omnipotentem pro eo exorantibus, patremque Benedictum lacrymabili voce crebrius inclamantibus, ut misero misereretur, relaxatæ sunt manus illius, et cœpit adstare solutus, qui ante paululum invisibilibus loris tenebatur adstrictus. Indicibili ergo exhilaratus gaudio, votum quod fecerat efficaciter implere studuit. Nam Floriacum tendens, præsentavit se abbati Rainero [1] fratribusque, in die octava ejusdem festi, dum celebraretur missa, referens quam magnifica in se ostendisset Dominus omnipotens magnalia per sui fidelis Benedicti merita. At illi, magna tripudiantes lætitia, tota cordis instantia Salvatori laudes proclamant, magnum patrem magnis extollentes præconiis, eique in quo tantum ostensum fuerat miraculum, salubribus correcto verberibus, licentiam tribuentes regredi ad propria : cognoverat enim nequaquam sui sacerdotis spernenda sibi monita, quoniam de talibus dicit Salvator : « Qui vos spernit, me spernit ; et qui vos audit, me audit. »

[1]. Rainier succéda à Hugues dans l'administration de l'abbaye de Fleury.

XIII. In territorio Trecassino quoddam habetur prædium juris ejusdem patris, super Sequanam fluvium, ob oratorium in illius honore inibi constructum Sanctus Benedictus super Sequanam nuncupatum. Porro habitabat in eo mulier, Maria nomine, quæ diutino detenta languore, spina dorsi contracta, effecta fuerat curva, ita ut nullo pacto suos versus cœlum erigere valeret vultus. Hæc indigena ipsius prædii de familia ejusdem patris originem trahebat. Multis itaque in eadem curvitate permansis lustris, desperaverat jam de sua salute, nequaquam audens opinari se ulterius posse subrigi. Quadam ergo die Dominica, dum in eodem oratorio adstans cum cæteris missæ celebrationem audiret, legereturque Evangelium, nodis spinæ qui diu de suo desciverant loco in antiquum remeantibus statum, dorso in breviorem modum retracto, ventreque qui per multum tempus contractior fuerat in longius spatium extenso, cœpit subito stare erecta, quæ per longa jam tempora ambulaverat prona. Stupentes omnes qui aderant, quique eam ab infantia noverant, et ipsius infirmitatis conscii fuerant, tam insperatum remedium, palmas ad cœlum tendunt, summum opificem per Sanctum Benedictum laudantes, qui suum auxilium ejus impendere dignatur veneratoribus. Mulier denique illa multa laude meritum ejusdem attollens patris, in ea quam receperat sanitate perseveravit usque ad suæ terminum vitæ.

XIV. Cum sint reliqua quæ scribimus misericordiæ opera, per patrem Benedictum ab omnipotente Domino misericorditer impensa, unum tamen, quod proprie dici valeat misericordiæ opus, referre dignum duximus, tam pro sui dignitate, quam pro congrue sumenda imitatione simili jure, si aliquando fuerit necesse, et ut clarius liqueat pia miseratio patris Benedicti, quam propensius impendit eis qui levi Christi jugo sua subdere festinant colla, illius provocati magisterio. Quidam ergo nostræ congregationis monachus Humbaldus dicebatur, qui ætate juvenis, dum in suis actibus strenuus videretur, quarumdam possessionum, Floriacensi loco subditarum, adeptus est tutelam, Almeri Curtis videlicet ac earum quæ ei subjacent. Quibus cum fere annis tribus perdurasset præpositus, disposuit aliquando more solito Floriacum revisere, gestiens nosse utrum omnia apud suos concives agerentur prospere. Cœptum itaque iter agens, contigit ipsum in via graviter infirmari; sed nullatenus molestiæ cedens, licet quotidie languor ingravesceret, tandem moribundus, nimio tædio fatigata Floriaco, sui compos desiderii, intulit membra. Ubi dum morbo confractis viribus in lecto decumberet, visitatus a fratribus, admonetur quatenus, sui memor in extremis, abbati seu cui liberet seniorum propria confiteretur peccata. Qui corvinam æmulatus vocem, cœpit promittere in crastinum se quod monebatur acturum. Miror nimirum quæ oblivio illius insederat menti, cum id maxime studium omni fore debeat Christiano, præsertim monacho, si peccaverit, quod humanum est, ut statim currat ad medelam, confitendo scilicet proprium alicui religioso commissum. Quod si etiam a noxiis criminibus Omnipotentis munere immunis habetur, humilitatis tamen est custodia reum sese credere, et confiteri omni hora, juxta legis suæ sancita [1]; tunc vero præcipue, cum pulsatur, vel modica molestia, quatenus semper de se securior exsistat. Is ergo, de quo dicere cœperamus, ægrotus, a suis etiam intimis iterum atque iterum de eodem pulsatus amicis, cras semper differendo sicut et cæteris promittebat. Neque aliquo ab ipso potuit extorqueri pacto confessionis remedia sibi velle adhibere. Hoc tandiu respondit, donec amissa voce protinus loqui destitit. Comperientes deinde fratres ipsum obmutuisse, consternati animo, ignorabant quo se verterent, metuentes fratris illius conscientiam alicujus maximi facinoris macula pollutam, quod nec in extremis ausus fuerit manifestare. Mota ergo in capitulo quæstione, quid agi deberet super hac re, formidantibus omnibus de fratris illius salute, unus eorum, nomine Gauzbertus [2], vir timoratus, qui etiam abbatis officio functus fuerat, sed sibi subjectorum mores nequaquam emendare valens, renuntians nomini quod incassum tenebat, Floriacum amore patris Benedicti expetierat, taliter intulit : « Miror vos, fratres, viros sapientes, super hoc negotio sic pendulos, cum habeatis in præsenti tantum patronum legis vestræ sancitorem, prærogativa miraculorum præclarum. Si placet itaque vobis meum consilium, ingressi monasterium, coram ipso terræ prosternamur, placemus per ipsum iram summi Judicis, cantata litania cum septem psalmis. » Audita fratres sapientis viri exhortatione, acclamant quod suggesserat debere fieri. Ergo prostrati pavimento ante tumulum patris, psallebant litanias cum septem psal-

1. *Reg. S. Benedicti*, cap. IV.
2. Ce Gauzbert avait été abbé de Ferrières en Gâtinais. Voy. *Gallia christiana*, t. VIII.

mis. Quibus expletis, conjungunt fratri ægrotanti fratrem quemdam, sanæ mentis virum, nomine Milonem; qui, dum eum nomine proprio vocasset, ille quasi de somno mortis evigilans, oculos aperuit, et sibi protinus resumpto sermone respondit; deinde admonitus, sua confessus est peccata. His peractis, viaticum suæ salutis, corpus utique et sanguinem Domini, accipiens, vita decessit. Fratres vero exhilarati, oppido gratiarum actiones retulerunt omnipotenti Domino, qui tam magnifice subvenire dignatus est per eos fratri perituro, patris Benedicti merito.

XV. Albericus, unus ex primoribus castri Castellionis [1], quod est situm super Lupam fluviolum, vesaniæ stimulis agitatus, creberrimis deprædationibus prædia sæpius dicendi patris devastabat, maxime illa quæ Curti Matriniacensi [2] adjacent. Qua de re, mandaverunt sibi tam abbas Rainerius, quam fratres sub eo degentes, ut commissa corrigeret, et de cætero adversus patrem Benedictum talia committere caveret. Qui pro nihilo ducens mandata, pessimis adjecit pejora. Dolentes vero fratres patrem sæpius nominandum contemptui haberi, et famulos suos extenuari, inito consilio, concorditer prædonem illum cum sibi in hoc scelere participantibus anathematis mucrone, ni cessaret et neglecta emendaret, multarunt. Idem autem in malis perseverans, eorum excommunicationem quasi aliquod frivolum despexit; induratus animo, neglecta neglexit emendare, et a sua perversitate noluit cessare. Proinde Omnipotens, qui clamores humi-

1. Châtillon-sur-Loing, département du Loiret.
2. La Cour Marigny, canton de Lorris, département du Loiret.

lium nequaquam spernit, et qui gemitus viduarum et pupillorum ex alto prospicit, dignatus est consolari sub hac anxietate servos suos. Contigit enim ut suprafatus prædo ductaret exercitum comitis Theobaldi super habitatores castri, quod a sæcularibus viris turpi censetur vocabulo[1]; a nobis vero quibus prohibitum est turpiter loqui, Malum Talentum vocatur. Qui, dum dux in primo agmine iter faceret propter curtem jam dictam Matriniacensem, exterriti qui eam inhabitabant, videntes hominem sibi infestum cum tanta adfore militum multitudine, exierunt ei obvii cum armis, in locis videlicet opportunis ejusdem vici, ne patentibus sibi aditibus, valeret eis aliquid inferre discriminis. Unde indignatus ille nequam, comminatus est cum multo juramento, perfecto negotio quo tendebat, se omnes eos captos ducturum, insuper et vicum eumdem incensurum. Cui viri illi respondentes, dixerunt : « Te quidem palam est multum posse et velle nobis nocendi habere. Potens autem est Deus, meritis domini nostri cujus servi sumus Benedicti, ab interminatis a te potenter liberare nos calamitatibus. » Ille cum voce minaci equo calcaribus concitato, quo tendebat perrexit miser. Qui, cum patrem Benedictum debuisset supplici voce ut ei in auxilium esset, in tali discrimine ne periclitaretur, exposcere, contestatus est servos illius in prædam se minaturum, bona eorum direpturum, et habitacula igni crematurum. Dum ergo pervenisset ad castrum superius relatum, adorsus illud cum prima quam regebat cohorte (reliquus enim exer-

---

1. Bordellus scilicet. — Bordeaux, canton de Beaune-la-Rolande, département du Loiret.

citus cum comite longe post sequebatur), cœpit sagittis et diversis missilibus eos qui intus erant infestare. Armati vero egressi portas castri ejusdem indigenæ, in eo quod accidit probati sunt strenue restitisse. Tendens enim quidam adversæ partis arcum, jecit sagittam in Albericum; qui ea ictus super unum suorum genuum, mox de equo cui insidebat ita proclivus corruens, ut galea telluri illideretur, exspiravit, et quas incassum adversus patrem nostrum effuderat minas, perire permisit; nihil nempe post vulnus acceptum loqui valuit. Hujusmodi retributionem superbo Deus, ultionum Dominus, reddidit.

XVI. Seguinus quoque hujus Alberici, de quo supra retulimus, tam carne quam malitia germanus, nullatenus terrifica morte sui fratris territus est. Denique sceleratior fratre evasit, majora adversus patrem nostrum præsumens, multimoda crudelitate in famulos ejus grassatus. Qui post necem fratris, pro absolutione ejusdem Floriacum pervenit, et ea impetrata, spoponderat se de cætero fidelem futurum, et de propriis multa largiturum. Sed omnia mentitus, pro fideli infidelis, pro largitore raptor effectus est. Hic ergo devium fratris iter ingressus, cœpit et ipse rapinas exercere de patris Benedicti possessionibus, ipsius famulos quos poterat capiens, et eorum bona diripiens, tanquam ultionem fratris de patris Benedicti expeteret famulis. Qui et ipse sæpius admonitus a sua cessare debere malitia, nullo modo acquievit. Ad extremum, dum quadam die prædas de terra quæ Curti Matriciacensi adjacet agens, suillum gregem minasset, directi sunt ad eum qui sua repeterent, et emendationem suaderent; qui abeuntes, invenerunt eum in sua domo. Erat autem ipsa domus lignea turris, quippe vir potens erat, ex nobilioribus indigenis ejusdem castri cujus fuerat et Albericus. Turris ergo illa in superioribus suis solarium [1] habebat, ubi idem Seguinus cum sua manebat familia, colloquebatur, convivabatur et noctibus quiescebat. Porro in ejus inferioribus habebatur cellarium, diversi generis retinens apothecas, ad recipienda et conservanda humani victus necessaria idoneas. Solarii vero pavimentum, ut moris est, compactum erat dolatilibus trabeculis, quæ parum quidem habebant spissitudinis, sed aliquantum latitudinis, plurimum autem longitudinis. Denique in hoc solario qui missi fuerant prædictum virum reperiunt; qui eum convenientes, quæ injuncta fuerant mitiori sermone ei cœperunt recensere. At ille his quæ mandabantur minime intendit; sed efferatus animo, ore respondit furibundo, inquiens cum terribilibus juramentis velle se injecisse monasterio Sancti Benedicti tantarum virium ignem, qui turres ejus combureret, et quasque ei contiguas ædes depasceretur. Hæc loquebatur stans in summo unius trabeculæ, quibus, ut diximus, solarii pavimentum consistit. Quæ vix venenato evomuerat ore, cum trabeculæ, cui pedibus insistebat, caput ruit, sublata in altum altera ejus extremitate ; ille vero deorsum capite corruens, tali lapsus est casu ut caput ejus inter duas arcas, quæ in cellario (quod subesse solario diximus) erant, infigeretur in-

---

1. Le solier, étage supérieur dont il est souvent question dans les romans du moyen âge. Ce passage nous fait connaître quel était l'intérieur de ces tours habitées par les petits seigneurs du xie siècle.

star cunei ligno impacti, reliquo corpore super unam earum arcarum rejecto. Facto clamore, famuli domus in cellarium ruunt; reperiunt autem dominum suum confractis cervicibus animam exhalasse. Quem reportantes ad superiora, pro ejus morte subita amarissimas fundebant lacrymas. Hoc exitu obstructum est os loquentis iniqua, renovata est in hoc perfido antiqua ejusdem patris potentia, dum, corruente Florentio, tota domus fabrica mansit illæsa, præter solarium, cui idem Florentius insistebat[1]. Sic et isto ruente, tota turris fabrica permansit integra, sola trabecula, cui superstabat, ruinam passa.

XVII. Est quoddam prædiolum in Leomansi pago, quod vocatur Alsonia[2], patri Benedicto a Leotberto, viro probo, olim attributum; ubi tantam miraculorum frequentiam idem pater per gratiam sibi a Deo largitam ostendit, ut omnes ipsius nationis homines eumdem locum maxima devotionis veneratione excolant. Denique cruces aliquantum excelsas per gyrum cœmeterii posuerunt, quas nemo suum persequens inimicum, quamvis exitiali ejus odio detentus, transgredi audeat, si ad ecclesiam in eodem loco constructam confugium fecerit. Fugitivi denique, homicidæ et quicunque, aliqua alia reatus sui anxietate cogente, ad eumdem confugerint locum, immunes exsistunt, quandiu infra cœmeterii terminos sese continuerint. Nemo aliquid furari, seu aliquam fraudem de qualibet re alicui facere in eodem audet atrio. Contigit ergo die quadam,

---

1. Greg., *De Vita S. Benedicti dial.*, l. II, c. VIII.
2. Ausson, près de Saint-Florentin, département de l'Yonne.

venatores Adelardi cujusdam, nobilis viri, advocati videlicet illius prædii, venatu redeuntes, fessos ibidem cum suis resedisse canibus. Cumque non haberent unde suis pastum canibus exhiberent, querimoniam suam ad Isaac quemdam prudentem referunt virum, quem fratres Floriacenses ipsi præfecerant possessioni. Qui, dum se ignorare quid agere valerent respondisset, inquiunt illi, de annona patris Benedicti, quæ in eodem reservabatur loco, unum sextarium se præsumpturos, ut inde cibus præpararetur canibus. At ille infert nequaquam impune id eos posse perficere, suum vero nullatenus super hac temeritate habere consensum, timere ne pœna, huic præsumptioni mox adfutura, in se, si accideret, relaberetur. Illi quæ dicebantur pro nihilo ducentes, ut animo conceperant, annonæ quantum sibi videbatur auferunt, attritu molarum in farinam redigunt, suis exinde pastum belluis conficiunt. Quos talibus saturos alimentis, imminente nocte, una includunt domuncula. Diliculo autem de suis cubilibus exsurgunt, solitam venationi operam dare cupientes, adeuntesque cubiculum in quo suos recluserant canes, januam eis patefaciunt; et introspicientes, vident eos vita defecisse, alios pavimento toto prostratos corpore, quosdam resupinato ore mortuos jacere, alios parieti domus anterioribus vestigiis inhærere, reductis capitibus in terga. Quod cernentes, clamore sublato, femora sua palmis alii quatiunt, alii complexis manibus sonitum grandem cum voce querula emittunt : timebant enim pœnas a domino suo pro amissione canum juste sibi irrogandas. Diu ergo stupidæ admirationi vocibus questuosis immorati, tandem recedunt, domino suo infortunium quod sibi acciderat, et quam severus ultor pater Benedictus in eos exstiterat relaturi.

XVIII. Alio quoque tempore, dum milites propter eumdem viculum hora jentandi iter carperent, diverterunt illuc; dumque alii cibos et quæque commessuris appararent idonea, unus eorum suo inquit armigero : « Cur, hominum inertissime, tanta te oppressit ignavia ut aliqua non subministres tuis equis pabula, quandiu procurantur epulaturis necessaria? » At ille se nescire dicit a quo quidquam feni vel palearum deposcere possit. « Vade, inquit, in pratum S. Benedicti, quod huic adjacet villæ, et collecto herbæ fasce, quem solus valeas collo equi imponere, defer, et tuis appone animalibus. » Ille præceptis domini sui parens, mutuata falce a quodam, in pratum evolat, herbam totis viribus resecat, ut quantocius repedare valeat, ne sociorum defraudetur epulis. Interea dum ille illicito instaret operi, vidit eum quidam de pagensibus, et accurrens ocius, nuntiavit prædicto Isaac, villæ præposito : erat enim pratum illud contiguum domui ejus. Intuitus autem Isaac armigerum falce gramen prati præcidentem, a longe excelsiori inclamat voce : « Quisnam es, o homo nefarie, qui contra fas temerator ingressus es sancti pratum Benedicti? egredere, pestifer, velocius, ne divina ultio celerius te disperdat. » Ille autem voces contemnens monentis, in hæc ludicra prorupit verba : « Sanctus, ait, Benedictus hac vice hoc modicum mihi indulgebit facinus. » Et facto herbæ fasciculo, suum repetiit hospitium, suis animalibus exhibens pabulum. Deinde festinus properans ad domum, ubi sui convivabantur comites, et ipse convivatus est cum eis. Consumptis itaque dapibus finitoque jentaculo, proprium unus quisque conscendens equum, tendere festinant quo disposuerant. Contemptor autem Benedicti patris postremus omnium de villa egreditur (credo aliquantulum herbæ superfuisse, quam ut suus consumeret equus exspectabat), et ipse demum ut suis conjungeretur sociis, qui longiuscule jam aberant, equo calcaribus admisso, eos insequi conatur; sed antequam de villa exiret, equus præceps in terram cadens, collisa cervice, mortuus ruit. Eques, qui ei insidebat, et ipse labitur; confractoque femore, ab humo, nisi aliorum ulnis sublevatus, surgere nequivit. Concurrente turba ad tam subitam divini examinis vindictam, et ipse Isaac adfuit, increpans miserum his verbis : « Nonne tibi dixeram, miserabilis, B. Benedictum suas injurias nequaquam diu dimittere inultas? sed, quia mihi credere renuisti, ecce contritis membris jaces inutilis. »

XIX. Quidam pro admissis a se criminibus metuens diem extremi examinis, ut summi Judicis sibi metum placaret, sua ferro [1] ligari fecerat brachia ; et quam plurima peragrans terrarum spatia, sanctorum expetiit loca multorum, gemitibus exorans crebris, quæ ipsius redarguebant conscientiam, deleri scelera. Porro hoc per aliquot vigilanter continuans recursus annuos, licet fideliter adstipulari debeat, quorum memorias beatorum adierat, eos Omnipotentem pro absolutione facinorum ipsius exorasse, tamen nullius

---

1. C'était un genre de pénitence en usage au xie siècle. Voy. *Acta Sanct. ord. S. Benedicti*, Secul. II, præf.

manifestam opem persensisse videbatur. Hæc etenim illius exstabat fides, ut postquam a pio judice ejus remitteretur peccatum, mox subsequeretur solutio brachiorum. Dum ergo circumquaque discurrit, patris Benedicti suffragium sibi utile fore confidens, Floriacum attigit; et majorem ingrediens ecclesiam, in qua ejusdem patris sacratissima requiescunt ossa, devota precum libamina, ante singulas perlustrando aras, Deo offerebat. Perveniens autem ad aram Dei genitricis, quæ pone se habebat altare sæpius nominandi patris, protensis in cœlum manibus, omnipotentem Dominum precabatur attentius sua sibi relaxari debita, Dei genitricem cum eodem patre frequentius invocans. Et dum intentus eidem esset orationi, subito rupto clavo quo ferreum constringebatur vinculum, ferrum in pavimentum dato crepitu resilivit. At ille solutum se cernens, et in eadem solutione visibili peccaminum invisibilia vincula relaxata intelligens, exhilaratus oppido indicibili tripudiavit gaudio, proclamans omnipotenti Domino laudes, ac Dei genitrici patrique Benedicto innumeras reddens gratiarum actiones.

XX. Exigente mole peccaminum, accidit aliquando ferventissimam per aliquot menses continuari siccitatem, sidere solis suo fervore omnia acrius solito perurente. Unde contigit Floriacenses graviter affligi, durissima per aliquantum temporis in homines desæviente pestilentia. Cerneres domos vacuas, pereunte subito patrefamilias cum prole et tota clientela; promptuaria vino redundantia, arcas tritico videres refertas; et non erat qui attingere auderet, arescentibus hominibus præ timore qui supervenerat universis. Quippe eum cum quo modo loquebaris, mox aspiceres vel audires interiisse inaudito necis genere. Sentiebat aliquis sese pungi subita punctione, vel in humeris, vel in brachiis, seu femore, pectore, ventre; et extemplo in terram corruens, moriebatur. Hæc intemerabilis lues aliquot menstruis recursibus Floriacum obtinuerat. Decreverunt itaque tam fratres quam cuncta ejusdem loci plebs, sacra celeberrimi martyris Mauri membra cum litaniis processionaliter deferre ad matrem ipsius burgi ecclesiam, quæ in honore testis Christi Sebastiani eidem Christo dicata erat, confidentes Salvatorem meritis sui fidelis, cujus reliquiæ deportarentur, precibusque patris Benedicti placatum, plebi suæ miserturum. Condicto ergo die, discalceatus pedes, lacrymis perfusus, tam sacer ordo quam populus, cum parvulis et mulieribus, beati martyris membra duobus ex clero pro consuetudine in humeris gestantibus, cum litaniarum supplicatione ad supradictam perveniunt ecclesiam, ubi quanti profusi gemitus ex intimis cordium fuerint, quantæ lacrymæ effusæ, quanta precum vota omnipotenti Deo oblata, nimium difficile est prosequi. Expleta ergo ex more missarum celebratione, redeunt quisque ad sua, præstolantes omnipotentis Dei immensam clementiam, quæ non diu abfuit. Namque mox sicco excluso Aquilone, humidus Auster libero volatu Floriacos perflans campos, omnia rorifluis humectavit pennis, quæ solis fervor arida reddiderat largo imbre irrigans sola. Corpora quoque tum hominum cum reliquorum animalium grato relevans temperamento, omnem prorsus in eis exstinxit ardorem. Cessante itaque immoderato solis fervore, cessavit et pestis invisa; nec deinceps, præter consuetum morem, in eodem aliquis loco eo tempore obiit. Porro, qui a tanta liberati fuerant clade totis præcordiis omnipotenti Domino debitas persolvunt laudes, beato martyri Mauro patrique Benedicto meritas agentes gratiarum actiones.

XXI. Paucis diebus revolutis, eadem pestifera lues invasit incolas castri quod Gordonicum vocatur, in pago Biturico situm. Sole denique vires solito majores exerente, tanto ardore Gallicam regionem torruit, ut fontes, qui toto pene hactenus ævo fluxerant, siccati, nequaquam consuetum suis potum præbere sufficerent accolis. Tellus vero, hiulcis passim fissa rimis, pandebat hiatus creberrimos et solito profundiores. Proinde amnes largiflui, qui instar abyssi magnæ oneriferas vectare consueverant naves, exsiccatis alveis, amisso navigii usu, transitum duodenni præbebant puero, si necessarium foret pedibus transire. Quid de pratorum retexam exustione, quæ viroris decore, æstatis tempore vestiri solent graminibus speciem lapidis smaragdini æmulantibus, quæ æstu solis attrita sic aruerant quasi nunquam aliquid humoris habuissent? Porro tot et tantas nostræ ætati inexpertes ærumnas comitabatur mortifera lues, quæ humanorum corporum innumeras quotidie dabat strages; quæ lues maxime incolas supra fati angebat castri, cum reliquæ clades pene toti dominarentur Gallico orbi. Nihil in eo apparebat castro, nisi mortis imago; omnia plena luctus, plena mœroris, plena doloris. Nusquam risus, nusquam cordis lætitia, nusquam vultus hilaritas; omnes submissis in terram gradiebantur oculis. Non ibi exaudiebantur voces exsultantium, non mulierum tinnuli concrepabant cantus choros ducentium. Nulla in plateis plebis frequentia; et mirum quod in tam populoso oppido vix rara aut nulla, metu mortis cunctos percurrente, videres conventicula. Decor mulierum, puerorum lascivia, juvenum petulantia, varius vestium ornatus in pullos commutatus fuerat amictus. Nec immerito: vix enim aliqua immunis a cadavere inibi reperiebatur domus. Quippe cum quo aliquid tractabas modo homo post paululum fiebat cadaver. Moriente aliquo, quærere solemus vespillones, qui defuncto procurent sepulturam; ibi vero antequam sciretur qui in eis mortui poni deberent, quamplurimæ ab illius officii ministris fiebant fossæ, certis nullatenus mercede sui laboris se posse fraudari. His et amplioribus oppidani jam dicti castri coarctati malis, tandem rediit ad memoriam qualiter omnipotens Dominus per beatum martyrem Maurum, comitantibus patris Benedicti meritis, de cruentissima peste superioribus annis Floriacenses liberaverit. Consilio ergo inito, decernunt prudentes Floriacum dirigere viros, qui communes populi preces fratribus intimarent Floriacensibus, quatenus Christicolæ suffragari non differant plebi gregatim pereunti, deportato corpore ad eos jam dicti martyris cum Benedicti patris reliquiis. Venientibus ergo Floriacum legatis, et rem pro qua venerant ex ordine propalantibus, durum quidem fratribus videbatur gloriosum martyrem Floriaco extrahere, et vel modico terrarum ab eo divelli spatio, cum post sanctissimum patrem in ipso maxima spes illorum sita foret. Durius tamen quibusque sanioris consilii visum est, si tantam plebem, præsertim patris Benedicti dilectricem, perire sinerent, maxime cum certum haberent celeriter illi posse subveniri, et fides petentium hoc apud se retineret. Assumpto igitur quidam religiosorum fratrum celeberrimo martyre cum sacratissimis patris Benedicti pignoribus, honesto comitum tam clericorum quam laicorum vallati agmine, ut tantum decebat martyrem, ad destinatum perveniunt locum. Comperto Gordonicenses ad quos tendebant eorum adventu, obviam ruunt omnis sexus omnisque ætas; senes jam decrepiti, incurva baculo sustentantes membra, pueruli etiam quos modo ætas ad frequentationem habiles reddiderat, quibus poterant verbis, ad accelerandum sibi opitulari rogabant. Immensum namque gaudium eorum replebat corda, quoniam quas toto mentis desiderio videre exoptaverant, beatissimi videlicet Mauri aspiciebant reliquias, securi jam de sua per eum salute quem apud omnipotentem Dominum tantum audierant posse. Occurrunt etiam cum maximo tripudio Sancti Satyri canonici, albis induti vestibus, superamicti holosericis cappis, crucibus, cereis thuribulisque thymiamate vaporantibus præmissis. Deducitur beatissimus martyr hac populi frequentia usque ad castri superiora, quod situm est, ut recolunt qui viderunt, in prærupti collis eminentia. Expositis ergo in planitie ejusdem oppidi cupis, defertur vinum certatim in amphoris et aliis vasis deportando vino aptatis, et funditur in eis, quatenus loto feretro quo beati martyris continebantur membra, ex illa potione[1] quasi de ipsis sacris condita membris, velut de confectione aliqua medicinali omnes

---

1. Le vin avec lequel on avait lavé les reliques des saints et que l'on faisait boire aux malades pour les guérir s'appelait *Saint Vinage*.

potarentur. Videres nimirum catervatim confluere universæ ætatis sexum, deferre cyathos, scyphos, crateras et cujusque generis vascula ad suscipiendum potum. Suscepto ergo in suo quisque calice illius medicaminis haustu, nequaquam aliquid, ut fieri assolet, exinde domi residentibus deportabat, priusquam sufficienter reficeretur, metuens si vel modica postquam susceperat morula intercederet, ne subita lues se perimeret; etenim qui amplius ex eodem potum haurire poterat ampliorem, salutem sese promeriturum sperabat. Refecti igitur eo affatim omnes (cæterum idem castrum præ cæteris vino abundat, et gaudium erat cuique qui illud præbere valebat) rogant obnixe quo beatus martyr per vicos et plateas ejusdem circumferatur oppidi, ut pestifera lues, ejus præsentiam fugiens, a cunctis ipsius pelleretur angulis. Hoc facto, cœpit extemplo ventus leni spiramine aerem in nubes cogere, polus deinde obscurari densitate nubium. Nec mora, ut solet in aprili descendere pluvia levi aurarum susurrio, imber gratissimus placido lapsu sese infudit sitientis telluris in gremium, depellens nocivum, qui diu lugubri dominatus mundo fuerat, solis ardorem. Porro expulsa mox clades illa mortifera, quæ multas mortalium strages illis in locis inexperto ediderat more, lustrante fines illos beato martyre, neminem hominum inibi insueto deinceps modo ausa est attingere. Denique eruti ab immani periculo, non est in promptu dicere quanto tripudiabant gaudio, persolventes laudum cantica omnipotenti Domino, qui per suum fidelissimum testem a subitæ mortis discrimine dignatus est eos eripere. Nostri nihilominus legislatoris amore devincti, ejus meritum sublimis attollunt præconio vocis, qui tantum habere meruerit contubernalem, per quem, ipsius patris junctis precibus, imminentem evaserint mortem. Proinde quanta fuerint munerum donaria, quivis perpendere potest, dum unusquisque præcipua quæ habet offerre festinat, ne alius se devotior appareat. Siquidem per triduum detinent suum salutiferum hospitem, ut certiores facti de concessa salute, nulla jam formido ipsius pestis in eorum resideret mente. In quarto demum die, cum hymnis et canticis tanto martyre dignis ejus persequuntur feretrum per longius viæ spatium, valedicentesque illi, ad propria sunt regressi. Fratres itaque Floriacum repedantes, narrant residuis quæ fecerit magnalia Dominus omnipotens fidelium suorum meritis. Qui gratulabundi laudes exinde referunt omnium Creatori, beati martyris patrisque sui precibus sese commendantes attentius.

XXII. Nulli videatur onerosum, si duo subnectamus capitula, ad laudem hujus præsentis sanctissimi martyris, referentes mira, quæ per eum omnipotens Dominus ostendere dignatus est opera, in duabus longius a se remotis regionibus, in quibus ejus sacratissima continentur pignora. Prius tamen compendiose intimandum rem ignorantibus, quoniam, dum ipsius honorandæ Floriacum translatæ forent reliquiæ, fratres Floriacenses duo venerabilia ejus brachiorum ossa in duabus sui juris possessionibus posuerunt, ad subsidium videlicet et tutelam earum : quarum altera Diacus nuncupatur, in partibus sita Burgundiæ, territorio videlicet Tornodorensi; alterius licet minus consequens in scripto adnotari habeatur vocabulum, quoniam est barbarum, tamen, sicut profertur barbare, adnotavimus : vocatur itaque *Pontons*[1], in regione posita Guasconiæ. Ergo apud Diacum quidam ejusdem loci habebatur villicus, nomine Joscelinus, qui dum in multis aliter quam oportebat ageret, extricando suorum censum dominorum, usurpando per fraudem reditus agrorum, subripiendo bona rusticorum sibi commissorum, post plurimas objurgationes, quibus ut se a suis pravis corrigeret actibus commonitus, quia nequaquam emendatus est, a Rainerio, ejus possessionis tunc præposito, postmodum abbate, quarumdam causarum rationem reddere cogitur infideliter a se gestarum. Judiciario deinde more ventilata earum rerum quæstione, definitum est eum debere juramento sibi objecta refellere, quia inficiabatur omnia illa de quibus criminabatur. Respondet ille se alacriter jusjurandum facturum. Nec moratus diutius jam dictus præpositus, jubet afferri coram superius memoratas beati martyris reliquias. At miserabilis Joscelinus, quamvis eum sua reprehenderet conscientia, formidine præpositi sui compellente, præsumit sacris pignoribus temere manum imponere. Peracto vero sacramento sicut dictaverant qui illud fieri adjudicaverant, improbus pejerator jam securus, quoniam illico minime ipsum perculerat divina ultio, hilari vultu, procacibus verbis, quam prolixam habebat barba mento tenus comprehensa : « Per hanc, inquit, barbam salvum feci sacramentum. » Quo dicto, tota veluti eam comprehenderat manum prosecuta est barba, reliquo quo vixit tempore mento penitus per-

1. Saint-Maur de Pontons, sur l'Adour, diocèse d'Auch.

severante in barbæ privatione. Manifestata igitur luce clarius ejus infidelitate, justo judicio amissa villicatione, ulterius nec ipse, nec soboles ejus potuit villicare, expertus beatum martyrem admirandæ virtutis fore, quem prius debita nequaquam veneratus fuerat reverentia.

XXIII. Præterea comite Pictavensium in expeditionem Hierosolymitanam multa armatorum millia ducente, uxor ipsius curam agebat provinciarum potestati suæ subditarum [1]. Unde factum est, dum Guasconiam peragraret, ut transmeata Garumna, fines ejusdem regionis attingeret, in quibus positus est locus superius memoratus, *Pontons* videlicet, in pago Ausiensi, super flumen Adurcium, ditioni Floriacensium fratrum subditus, ubi, ut diximus, jam dicti celeberrimi martyris reliquiæ habentur. Invitante igitur itineris necessitate, comitissa militum vallata phalange hospitium ibidem accepit. Comperto ergo ante triduum Pictavorum adventu, incolæ eorum locorum, metu ipsorum, quoniam dominationem eorum valde exosam habent, omnia sua quæ in ecclesiam inferri licebat advehunt, et in oratorio ejusdem possessionis congerunt, vestium diversas species, alimenta, et cætera humanis usibus accommoda. Hospitati itaque Pictavi audiunt provinciales omnia sua, ut dictum est, in ecclesia conjecisse, cæteris (quamvis sit præceps eadem natio ad audenda quæque illicita) sacrum tamen formidantibus temerare

[1]. Philippe Mathilde, fille de Guillaume IV, comte de Toulouse et femme de Guillaume VII, dit le Jeune, comte de Poitiers, lequel partit pour la Terre sainte en 1101, à la tête d'une armée considérable.

locum, unus eorum audacior reliquis, prorumpens in ecclesiam, saccum frumento plenum humeris imponens suis, onustus sacrilegio proprium repedavit ad hospitium, nequaquam diu super tali gavisurus facto. Denique mox ut suæ metationis subiit limitem, cœperunt omnia illius membra, more eorum qui quartano laborant typho, tremere, frigusque intolerabile, per totum ejus se dispergens corpus, glaciali rigore omnes ipsius astrinxit artus. Porro accolæ ejusdem loci, qui certius noverant cur sibi contigisset tam subita valetudo (conscii enim optime fuerant magnarum beati martyris virtutum), hortantur miserum, ut quod ab ecclesia violenter abstraxerat triticum restitueret. Quod monebant fieri ægre impetrant; sed nullatenus beatus martyr ejus invita placatur pœnitentia. Ergo Pictavis cum sua domina in crastino a loco illo sese promoventibus, miser ille ibidem remorari formidans, quo valuit modo cum eis progreditur. In processu autem viæ, dum cum sociis graditur, paulatim formidabili indutus insania, cœpit sua insatiabili morsu more canino dilaniare brachia. Qui vero eum compescere volebant nequaquam sufficere valebant. Perseverante illo in tanta amentia, ventum est ad fluvium quemdam; transvadantibus cæteris, miser ille sua sponte in fluvium sese præcipitans, aquis suffocatus periit, maximum suis sodalibus incutiens terrorem et de reliquo cautelam, ne sacrorum ulterius violatores existere præsumerent locorum. Plura quidem erant quæ de hoc præstantissimo martyre dici poterant. Sed ne aliquis obvians calumniam nobis velit præstruere, dicens nos nostrum propositum excessisse, quoniam dum debuimus patris Benedicti mira referre opera, beati Mauri aliqua retulimus gesta, revertamur ad superius omissa, licet non ignoremus eorum quæ beato singulariter adscripsimus Mauro, Benedictum patrem exstitisse participem, quippe qui in eadem requiescant ecclesia, et eadem loca susceperint tutanda, eædem possessiones, in quibus beatum martyrem relata diximus patrasse miracula, ipse Floriaco sint subjectæ; cujus loci factus est uterque patronus, omnipotente Domino largiente.

XXIV. Regina Mathilde metas vivendi excedente, rex Ainricus in conjugium sibi ascivit filiam regis Russorum[1], nomine Annam. Hæc ei peperit tres filios, Philippum, Rotbertum, Hugonem : quorum Rotbertus adhuc puerulus decessit, Hugo comitatum postmodum Virimandensium adeptus est, Philippus autem, patre defuncto, totius regni Francorum gubernacula obtinuit. Septennis[2] autem erat, quando pater defungitur. Qua de re sortitus est tutelam illius vir illustrissimus Balduinus[3], Flandrensium comes. Qui prudentissime regni administrans negotia, donec idem Philippus intelligibiles attingeret annos, tyrannos per totam pullulantes Franciam tam consiliis quam armis perdomuit, et pacem maximam teneri fecit. Proinde Philippo, jam juvene facto, integrum absque unius viculi imminutione regnum restituit, et ipse non multo post vivendi finem fecit. Philippus vero in primis multa strenue gessit

1. Iaroslaf Ier, roi d'une partie de la Russie, mort en 1055.
2. Henri Ier étant mort en 1060, il faudrait donc placer en 1053 la naissance de Philippe, que l'*Art de vérifier les dates* place en 1052.
3. Baudouin V, dit de Lille, mort en 1067.

annis, sed ætate procedente, mole carnis aggravatus, ampliorem operam cibo indulsit et somno quam rebus bellicis. Hic ducis Frisiæ filiam, nomine Bertham, in matrimonium accepit, quæ ei genuit Ludovicum. Rebellaverunt autem contra eum quidam Francorum proceres, opibus et viribus Guillelmi, regis Anglorum, fidentes; ex quibus Hugo de Puteolo [1] adversus eum arma corripuit, plures sibi asciscens auxiliatores. Rex vero ejus audaciam compescere cupiens, undequaque militum contrahit manum. Inter reliquos etiam auxiliares, exercitum de Burgundia adventare jubet. Qui accepto mandato, in Franciam properant : dux videlicet ejusdem Burgundiæ, Odo [2], Nivernensium comes, Guillelmus, Antissiodorensium pontifex, Gaufredus, et alii quamplures quos retexere perlongum putavimus. Hi cœptum iter carpentes, via dictante, in quodam prædio patris Benedicti, Everam [3] vocato, metationem acceperunt. Ut vero moris agrestium est in adventu militum formidare, perstrepere, quaquaversum fugere, sua in locis tutioribus recondere, maxime in tanto strepitu rustici supra memorati pagi omnia sua ad ecclesiam convehunt, tam annonam quam supellectilem variam. Porro militum phalanges, postquam fessa labore viæ corpora dapibus relevarunt, cibaria suis procuraturi equis, comperiunt ruricolas suam

---

1. Hugues, seigneur du Puiset, qui tint en échec les armes de Philippe Ier. L'expédition dirigée contre lui dont il est ici question est de 1078.

2. Eudes, duc de Bourgogne, mort en 1102. — Guillaume, comte de Nevers, abdiqua, dit-on, vers 1079. L'évêque d'Auxerre Geoffroy était son fils.

3. Yèvre-la-Ville, canton de Pithiviers, département du Loiret.

totam annonam in ecclesia abdidisse. Unde animis dejecti, referunt ad principes exercitus rem omnem ex ordine : rusticos scilicet spem sui victus ad tutiorem portum, ecclesiam dico, contulisse, nec sibi penitus velle dare aut vendere alimenta suis vehiculis necessaria. At illi, consilii extorres, quid agant ignorant. Neque enim sanctorum violatores locorum fieri volunt, seu præsumunt. Episcopus itaque, qui cautior cæteris esse debuerat, juvenili actus temeritate, scurrili interrogat sermone utrum eam annonam homines in ecclesiam contulissent. Cui cum responsum esset : «Etiam,»—«Igitur, inquit, homines abstrahant.» Jubet ergo præpetes ire, et quantum hordei necessitas expetebat suis præbere equis. Properatur ad ecclesiam, violenter hordeum ab ea abstrahitur, pabulum exinde equis subministratur. In crastino, quo cœperant tendunt, nihil noxæ se contraxisse credentes apud patrem Benedictum pro infractione illius loci et injuria suis illata. Enimvero rege cum reliquis militum legionibus ad Puteolum festinante, et ipsi ei occurrunt. Castra metantur tam ipsi quam rex circa ipsum castrum. Obsesso itaque castro, post crebras aggressiones, aliquot diebus ibidem jam peractis, die quadam illi qui inclusi videbantur, Hugo videlicet cum suis, apertis portis improvisi adsunt obsidentibus, omnigeno bellorum tumultu personantes, cornicinibus etiam horrifico boatu concrepantibus. Exterriti qui in castris erant subita hostium audacia, credunt totius Franciæ militum cohortes noctu castrum idem intrasse, et idcirco Hugonem ad tanti ausum facinoris prorupisse. Quid plura? terga vertunt, fugæ præsidio sese committentes, diversarum specierum tentoria varia supellectili plena linquentes, et cætera quæ ad tantam expeditionem necessaria convexerant. Hostes eos fugere cernentes, quod nequaquam mente antea concipere præsumpserant, ut a paucis tanta multitudo fugaretur, acrius insequuntur. Capti sunt igitur in illa fuga quamplurimi nobiles viri, maxime exercitus Burgundiæ, qui patrem Benedictum injuriari ausi fuerant, direptores ipsius existentes possessionis. Denique episcopus, qui alios sermone illusorie prolato nefarie agere impulerat, cum patre, Nivernensium comite, captus, coactus est seipsum non modicæ quantitatis pecunia redimere; a qua demum captura exemptus, Floriacum petens, fatetur se stulte egisse, et quæ sibi acciderant, juste contigisse; veniam petit, promeretur. In ea fuga completum videres quod in fine Deuteronomii legitur in imprecationibus, quas vir Dei Moyses populo Israeli imprecatus est, si a lege Dei sui aliquando recederet : « Per unam, inquit, viam egredieris contra hostes tuos, et per septem fugies; » et in Levitico : « Fugietis, nemine persequente. »

XXV. Basilica semper Virginis Mariæ Dei genitricis, in qua beatus pater Benedictus corpore quiescit, partim vetustate, partim incendio demolita, visum est abbati Guillelmo[1], adnitente Odilone, viro probo, ejusdem basilicæ ædituo, vetus demoliri, et novum opus pro vetere instaurare. Qua de re actum est, ut veneranda ejusdem patris membra, quæ in arca lignea erant recondita, scrinio æneo ea ob durabilitatem in-

---

1. La première mention que l'on ait de Guillaume, comme abbé de Fleury, est de 1067. Il mourut en 1080.

trinsecus ambiente, necesse foret de eadem arca abstrahere, et alias alio in locello locare. De cujus arcæ reliquiis multa remedia præstantur infirmis, ejusdem patris meritis cujus venerabilia ossa ambivit. Denique quicunque febricitantium, sive quotidianis, seu tertianis, vel quartanis detentus fuerit typhis, si aqua aut vino laverit aliquam particulam lignorum ipsius arcæ, et eamdem potionem fide opitulante hauserit, confestim, emortua febre, sanus evadit. Quod frequentius probavimus experimento multiplici. Plures etiam, de ipsis quibus compacta fuerat arca illa lignis, diversarum homines regionum ad propria loca gratia suæ salutis detulerunt; qui postmodum attestati sunt contra variorum genera morborum ea profuisse multum. Enimvero nos plurima quæ per ea ostensa sunt omittentes signa, unum duntaxat retexamus, cujus documento multa potuisse fieri similia manifestemus.

Veranus[1], qui per aliquanta annorum curricula regimen obtinuit Floriacensium, quartanis valide per menses fere ter binos adurebatur febribus; qui plurimorum medicorum (ut putabat) doctorum, sibi propensius curam adhibens, nihil profecit; tantum aliquam pecuniæ quantitatem in comparandis medicaminibus, et eorum præmiis qui frustra vel modicum suæ artis sus-

---

1. Malgré ce texte formel, Mabillon n'admettait pas Véran au nombre des abbés de Fleury, sous prétexte qu'il ne figurait sur aucune liste de ces abbés. Cette erreur a été rectifiée dans le *Gallia christiana*, t. VIII, p. 154. Un manuscrit de Saint-Benoît-sur-Loire, qui fait aujourd'hui partie de la bibliothèque d'Orléans, porte en tête :

Abbatum lumen Veranus tale volumen
Fecit conscribi, dat, Benedicte, tibi, etc.

cipere laborem renuunt, expendit. Ipse quoque, quoniam jactitabat aliquantulam medicaminis se habere notitiolam, per se in se multa tentavit, sed nil sibi profuit. Destitutus itaque omni auxilio, et attenta medicinæ fraudatus spe, recordatur multos, hujus infirmitatis pondere oppressos, per arcæ ipsius reliquias sospitati pristinæ restitutos. Diluculo igitur cujusdam diei, surgens a lectulo, manibus suorum deportatus cubiculariorum, ecclesiam intravit, coram altari in quo prædictæ conditæ fuerant reliquiæ, sese in pavimento prostravit, fletu et gemitu subveniri sibi exposcens beati patris precibus. Postremo de soli duritia sublevatus, et ulnis suorum bajulorum sustentatus, rogat custodem prædictorum sacrorum ossium aliquam arcæ portiunculam sibi afferri, mero ablui, et sibi tribui. Quod dum impetrasset, hausto ejusmodi potu, corde deficiens, de manibus sese bajulantium ad terram prolapsus cecidit. Omnem deinde superflui humoris abundantiam, quæ sibi eam ægritudinem intulerat, evomens per spatium ferme unius horæ, humi prostratus jacuit, mentis deliquium passus. Unde, resumptis aliquantulum viribus, sese erigens, denuo ad lectulum deportatus, et tranquilla quiete paululum soporatus, nullam ipsius morbi deinceps sensit angustiam. Cognovit ergo potiorem fore medicinam omnipotentis Domini exposcere in infirmitate clementiam, quam in pretiosarum succis et viribus confidere herbarum.

XXVI. Unus ex fratribus, cognomento Gallebertus, qui cæmentariis fuerat præfectus prætaxato operi insistentibus, pecuniis minus aliquando abundans, ibat circumiens loca plurima, et ducens secum seminiverbios, quorum admonitione excitata virorum et mulierum corda, sæculi negotiis irretita, aliquo suffragio, etsi modico, penuriam ipsius sublevarent. Dum ergo circumquaque discurreret, Vitriacum[1] advenit; qui locus regalis palatii honorificentia nostris temporibus decorabatur. Ingressus itaque ecclesiam, exhortatorio sermone populum commonefaciebat, vitæ præsentis mutabilitatem fugere, vitæ futuræ stabilitatem flagrantis animi desiderio appetere. Inter cætera vero blandis persuasionibus exorabat, ex qua re tota illa exhortatio originem duxerat, quatenus injuncto sibi operi aliquid subsidii impendendo, vel pauca largirentur numismata. Aderat autem in eodem populo rusticus quidam, Marcus, qui sinistra debilitatus manu nullum ex ea opus attentare valebat, sed nervis contractis, digitorum summitatibus medio palmæ infixis, polliceque superadstricto, modum aliquem clauso pugno percutere valentis expresserat; et hac fere per quinquennium multatus debilitate, nulla medicorum ope adjuvari potuit. Porro noverant illius convicanei eum ipsa incommoditate diu detentum. Igitur cum audiret prædicatorem, patris Benedicti virtutes inter alia prædicamenta sæpius extollentem, videretque in præsentia sanctorum quorumdam pignora auro inclusa, quæ ad excitandam plebis devotionem prædictus frater secum detulerat, credo, inspirante omnipotentis Domini gratia, qui sibi hac occasione misereri disposuerat, conversus ad superius memoratum fratrem, inquit :

---

1. Vitry-aux-Loges, canton de Châteauneuf, département du Loiret. Les premiers Capétiens y avaient un château où mourut le roi Henri Ier, comme l'a démontré M. Quicherat. Voy. *Mémoires de la Société archéologique de l'Orléanais*, t. I.

« Spero, mi domine, et fides hoc mea certum apud se retinet, quoniam si istis sacris pignoribus quæ in præsenti cerno manui meæ debili vexillum crucis exterius in circuitu pingatis, invocato nomine sancti, cujus famuli estis, Benedicti patris, pulsa debilitate, pristinæ reddatur sospitati. Audita qui aderant ejus postulatione, et admirati fidem, exorant et ipsi quæ postulabat fieri. Frater vero et ipse, fide nihilominus plenus, confisus de sanctarum virtute reliquiarum et meritis patris, acceptis sanctorum pignoribus, manum debilem illius, uti rogaverat, signo crucis exterius circumcinxit. Quæ confestim, nervis strepitum grandem dantibus, sanitatem recepit ex integro, digitis omnibus sese erigentibus. Cœpit itaque idem rusticus habere liberam manum, qui diu habuerat inutilem solummodo pugnum. Videns autem in se tantam omnipotentis Domini clementiam, ei pro posse et scire referebat gratiarum actiones pro sua reformatione, agens etiam et patri Benedicto grates, cujus meritis sese salutem consecutum profitebatur. Nec minus omnes qui in eamdem ecclesiam convenerant, diutissime laudibus Redemptoris immorati, quibus valebant laudibus ejus extollebant magnalia qui in sanctis suis est ubique mirabilis.

XXVII. Anno ab Incarnatione Domini millesimo nonagesimo quinto, flamma voracis ignis maximam Floriacensis burgi consumpsit partem. Incognitum autem habetur utrum casuale, an furtivum idem fuerit incendium. Nocte siquidem quæ sacratissimum diem Dominicum Paschæ subsecuta est, vehemens ignis unam corripuit domorum, quæ a parte septentrionali exceptæ erant a clausura ejusdem burgi. Quæ cum esset receptaculum boum, habebat feni plurimum et palearum. Hæc vero licet sint omni tempore lætissimum ignis pabulum, ea tamen multo magis tempestate, quia, exclusis reliquis ventis, solus aquilo libero flatu orbem perflabat Gallicum. Qui omnia more suo adurens, arida reddiderat, nulla penitus pluviæ stillante gutta per aliquot temporis spatia. Igitur incipiente tertia noctis parte, quæ conticinium vocatur, perstrepentibus illis qui primi viderant ignem accendi, vulgus reliquum expergefactum terrificam illam vocem cum horribili ululatu concrepabat : Ad focum! videlicet, ad focum! Quo strepitu exciti fratres, linquunt stratus, basilicam irrumpentes. Erat autem eadem basilica ob paschalem celebritatem honestissime holosericis venustata ornatibus, ad quos deponendos et in gazophylacio reponendos, quoniam ea domus fornice lapideo protegebatur, juniores de fratribus certatim accinguntur. Quod citissime peragitur, aliis scalas erigentibus, aliis per gradus earum ad fastigia ipsius aulæ evolantibus, et ipsos ornatus deponentibus, aliis eos in humeris et ulnis suscipientibus, et ad jam dictum tutum locum deferentibus. Nec minus librorum pernecessariam copiam amittere ignis violentia pertimescentes, eodem congessimus cum testamentorum et privilegiorum nostrorum congerie; metuebamus enim ne turricula, in qua hæc recondita erant, ignium viribus succumbens, in favillas redigeretur, cum foret rimarum plena, superiori incendio consumpta, quod domini abbatis Gauzlini[1] tempore Floriacense cœnobium pes-

---

1. Voy. ci-dessus, liv. VII, p. 276.

sumdedit. Porro junioribus in his quæ prætaxavimus occupatis, qui religiosiores et ætate provectiores erant, patris sanctissimi glebam, non solum his, sed omnibus gazis millies pretiosiorem, supradicto gazophylacio intulerunt, cum cæterorum pignoribus sanctorum, qui in eadem quiescebant ecclesia. Quidam autem sacratissimi martyris Mauri membra aureamque dextram, in qua pars Domini sudarii habetur inclusa, assumentes, foras extulerunt incendio opponentes. Sed dum nequaquam ignis odorem sustinere valerent, infra ambitum castri sese recipientes, ascenso muro implorabant Domini auxilium, oppositis nihilominus incendio sacris pignoribus. Joscerandus vero beatæ memoriæ vir, qui eo tempore abbatis[1] officium apud Floriacum strenue exsequebatur, assumptis secum paucis fratribus cum pueris, qui adhuc sub arctioris disciplinæ custodia tenebantur, domicilia ejusdem cœnobii usque ad auroram circumeundo litanias agebat, protensis in cœlum manibus, crebrius *Kyrie eleison* inclamans. Interea ignis paulatim suas in majus augmentando vires, depastis ædibus quas a parte septentrionis extra villam depasci primo cœperat, flatibus aquilonis qui vehementer flabat impulsus, ecclesiam Sancti Dionysii[2] quæ fere in medio ipsius villæ sita erat, corripit. Enimvero exinde quasi ex eminentiori loco, liberioribus saltibus admissus, circumquaque diffunditur, ita ut etiam torcularia, quæ in vinetis centum ferme passibus longius aberant, combureret. Erat vero tantus ejus crepitus ut omnes

1. Joscerand, successeur de Véran, gouvernait encore l'abbaye de Fleury en 1095, d'après le témoignage même de notre auteur.
2. Voy. sur cette église la note ci-dessus, liv. VI, p. 228.

audientes corde paverent, vix stare valentes, quatiente eorum genua tremore nimio. Tunc denique omnes ingens arripuit timor fratres, cernentes carbones ignitis mistos scintillis super monasterium, quod stipula opertum erat, cadere, metuentes ne sub uno momento cuncta eorum habitacula eo igne consumerentur. Idem denique monasterium, quod superius innovari cœptum diximus, quoniam adhuc imperfectum manebat, stipula tegebatur. Tandem ergo placatus Salvator, ut credimus, suæ gloriosæ meritis genitricis patrisque Benedicti, necnon supra memorati religiosi viri precibus, induxit africum vehementem, qui ex obliquo flans, aquilonem a monasterii ambitu penitus excluderet et vapores incendii, quos ille suis impellebat flatibus, ab eo omnimodis arceret. Quam miserationem Omnipotentis cernentes, retulimus pro posse ejus immensæ clementiæ gratiarum actiones, qui nos a tam immani eripuerat periculo. Denique donec omne illud incendium sopiretur, non cessavit idem ventus flare vehementius. Perduravit autem idem incendium debacchando, pessumdans Floriacensium ædes cum his quæ in ipsis reperit alimentis et vestibus et varia supellectili, ab hora noctis tertia usque primam sequentis diei horam, devastans omnia a porta septentrionali versus orientem usque in portam australem, paucis residuis domibus ad solis ortum, quæ extra villam erant.

XXVIII. Quædam paupercula anus, ab ignotis nobis finibus egrediens, Floriacum fortuito casu, ostiatim victum quæritando, contigit. Hæc diu in cæcitate perdurans, funditus spem recuperandi amiserat visus.

Quæ, manu sinistra puerulo data, iter carpebat, dextera baculum gratia sustentationis gestans. Ingressa ergo Dei genitricis aulam, pone imaginem nostri Salvatoris argento radiante vestitam aureoque pulchre nitore inferstinctam, ubi eo tempore beatissimi patris veneranda quiescebant membra, causa innovationis ejusdem aulæ translata, anicula illa dum ductore ductante ibidem restitisset, memor propriæ paupertatis, exorabat patrem sanctum, ut ejus suffragaretur inopiæ, suppeditando videlicet sibi victus et vestitus necessaria; neque enim de suorum reformatione luminum, de qua jam desperaverat, orationem fundere præsumebat. Sed pius pater, qui utrumque largiri poterat, quod potius erat concessit, quoniam, luminibus restitutis, facilius ipsa sibi procurare valeret cætera. Ex insperato igitur repulsa cæcitate, cœpit lumen cœli clare conspicere, nec modice gavisa, patris sanctissimi merita totis efferebat animi præconiis, per quem ejus lumina receperant munera lucis. Referebat autem quemdam sibi adstitisse, qui tenuem quæ ejus pupillas texerat pelliculam acuta incidebat novacula, qua utique incisa, confestim lumen recipiebat.

XXIX. Quidam mediæ ætatis homo, pervasus ab humani generis adversario, inops mentis factus perdiderat totius acumina sensus. Hic a proximis sibi sanguine arctissimis adstrictus loris, ad celeberrimum patris adductus tumulum, diem ibi transegit integrum, adnectens diei et noctem contiguam. Quam dum vigil pernoctasset, illucescente sequentis diei crepusculo, nullum sanitatis expetitæ indicium apparebat in illo, torquente qui eum pervaserat incessanter dæmone. Denique terribili quoscunque appropinquantes sibi aspectu intuens, si permissum fuisset, etiam dentibus more canino lacerasset, frendens, et, quantum licebat, impetum in eos faciens. Sed, ut diximus, diris ligatus vinculis, nequaquam sibimet vel alicui appropianti aliquid inferre prævalebat damni. Edebat vero ore sonos horrificos et inconditos, loquens etiam nefanda et exsecranda verba. Quoniam autem idem energumenus pro salute sua, sui ipsius impos, nullatenus meminerat exorare, non solum qui illum adduxerant, sed quicunque ecclesiam, in qua erat, intrabant, pro eo omnipotenti Domino, ut competens fuerat, orationem fundebant. Quo factum est ut, mediante hora diei secunda, terribiliter exclamans, tanquam valido percussus ictu, in terram corrueret resupinus. Extemplo itaque dæmonio purgatus expulso, compos mentis factus, omnipotentem magnificat Dominum, qui se a pessimo hoste captivatum per beatissimum patrem reddiderat liberum. Confectum fratres qui aderant in ejus liberatione cæteris in capitulo residentibus nuntiare properarunt hujusmodi miraculum, per venerabilem patrem patratum. Qui mox inde surgentes, ingressi oratorium hilarianam psalmodiam, quam diebus festivis in omnipotentis laudibus Domini decantare solemus voce celsiori, videlicet *Te Deum laudamus*, tota mentis devotione concinunt, patrem quoque gratulabundi magnificantes Benedictum. Porro qui sanatus fuerat referebat, ea hora qua dæmone fugato liberatus est, se quemdam conspicui vultus virum vidisse, qui ingressus per orientalem ipsius basilicæ absidem, baculum a capite incurvum manu gerens, cum usque ad se properasset, seque eo quem gestabat baculo in capite feriisset; quo ictu accepto, sese confestim in terram corruisse, et sobrietatem mentis recepisse.

XXX. Nuper properantibus cæmentariis fornicem miræ altitudinis in dextra ipsius ecclesiæ parte erigere, locatæ sunt trabes in sublimi parietum stabilimento a fabris lignariis, ad sustollenda ligna quæ in modum hemisphærii fabricantur, quibus moles lapidum et cæmenti inniti habebat. Ergo dum quodam mane, trabibus tenui imbre madefactis, operarii desuper incederent, præparantes quæ præcipiebantur, unus eorum, Otgerius nomine, minus caute superambulans, dum affigere vestigia uni trabium fortiter nititur, pede lapso de illa celsitudine, per compaginatos sibi fustes, per multiplicem lignorum struem, inter acervos lapidum pronus ad terram corruit. Erat enim pene totum illud telluris spatium tam lignorum quam saxorum congerie adopertum; parvus tantum locellus ad mensuram humanæ proceritatis remanserat immunis ab eis, in quo, admirantibus qui aderant, ac si de industria projectus decidit juvenis ipse. Attrito tamen capite soli duritie, oculis pene erutis, lingua ab ore porrecta, perfusus faciem rivo cruoris, jacebat humi tanquam exanimis. Accurrimus statim multitudo tam laicorum quam monachorum, qui, etsi casum non videramus, clamorem tamen et luctum artificum audieramus. Qui omnes cum gemitu et lacrymosis vocibus cœpimus implorare gloriosæ Dei genitricis opem patrisque Benedicti suffragia, quatenus subvenirent misero, ne paucæ quæ supererant animæ reliquiæ protinus elaberentur. Denique formidabamus ne, si ille spiritum exhalaret, intermitteretur opus, confractis animis vulgi totius, quod tam pecunias quam corporum vires certatim operi perficiendo impendebat. Quod quoniam mobile est, et in quamcunque partem mentis levitas impulerit more arundinis aura commotæ inflectitur, fortassis immurmuraret patrem Benedictum nullam ipsius loci providentiam habere, nec curare si quid adversi operi illi intercederet. Levantes igitur juvenem debilitatum, deposuerunt eum ante altare Dei genitricis, quod prope erat, exspectantes tam ipsius quam patris nostri auxilium. Nec frustra, nempe post aliquanta temporis momenta, qui putabatur mox moriturus, resumpto spiritu, oculis patefactis, cœpit alloqui circumstantes, et de sua integritate certos reddere, stupentibus illis et Dominum glorificantibus. Hinc delatus ad propriam domum, non post multos dies integræ redditus est sospitati. Qui interrogatus quid sibi videretur, cum de tanta altitudine præcipitatus corrueret, respondit se sic exceptum tellure tanquam super multas ceciderit culcitras, nec soli soliditatem aliquatenus sensisse.

XXXI. Stephanus etiam, unus de familia, equestris ordinis vir, longa ægritudine maceratus, ad ultimum funditus amisit sensum. Qui ad instar debacchantium loris adstrictus tenacibus, vix cohiberi poterat ne a lecto prosiliens, præceps quaquaversum titubantia inferret vestigia. Cujus amici et consanguinei nimio tædio affecti, dum nil medelæ quod ejus tam pessimo obviaret lethargo inveniretur, dejecti animis, jam de ipsius desperaverunt reparatione. Tandem propitia

Divinitate, quæ illi incolumitatem restituere decreverat, incidit mentibus eorum quatenus illum in ecclesiam deportarent, et coram altare Dei genitricis locarent, exoraturi ejus patrisque Benedicti indefessam clementiam, ut ægroto suis subvenire festinarent meritis. Quod imminente jam noctis crepusculo, constituerunt agere; erubescebant enim eum diurnis sua domo efferre horis, propter ipsius assiduam debacchationem, ne obtutus sese intuentium offenderet. Positus ergo ante jam dictam Dei matris aram, pernoctavit in eodem loco, ignorans penitus se ibidem esse. At dum auroræ circulus adhuc ambiguam lucem, rarescentibus jam tenebris, mundo inferret, relatus ab amicis proprio invehitur domicilio, nescius se productum ab ipso omnino. Exin vero memoria paulatim revertente, mentis oblivio quæ per plures obtinuerat soles ipsum deseruit, atque infra modicum, perfecte recepit quem amiserat intellectum, congratulantibus sibi vicinis et cognatis, atque de ejus sospitate omnipotentem Dominum collaudantibus.

XXXII. Bosonis villa quædam sancti patris nostri dicitur possessio, juxta castrum quod Petveris vocatur sita, in qua hæc tria quæ subnotavimus signa, per gratiam quam a Domino idem pater promeruit, sunt patrata. Mense julio, Translatio ejusdem gloriosi patris non modo apud Gallos, sed etiam apud complures nationes, celebriter recolitur. Morabatur autem in supradicta possessione quædam puella, quæ, quoniam de patris ipsius familia originem non trahebat, impune putans se tantam solemnitatem temerare posse, sumpsit colum cum fuso, cœpitque per eamdem quasi deambulando villam nens discurerre. Cernentes id mulieres aliæ, quæ patris erant familiæ, arguebant ipsam, quoniam cum in rure ipsius commoraretur, festum ejus tam præcipuum violare præsumeret. Illa stomachando intulit eis : « Vos quæ illius estis ancillæ, estote feriatæ, et celebritatem hanc studiose excolite; me vero, quoniam ipsi in nullo sum obnoxia, opere manuum mearum sinite lucrari cibum quem hodie sum comessura. » Hoc dato responso, cum majori pervicacia cœptum opus agebat. Repente itaque invisibiliter divina eam prosequente ultione, percussa in maxillam, cruentum accepit ictum, et profluente de dentibus largo cruore, tam dolore percussionis quam formidine percussoris exterrita, ad ecclesiam illius villæ profugit. Factus est autem non parvus conventus rusticorum in eadem ecclesia, qui exciti clamoribus mulierculæ et fama tantæ virtutis, illuc confluxerant. Qui salubre consilium eidem suggerentes, hortati sunt ut sese traderet in ancillam sancto patri, et sponderet de cætero omnes celebritates ipsius, ut condecens esset, se venerabiliter observaturam. Quæ dignæ suggestioni credens, obtemperavit justo ipsorum consilio, et confestim tam a dolore dentium quam a formidine liberata est.

XXXIII. In idem rus advenerat altera muliercula, quæ textricis fungebatur officio. Hæc mercede conducta a quodam viro, nomine Rodulfo, gente Britanno, habebat cooperatricem quæ ejusdem erat ministerii, sed hæc ex familia patris Benedicti progenita fuerat, altera vero minime. Britannus autem ipse liberam traxerat genituram. Qui de sua adveniens regione, ipsius patris rus incolebat, habens habitationem in eodem rure; eratque durus agricola, cui etiam vires labori tolerando sufficiebant. In patris igitur Tumulatione, quæ in diebus Dominici Adventus per omnes Gallias annuatim cum reverentia excolitur[1], mulier quæ carnalis libertatis supercilio tumebat, inquit ei quæ ex famulabus patris se quoque esse plaudebat : « Veni, mi chara, properemus perficere quod pariter cœpimus opus. » Susceperant enim texere lineam, quæ ipsius Britonis erat telam. Cui illa respondit : « Absit a me, mi soror, ut ego hodie aliquem præsumam exercere laborem, et domini mei, cujus sum ancilla, tam solemnem temerare celebritatem. » At illa e contra : « Tu, si tibi vacat, feriata esto, ego enim quo fruar cibo, hodie laboratura sum; tu vero domini tui excole festum. » Huic altercationi Britannus ipse intervenit; qui sciscitatus cujusmodi inter se sermones sererent, ubi edidicit causam, suis compulit exhortationibus utramque aggredi quod assumpserat opus. Cœpit itaque famula patris anxie valde post telam residens exspectare quid ejus actura foret socia; quæ tramam apprehendens, ubi primum per stamen duxit filum, assumpto pectine ligneo, inculcabat idem filum reliquo subtegmini, percutiendo. Extemplo consequente justi examinis ultione, pecten manui ejus adhæsit; quod ipsa dum persensit, exterrita vociferari exorsa est, attentans crebro, si a manu propria pectinem aliquo pacto excutere quiret; sed videns incassum se id facere, ab incœpto destitit.

---

1. Cette fête se célébrait le 4 décembre. Voir à la fin du volume la note sur les fêtes de saint Benoît.

Accurrerunt autem plurimi vici habitatores exciti clamoribus illius, inter quos et Brito adfuit. Qui nequaquam reveritus rectissima Omnipotentis judicia, quæ etsi sunt occulta aliquando semper tamen sunt justa, comprehensa dextera mulieris cui pecten inhæserat, violenter extrahendo discussit.

Quem Britonem illico vindicta superni Judicis pro sua superba temeritate merito perculit. Dextera denique ejus, quæ cum violentia pecten a mulierculæ manu excusserat, mox arefacta est, ita ut, inutilis reddita, nullum opus efficere valeret. Cum ipsa quoque ariditate aliud inusitatæ passionis detrimentum accrevit, siquidem tanquam reatus sui quodam argueretur timore, tremula concussione agitata, uno in loco, etiamsi vinculis constringeretur, cogi non poterat, sed mobilitate inexperta absque ulla quiete dissiliebat. Paulatim etiam augmentata vi ægritudinis, rusticus ille percussus dira paralysi, medietate sui destitutus est corporis, ita ut ad omne artificium efficeretur inutilis. Miser tamen idem tanta fuerat captus dementia et obstinatione animi induratus, ut nequaquam confiteri acquiesceret ob temeritatem dictam se tantum languorem incurrisse, donec inveterata morbi acerbitate maceratus, invitus, qualiter id sibi accidisset, sua voce protulerit. Admonentibus autem vici ejusdem cohabitatoribus, petiit Floriacum in patris Translatione, qua Cassinum deserens elegit sacris suis pignoribus metationem Gallicanam regionem, et servitium professus ipsi de cætero patri, pernoctavit post ipsius sanctissimam Tumulationem nocte illa, continuato die festi nocti ipsi, deposcens ipsius clementiam cujus in se concitaverat vindictam, quod et ipsi perspeximus. Sed quoniam ex superbiæ typho ejusdem crimen descendebat, nullatenus veniam impetravit quam implorabat, sed usque ad terminum vitæ, comitante se occulto Omnipotentis examine, incuratus perseveravit. Mulier igitur quæ in se experta severam Domini fuerat ultionem, perterrita etiam rustici illius diris passionibus, famulatum professa patri Benedicto, spopondit se in eadem solemnitate candelam omnibus annis quibus viveret oblaturam, et illam cæterasque ejus festivitates debita cum devotione observaturam.

XXXIV. In Castellione, patris ipsius non exigua possessione, ubi beatus confessor Posennus requiescit, de quo et Andreas[1] plurima in suis retulit dictis, multa ad laudem sui nominis, per merita utriusque patris sæpius Omnipotentis clementia demonstrat magnalia, de quibus et nos dicturi sumus aliqua. Homuncio quidem, Herbertus nomine, ægritudinem incidit adeo gravem ut, resolutis omnibus membris, nullius eorum uteretur officio, præter linguam quæ, licet satis exilem, retinebat sonum. Hujus inopia sustentabatur timoratorum alimonia virorum, qui etiam tuguriolum in porticu basilicæ loci ipsius sibi construxerant; ubi et per numerosa annorum curricula instar glomeris involutus decubuit, vix etiam liquidas sorbitiunculas ore valens ligurire, necessitate quoque relevandi alvi, a loco in locum digredi nequaquam potens. Miserante igitur omnipotentia clementis Salvatoris, suffragantibus vero patris nostri beatique confessoris Christi

---

1. Voy. ci-dessus, liv. V, p. 199.

Posenni precibus, paulatim membris sospitatem amissam recipientibus, factus est incolumis, grates referens Domino Jesu Christo secundum suæ scientiæ modulum, et ejus utrisque fidelibus. Permansit autem in eodem loco per multa tempora, ecclesiæ servitio mancipatus, aquam, lumen, et quæque ad ministerium altaris idonea suppeditans; quem nos etiam pluribus annis id officiose peragentem perspeximus.

XXXV. In territorio Nivernensi quoddam habetur castrum, Huben nuncupatum, in prærupti cujusdam collis cacumine. Hujus dominus Hugo dicebatur, provectæ ætatis vir. Hic filium genuerat, vocabulo Gauterium, qui juvenilis ævi elatus supercilio, minus de omnipotentis Dei pertractans mandatis, res ecclesiarum et pauperum rapinis inhians diripere, et suis in necessitatibus expendere ardebat. Unde arbitratus opimam de jam memorata possessione prædam se posse abducere, propter multitudinem diversorum animalium, quæ in eodem erant loco (est enim alendorum animalium opportunus ob fertilitatem pabulorum), assumptis cohortibus equitum seu peditum, devenit illuc, neque Dei veritus offensam, neque patris nostri meritum. Porro accolæ loci ipsius et circa positi ruris comperientes ejus insanam cupidinem, et pertimescentes copiosum prædonum numerum, adsciverunt in auxilium sibi dominum castri, quod dicitur Sancti Briccii, Rotbertum nomine, strenuum sane tam armis quam consiliis virum. Qui vallatus suorum cuneo, prompto accurrit animo, paratus cum eis, si quod immineret, subire dispendium pro patris promerendo suffragio, et vicinorum qui se expetierant, commodis. Gauterius itaque aggressus Castellionenses, satagebat opere perficere quod mente conceperat: ruricolas videlicet eorumque pecora et spolia secum abducere. Rotbertus autem ei obviam progressus cum suis, conjunctis quoque sibi locorum contiguorum colonis, conferre cum eo non valens, ejus timendo copias, terga vertit. Gauterius ergo suos multis clamoribus adhortatus, equoque cui insidebat calcaribus incitato, ipsum perniciter insequitur. Quem Rotbertus jamjamque sibi appropiantem cernens, ut-puta moris est fugientium, hasta super humerum rejecta, ferrum hastæ sequenti opposuit. At ille conatus hostis nequaquam providens, dum incautius attingere eum equo ardescit, in ferrum ruit; quod gutturi illius immersum, absque dilatione vita privavit. Videntes vero satellites ejus dominum suum exanimatum, ululatibus aerem, lacrymis genas opplentes, humeris corpus imponentes abire maturant; miserante ipso cujus interierat ferro, illis quoque quos prædatum venerat concedentibus liberam fugiendi copiam, laudesque proclamantibus omnipotenti Deo, gratres patri Benedicto sanctoque confessori Posenno' de tam celeri hostis sui multatione. Genitor autem genitrixque defuncti cernentes exstinctum filium, in quo tota spes pendebat illorum, quoniam hunc solum possidebant, non est facile dicere quos ediderint gemitus, quantas fuderint lacrymas, inconsolabili lugentes mœstitia quem amplectebantur dilectione unica. Metuentes vero futuram discussionem justi judicis Dei (erant enim timorati), quoniam spes omnis debita corporis sublata fuerat, tractabant qualiter animæ ipsius consulerent, quatenus indulgentiam inveniret qui extrema sua tam pessime præcipitaverat. Assumpto igitur Antissiodorensi antistite, venerabili sane viro, cum grandi apparatu exsequiarum et exanimato filii sui corpore, Floriacum properant. Advoluti autem genibus Hugonis, qui tunc in eodem loco abbatis fungebatur officio, et totius congregationis, implorant vincula reatus defuncti precibus eorum solvi, certum tenentes in conspectu summi Judicis ipsius laxandum crimen, si quibus illata injuria fuerat, in præsenti toto animo ipsam prius remitterent. Unde et calicem, purissimi auri libram habentem, in dextera filii sui ponunt, et illum pro vadimonio offerunt, quatenus promptiorem veniam delicti sui assequi mereretur, si aliquam recompensationem pro temeritate ipsius exsolverent, credentes quoties in eo sacrificium summæ Divinitati offerretur nequaquam ejusdem sacrificii ipsum esse exsortem. Fratres itaque pia miseratione permoti, generaliter pro eo sacrificium omnipotenti Domino obtulerunt, absolvi poscentes ipsius offensas, et ipsi, secundum possibilitatem a Christo fidelibus suis concessam, quod in eos deliquerat remittentes; expletisque funereis honore congruo officiis, genitores cum nobilibus viris quos in suo asciverant comitatu, ad propria dimisere, non mediocrem consolationem de salute filii sui reportantes.

XXXVI. Interjectis aliquantis annorum curriculis, confœderati de vicinæ partibus Burgundiæ adversus eosdem Castellionenses, quidam prædones glomeraverunt non infirmam manum satellitum, equitum et peditum. Transito autem amne Ligerico, diffuderunt se per rura ad ipsum prædium pertinentia. Tanta vero erat illis securitas confidentibus in sua multitudine, et tanta arrogantia de robore et aptitudine suæ juventutis, ut scurram¹ se præcedere facerent, qui musico instrumento res fortiter gestas et priorum bella præcineret, quatenus his acrius incitarentur ad ea peragenda, quæ maligno conceperant animo. Erat autem præpositus ipsius possessionis constitutus a fratribus, eo tempore, quidam vir probus, Aimericus vocabulo, qui, mundi relictis pompis, assumpto habitu monachico, omnipotenti Domino fideli famulabatur obsequio, patri Benedicto in sibi commissis existens jugiter fidelis. Hic, antequam vestem mutasset, sacerdotis fungebatur officio; cui vicini et qui eum noverant testimonium deferebant legitime conversatum, quandiu in clericatus permanserat sorte. Itaque phalanges rapacium, effractis domibus ruricolarum, oneraverunt se spoliis, agentes præ se greges pecorum, quos in contiguis torrentum pratis, seu in littore Ligeris, repererant depascentes. Plurimam siquidem eorum multitudinem rustici, qui prædonum præscierant adventum, in silvis et in confragosis abdiderant vallibus. Igitur præeunte cantore, utpote nihil formidinis habentes, ad littus properant amnis, ubi plures suorum ad custodiam navium collocaverant, quibus eumdem transnavigaverant fluvium. Porro coloni jam dictæ possessionis in unum jam confluxerant, sequentes eos a longe; nequaquam enim appropiare

---

1. Le mot *scurra* doit se traduire ici par jongleur. Nous ne croyons pas que les auteurs qui ont écrit sur l'histoire littéraire aient mis à profit ce curieux passage sur lequel nous appelons l'attention.

audebant. Jam dictus autem præpositus, non minimum in corde concipiens dolorem, anxiabatur valde, ignorans quid potissimum agere deberet: neque enim sibi vel suis tutum fore advertebat in hostes irruere, neque ipsorum navigium præoccupare, cum hi qui ad eum convenerant pauci essent numero, nec satis animo constantes. Enimvero quoniam deerant vires hominum, et robore destituebatur humano, totis medullis convertitur ad divinum suffragium, totoque in terram prostratus corpore, cœlitus suis exorabat auxiliari. Et versus ad hostes, in nomine Domini maledixit illis, suisque præcepit, cum clamore maximo, terga malignorum a longe insequi, qui jam, per collis declivum descendentes, festinabant ascensis navibus ad sua regredi, neminem suis obviare ausibus audere suspicantes. Auditis ergo post sua vestigia vociferantium tumultibus; et clamore tanquam sese invicem exhortantium, tantus corda ipsorum induit metus ut præcipiti omnes se traderent fugæ, et certatim cursu pernici pervolarent ad flumen, nullusque esset qui eos a fuga cohibere aggrederetur, ut in tali negotio fieri assolet: qui enim duces fuerant in scelere, primi erant fugæ. Tunc illud beati Job dictum, quanquam sub alio intellectu, videres impletum : « Versa est in luctum cithara et organum in vocem flentium. » Itaque præcipitanter in scaphas ingressi, dum eorum unusquisque transvehi flumine accelerat, pondere multitudinis aggravatæ, cum processissent in altum, submersæ dehiscunt. Resonabant littora gemitu ac clamore miserorum et morientium ululatibus, concava vallium et nemorum condensa respondebant. Videres Ligeris alveo arcus cum sagittis, hastas etiam cum clypeis subnatare, quæ fluvius, celeritate qua decurrit, inferius devehebat. Ferunt autem eos qui in amnis ipsius cæcis submersi gurgitibus suffocati perierunt, non paucos fuisse. Capta est vero non minima multitudo eorum, qui nequaquam ad navigium pertingere potuerant, vel formidine fluminis exterriti in ripa restiterant. Qui omnes præcepto abbatis et reliquorum fratrum relaxati, virtutem patris circumquaque divulgarunt. Per omnia benedictus Deus, qui contumaciam illorum dejecit et robur comminuit.

XXXVII. Erat in superius dicta curti Matriniacensi quidam flore juvenilis elatus ætatis, nomine Waldo, qui, pruritum suæ non ferens carnis, consuetudinem stupri cum aliqua fecerat muliercula. Hic ab amicis sæpius correptus, illa rejecta, duxit uxorem. At illa dolens et ulcisci sese toto affectans animo, investigat qua arte suam possit vindicare injuriam. Unde maleficiis operosam impendens curam, adeo prævaluit ut juvenis mentem alienaret, et in eo funditus suis veneficiis vim rationis exstingueret. Qui mente perditus, a suo domicilio egressus, propria ignorante familia quid agere destinaret, arcu assumpto cum sagittis (huic enim arti vacabat), silvas petiit Calvi Montis, delitescens incibatus aliquot dies in illis. Quibus tandem relictis, Floriacum devenit, in vigilia beati Baptistæ Johannis; majoremque ecclesiam petens, coram altari, quod imaginem argenteam Dominicæ recordationis pone habet, constitit, fratribus Domino solemni more hymnos resonantibus. Ubi dum inter candelabra stupidus, hac et illac lumina contorquens et calcaneis solum pavimenti atterens, persisteret, suspensis fratribus qui eum noverant quid agere deliberaret; tandem comperto quod mente excessisset, expulsus est a loco stationis illius; qui sese pernici gressu promovens, ante aram Dei genitricis contulit, et inibi totam illam noctem infatigabilis pervigilem ducens, visione salubri, ut ipse pluribus postmodum confessus est, in pristinam sospitatem est restitutus. Videbat namque Dei genitricem, patrem Benedictum sanctumque martyrem Maurum coram assistere. De quibus primus sanctus martyr ad patrem Benedictum aiebat : « Libera hunc famulum tuum. »

XXXVIII. Consequens videtur ut etiam aliqua ex his adnotemus, quæ omnipotens Dominus mira operatur per eumdem patrem apud Patriciacum, seu in locis sibi subditis. Neque enim minori miraculorum copia in eodem coruscare dignoscitur loco quam apud Floriacum, ubi corpore quiescit. Unde idem locus in maximo a suis honore habetur vicinis, et multorum frequentia frequentatur populorum, tum in solemnitatibus hujus patris accurrentium quam pro diversis calamitatibus, si quando afflicti fuerint, supplicantium. Nos vero vix pauca eorum quæ inibi gloriosus pater gessit attigimus operum, partim illis habitatorum incuria oblivioni traditis, partim priorum negligentia nostrorum, qui, cum peritia scribendi calluerint, ea scribere neglexerunt. Igitur rusticus quidam, vocabulo Durantus, servus S. Gradi de Paredo, contractionem inferiorum incurrerat membrorum, femorum videlicet, tibiarum et pedum. Qui, quoniam unde victus sui inopiam suppleret debilitatis non haberet membris, fecerat sibi fieri gestatorium locellum, in quo deportatus per fidelium virorum domos, quotidianam stipem pro eorum absolutione facinorum ab ipsis recipere mereretur. Vicinis autem illius et consanguineis assidua egestatis illius sustentatione usquequaque fatigatis, contigit quatenus, suis relictis, Patriciacum in suo deportaretur grabato, ubi per aliquod temporis spatium, mendicando a sibi impendentibus agapem promeruit. In solemni autem die Translationis memorati patris, quæ mense julio ibidem celebrius recolitur, advenientibus non solum plebeiorum turmis, sed etiam clericorum et nobilium honestis personis, fratribus nocturnas agentibus vigilias, rogavit se deferri ad monasterium, ejusdem interesse cupiens vigiliis; quod et obtinuit. Porro dum quartum canitur responsorium, inspirante, ut reor, divina clementia, quæ sibi per gloriosi patris merita misereri decreverat, postulabat obnixe ut transvehendo subderetur capsæ, in qua continebantur reliquiæ. Arripientes ergo duo de populo grabatum ejus, in quo gestari solebat, subduxerunt eum per locum de quo petierat. Translato itaque eo, mox nervis sese extendentibus, laxatis nodis quibus tenebantur adstricti, omnium recepit solutionem membrorum, linquente dolore pristino crura illius, suras et reliqua quæ diu obtinuerat membra. Solutus denique omni angustia, cœpit omnium salvatori Deo multas juxta modulum suæ scientiæ persolvere grates, patremque Benedictum magnis extollere laudibus, per quem salutem promeruerat. Quod cernentes fratres, tam ipsi quam totus ille qui ad festum occurrerat populus, ad simile opus se præparant, in laudibus Omnipotentis diu immorati, qui, per merita jam dicti patris, suis beneficia largitur famulis.

XXXIX. Alter etiam, Belinus nomine, de familia ejusdem patris, et ipse unus de ruris cultoribus, nimia membrorum vexatione fatigatus, in lectum decidit. In quo prolixioris recubans spatio temporis, nimia vi ægritudinis arctatis venis, meatumque suum sanguine perdente, exsiccati sunt nervi ejus, humorum irrigatione amissa. Qui, quoniam suis operari manibus nequaquam poterat unde sibi victum acquireret, cœpit non modicam rerum necessariarum pati penuriam. Quamobrem aptari sibi fecit grabatum ad similitudinem illius instrumenti quo stercora pecorum de stabulis efferuntur dum mundantur, quatenus in eo per vicos et rura a suis devectus propinquis, alimoniam a viris susciperet misericordibus. Dum ergo suam, quamvis misere, sustentando vitam, diversa frequentasset loca, tandem Patriciacum advectus est. Ibi quoque, velut in aliis in quibus deguerat locis, quotidianam mendicans aliquanto tempore consecutus est annonam. Audiens autem patrem Benedictum, suum etiam carnaliter dominum, multa cæteris præstare sanitatum beneficia, cœpit in suis hujusmodi conflictum habere cogitationibus : « Si alienis meus tam magnifice suffragatur dominus, ut eos, quamvis remotissimos, si ipsum mente supplici advenientes exposcerint, ab omnigenis curet infirmitatibus, quanto magis meis sospitatem redintegrare debet membris, illius servituti obnoxiis, qui, cum ejus sim corpore servus, mente etiam sum illi devotissimus? » Hæc et his similia apud se retractans, exorat deferri se ad monasterium, ubi non multis evolutis diebus, secundum fidem propriam, salutem recepit integerrimam, omnibus recuperatis membris. Unde plurimum gaudens, perseverabat in eodem loco, noctibus quiescens in stabulo, quod superest domui hospitum illic præparatæ adventui. Reputans vero licere jam sibi quidquid agere vellet, una noctium, victus sui concupiscentia cordis, tentante se spiritu nequam, incidit in fornicationem. Quam rem beatus pater non leviter tulit, vel quia, recepta sanitate, castimoniæ vigorem servare debuit, vel quia in locis sanctis tantum facinus admittere non dubitavit. Ea etenim domus, in qua perpetraverat stuprum, ante januam habetur monasterii. Igitur quoniam, turpi prostratus voluptate, animæ spreverat salutem, quam promeruerat mox perdidit corporis sanitatem. Sed denuo dum doloribus os suum afflictatur, corde compunctus, orat patrem pium ut sibi parceret. Pius autem pater, ejus ærumnarum misertus, iterum integram sibi reformavit sospitatem. Ipse autem aliquandiu metu quidem periculi superioris sese continuit; sed quoniam fervens libidine pruritum suæ carnis nequaquam domare curavit, rursus illicitam incurrit commistionem, uni turpium commistus mulierum, oblitus penitus prioris discriminis. Quapropter probrosum ejus admissum velox consecuta est vindicta, redeunte quam jam bis evaserat damnosa ægritudine. Idem vero ad sibi jam bis expertam recurrens medicinæ officinam, orabat cum gemitu multo sibi subveniri denuo. Sed pater Benedictus volens ejus reprimere stoliditatem, nullatenus integræ, ut superius, ipsum restituit incolumitati, sed ex parte sanato, partim debilem esse permisit, ut vel sic carnis afflictus verbere, vigilantius custodiam suæ adhiberet animæ. Permansit itaque de cætero in ea quam posterius promeruit sospitate, bacillis duobus minus valida suffulciens membra, et quia egenus erat, et necessaria sibi procurare non valebat, posuerunt eum fratres unum illorum, qui quotidianam stipem ibidem suscipiunt, pro salute benevolorum ejusdem loci. Porro grabatum illius in turri lignea, in qua dependent signa, suspenderunt, ubi per longa in monumentum tanti prodigii pependit tempora.

XL. Alio quoque tempore, quidam juvenis, qui per multum tempus linguæ amiserat officium, permanens mutus, Patriciacum advenit, cupiens, oris soluto vinculo, linguæ suæ plectrum amissum resumere [et] officium. Hic una dierum, dum fratres, hora invitante nona, persolverent omnipotenti Domino psalmorum pensum, adfuit inter eos in choro illis psallentibus; a quibus ad aram usque Dei genitricis perductus, adstitit coram. Fundens itaque attentius corde, quoniam nullatenus poterat ore, precum suarum salvatori Domino vota, precabatur sibi misereri per patris Benedicti merita, allegans ipsi Domino suam orationem per eumdem patrem, quem exoptabat fieri pro se intercessorem; cujus quam citissime persensit quam fideliter expetierat opem. Denique claustris oris ejus patefactis, attentare cœpit ejus lingua per flexus varios recolligere perplexos loquendi modos, et quæ diutissime in dentium sepulcro velut emortua jacuerat, redivivo sermone, quasi pullulantia primum germina, prima verba proferendo personabat. Incertus hic nimirum aliquot momentis exstitit, utrum munere sibi nuperrime attributo liceret frui assiduo, donec ipsa experientia addidicit sese perfecte usum loquelæ recepisse. Tripudians autem de tam large in se ostensa patris Benedicti munificentia, talionem quem valuit gratanter retribuere minime distulit. Quippe corruerat pars maxima testudinis lapideæ ipsius ecclesiæ a parte aquilonali, cujus fundamento, quoniam minus roboris habuerat, penitus eruto, construere firmius fratres, ut eadem testudo robustiori superposita fundamini firmior foret, instituerunt. In cujus ædificii constructione idem juvenis strenuus sedulus perseveravit operarius, quandiu ad plenum consummaretur. Nam postmodum gratiarum actione patri Benedicto reddita et a fratribus licentia accepta, repedavit ovans ad propria.

XLI. Quædam puella, habitum privatione excludente, orbatis utrisque luminibus cæca facta fuerat, et, ut est consuetudinis lumine solis hujus privatis vivacioris ingenii lumen mentes eorum clarius irradiare, quæ minus de timore omnipotentis Domini recto, ætatis mediocritate impediente, habuerat, cœpit esse timorata amplius, et in ipsius amore Domini ferventior, et ut solent corporis gravati debilitate robustiores fore mente. Sollicitior facta ad Domini cultum, frequentabat ecclesiam, petens ejus indefessam clementiam, quatenus ipsius ærumnas relevare dignaretur. Perpendens vero sese id nullatenus posse propriis assequi precibus, nisi aliquos fidelium ipsius internuntios haberet, qui suam petitionem acceptius præsentarent, circumibat multorum memorias sanctorum, et quos propinquiores ipsi omnipotenti Domino clarioribus fore audierat meritis, advocatos sibi adsciscens, crebrius nominatim suis interpellabat obsecrationibus. Pluribus igitur excursis locis, sed minime quem exoptaverat miseratione sanctorum quos expetierat fulgorem oculorum lucrata, adiens Patriciacum, petiit patrem sanctum, quem auditu cognoverat clarificari assiduitate miraculorum. Cujus exposcens patrocinium, dum in ejus assisteret oratorio, interpellabat ipsum corde devoto quatenus ejus interventu reaccendi mererentur lumina ejus munere divino. Pulsatus ergo Dominus omnipotens ipsius patris precibus, exaudivit postulationem pauperculæ, accendens ejus pupillas redivivo lumine, expulsisque cæcitatis umbris, concessit sibi intueri clare fulgorem rutilantis Phœbi. Quæ impensius exhilarata de sibi restitutis obtutibus, haud facile est explanare quanta animi alacritate rerum omnium Conditori laudes lætabunda persolverit. Patri autem Benedicto, per quem tanta promeruerat beneficia, diebus vitæ suæ omnibus exstitit fidelis famula.

XLII. Quidam nobilium, Gaufredus nomine, præpotens vir, dominus castri quod Sinemurus vocatur[1], nimia capitis infirmitate oppressus, mentis inops effectus, totam funditus perdidit memoriam. Unde omnis ejus clientela, quæ in obsequio illius non pauca deserviebat, mente consternata super suo domino, questibus et lamentis, expers consilii, omnem suam impendebat operam. Quique etiam viri illustres, qui seu affinitate, seu amicitia, seu beneficio sibi adjuncti videbantur, super hoc ipsius infortunio valde afflicti,

---

1. Sémur en Briennois, chef-lieu de canton, département de Saône-et-Loire.

non minima detinebantur cordis angustia. Communi igitur consilio inito, statuerunt debere eum invisere præcipuorum memorias sanctorum, apostoli videlicet Petri in Cluniaco cœnobio, beati Filiberti apud Turnucum[1], et aliorum sanctorum, quorum nomina latissime fulgentibus divulgantur meritis in illa regione. Quod statutum cum magno apparatu certatim explere adoriuntur famuli illius. Denique haud contemptibili obsequentium comitatus famulitio, peragravit magnorum loca sanctorum. Qui hoc opus venerando reservantes patri, nullatenus voluerunt eum pristinæ restituere sospitati. Ergo tandem recordati, qui eum ductabant, magnum patrem magna apud Patriciacum solere operari, illuc gressum dirigunt. Quos adventantes cum suo domino in domo hospitum suscipiunt fratres, et ut idem pater inquit[2]; nam divitum terror ipse sibi exigit honorem. Honorifice per tres fere hebdomadas quibus apud eos mansit cum suis est habitus. Siquidem toto illo quo cum eis deguit tempore, oratione pro eo directa ad aures omnipotentis Domini, sacrisque pignoribus lotis mero, sibique in potu dato, obtinuit salutem quam expetierat. Qua de re gratias agens omnium Conditori patrique Benedicto, per quem meruerat sanari, reversus est ovans ad sua, congratulantibus sibi suis omnibus benevolis.

XLIII. Tanslatio Patris ejusdem agebatur, quæ æstatis tempore per omnem Galliam singulis celebratur annis. Est autem moris eorum, qui de familia patris

---

1. Tournus, chef-lieu de canton, département de Saône-et-Loire.
2. *Reg. S. Benedicti*, cap. 53.

progeniem sese ducere gratulantur, quemcunque locum Patriciaco vicinum incolant, ad idem festum occurrere, et lychnos quos coram altari sui accendant domini ob devotionem afferre. Inter reliquos igitur, quidam eorum, Rotbertus nomine, incola castri quod Luciacus vocatur, venire festinans, haud spernendæ quantitatis lychnum, sui affectum animi erga eumdem patrem declarans, obtulit. Quem in vigilia solemnitatis accendere faciens, rogavit ædituos sacræ basilicæ, quatenus per totum festi diem suus non exstingueretur lychnus, sed, coruscantibus flammis, in sequens perduraret mane. Quod absque difficultate apud eos obtinuit. Ergo accensus cum aliis quampluribus, a diversi sexus personis itidem oblatis, arsit per totam illam sacram noctem diemque festum, donec solemnis missæ consummaretur celebratio. Qua expleta, fratres fessa vigilandi et psallendi labore corpora solito copiosius relevaturi, domum refectionis intrarunt. Porro apocrisiarius[1] ipsius sacri loci, sane vir modestus, Iterius nomine, laico cuidam, qui sub eo ipsius basilicæ excubias observare solebat, Dagoberto nomine, infit : « Mi frater, quoniam cum cæteris pransuris et ego disposui prandere, tu custos pervigil, cave ne aliquam in hoc spatio incurramus negligentiam, investiga ne aliqua malignæ voluntatis persona hanc basilicam sit ingressa, cupiens aliquod nobis inferre detrimentum, custodito ne aliquis ex fulgorantibus lychnis in altari decidens damna inferat vel modica, et ut certiores simus, circumspiciamus eosdem, qualiter candelabris affixi sunt, lychnos. » His peroratis, quæ præposuerant per-

---

1. Ce mot est pris dans le sens d'*ædituus*, sacristain.

agunt; lychnum autem illum, de quo coepit agere sermo, propter aram gloriosae Dei genitricis, quae in eadem ecclesia primum obtinet locum, statuunt, mucroni arctius imprimentes candelabri, de ejus confisi crassitudine. Quibus patratis, frater supradictus ad prandium accedit cum caeteris refecturus. Qui vero ad custodiam relictus est laicus, in assignatis sibi minus quam debuerat occupatus, aliter agebat. Lychnus ergo ille quem juxta aram Dei genitricis positum fore diximus, super eamdem concidit aram, aestatis tempore cera emollita; ara autem ipsa, ob diem solemnem cultioribus velis velata erat. Itaque illo toto morarum spatio, quo fratres ad prandendum resederunt, lychnus ille coruscantibus flammis super aram arsit, permanentibus illaesis quibus adoperta fuerat operimentis, vestigiis duntaxat apparentibus cineris. Igitur pransi fratres ecclesiam petunt, gratiarum actiones omnipotenti Domino persolventes. Cernentes vero lychnum in altari, accurrunt, opinantes omnia lintea illius igne consumpta. Comperientes autem fore ea illaesa, gratias referunt omnipotenti Domino, qui tanta eis beneficia dignabatur ostendere per patris eorum merita.

XLIV. Quaedam anus de supra memorati patris familia, necessariis omnibus indiga, solum suae viduitatis et senectutis baculum habebat filium. Hic autem et non habens unde matris inopiam sustentaret, cum labore suarum manuum victus et vestitus necessaria ei sibique nequaquam suppeditare valeret, furtis hoc supplere decrevit. Insistens igitur nefario, minima quaeque prius subripiens, paulatim ad majora audenda prorupit. Omnia vero quæ furabatur matri deferens, eam exinde alebat, vestiebat, et omnem illius sustentabat egestatem. Dum autem per aliquantum temporis, copulato sibi socio, hoc exsecrabili vitio illectus foret, multa suis importans damna vicinis, comperientes illi adolescentem ipsum, viduæ illius suæ vicinæ filium, suarum rerum tantam sibi facere imminutionem, quadam die, dum solito more furaretur, interceptum cum sodali præsentarunt judiciariæ potestati, objicientes quæ commiserant facinora. Convicti ergo adolescentes, adjudicati sunt suspendio perire debere. Enimvero anus illa quam matrem adolescentis unius fuisse diximus, audiens filium suum duci ad suspendium, anhelo cursu festinat ad monasterium, et ingressa, his vocibus patrem compellat Benedictum : « Domine mi, inquit, Benedicte, quid faciet hæc tua misera ancilla, quæ nullum aliud, ut tu melius nosti, habebam suffragium præter hunc meum natum, qui modo ducitur ad supplicium? Tu scis, domine, quoniam necessitate coactus furta hæc committebat. Redde, mi domine, mihi filium meum, tibi servum tuum jam de reliquo correptum, qui meas soletur ærumnas, ne famis inedia dispereat hæc tua ancilla. Ostende tuam solitam pietatem in me paupercula, tangat mea querimonia tua pia viscera. » His et aliis querulosis gemitibus perfusa genas lacrymis, preces fundebat. Flexus ad misericordiam pater pius miserabili hujus aniculæ questu, exhibuit prodigium nostris temporibus inauditum. Denique ductus uterque juvenum ad locum hujusmodi supplicio destinatum, furcis appensi sunt. Unus igitur illorum, sodalis videlicet filii viduæ, extemplo vitam finivit. Ipse autem, ab exortu solis usque in tertiam horam suspensus, precibus matris ejus obsistentibus, nequaquam mori potuit. Pastores quippe more suo accelerantes videre suspensos, dum ad locum venissent, cernunt alterum vitam finiisse, alterum vivere. Obstupescentes itaque in tanto miraculo, celeri cursu indicare tam militibus quam promiscuo vulgo quæ viderant festinant. Qui nequaquam verbis eorum creduli, dirigunt qui sibi renuntient, utrum verum, an falsum sit quod audiebant. At illi qui missi fuerant ad locum suspendii properantes, ita esse uti pastores dixerant cognoscentes, eis qui se miserant referunt. Admirati omnes, mittunt qui adolescentem solvant, et sibi præsentent, rem ab eo omnem plenius rescituri. Cognoscunt ergo viduæ illius lacrymis et precibus, quam ecclesiam concito cursu petiisse perfusam lacrymis viderant, omnipotentem Dominum vitam filio ejus per merita patris Benedicti, quem devotius exoraverat, reservasse, super hoc facto magnificantes ipsius clementiam Omnipotentis. Denique interrogatus adolescens, professus est se nullam læsionem sensisse per totum suæ suspensionis spatium. Unde conjici datur magis eum per indigentiam quam per malitiam commisisse furtum.

XLV. Gauterius de Capriaco, quadam nocte quæ sabbatum præibat, ad castrum quod Mons Sancti Vincentii [1] nuncupatur festinans, exoptabat adfore hominum conventiculo, quod pro mercibus congerendis fieri assolet. Unde tam ipse conventiculi locus

---

1. Mont-Saint-Vincent, chef-lieu de canton, département de Saône-et-Loire.

quam negotium ibi habitum mercatum vulgo dicitur. Fit vero in eodem loco in sabbato. Itaque, dum in loco Planchia Guillelmi dicto præterlegeret fluviolum Wuldracam [1], qui Patriciacos præterluit agros, equo residens, nullumque habens comitem, ingenti primum tremefactus metu, persensit adesse dæmones, et oblitus sibi signum imponere crucis, circumvallatur ab eis, nullo munitus subsidio. Qui, illum cum equo cui insidebat arripientes et per aera vectitantes, ad postremum in gurgitem tentabant demergere. At ille, Deo sibi propitio, ad memoriam reduxit gloriosi nomen Benedicti patris, et cum jam prope esset ut a dæmonibus in amnis illius profunda mergeretur, Sancte Benedicte, Sancte Benedicte! cum grandi clamore cœpit crebrius iterare. Exterriti igitur dæmones ad nominis hujus invocationem, statim eum linquentes, more sibi consueto evanuerunt. Porro ille virtute hujus nominis sese cernens ereptum, retrogrado calle Patriciacum rediit, nullo modo ausus quod cœperat iter ulterius adoriri. Reversus ergo, ob formidinem nimiam quam sibi dæmones incusserant, memoria excessit. A suis vero in crastinum ad monasterium adductus, et ibidem aliquantum remoratus, pro eo omnipotenti Domino fusis precibus, integre mentis recepit sobrietatem meritis ipsius quem invocaverat patris.

XLVI. Hugo, Bidulfus cognomine, unus militum Patriciacum inhabitantium, cum in aliis quampluribus eidem loco adversaretur, cujusdam seditionis in ea-

---

1. L'Oudrac, qui se jette dans la Loire au-dessous de Bourbon-Lancy.

dem villa inter equites exortæ occasione, una dierum aggressus quemdam rusticum, Guarinum nomine, a loco de Cumbis cognominatum, et ipsum de familia patris progenitum, nulla justæ querelæ existente causa, tam crudeliter verberavit ut ei brachium contriverit. Rusticus vero idem neminem suarum injuriarum reperiens ultorem, dum non haberet quem potissimum suæ querelæ advocatum faceret (quippe vir superbus erat qui eum ceciderat, et nulli reverentiam deferebat), anxius valde, ad sui domini auxilium confugit Benedicti. Ingressus itaque ecclesiam ejusdem patris, appropiavit altari, et super eo contritum imponens brachium, hæc verba cum multo gemitu mente profudit contrita : « Sancte, inquit, Benedicte, mi domine, tuum me profiteor servum, et te meum jure dominum. Cernis hoc contritum brachium; tuum erat, et præter te nemo alius in eo dominationem exercere debuerat. Si tu illud confregisses, adversus te nullam haberem quæstionem, quoniam est tui juris. Sed, mi domine, quare permisisti ut Hugo Bidulfus, cui in nullo obnoxium est, illud contereret? Noveris me ab hac die tuis vel tibi nullo modo famulari, nisi de ipsius brachio et corpore justam ultionem exegeris. » His et hujusmodi vocibus fratres qui aderant et hæc audiebant ad lacrymas provocati, pariter flebant, et ejus juncti gemitibus, eadem exposcebant. Quibus peroratis, rusticus ecclesia egressus ægerrime ad suum remeavit habitaculum. Porro pater sanctus nullatenus querimoniarum illius oblitus, in malignum justissimam exercuit ultionem virum. Brachium enim ipsius ejusdem lateris, cujus et rustici brachium verbere demolitus fuerat, cum toto humero tanta vi ægritudinis pervasum est, ut omnino inutile factum, ad nullum penitus necessitatis usum inveniretur idoneum. Quo dolore miser diutissime vexatus, a nullo prorsus medicorum curari valuit; sed augmentata angustia, eodem morbo omnia ipsius membra percurrente, fatigatum diris doloribus spiritum miserabilis miserabiliter effudit.

XLVII. Duo etiam viri, quorum uterque ex agresti hominum genere ducebat natale, damnati membris, annosa nervorum contractione eos perdente, diutissime in suis, hoc cogente morbo, resides jacuere grabatis. Horum unus incola villæ quæ Sanctus Bonitus de Vetula Vinea dicitur; alter vero ex villa Palingias[1] vocitata exstitisse perhibetur. Qui primordio suæ invaletudinis, amplius justo anilibus creduli fabulis, non paucis diebus, falsis muliercularum carminibus sese decipi pertulerunt, animati falsis spebus. Sed et popularium medicorum insanam experti opem, qui artemisiæ, vervenæ, betarum, seu aliarum quæ passim tellus edere consuevit succis herbarum, seu diversorum animalium adipibus, vili plebeculæ illudere solent, nil omnino profecerunt. Unde animo dimissi, ulterius medelam se adipisci destiterunt sperare, quam magnopere sese expetiisse arbitrabantur. In qua desperatione diu perseverantes, nihil de sua salute cogitabant. Immensa vero omnipotentis Domini clementia, quæ illorum misereri decreverat, immisit cordi eorum quatenus Patriciacum deportari se facerent, patrem-

1. **Palinges**, chef-lieu de canton, département de Saône-et-Loire.

que Benedictum, ut pro eorum salute intercedere dignaretur, exorarent. Fecerunt autem sic, non quidem eodem tempore, sed diversis temporibus. Igitur dum aliquot diebus in monasterio ejusdem loci precibus insistentes pernoctassent, sospitatem integerrimam receperunt. Lætabundis itaque animis grates patri sancto tribuentes, revertuntur ad propria, omnibus propalantes omnipotentis Domini in se ostensa magnalia.

XLVIII. Quædam possessio, dicta Sulmeriacus, Patriciacensium subjacet ditioni, quæ ipsis non contemnenda victualium quotannis rerum infert subsidia. Cui nuperrime præfecerant quemdam ex suis fratres, gratia tuitionis loci et arcendorum prædonum, et colligendorum annuatim solitæ repræsentationis fructuum. Huic vocabulum inerat Odo, quo referente, ea quæ scribo, cognovi. Quidam Archembaldus, cognomine Albus, vir potens, non solum in ruricolas prædii illius, verum etiam in contiguos, avitæ dominationis exercebat jus. Cujus uxor, dum occasione turpis quæstus vicina peragraret rura, devenit ad supra memoratum cum superbo comitatu locum, uti hujusmodi incedere assolent matronæ. Erat autem autumnale tempus, quando, pressis torculari vinis, vinum condi solet in præparatis promptuariis ad servandum in posterum; cujus non modica quantitas tunc temporis ibidem habebatur. Mandat ergo eadem matrona monacho ut sibi et suis acceleratum exhibeat prandium. Qui audiens quæ jubebantur, nimia animi indignatione commotus, ut erat animosus, respondit nequaquam se directum quatenus substantiam ruris ipsius in conviviis mulierum expenderet, sed ut fideliter collectam eis qui se miserant dirigeret, nec consuetudinem imponere loco velle quam non invenisset. Qua responsione contemni sese mulier autumans, furibunda recessit. Imperat ergo Ansegiso Brutnio, qui eorum locorum ab ipsa dominationem acceperat, quatenus quidquid vini sub jure monachorum reperisset, plaustris imponens deveheret, et suo cellario reconderet. Hic praeceptis dominae velociter obaudiens, vehiculis vinum imponit, et suis inferre properat apothecis. At nequaquam diu gavisus est. Denique filius ejus admodum parvus, quem unice diligebat, mox ut plaustra fores attigerunt domus, tam validis febribus urgeri coepit ut pene animam exhalaret. At vir ille nequaquam haesitans hoc infortunium sibi accidere, eo quod nefandis dominae jussis obtemperasset, vinum reddidit, et quia stulte egisset recognoscens, pro suo delicto satisfecit, patremque Benedictum pro pueri salute oravit. Quem pius pater poenitentiam ipsius acceptans exaudivit, et puerum in pristinam sanitatem restituit.

MIRACULORUM SANCTI BENEDICTI

LIBER NONUS

AB HUGONE DE SANCTA MARIA INCOEPTUS.

PROLOGUS AUCTORIS.

Honorabilis patris nostri Benedicti non reticenda miracula, quæ Deus omnipotens inter nos operatur sua clementia, ad ejus merita humano generi declaranda, ego frater Hugo nostris posteris simplicibus studebo significare sermonibus, ad laudem et gloriam ipsius præcellentissimi confessoris. Verum tamen vereor pro hoc ausu videri imperitus et arrogans, quod minus idoneus minister ad hoc opus exsequendum emerserim, cum non sim eloquentiæ viribus fretus; malo tamen talentum mihi creditum fratribus erogare quam ignaviæ pœnam incurrere, sicut evangelicus ille piger et inutilis servus. Sequar ergo veridicam historiam, nullam consuens fallaciam, cum noverim scriptum : Falsus testis non erit impunitus. Porro hoc opus ante me dominus Rodulfus, noster venerabilis frater, incœperat, sed morte subtractus est; in quo opere multa præteriit hujus Dei amici miracula relatu dignissima, quorum unum ego retexam. Cæterum, nemo est qui dinumeret quot animæ per ejus meritum a Deo quotidie misericordiam consequuntur, aut quot homines ipse, unaquaque die, a sæculi vana conversatione convertit, et levi jugo Christi subponit; quod dum facit, illos a morte resuscitat et in eis multa peccatorum vulnera sanat. Qui enim converti fecerit peccatorem ab errore viæ suæ, sicut testatur apostolus, salvabit animam ejus a morte et operiet multitudinem peccatorum. Quis proinde ejus vigilantiam jugem vel sollicitudinem digne poterat efferre, qui die et nocte pro animabus domesticorum suorum vigilat, et contra dæmones dimicat, ut eas ab eorum accusationibus excuset, et ab insidiis potenter eripiat? Credimus etiam illi inesse hanc curam ut eos, quos hujus sæculi oblectamentum fecit in hac vita relinquere, Christo faciat perenniter adhærere. Dicit nempe apostolus Paulus : « Qui domesticorum curam non habet infidelis est et infideli deterior. » Annon ejus discipuli, per orbem universum constituti, omnes sui credendi sunt esse domestici, qui sub ipsius discretissima regula Deo militare videntur? Nonne eos omnes sub una persona filios vocat, inquiens : « Ausculta, o fili, præcepta magistri? » Ipse quoque pater piissimus, sicut multis indiciis compertum habemus, omnes tam mares quam feminas religionis habitum expetentes, et sæculo abrenunciantes, quamvis sint in ipsius mortis articulo positi, sua opitulatione tuetur et protegit. Constat enim quia nemo nisi a Deo cordis compunctionem assequitur; porro cordis compunctione indulgentia promeretur et cuncta pariter crimina relaxantur. Ecce hæc sunt ejus quotidiana miracula et beneficia quibus incessanter coruscat. His etiam possent adjici plurima virtutum ejus insignia et multa pietatum ejus præconia, quibus in utroque sexu semper emicat gloriosus. Verum quia prologus nimis extenditur, decet ut jam terminetur.

I. Archenaldus, Soliacensis castri dominus, domni Rainerii abbatis temporibus, quemdam sancti patris Benedicti rusticum ceperat, et in imo turris suæ carcere, ferreis vinctum compedibus retinebat. Ejusdem S. Benedicti solemnitas, quæ pridie nonas decembris per totam fere Galliam solemnis habetur, imminebat; cum ad ipsum rusticum custodes carceris venientes ei victualia detulerunt atque dixerunt : « Comede et bibe, quia nos ad nundinas S. Benedicti die crastina sumus abituri, indeque toto hoc, sicut speramus, triduo non sumus remeaturi. » Quod audiens rusticus ille, illos interrogavit quo die S. Benedicti solemnitas esset celebranda. Ad hæc illi : « Cras, inquiunt, erit ejusdem vigilia solemnitatis, ideoque summo illo quo diximus diluculo pergemus. » Et hoc dicto, prius quidem ejus compedes diligenter contrectaverunt, ne forte ab eo in aliquo forent debilitatæ vel attritæ. Demum vero foras erumpentes, serram carceris fortibus obicibus ac cuneis obserare curaverunt, ostia quoque turris sive vestibuli quod ante eam erat, duabus clavibus fortiter firmaverunt, indeque recesserunt. Tunc ille miser tot obicibus circumfusus et vinculis ferreis insuper impeditus, toto mentis affectu ad dominum suum, ad sanctum videlicet se contulit Benedictum, votis et precibus ut ei succurrere dignaretur efflagitans. Altera vero die illucescente, ipsa videlicet vigilia solemnitatis prædictæ, videt positus in ipso sui carceris atrio lucem magnam, cœlitus emissam, et turrim quasi per medium scissam sibique patentem. Qua visione attonitus, redditus miro et inusitato modo, mox cum suis compedibus inde raptus et in Floriacensi est ecclesia translatus atque transpositus. Fratres matutinas ut decebat solemniter jam decantaverant, et imminente luce, a choro recesserant, dormitumque processerant. Fores ecclesiæ clausæ et januæ capitii erant firmæ, et ecce capitiarius ipsas aperiens, mirum dictu! præfatum reperit rusticum inter duo altaria cum suis compedibus jacere prostratum, et stupens nimium percunctatus est eum : « Quis esset, quidne quæreret, vel unde veniret ? » At ille : « Rusticus sum, inquit, S. Benedicti, qui in Soliacensi vinctus tenebar castello; quo modo autem huc venerim nescio, reor tamen quod ab illo carcere pessimo quo tenebar impeditus, me nunc dominus meminerit Benedictus, ideoque illi magnas gratias refero, et donec vixero me illi devotius serviturum promitto. » Confluxit protinus ad tale videndum miraculum populi maxima multitudo, Deo et sanctæ genitrici ejus Mariæ sanctoque gratias referens Benedicto. Adfuerunt etiam cum reliquo populo carcerarii illi quibus ille rusticus fuerat assignatus, interrogantes quis illum a carcere traxisset, vel quo modo tot et tanta vincula disrumpere potuisset; ille vero continuo quomodo ei turris patuerit enarravit et quod ab illo carcere pessimo invisibiliter et inopinabili modo sanctus huc eum transtulerat Benedictus. At illi dum rediissent et omnia sicut dimiserant fortiter obserata comperissent, nihil aliud poterant dicere stupentes nisi : « Benedictus Deus, qui ad declarandum sui sanctissimi confessoris Benedicti meritum, dignatus est mortalibus ostendere tale miraculum.

II. Anno igitur Incarnationis Dominicæ millesimo centesimo et decimo quarto, quidam ynerguminus a Burgundiæ partibus venit ad hoc sanctum Floriacense cœnobium; quem quadam die pueri villæ, quasi non sani capitis juvenem agitantes, monasterium intrare compulerunt; et dum eos insectantes se vellet devitare, quoddam angulum ecclesiæ subintravit et ibi delituit. Post paululum vero ibidem placida quiete perfruitur; quo dum quiesceret, vidit in somnio per fenestram orientalem quasi duas intrare columbas, quæ dum ante S. Benedicti resedissent altare, in hominum species subito sunt conversæ. Horum autem unus canis angelicis ei videbatur esse respersus, alter vero juvenilem habere faciem. Qui etiam ibidem aquam ecclesiastico more benedixerunt, et illam per monasterium spargere cœperunt; et cum secus illum miserum pertransirent, illa aqua, sicut sibi videbatur, exorcitata, ipsum aspergere curaverunt. Qua cum fuisset aspersus, protinus a somno surrexit, et ex ore suo liquorem fœtidissimum evomuit; et sic morbo curatus pestifero, integerrimam consecutus est mentis et corporis sanitatem. Post modicum autem temporis intervallum, propriam remeabat ad patriam; sed antequam villam aggressus fuisset, cœpit socios lapidare et morsibus adtrectare. A quibus mox comprehensus et vinctus, ad monasterium est reductus, et secundo sancti meritis Benedicti assecutus est integerrimam mentis et corporis sanitatem.

III. Eodem quoque tempore, in ipsa Ascensionis

Dominicæ jocunda solemnitate, delata est a Castello Novo[1] ad sanctum patrem Benedictum puella quædam cui malignus spiritus loquendi facultatem abstulerat, et totum insuper corpus ejus ita debilitaverat, ut nec incedere aut manum propriam ad os suum porrigere prævaleret. Habebat etiam digitos palmæ quasi conglutinatos, et os distortum et faciem totam ita deformem ut, si eam videres, monstrum te non feminam videre putares. Quæ cum ante sanctæ Dei genitricis Mariæ altare prostrata jaceret, meritis piissimi patris Benedicti, antequam missa finiretur, et linguæ recuperavit officium et omnium pariter consecuta est suorum sanitatem membrorum.

IV. Puer quidam Biturigensis pagi, qui ab utero matris suæ nunquam locutus fuerat, ipsa eadem hebdomada, ante sanctum adductus est Benedictum, qui, postquam dexteram auream, quæ sindone Christi plena refulget, ori suo applicuit, nodo linguæ soluto, sanctum cœpit inclamare Benedictum, et Deum expedito verbo benedicere ac magnificare.

Ipso etiam tempore, erat in Soliacensi castro quædam paupercula, cui passionis vis officium loquendi funditus eripuerat; et jam per annos septem muta manebat. Hæc etiam, necessitate cogente, in eodem castello nutibus quibus poterat hostiatim eleemosinam exposcebat. Hanc homines villæ, audientes signa quæ Deus omnipotens ad hujus clementissimi confessoris Benedicti operabatur tumulum, ad hoc sanctum destinaverunt cœnobium. Quæ dum ante Sanctæ Mariæ

---

1. Châteauneuf, chef-lieu de canton, département du Loiret.

genitricis Dei altare per spatium præbuisset horarum trium, loquendi recuperavit officium.

V. Per idem quoque tempus, altera femina, quæ jam ferme per quatuor annos fratrum eleemosina sustentabatur, audiens miracula quæ Dominus frequenter ad Sancti Benedicti tumulum sua operabatur clementia, ipsum confessorem inclitum magnis cœpit singultibus obsecrare, ut sibi miseræ sanitatis opem infunderet. Hæc enim totius corporis amiserat sospitatem, ita ut super nates suas incederet, et nullo pacto se super pedum suorum plantas erigere prævaleret. Et cum incessanter fletibus et precibus beatum patrem Benedictum ut ei misereretur efflagitaret, quadam nocte post prolixam orationem resoluta est in soporem; et ecce beatus pater Benedictus ei in somnis apparuit, et ut a lecto surgeret imperavit; et evigilans sensit continuo sibi cœlitus infusum remedium, et cœpit primum totum corpus suum sensim extendere, ac demum assuetis vestibus se induens, sine aliquo sustentaculo super plantas suas incedere. Inde quoque ad ecclesiam beati Lazari, quæ erat domui proxima, pergens, quod reliquum erat noctis in Dei laudibus expendit; in crastinum vero per semetipsam veniens ad monasterium, totum nostrum exhilaravit conventum.

VI. Hac proinde tempestate, quidam Arvernici pagi pauperculus, audiens miracula quæ sancti patris Benedicti frequenter fiebant in aula, sororem suam, nervis membrorum perditam, humeris suis impositam, ad ejus virtutis fenus fide plenus devexit sepulcrum; et intrans ecclesiam illam, ante crucifixi sanctam primum portavit imaginem. Die vero sequenti, hora circiter prima, ante sanctæ Dei genitricis Mariæ illam iterum pertulit altare, ubi prona recumbens misera cœpit sibi divinum cœlitum efflagitare suffragium; moxque illi affuit auris Omnipotentis, et subito pristinam meruit recipere sanitatem.

Non multo post autem studens proprium revisere solum, Bituricam usque remeavit ad urbem, et dum ibi moraretur per trium ferme dierum spatium, pristinum penitus incurrit incommodum. Dumque quotidie deterioraretur, atque [eam] tabescere cernens frater ejus, quod non valeret eam sicut disposuerat incolumem secum reducere, compulsus est eam rursus ad S. Benedictum revehere, et adgressus est iter. Vix leucam unam jam ambulaverat, volens paululum sedendo requiescere, ab humeris suis illam deposuit ad terram. Tunc illa per semetipsam se subrigens, videntibus multis hominibus qui eam comitabantur, libere cœpit ambulare, et beatissimum patrem Benedictum magnis vocibus inclamare, sicque diebus singulis gressibus propriis reversa est ad monasterium; et nunc adhuc perfectissime sana, nunquam discedit a villa.

VII. Item, eodem tempore, quædam mulier Giomensis[1] castri, fama signorum adscita patris Benedicti, ad hoc venit cœnobium, quæ loquendi perdiderat usum, et jam toto triennio linguæ caruerat officio. Et cum intravisset ecclesiam, tota sabbati nocte ante sanctam crucifixi placide dormivit imaginem. Ubi vero dies

---

1. Gien, département du Loiret.

effulsit, sicut ipsa nobis post modum retulit, sibi quiescenti quidam homo canis angelicis decoratus et albis indumentis adornatus adstitit, et dixit illi : « Surge ocius et ante sanctæ Dei genitricis Mariæ altare sanctique Benedicti mausoleum perge, secura gratias Deo redditura, quia convaluisti ab infirmitate tua. » At illa surrexit et abiit et mox facultatem loquendi recepit ; nos quoque e vestigio signa pulsantes, *Te Deum laudamus* pronunciavimus et fine tenus decantavimus.

VIII. His præterea diebus, quidam Biturigensis ruricola vir, qui lumen cœli videre non poterat, Turonis ad Sanctum Martinum, proprio ei ducatum præbente filio, perrexerat, et cum inde regrederetur, contigit ut ad castrum deveniret Treverici Montis ; ubi audito quod in Floriacensi loco, multa miracula sanctus operaretur Benedictus, eo tetendit ; et die sabbati ecclesiam introivit, demum vero hospitium in villa quæsivit, ubi illa nocte requievit. In crastinum quoque iterum ecclesiam intravit, et altare principale petens oravit, et exsurgens a pavimento, cœpit lucem continuo cernere. Tunc ad eos qui sibi adsistebant conversus, interrogavit ubi sanctus requiesceret Benedictus. Quo dum perductus fuisset et orasset, is qui per annos quindecim lumine caruerat, cœpit quoque visu recognoscendo discernere, et beatum Benedictum clamosa voce pariter collaudare ; porro homo ille nominabatur Giraldus, nam a nonnullis qui ibidem protinus confluxerant est agnitus et nomine tenus salutatus. Signorum enim tinnitu, rex qui ibidem tunc aderat[1], cum universa plebis

---

1. Ce roi ne peut être que Louis le Gros, qui dut par conséquent séjourner à Fleury en 1114.

villæ caterva convenit adscita, et una cum fratribus clara Dei laudavit magnalia.

IX. Erat eodem tempore juvenis quidam, Andreas nomine, Italicus genere, quem pessimus per annos duodecim ita morbus attriverat, ut nusquam posset incedere, nisi aut vehiculo veheretur, aut duobus baculis sese sustentaret. Qua de re multorum basilicas sanctorum expetierat, scilicet eorum maxime quos gloria miraculorum coruscare compererat, si forte eorumdem sanctorum meritis posset aliquod assequi remedium sanitatis. Sed cum nusquam quod petebat obtinuisset, casu ad castrum quoddam quod Sancti Gundulfi dicitur pervenit; quo in loco, dum solito laboraret incommodo, quidam ei quadam die in somnis apparuit, qui beati Benedicti præsentiam eum expetere jussit, si vellet diu desideratam assequi sospitatem. At ille visioni fidem accommodans, vehiculo Floriacensem adiit ecclesiam, et ibi duabus pernoctavit noctibus; quibus transactis, dum fratres matutinas psallerent, contigit ut illud recitaretur evangelium in quo suis Dominus præcepit discipulis, dicens : « Estote misericordes sicut et Pater noster cœlestis misericors est; » ipse misericors et miserator Dominus, piissimi patris nostri Benedicti pulsatus precibus, super illum miserum suam effudit clementiam, et hora eadem cœpit magnis cruciatibus cruciari, dum nervi ejus divinitus relaxantur et membra quasi quadam vi sibi coaptantur et compaginantur. Post paululum vero dolore sedato, erexit se, et collecto robore, cœpit firmiter ambulare, pergens ad eximii patris Benedicti sepulcrum. Nos quoque expleto matutinarum officio, prout potuimus Deo gratias retulimus, et sustentacula ejus ante altare suspendimus, et læti de tanto miraculo, illam diem dominicam alacrius transegimus.

Ecce hæc sunt signa quæ Dominus operare dignatus est per suum fidelem Benedictum, anno Incarnationis Dominicæ millesimo centesimo decimo quarto, infra spatium duorum mensium.

X. Tertio denique evoluto anno, aliud his patratum non minus miraculum exstat de quodam adolescentulo, a suæ genitricis fandi privato audiendique facultate utero, qui dum hæc fierent miracula ad hoc Floriacense tetenderat cœnobium. Perseverante siquidem ille annorum duorum spatio, ab omnibusque ipsius incolis villæ tam monachis quam laicis agnito, ac in beatissimi nostri solemnitate patris Benedicti quæ vocatur Illatio ante Salvatoris pernoctante imaginem, ipsius tota festivitatis nocte, ipso in somniculo, meatum recipere aurium solummodo promeruit. Subsequente igitur festo, in ejusdem scilicet transitu, qui duodecimo kalendas aprilis a cunctis dignissime recolitur fidelibus, eo duabus in ecclesia pernoctante noctibus, celebratis solemniter matutinis uti decebat a fratribus, jamjamque ipsis dormitum pergentibus, ac omnibus ecclesiæ obseratis foribus, pavimento ipse prostratus, solus ante altaris remansit januas, tenens candelam manibus. Illo vero ibidem adsistente, nescio quid tumultus audiente, Salvatoris coram effigie, omisso solo lumine, refugit præ timore. Qui dum illic vultu humi demisso exsisteret, ecce foribus subito apertis, per eas quemdam albis decoratum indumentis, missam veluti [si] decantare vellet, ad se circumspexit venientem duobus comitatum monachis. At ubi, illo coram nimium stupente adstitit, æstimante eo de fratribus eum sociorum causa adesse qui atris induti vestibus circumstabant, tangens labia digito, taliter eum affatus est : « Surge, loquere, intellige, meque sanctum videlicet Benedictum cum Mauro meo adfore discipulo ac puerulo Placido cognoscito. Evigila, inquit, eos concite qui meum secus decubant monachos altare, eis quoque me istinc edicito exsistere. » Erigens itaque se humo cum tremore, sancto per crucifixi cum duobus posterulam sequacibus introeunte, ipse ex læva monasterii parte fratres festinavit concitare, vocitans ergo ex illis unum, beatissimumque vociferans prope se adstare Benedictum. Januis enim ultro capitii patentibus, in ipsarum introitu idem adsistebat; sed sopitus ille, somno nolente, illi aures nullatenus accommodare : sanctus enim quatenus acrius inculcaret innuebat indice. Demum autem eum quem nequaquam fari hactenus perceperat audiente, frigido correptus pavore, magnis cœpit plausibus perstrepere, ac Deum collaudare. Ipso vero incipiente se propere induere, sanctissimus ad suum cum suis tetendit altare, qui dum ante id paululum adstitisset, ab humana subito in columbarum speciem cum sociis transformatus, ante ipsius altare, neque catenis sustentatus ferreis, conscendit. Cernente hoc eo qui assequi sanitatem meruerat, sanctum proficisci Benedictum cœpit acclamare; induto enim monacho, ab ejusdem extemplo oculis ablatus est. Elucescente igitur luce, nobis e vestigio surgentibus, signorum comperto tinnitu, omnis adfuit populus nobiscum, clara Dei præsultans magnalia. Nos vero, eum postmodum investigantes quo nomine nuncuparetur, se ignorasse testatus est; qua de re nostra episcopus precatione rogatus, sacro eum chrismate præsignans, illi nomen imposuit Benedictus.

XI. Subsequenti itaque anno, tria cunctipotens Dominus miracula, in hac virtutifera aula declarare, una eademque die, sua dignatus est clementia : videlicet in solemnitate Annunciationis Dominicæ. Exstitit namque quidam adolescens ejusdem indigena loci, vocabulo Arnulfus, qui alias, adipiscendi causa victus, longiuscule profectus, illicque fullo effectus, opera magnopere se exercendo in ipso exhibebat officio. Illo vero ibidem diutius laborante, accidit dum quadam vice plus solito operi adsueto insisteret, ut gravem corporis imbecillitatem incurrisset. Qui nimio se oppressum morbo comperiens, regredi ad propriam pro viribus conatus est mansionem; at ubi eo devenit, sensus vi doloris funditus amittens, lecto decubuit. Tali ergo incommodo inibi ipso diutissime ægrotante, sed andem vix inde exsurgente, ita omne ipsius corpus attritum ac debilitatum et, ut ita fatear, viribus omnibus destitutum atque tabefactum constitit, ut nequaquam se humi prævaleret penitus declinare, neque rectis gressibus, aut duobus saltem baculis vel quibuslibet sustentaculis, fulcimine absque hominis incedere, nec etiam calicem potionis sibimet porrigere, aliudve aliquid operis manibus propriis attrectare. Jam igitur in ipso infecto tabo annis tribus septemque fere mensibus eo perdurante, et oblationes in sanctissimi patris Benedicti solemnitatibus faciente, ipsarum quoque nobiscum vigiliarum choro adstante, diutineque ad sacram Dei genitricis et illius deposcendam patris misericordiam veniente, casu in ejusdem sanctissimæ

Virginis Mariæ quæ Dominica vocitatur Annunciatio noctu adfuit festivitati. Qui, dum omnem ipsam pene noctem vigilando, ac Dei benevolentiam efflagitando, Redemptoris coram imagine excubaret, illi misericors et miserator Dominus, suam impendens clementiam, ejus mederi infirmitati dignatus est. Nam cum fratres Domino vigilias ex more devotius decantassent, et ipse cujusdam viri fultus sustentamento, ab altare crucifixi ad januam monasterii bis perrexisset atque redisset, eo vice tertia revertente, subito correptus pavore, arbitratus est sibi capillos diriguisse, et a quadam manu solo erexisse, animoque leviori quam hactenus fuerat se adesse; atque in hunc modum sibi Domini pietate subveniente, diu optatam promeruit sospitatem recuperare.

Quædam denique mulier, Ildelena nomine, per unum ferme annum orbata oculorum lumine, ad hoc salutiferum adveniens cœnobium, bono sibi viro sociato proprio, mensibus jam tribus eo loci habitaverat, multimodam Domini expetens misericordiam. Quæ dum patratum miraculum, crebrescente fama, diluculo comperisset, et adhuc in lecto misera decumberet, excita, clamans cum nimia ad monasterium trepidatione tetendit; ubi cum ante primam Christi effigiem orasset ac inde surrexisset, secus Dei genitricis altare adsistens, illicque telluri prona assistens, divinum sibi suffragium efflagitans, mox illi Dei affuit clementia. Ab oratione enim ea humo exsurgente, ignis sibi visus est suaviter in suo descendisse capite, et se eum testata est sensisse, et ita visum statim pristinum recepisse.

Altera porro de villa femina, nuncupata Osanna, eadem noctis hora, principali coram altari solo tenus est prostrata, deposcendi brachii ac manus remedium gratia. Morbus nempe pessimus, ipsius omnem brachii vim et manus omnino subtrahendo, eamdem... nec digitos inclinaverat. Quæ dum prolixius cum genitrice divinum subsidium peteret, ita sanata est ac si nusquam sensisset dolorem.

FINIS.

NOTE

SUR

LES FÊTES DE SAINT BENOIT.

On célébrait, dans le monastère de Fleury et dans toutes ses dépendances, plusieurs fêtes en l'honnenr de saint Benoît. La première était la fête du saint proprement dite. Elle tombait le 12 des kalendes d'avril, 21 mars, jour sous lequel la mort du grand réformateur des ordres monastiques est inscrite dans les martyrologes. Dans la collection des Bollandistes, les actes de saint Benoît sont placés le 21 mars. Voyez ci-dessus M. VII, 272.

La seconde, connue sous le nom de fête de la *Translation*, était l'occasion de grandes cérémonies dans l'abbaye de Saint-Benoît-sur-Loire. Les religieux fêtaient avec beaucoup de pompe le jour où les reliques de leur patron, apportées d'Italie, étaient arrivées à Fleury. Cet anniversaire tombait le 5 des ides ou le 9 du mois de juillet. Voy. M. I, 83 ; III, 167 ; VI, 232 ; VIII, 291 et 329.

Il y a lieu de nous arrêter un peu plus longtemps sur la troisième des fêtes de saint Benoît, qui se célébrait la veille des nones de décembre, c'est-à-dire le 4 du même mois, et qui fut connue en dernier lieu sous le nom de fête de l'*Illation*.

Nous avons dit dans une note, p. 233, que l'origine de cette fête ne datait que du xi° siècle. Ceci demande explication. L'institution de la fête du 4 décembre était plus ancienne dans le monastère de Fleury, mais elle était connue sous un autre nom. Dans le principe, elle eut pour but de consacrer le jour où le corps de saint Benoît, enlevé à l'Italie, et déposé d'abord dans l'église de Saint-Pierre de Fleury, fut définitivement enseveli dans la basilique de Sainte-Marie, miraculeusement désignée pour le recevoir. C'est pour cette raison qu'on l'appelait primitivement fête de la *Tumulation*.

Au commencement du xi° siècle, un moine allemand du nom de Diédéric, après avoir séjourné à Fleury, se retira dans un monastère de son pays. Là il fut interrogé, dit-il, par son abbé, sur l'origine de la fête de saint Benoît, qui se célébrait le 4 décembre. Pressé de s'expliquer, soit que ses souvenirs ne fussent pas très-précis, soit que la vérité lui parût trop simple et ne pas mériter d'avoir été apportée de si loin, il répondit par une histoire qui paraît être entièrement sortie de son imagination.

Selon lui, les Normands s'étant dirigés vers le monastère de Fleury pour le mettre au pillage, le corps de saint Benoît fut porté à Orléans. Le danger passé, on plaça les restes du saint sur un bateau pour les ramener par la Loire au monastère. C'était en hiver : la rivière était prise, mais les glaces s'ouvrirent d'elles-mêmes devant la nef chargée des précieuses reliques, les arbres du rivage se couvrirent instantanément de fleurs. C'est pourquoi, dit l'auteur, le monastère prit le nom de Fleury ; et, comme le transport et le retour du corps de saint Benoît avaient eu lieu le même jour à un an d'intervalle, on institua pour ce jour-là une fête solennelle.

Cette légende, mêlée d'anachronismes nombreux, n'a aucune valeur historique ; on peut le dire sans crainte d'être accusé de scepticisme. Les Bollandistes ont considéré comme entièrement apocryphe le récit du moine allemand, et ont refusé de l'admettre dans leur grande collection. Les Bénédictins, forcés d'être plus indulgents, l'ont défendu, mais faiblement. Ils l'ont imprimé toutefois dans les *Acta sanctorum ordinis S. Benedicti*, Siècle IV, part. 2. Nous sommes, quant à nous, de l'avis des Bollandistes. C'est ce qui explique pourquoi nous n'avons pas donné l'histoire de l'*Illation* dans ce volume.

Quoi qu'il en soit, l'histoire imaginée par Diédéric fit son chemin. Elle revint à Fleury même, où elle fut admise après quelques doutes, quelques hésitations. Déjà André de Fleury désigne la fête du 4 décembre sous le nom de *Festum Lationis*. Raoul Tortaire, il est vrai, tient pour l'ancien nom; mais la croyance à la légende et le nom de fête de l'*Illation* ne tardèrent pas à prévaloir définitivement dans le monastère. Voyez M. I, 51; VI, 233; VIII, 331; IX, 359.

INDEX.

Abbatis Villa, S. Benedicti possessio. M. III, 148.
Abbo, Floriacensis abbas. M. II, 127; III, 137, 153, 154, 166, 168; V, 202; VI, 229, 230; VII, 270.
Achedeus, miles. M. VI, 230.
Adalgisus, filius Desiderii regis. M. I, 43.
Adalguadus, abbas Floriacensis. M. I, 54.
Adelais, muta mulier. M. III, 164.
Adelais, puella nobilis. M. III, 169.
Adelardus, presbyter. M. V, 210.
Adelardus, advocatus. M. VIII, 283.
Adelardus, nobilis vir. M. VIII, 301.
Adelerius, monachus, Adrevaldi continuator. M. I, 83; II, 92, 94.
Ademarus, vicecomitis Lemovicensis filius. M. III, 136, 138, 140, 142, 143.
Adraldus, pollinctor, postea monachus. M. VII, 271.
Adrevaldus, monachus Floriacensis, Translationis et primi libri Miraculorum auctor. H. T. 1.; M. I, 1, 15, 83; II, 92, 95; IV, 173; VI, 227.
Adrianus, papa. M. I, 42.
Adurcius flumen. VIII, 312.
Aduynus, homo S. Benedicti. M. VI, 222.
Ægyptii. M. III, 139.
Affugias, possessio S. Benedicti. M. VI, 222.
Agapitus, pontifex Romanus. M. I, 19.

Agilulfus, dux Longobardorum. M. I, 31.
Agius, Aurelianensis episcopus. M. I, 72.
Aigulfus, monachus Floriacensis. H. T. 4, 5, 10, 11, 13. M. I, 32.
Aimericus, præpositus. M. VII, 337.
Aimericus, monachus. M. I, 83.
Aimo, Bituricensis archiepiscopus. M. V, 192, 193.
Aimo, nobilis vir, monachus Floriacensis. M. V, 199.
Aimo, agnomine Fortis. M. V, 201, 202.
Aimoinus, monachus Floriacensis, unus e Miraculorum S. Benedicti scriptoribus. M. II, 1, 90; IV, 173; V, 202; VI, 237.
Alagnen stagnum, prope Germiniacum. M. VI, 237.
Albericus, Soliacensis dominus. M. V, 198.
Albericus, servus S. Benedicti. M. V, 205.
Albini (S.) monasterium Andegavense. M. III, 160.
Alboinus, Longobardorum dux. M. I, 23.
Alemanni. M. I, 71; VI, 248.
Alexandra, contracta. M. III, 165.
Almator, princeps Sarracenorum. M. IV, 186.
Almeri Curtis prædium. M. VIII, 294.
Alsonia prædiolum. M. VIII, 300.
Alsonus viculus. M. V, 218.
Amalbertus, abbas Floriacensis. M. II, 120, 121.
Amalricus, a Maria virgine salvatus. M. IV, 191.

Americus, Argentomagensis miles. M. III, 140.
Anastasius, papa. M. I, 34.
Anda rivulus. M. V, 199.
Andegavensis regio. M. I, 71, 72.
Andegavensis urbs. M. III, 160.
Andreas (sanctus). M. VII, 257-259.
Andreas, monachus Floriacensis, unus e Miraculorum S. Benedicti scriptoribus. M. IV, 1, 173; VIII, 333.
Andreas, italicus. M. IX, 366.
Andria fluviolus. M. II, 122.
Anglica regio. M. VII, 270.
Anglo-Saxones. M. II, 104.
Aniani (S.) monasterium Aurelianense. H. T. 2; M. I, 47.
Aniani (S.) ecclesia, prope Soliacum. M. IV, 231.
Anna, uxor Henrici regis. M. VIII, 314.
Anno, sacerdos. M. III, 146.
Anno, monachus. M. II, 121.
Ansegisus, major domus regiæ. M. I, 34, 35.
Ansegisus Brutnius. M. VIII, 356.
Antissiodorensis civitas. M. II, 100; III, 353.
Antissiodorensis pagus. M. I, 28.
Antonius, S. Benedicti discipulus. M. I, 25.
Apenninæ Alpes. M. IV, 192.
Aquitani. M. I, 81; III, 133, 145.
Aquitania. M. I, 35, 61, 70, 73; II, 95; III, 142, 148; IV, 174, 182.
Archembaldus, Floriacensis abbas. M. II, 101, 104.
Archembaldus, Turonicæ ecclesiæ archipræsul. M. II, 107.
Archembaldus de Buciaco, miles, M. III, 140.
Archembaldus, cognomine Albus, vir potens. M. VIII, 355.
Archembaldus, S. Benedicti famulus. M. VIII, 286.
Archembertus, Antissiodorensis incola. M. III, 130.
Archenaldus, S. Stephani archidiaconus. M. V, 211.
Archenaldus, Soliacensis castri dominus. M. VI, 243; IX, 359.
Arctus, fluviolus. M. V, 199.
Arelatenses. M. III, 148.
Arepertus, Italiæ scilicet Longobardorum rex. M. I, 34.
Argentomagense castrum. M. III, 170.
Argentomagenses. M. II, 117, 119, 120.
Argentomagensis ager. M. II, 117.
Arnaldus, Floriacensis abbas. M. VII, 252.
Arnaldus, incola. M, VIII, 283.
Arnulfus (sanctus). M. I, 33.
Arnulfus, Aurelianorum episcopus. M. II, 110, 123, 124.
Arnulfus, fullo. M. IX, 369.
Arnustus, miles, M. II, 104.
Athalaricus, Gothorum rex. M. I, 19.
Augustinus (sanctus). M. VIII, 282.
Augustodunense territorium, M. III, 161.
Aureliacum castrum. M. II, 100.
Aureliana urbs. H. T. 2; M. I, 23, 67, 72, 75, 78, 87; M. II, 124; M. VI, 246; M. VII, 272.
Aurelianensis pagus, regio. H. T. 9; M. I, 32, 56; III, 133.
Aureliani. M. I, 75.
Ausiensis pagus. M. VIII, 312.
Austrasia provincia. M. VI, 240.
Avaricum civitas. M. I, 73.

B

Bacchi cœnobium Hispaniense. M. IV, 183.
Baioarii. M. I, 61.
Balaham, propheta. M. VI, 225.
Balduinus, Flandinensium marchio. M. VI, 244.
Balduinus, Flandrensium comes. M. VIII, 314.
Balduinus, Floriacensis incola. M. VII, 262.
Balgenciacum castrum. M. VIII, 241.
Balma locus. M. II, 102.
Barcinona civitas. M. IV, 183.
Barcinonense regnum. M. IV, 188.

INDEX.

Baretus, dux Nortmannorum. M. I, 75.
Belinus, rusticus. M. VIII, 342.
Bellovacus civitas. M. I, 71.
Beneciacum castrum. M. V, 195.
Benedicti (S.) ecclesia Aurelianensis. M. I, 78.
Benedictus (sanctus). Translatio, p. 1; vita, miracula, possessiones, p. 17 et seq. passim.
Benedictus, pontifex Romanus. M. I, 22.
Benedictus Niger. M. II, 115.
Benedictus, incola. M. V, 199.
Benedictus (S.) super Sequanam. M. VIII, 293.
Beneventana provincia. H. T. 1.
Bernardus, Uzon castri dominus. M. III, 163.
Bernardus, Barcinonensis civis, postea monachus Floriacensis. M. IV, 183.
Bernardus, Bisuldinensium dux. M. IV, 188.
Bertha, Philippi regis uxor. M. VIII, 315.
Bertigrannus, Cenomanensis urbis pontifex. M. I, 24.
Bertmundus, comes Arvernorum. M. I, 43.
Bertrannus, miles. M. IV, 177.
Bestiale, Wastinensis judex. M. I, 57.
Bethania urbs. M. VII, 257.
Biccii (S.) castrum. M. VIII, 334.
Bidorcensis pagus. V. *Bituricensis.*
Birra flumen. M. I, 35.
Bisticiacum castrum. M. VI, 241.
Bisuldinenses. M. IV, 188.
Biturica urbs. M. V, 196; IX, 364.
Bituricensis, Bituricus pagus. M. IV, 192; V, 196, 211; VI, 241; IX, 362.
Bituricensis populus. M. V, 195; VI, 244.
Blesense territorium. M. VI, 232.
Boaria curtis. M. II, 124.
Boetius, philosophus. M. I, 18.
Bonifacius, pontifex Romanus. M. I, 19.

Bonifacius (S.), Fresionum episcopus. M. I, 36.
Bonitus (S.) de Vetula Vinea, villa prope Patriciacum. M. VIII, 354.
Bonodia fluviolus. M. III, 152.
Bonodium prædium. H. T. 9.
Boso, abbas Floriacensis. M. I, 48, 55; VI, 228.
Boso, Marchiæ comes. M. II, 119; III, 136, 137, 142, 143.
Bosonis Villa, S. Benedicti possessio. M. VI, 226; VIII, 242.
Braium, prædium S. Benedicti. M. VIII, 286.
Britannia. M. I. 83; III. 154; VI, 259.
Britones. M. I, 71.
Broherec, Britanniæ provincia. M. VII. 259.
Bruccia, castrum. M. II, 119; III, 136, 137, 142, 143.
Brunechildis, regina. M. I, 23, 30.
Bulliacus, villa. M. VI, 246.
Burgundia. M. I, 48, 69, 70, 88; II, 99; III, 148, 159, 163; IV, 174; V, 214; VI, 218, 257; VIII, 310, 315, 336; IX, 361.
Butticulas, viculus super Ligerim. M. VI, 218.

C

Cala monasterium. M. II, 93.
Calvi Montis silvæ. M. VIII, 339.
Campania, Italiæ provincia. M. I, 16.
Caput Cervium, S. Benedicti possessio. M. I, 80; II, 117; III, 133, 134.
Carlomannus, Pippini frater. M. I, 36-40.
Carlomannus, Caroli Magni frater. M. I, 42.
Carolus, Tudites dictus. M. I, 35, 36.
Carolus Magnus, imperator. M. I, 42, 43; II, 95.
Carolus Augustus, imperator. M. I, 47, 70, 82, 86; II, 93.
Carolus Simplex, rex Francorum. M. II, 94, 99, 104.

Carolus, Ludovici Transmarini filius. M. II, 104.
Carolus, Ludovici patruus. M. II, 127.
Castellio super Ligerim. M. V, 198-202, 210, 211; VIII, 333.
Castellio super Lupam. M. VIII, 396.
Castellio, prædiolum, in Wastinensi pago. M. VI, 224.
Castellionenses, Castellionis sup. Ligerim incolæ. M. VIII, 296, 298, 336.
Cassignol palatium. M. II. 95.
Cassinum castrum, cœnobium. H. T. 5; M. I, 20, 21, 23, 29, 31, 32, 34-38; VII, 272; VIII, 332.
Castellum Novum, vicus. M. IX, 362.
Causiacum castrum. M. VII, 251.
Ceciliæ (S.) abbatia Hispaniensis. M. IV, 183.
Cerdinenses. M. IV, 188.
Childebertus, filius Sigeberti, Francorum rex. M. I, 23, 30.
Childricus, nomine tantum rex. M. I, 36, 37.
Chilpericus, rex Francorum. M. I, 23.
Chlodoveus, rex Francorum, M. I, 18, 19.
Chlodoveus, filius Dagoberti, Francorum rex. H. T. 2; M. I, 32.
Chlotarius, rex Francorum. M. I, 19, 23.
Chlotarius, rex. M. III, 153.
Christianus, excubitor ecclesiæ Floriacensis. M. I, 58-60.
Cinomanenses vel Cenomanenses. M. VI, 236.
Cinomannica urbs. H. T. 4, 7, 10, 12; M. I, 32.
Claresii oppidum. M. VI, 244.
Cluniacum cœnobium. M. III, 462; VIII, 347.
Codrot torrens. M. II, 96.
Constantia, uxor Roberti regis. M. VI, 240, 241, 243.
Constantinus, S. Benedicti discipulus. M. I, 25.
Constantinus, Mauricii imperatoris filius, M. I, 31.
Constantinus, filius Constantini, imperator. M. I, 31, 32.
Constantinus Augustus, M. I, 72.
Constantinus, presbyter. M. III, 132.
Constantinus, monachus Floriacensis. M. VI, 238.
Constantius, armentarius. M. III, 152.
Constantius, bubulcus. M. V, 203.
Cornu Galliæ, provincia. M. III, 154, 155.
Cumbis (locus de). M. VIII, 353.
Curticellas, agellus Castellioni compaginatus. M. V, 211.
Curtis Matriniacensis, in Wastinensi pago. M. VIII, 296, 298, 339.
Cyprianus (sanctus) martyr. M. III, 162.
Cyrici (S.) ecclesia, in Tornodorensi territorio. M. VI, 217.

D

Dagobertus junior, Francorum rex M. I, 99.
Dagobertus, excubitor. M. VIII, 348.
Dani. M. II, 93, 103.
David, rex et propheta. M. I, 75.
Desiderius, Longobardorum rex. M. I, 43.
Deutheria, concubina Rahonis. M. I, 45.
Diacus, S. Benedicti prædium. M. II, 99; VI, 217, 219; VIII, 310, 311.
Dionysii (S.) monasterium, ecclesia. M. I, 56, 63; III, 159, 169; IV, 252.
Dionysii (S.) ecclesia Floriacensis. M. VIII, 323.
Dionysius (sanctus) martyr. M. I. 63; VI, 228.
Disesia castrum. M. VII, 257.
Dodo, Diaci præpositus. M. VI, 219.
Dolenses incolæ. M. V, 197.
Domini Petri villa. M. III, 131.

Dominicus, architectus. M. II, 113.
Domnaldus. M. V, 199.
Domnus Martinus, castrum. M. VI, 241.
Donatus, comes Melidunensium. M. I, 56, 57.
Dordonia fluvius. M. II, 95.
Drogo, eremita factus. M. II, 101, 102.
Durandus, Bosonis villæ præpositus. M. VI, 226.
Durantus, servus. M. VIII, 340.

E

Echardus, Burgundionum comes. M. III, 161.
Eleutherius (sanctus). M. I, 63; VI, 228.
Elias, Bosonis filius. M. II, 119.
Eliesernus, monachus, cœnobii Salensis præpositus. M. IV, 180.
Engilraus, judex. M. I, 77.
Engolisma urbs. M. I, 73.
Eptagius, advocatus S. Benedicti. M. I, 55.
Erbertus, miles. M. VII, 264.
Ermenfredus, vicarius Floriacensis vici. M. III, 131.
Ermengardus, Urgillensium dux. M. IV, 188.
Eucherius, confessor, Aurelianorum episcopus. M. I, 36; III, 162, 165.
Eugenius, papa. M. I, 63.
Euvertius (sanctus), Aurelianorum præsul. M. I, 72.
Eva, ancilla. M. VII, 265.
Evera castrum. M. VI, 245.
Evera villa. M. VIII, 315.

F

Faustus, vitæ S. Mauri auctor. M. I, 25.
Felicitas (sancta). M. V, 214.
Felix, Romanus pontifex. M. I, 19.
Felix, Cornu Galliæ incola. M. III, 148, 150.
Filibertus (sanctus). M. VIII, 347.

Flodegarius, Cenomanensis archidiaconus. M. I, 25.
Florentii (S.) cœnobium. M. I, 71.
Florentius, S. Benedicti inimicus. M. VIII, 300.
Floriacum, Floriacense cœnobium. H. T. 2, 3, et passim.
Fons Rogi, locus prope Antissiodorum. M. I, 28.
Fontaneticum bellum. M. I, 86.
Franci. M. I, 35, 37, 42, 61, 70, 86; II, 92, 94, 99, 127.
Francia. M. I, 37, 70, 87; II, 94, 99; III, 148; VI, 241, 250; VIII, 315.
Frisiæ ducatus. M. VIII, 315.
Frongentius, martyr. M. II, 124.
Frotmundus, Tricassinus episcopus. M. VI, 222.
Fulcherius, hæreticus Aurelianensis. M. VI, 247.
Fulco, Andegavensium comes. M. III, 147; VI, 286.

G

Galerannus, Metlandici comes. M. VII, 251.
Gallebertus, monachus, cæmentariis præfectus. M. VIII, 319.
Gallia, Galliæ. M. I, 33, 35, 37, 73; II, 93, 94, 103; III, 151; VI, 241; VIII, 316, 331, 347.
Galterius, episcopus Aurelianensis. M. I, 79.
Garganus Mons. M. IV, 190.
Gargilessa castrum. M. III, 147.
Garno, Floriacensis monachus. M. I, 69.
Garumna fluvius. M. II, 95, 96; VIII, 312.
Gauffredus, Andegavensis comes. M. VII, 251.
Gaufredus, miles, Asinus dictus. M. III, 138, 139.
Gaufredus, cognomento Rufus. M. VIII, 280.
Gaufredus, Antissiodorensis pontifex. M. VIII, 315, 317.
Gaufredus, Sinemuri castri dominus. M. VIII, 346.

Gaufridus, Wastinensis miles. M. VI, 223.
Gauringisus, pomilio Rahonis comitis. M. I, 44.
Gauterius, presbyter. M. VI, 210.
Gauterius, miles Parisiensis. M. VI, 226.
Gauterius, cellario delegatus. M. VI, 229.
Gauterius, sacri scrinii Floriacensis custos. M. VI, 230.
Gauterius, Turonici pagi incola. M. VI, 233.
Gauterius, Bulliaci major. M. VIII, 279.
Gauterius, miles, filius Hugonis. M. VIII, 334, 335.
Gauterius de Capriaco. M. VIII, 351.
Gautfridus, Bidorcensis vicecomes. M. V, 204.
Gauzbertus, abbas, postea Floriacensis monachus. M. VIII, 295.
Gauzfredus, advocatus Tauriaci. M. III, 159; VI, 221.
Gauzlinus, abbas Floriacensis et Bituricensis archiepiscopus. M. II, 90; IV, 173, 180, 182; V, 209, 211; VI, 222, 228, 245, 247; VII, 252, 257, 275; VIII, 322.
Gauzlinus, monachus. M. II, 120.
Gedeo, Hebræorum Judex. M. III, 138.
Geilo, Soliacensis dominus. M. V, 212.
Genabum, Genabensis urbs. M. I, 71.
Genesius, vicecomes Aurelianensis. M. I, 57.
Gerardus, monachus. M. VII, 269.
Gerberga, Ludovici Transmarini conjux. M. II, 104, 106.
Germania. M. I, 70.
Germiniacum ecclesia, vicus. M. VI, 227; VIII, 277, 281.
Gervinus, S. Richarii vel Centulensis abbas. M. VII, 273, 274.
Gimo, miles S. Satyri. M. V, 207.
Giomense castrum. M. IX, 364.
Giraldi (S.) monasterium. M. II, 100.

Giraldus, Argentomagi dominus, advocatus S. Benedicti. M. II, 118.
Giraldus, Lemovicinæ urbis vicecomes. M. II, 119.
Giraldus, Cluensis castri dominus. M. III, 140.
Giraldus Tirinensis. M. III, 140.
Giraldus, Ademari patrinus. M. III, 141.
Giraldus miles, Ademari fautor. M. III, 142.
Giraldus, vicecomes. M. IV, 181.
Giraldus, cæcus sanatus. M. IX, 365.
Girboldus, Antissiodorensis comes. M. I, 58.
Gislebertus, cujusdam municipii dominus. M. VII, 251.
Gordonicenses incolæ. M. V, 201, 212; VIII, 308.
Gordonis, Gordonicum castrum. M. V, 201, 213; VIII, 306, 308.
Gornaicum castrum. M. VI, 244.
Gothelo, dux Lotharingiæ. M. VI, 268.
Gothi. M. I, 17, 18, 22; II, 92.
Gradi (S.) de Paredo cœnobium. M. VIII, 240.
Græcia magna. M. I, 16.
Gregorius (sanctus) papa, Vitæ S. Benedicti scriptor. H. T. 2, 4; M. I, 16, 19, 30; M. II, 92; M. III, 132.
Gregorius, papa II. M. I, 34.
Gregorius, papa III. M. I, 36.
Griffo, Pippini frater. M. I, 38.
Grimoaldus, Italiæ seu Longobardorum rex. M. I, 31.
Gualterius, prænomine Monachus. M. IV, 180.
Guarinus, rusticus. M. VIII, 353.
Guasconia, v. *Vasconia*.
Guido, Cenomanensis comes. M. I, 51.
Guido, filius vicecomitis Lemovicensis. M. II, 119.
Guido, Lemovicensis vicecomes. M. II, 136-147.
Guierdus, Cerdinensium dux. M. IV, 188.
Guillacus, clericus. M. V, 215.

Guillelmus, Blesensium comes. M. I, 51.
Guillelmus IV, comes Pictavorum. M. II, 119; IV, 136, 147.
Guillelmus, Belesmensis dominus. M. III, 149, 150.
Guillelmus, Nancredi præpositus. M. V, 199.
Guillelmus, S. Gundulfi præpositus. M. V, 204-206.
Guillelmus, abbas Floriacensis. M. VIII, 288, 317
Guillelmus, Anglorum rex. M. VIII, 315.
Guillelmus, Nivernensium comes. M. VIII, 315, 317.
Guinili, qui et Longobardi. M. I, 22.
Guitbertus, Wastinensis pagi incola. M. VI, 224.
Gundulfi (S.) monasteriolum, castrum. M. I, 44; V, 203; IX, 366.
Gunfredus, monachus. M. VII, 270.
Guntrannus, Francorum rex. M. I, 23.

H

Haistulfus, Longobardorum rex. M. I, 43.
Harderardus, episcopi Cenomanensis vicedominus. M. I, 25.
Haripertus, rex Parisiorum. M. I, 23.
Harum castrum. M. I, 20.
Hasbania provincia. M. I, 36.
Headtgiva, Anglorum regis filia. M. II, 104.
Heldegarius Argentomagensis. M. III, 140.
Helgaudus, monachus, vitæ Roberti regis auctor. M. VI, 228; VII, 267.
Henricus, Francorum rex. M. VI, 240, 244, 248; VII, 249; VIII, 277.
Heraclius, Romanus imperator. M. I, 31.
Heraclonas, Romanus imperator. M. I, 31.

Herbertus, Soliacensis dominus. M. II, 107, 108.
Herbertus, Virmandensis comes. M. II, 99.
Herbertus, homuncio, Castellionis incola. M. VIII, 333.
Hercambaldus, monachus Floriacensis. M. I, 48.
Herchenaldus, Soliacensis dominus. M. II, 107.
Heriveus, filius Rainoldi comitis. M. I, 71.
Herrardus, clericus. M. I, 50.
Hervini Curtis, S. Benedicti possessio. M. II, 120; VIII, 282.
Hetruria, Italiæ provincia. M. I, 16, 17.
Hiberia, M. IV, 182.
Hierosolyma. M. I, 81; VII, 236.
Hilarii (S.) ecclesia. M. V, 176.
Hildebertus, Argentomagensis miles. M. III, 142.
Hildebertus, Bosonis filius, comes Petragoricæ urbis. M. III, 147, 148.
Hildebertus, miles. M. IV, 179, 182.
Hilduinus, abbas S. Dionysii. M. I, 63; VI, 228.
Hilduinus, villicus de Braio, M. VIII, 286.
Hisembertus, Salensis prior. M. IV, 175.
Hispania. M. I, 36; II, 196; IV, 174, 182, 191.
Hormisdas, Romanus pontifex. M. I, 171.
Hormuntio fluvius. M. I, 69.
Huben castrum. M. VIII, 334.
Hugo, abbas in Francia. M. I, 87; II, 93, 94.
Hugo, dux, Magnus dictus. M. II, 99, 104, 107, 117.
Hugo, Rothomagensis archiepiscopus. M. II, 99.
Hugo, rex Francorum. M. II, 127; III, 148.
Hugo, Brucciæ castri dominus. M. III, 136, 137, 140, 142-145.
Hugo Gargelensis, miles. M. III, 140, 147.

Hugo de Buciaco. M. III, 140.
Hugo, abbas Floriacensis. M. IV, 174; V, 215; VI, 231, 238, 254; VIII, 281, 287, 336.
Hugo, filius Roberti regis. M. VI, 240, 245, 248, 249; VII, 277.
Hugo Mauritaniensis. M. VI, 244.
Hugo Bardulfus, miles. M. VI, 244.
Hugo, S. Dionysii gubernator. M. VII, 274.
Hugo, Virmandensium comes. M. VIII, 314.
Hugo de Puteolo. M. VIII, 315.
Hugo, Huben castri dominus. M. VIII, 334.
Hugo, cognomine Bidulfus. M. VIII, 352, 353.
Hugo de S. Maria, monachus Floriacensis, Miraculorum continuator. M. IX, 357.
Hunni. M. II, 92.

I

Ildelena, cæca sanata. M. IX, 370.
Imbria, Italiæ provincia. M. I, 16.
Inder, S. Petri monasterium. M. VI, 223.
Ingrannus, miles. M. VIII, 288.
Isaac, Alsoniæ præpositus. M. VIII, 301, 302.
Isaias, propheta. M. IV, 182.
Isembardus, Ingranni militis filius. M. VIII, 288, 299.
Italia. H. T. 15. M. I, 16, 17, 27, 30, 31, 42, 43, 70, 86; VI, 257.
Iterius, apocrisiarius. M. VIII, 348.

J

Jeremias, propheta. M. I, 74.
Johannes, Romanus pontifex. M. I, 18, 19.
Johannes, papa, cognomento Martyr. M. I, 19.
Johannes, dictus Sarracenus, monachus Floriacensis. M. IV, 183; V, 202, 207.

Jonas, episcopus Aurelianensis. M. I, 48, 56.
Joscelinus, villicus Diaci. M. VIII, 311.
Joscerandus, Floriacensis abbas. M. VII, 323.
Julius Cæsar, imperator. M. II, 92.
Justinianus, Romanus imperator. M. I, 17, 19, 22.
Justinianus junior, Romanus imperator. M. I, 33.
Justinus junior. M. I, 22, 30.
Justinus senior, Romanus imperator. M. I, 17.

K

Kanordus, lacus prope Floriacum. M. VII, 261.

L

Lambertus, comes. M. I, 48.
Lambertus, marchisus Britannici limitis. M. I, 70, 71; II, 93.
Lambertus, abbas Floriacensis. M. II, 96, 100.
Landricus, Nivernensium dux. M. V, 212, 213.
Laurentii (S.) oratorium, in Bulliaco vico. M. VI, 246.
Lazari (S.) ecclesia Floriacensis. M. IX, 363.
Lemovicæ urbs. M. I, 73; III, 133; IV, 175.
Leo, Romani imperii competitor. M. I, 33.
Leo nonus, papa. M. VII, 273.
Leodebodus, Floriacensis monasterii fundator. H. T., 2.
Leomansis pagus. M. VIII, 300.
Leotbertus, donator. M. VIII, 300.
Letardus, homo familiæ S. Benedicti. M. VIII, 288.
Letbodus, miles Burgundiæ. M. III, 163.
Leteredus, advocatus S. Benedicti. M. VI, 220.
Letherius, monachus. M. III, 132.
Liger fluvius H. T. 3; M. I, 32, 44, 46, 48, 52, 61, 67, 72; III, 133, 149, 150, 152; V, 212,

214; VI, 230, 234, 244, 248; VIII, 336, 337, 339.
Lirinense monasterium. H. T. 4.
Lisiernus, Tauriaci præpositus. M. VI, 221.
Lisoius, hæreticus, Aurelianis damnatus. M. VI, 247.
Liutprandus, Italiæ scilicet Longobardorum rex. M. I, 34, 36.
Longobardi. H. T., 1, 8; M. I, 22, 30, 34, 36, 42; M. IV, 186.
Longum rete, rivulus. M. III, 151.
Lotharingii. M. VI, 248.
Lotharius, imperator, Ludovici Pii filius. M. I, 48, 70, 86.
Lotharius, Francorum rex. M. II, 104, 107, 118, 120, 121, 127.
Lubrigatus fluviolus. M. IV, 184.
Luciacus castrum. M. VIII, 348.
Ludovicus Pius, imperator. M. I, 48, 70, 86.
Ludovicus, rex, Ludovici Pii filius. M. I, 70.
Ludovicus, rex, filius Caroli Calvi. M. I, 86; II, 93, 94.
Ludovicus Transmarinus, Francorum rex. M. II, 104, 120.
Ludovicus, filius Lotharii, Francorum rex. M. II, 127.
Ludovicus, filius Philippi regis. M. VIII, 315.
Lutetia Parisiorum, M. I, 71, 72.

M

Mabbo, S. Pauli episcopus. M. III, 155.
Mahildis, Gimonis filia. M. V, 213.
Mahildis, regina. M. VII, 252.
Malbertus. M. V, 215.
Maldabertus, dæmoniacus. M. I, 67.
Malum Talentum vel Bordellus, castrum. M. VIII, 296.
Marcellus (sanctus). M. III, 170.
Marcus, poeta. M. I, 21; II, 92.
Marcus, rusticus. M. VIII, 320.
Maria, contracta. M. V, 207.
Maria, uxor Malberti. M. V, 215.
Maria, S. Benedicti super Sequanam incola. M. VIII, 293.

Mariæ (S.) basilica Floriacensis. H. T. 3, 14; M. I, 39, 53, 58; II, 96, 111, 115; III, 128, 129, 155, 161, 167; VII, 258, 275; VIII, 317, 322, 325, 327.
Martialis (S.) sepulchrum, cœnobium. M. III, 169.
Martina, mater Heracleonas. M. I, 31.
Martini (S.) ecclesia Gordonicensis. M. V, 215.
Martini (S.) ecclesia, Bulliaco sita. M. VI, 246.
Martinus (sanctus). M. I, 27; VII, 273.
Matfridus, Aurelianensis comes. M. I, 47.
Mathiaca abbatia. M. VII, 253.
Mathildis, regina, uxor Henrici regis. M. VIII, 314.
Matriniacense prædium. M. I, 87.
Mauricius, Romanus imperator. M. I, 30, 31.
Maurus (sanctus). M. I, 25, 28-30; II, 124; VIII, 305, 308, 314, 323, 340; IX, 368.
Medardi (S.) basilica. M. I, 63.
Mediomatricum civitas quæ et Metis. M. I, 23, 24.
Medo, Floriacensis abbas. M. 40, 78.
Meduana fluvius. M. I, 71.
Meledunum civitas. M. VI, 241.
Mesembria. M. V, 199.
Metlandicum castrum. M. VII, 251.
Michael (sanctus). M. IV, 187, 189, 190.
Milo, monachus. M. VIII, 296.
Minio, fluviolus. M. VIII, 284.
Modicia, Salensis monasterii villa. M. III, 170.
Moïses. M. I, 58; II, 112.
Mons S. Vincentii, castrum. M. VIII, 351.
Monsteriolus castrum. M. VII, 255.
Montiniacum, S. Benedicti possessio. M. VI, 223, 224.
Mummolus, abbas Floriacensis. H. T. 3, 4, 13, 14; M. I, 32.

N

Namnetica regio. M. I, 71.
Namnetica urbs. M. I, 46, 72.
Nancredus, monachorum Floriacensium statio. M. V, 199.
Nandonis castrum. M. I, 55, 56.
Narbonna civitas. M. I, 35.
Narses, patricius Romanus. M. I, 22.
Neustria. M. I, 48, 71, 72, 87; II, 93, 95; III, 160; IV, 174.
Nivernense territorium. M. VIII, 334.
Nortmanni. M. I, 71, 73, 75, 86; II, 93, 94, 96, 100.
Novavilla, prædiolum. H. T. 10.
Novidunum castrum. M. VI, 245.
Noviocomum urbs. M. II, 127.
Noviomagus urbs. M. II, 73.
Nursia, Italiæ provincia. M. I, 16, 17.
Nursina urbs. M. I, 17.

O

Obla, fluviolus. M. I, 52.
Odilo, ædituus. M. VIII, 317.
Odo, comes Aurelianensis. M. I, 47, 49, 51.
Odo, Francorum rex electus. M. II, 94.
Odo, Floriacensis abbas. M. II, 100; VII, 275.
Odo, Dolensis dominus. M. V, 194, 196; VI, 242.
Odo, vir sanctus, monachus. M. VI, 231.
Odo, Carnotensium comes. M. VI, 236, 237, 241, 243, 248, 249.
Odo, frater Henrici regis. M. VII, 250; VIII, 277.
Odo, monachus Floriacensis. M. VII, 263.
Odo, Sulmeriaci præpositus. M. VIII, 355.
Odoacris, Gothorum rex. M. I, 18.
Odolricus, monachus. M. VIII, 238.
Odolricus, Aurelianensium præsul. M. VI, 245.
Oilboldus, abbas Floriacensis. M. II, 121, 123, 127; VII, 270.
Orgerius, S. Petri præpositus. M. VI, 217, 222.
Osa insula. M. III, 154.
Osanna, paupercula. M. IX, 371.
Otgerius, operarius. M. VIII, 327.
Otherius, Aquitanus princeps. M. III, 133-135.
Otherius, Salensis cœnobii præpositus. M. III, 136-138, 147.

P

Padus fluvius. M. III, 151.
Palingias villa. M. VIII, 354.
Pantaleo (sanctus), martyr. M. III, 362.
Papia civitas. M. I, 86.
Parisius urbs. M. I, 23; III, 169; VI, 252.
Patriciacum, Patriciacense cœnobium. M. III, 161, 164, 166; VIII, 340-344, 346, 352-355.
Pauliacensis pagus, parochia. M. I, 79; II, 105.
Pauliacum, S. Benedicti possessio. M. V, 213.
Paulus Diaconus, Longobardorum Historiæ scriptor. M. I, 22, 32; II, 252.
Paulus (S.), oppidum. M. III, 156.
Paulus (sanctus), S. Pauli episcopus. M. III, 154; VIII, 275.
Paulus (sanctus), apostolus. M. IX, 358.
Pedentionis villa. M. VII, 258.
Pelagius, Romanus pontifex. M. I, 23.
Peronna urbs. M. II, 99.
Perpetua (sancta). M. V, 214.
Petri (S.) ecclesia, Floriaco ædificata. H. T. 3; M. II, 111, 114.
Petri (S.) basilica Romana. H. T. 5.
Petri (S.) ecclesia, prope Diacum. M. VI, 217.
Petrogorium civitas. M. I, 73; III, 147.
Petronax, civis Brexianus. M. I, 34, 35.

Petverense castrum, Petveris. M. VI, 244, 245; VIII, 329.
Petverenses. M. VI, 245.
Philippa Mathildis, comitis Pictaviensis uxor. M. VII, 312.
Philippus, Francorum rex. M. VIII, 314.
Phocas, Romanus imperator. M. I, 31.
Picenum, Italiæ provincia. M. I, 16.
Pictavi. M. I, 72; III, 148; VIII, 312, 313.
Pictavis civitas. M. I, 35, 72, 73; III, 147.
Pinetus prædium. M. V, 200-202.
Pippinus, major regiæ domus. M. I, 35.
Pippinus, Francorum rex. M. I., 36-39, 42.
Pippinus, filius Caroli Magni. M. I, 43.
Pisciacum castrum. M. VI, 241, 242.
Placidus, sancti Benedicti alumnus. M. IX, 368.
Plancheia Guillelmi, locus. M. VIII, 352.
Pontesarra urbs. M. VI, 242.
Pontilevium castrum. M. VI, 236.
Pontons villa. M. VIII, 311, 312.
Posennus (sanctus). M. V, 202, 203, 207, 208, 212; VIII, 333, 335.
Posenni (S.) capella, fons. M. V, 201, 202.
Pounciacum castrum. M. IV, 176.
Priscus, patricius Romanus. M. I, 31.
Prumiæ monasterium. M. I, 86.
Pulchra Arbor, castrum. M. IV, 179.
Puteolum castrum. M. VI, 241-243; VIII, 316.
Pyrenæi montes. M. IV. 182.

- R

Raculfus, vicecomes Tornodorensis. M. 69.
Radulfus, Floriacensis abbas. M. I, 44, 45, 46.
Radulfus Tortarius, monachus, unus e Miraculorum scriptoribus. M. VIII, 277; IX, 357.
Raganarius, monachus. M. I, 81.
Ragnerius vel Rainerius, abbas Floriacensis. M. VII, 274; VIII, 292, 296; IX, 359.
Raho, comes Aurelianorum. M. I, 43, 46.
Raimundus, Barcinocensium dux. M. IV, 188.
Rainaldus, Nortmannorum dux. M. II, 95-97.
Rainaldus, S. Medardi rector. M. VII, 274.
Rainardus, abbas. M. III, 129.
Rainardus, Argentomagensis miles. M. III, 140
Rainerius, exactor. M. VIII, 204, 285.
Rainoldus, comes Namnetensis. M. I, 70.
Rainulfus, dux. M. I, 71; II, 93.
Ramnulfus, Pulchræ Arboris dominus. M. IV, 279.
Ravenna civitas. M. I, 18.
Reinfredus, tyrannus. M. I, 35.
Remigius (sanctus), Remorum episcopus. M. I, 18; II, 106.
Remigius, Rothomagensis episcopus. M. 39, 41.
Remigius, diaconus. M. III, 146.
Richardus, abbas Floriacensis. M. II, 107, 110, 114, 115, 120; V, 215; VI, 219.
Richardus, presbyter Montiniaci. M. VI, 225.
Richarii (S.) cœnobium. M. VII, 273
Richarius, abbas Cassinensis. M. VII, 272, 273.
Richerius. M. V, 199.
Rivallon, prædium in Britannia situm. M. VII, 259.
Rivi Pollentis abbatia. M. IV, 183.
Roaldus, Brito, dæmoniacus factus. M. VII, 260.
Robertus, Andegavensium comes. M. I, 71; II, 93, 94.
Rodulfus, rex Francorum. M. II, 199.

Rodulfus, Valesianus comes. M. VII, 251.
Rodulfus, incola Disesiæ. M. VII, 257.
Rodulfus, Brito, paralyticus factus. M. VIII, 330-332.
Rojantric, vidua. M. VII, 259.
Roma urbs. H. T. 5; M. I, 31, 36, 37, 86; II, 101.
Romaldus, civis Carnotensis. M. II, 109.
Romanus (sanctus). M. I, 28-30.
Romanum imperium. M. I, 16-17.
Rotbertus, Odonis frater. M. II, 94, 98.
Rotbertus, rex Francorum, Hugonis filius. M. II, 127; III, 136, 148; IV, 233, 240, 245, 246.
Rotbertus, Patriciaci præpositus. M. III, 162, 165.
Rotbertus, Landrici Nivernensis filius. M. V, 213, 214.
Rotbertus, Tricassinæ urbis comes. M. VI, 219.
Rotbertus, advocatus. M. VI, 222.
Rotbertus, dux Burgundiæ. M. VII, 277.
Rotbertus, homo de familia S. Benedicti. M. VIII, 288-290.
Rotbertus, filius Henrici Francorum regis. M. VIII, 314.
Rotbertus, S. Biccii dominus. M. VIII, 334, 335.
Rotbertus, incola S. Luciaci castri. M. VIII, 348.
Rusticus (sanctus). M. I, 63.

S

Salense castrum, cœnobium. M. II, 117-119; III, 136, 139, 170, 175; IV, 180, 181.
Salomon, rex. M. II, 117.
Salvatoris (S.) ecclesia Germiniaci. M. VIII, 279, 282.
Samnium, Italiæ provincia. M. I, 37.
Sanctonæ urbs. M. I, 73.
Sangiola fluviolus, M. VI, 231.
Sarraceni, qui et Agareni. M. I, 35; IV, 185, 187.

Satirus (sanctus), martyr. M. V, 214.
Saturninus (sanctus). M. V, 214.
Saturus (S.) vel Satyrus castrum, cœnobium. M. V, 212; V, 308.
Saxonia, regio. M. I, 70.
Scholastica (sancta), S. Benedicti soror. H. T. 4, 8, 10, 12; M. I, 32; III, 168.
Sebastiani (S.) ecclesia Floriacensis. M. VIII, 305.
Sebastianus (sanctus). M. I, 63.
Segalonia, regio. M. II, 109.
Segevertus, monachus. M. I, 81.
Seguinus, Alberici Castellionensis frater. M. VIII, 298, 299.
Semerius fluvius. M. IV, 176.
Senonensis civitas. M. V, 241, 254.
Sequana, Seccana fluvius. M. II, 96; VI, 221, 222; VIII, 293.
Sigebertus, rex Francorum. M. I, 23.
Silverius, pontifex Romanus. M. I, 19.
Silvestri (S.) ecclesia, in monte Soracte. M. I, 37.
Simeonis (sancti) sepulcrum. M. III, 130.
Simmachus, senator et consul Romanus. M. I, 18.
Simplicius, sancti Benedicti discipulus. M. I, 25.
Sinemurus castrum. M. VIII, 346.
Soliacenses incolæ. M. VI, 244.
Soliacum castrum. M. II, 107; V, 212; VI, 231; IX, 360, 362.
Solmariacense prædium, Patriacensi cœnobio subditum. M. III, 162.
Sophia, Justini imperatoris uxor. M. I, 22.
Soractis mons. M. I, 37.
Speratus (sanctus). M. III, 162.
Stabilis, homo S. Benedicti. M. VI, 218, 220.
Stephani (S.) ecclesia Lemovicensis. M. III, 137.
Stephani (S.) ecclesia Antissiodorensis. M. III, 153.
Stephanus (sanctus), protomartyr. M. I, 27; V, 194.

Stephanus, papa. M. I, 37, 42.
Stephanus, Aquitanus, nobilis vir. M. I, 81, 82.
Stephanus, Beneciaci dominus. M. V, 195, 196.
Stephanus, hæreticus. M. VI, 247.
Stephanus, Trecarum comes. M. VII, 249, 251.
Stephanus, pater Andreæ Floriacensis. M. VII, 265.
Stephanus, equestris ordinis vir. M. VIII, 328.
Sturminius, Bituricensium comes. M. I, 43.
Sublacus, vicus in Italia. M. I, 19, 21.
Suessionici campi. M. II, 99.
Suessionis civitas. M. I, 23.
Sulmeriacus, Patriciacensium monachorum possessio. M. VIII, 355.

T

Tauriacus, S. Benedicti villa. M. III, 159; VI, 221.
Terotæ castrum. M. VII, 251.
Tescelina, incola Floriacensis. M. VIII, 287.
Tescelinus, Petverensis dominus. M. VIII, 288.
Tetbaldus, Carnotensium comes. M. II, 104.
Tetbaldus (III), Carnotensium comes. M. VII, 249, 251, 252 VIII, 297.
Tetberga, dæmoniaca. M. V, 207.
Tetbertus, Floriacensis incola. M. VI, 228.
Tetfredus, quondam abbas S. Florentii. M. VII, 269.
Tetgerius, diaconus. M. VII, 269.
Teudo, presbyter. M. III, 131.
Teuto, S. Martini abbas. M. I, 51.
Theodatus, Gothorum rex. M. I, 19.
Theodebertus, rex Francorum. M. I, 23, 30.
Theodericus, rex, Brunechildis nepos. M. I, 23, 30.
Theodericus, Villæ Abbatis præpositus. M. III, 149.

Theodosius, Mauricii imperatoris filius, M. I, 31.
Theoduinus, vicarius Mauriacensis. M. I, 55.
Theodulfus, Aurelianorum episcopus. M. VI, 237.
Theotbertus, Floriacensis abbas. M. I, 85.
Thoranum castrum. M. IV, 188.
Thoringi. M. I, 61.
Tiberius Constantinus, Romanus imperator. M. I, 30.
Tiberius, Mauricii filius. M. I, 31.
Tiberius, Romanus imperator. M. I, 33.
Ticinum fluvius. M. I, 43.
Tornodorensis regio. M. I, 69; VI, 217; VIII, 310.
Tornodorum urbs. M. I, 69.
Transrhenani populi. M. I, 61.
Trecæ, Tricassina urbs. M. VI, 219, 222; VII, 249.
Tricassinum territorium. M. III, 159; V, 221; VIII, 293.
Turnucum monasterium. M. VIII, 347.
Turonicus pagus. M. VI, 233.
Turonis civitas. M. I, 72; VI, 251; IX, 365.

U

Urgillenses. M. IV, 188.

V

Valeria, Italiæ provincia. M. I, 16, 17.
Vallis Aurea. M. II, 126.
Vasconia, provincia. M. II, 127; VIII, 311, 312.
Venetiæ, civitas. M. I, 23.
Veranus (sanctus). M. 162, 165.
Veranus, Floriacensis abbas. M. III, 162, 165.
Vetus Floriacus. H. T. 10; M. I, 77.
Vigilius, Romanus pontifex. M. I, 19.
Vinayle ecclesia. M. VI, 232.
Vinoilus agellus. M. VIII, 291.
Virgilius, poeta. M. III, 151.

Vivianus, S. Dionysii abbas. M. VI, 228.

Vuastinense territorium. V. *Wastinensis pagus*.

Vulfadus seu Vulfardus, Carnotensium episcopus et Floriacencensis abbas. M. II, 102, 117; III, 155; V, 199; VII, 275.

W

Waldo, sagittarius. M. VIII, 339.
Walterius, beneficiarius. M. III, 153. Vid. *Gualterius*.

Wastinensis pagus, provincia. M. I, 57; II, 108, 114; VI, 223.
Wido. V. *Guido*.
Wilielmus, figulus. M. VI, 258.
Willelmus. V. *Guillelmus*.
Wuldraca fluviolus. M. VIII, 352.

Z

Zacharias, Romanus pontifex. M. I, 35-38.

FINIS INDICIS.

TYPOGRAPHIE DE CH. LAHURE ET Cⁱᵉ
Imprimeurs du Sénat et de la Cour de Cassation
rue de Vaugirard, 9